실손의료보험 연구

실손의료보험 연구

박 성 민

景仁文化社

서 문

이 책은 필자가 2018. 8. 서울대학교에서 박사학위를 받은 논문인 "실손의료보험 연구"를 수정, 보완한 것이다. 필자는 이 연구에서 우리나라 실손의료보험의 효용과 부작용 그리고 현재 우리나라의 실손의료보험상품의 문제점을 분석하였다. 그리고 의료보험을 규율하는 법률의 규범 목적이 기본적 의료 보장과 의료 이용의 효율성 제고라는 관점에서 미국과 영국, 독일, 호주에서의 실손의료보험 규율을 검토하고 국민건강보험 제도를 운영 중인 우리나라에서의 실손의료보험 규율 방안을 모색하였다. 구체적으로는 기본적 의료를 보장하는 실손의료보험 규율 방안으로서 기본적 의료를 보장하는 실손의료보험상품 분리, 기본형 실손의료보험상품의 위험 인수 규제, 기본적 의료의 내용과 가격 정보 제공 및 심사, 평가에 관하여 살폈다. 또한 의료 이용의 효율성 제고를 위한 실손의료보험 규율 방안으로 국민건강보험의 본인부담금의 기능적 성격에 따른 보험금 지급, 의료공급자와 보험회사의 법률관계, 의료수요자의 유인 조절을 제시하였다. 그리고 국민건강보험의 보장성 강화로 인하여 실손의료보험회사가 반사이익을 얻었을 때 그 반사이익 반환에 대한 법률 문제를 검토하였다.

우리나라 의료보험의 효시는 1968년에 시작하여 1989년까지 지속된 부산청십자의료보험조합의 청십자운동이라고 볼 수 있다. 이것은 국가가 주도한 의료보험이 아니라 민간에서 자발적으로 시작하여 가꾼 의료보험이었다. 청십자운동을 주도한 장기려 박사는 「청십자 통감」의 발간사에서 "의료보험은 민간인이 주도하여 운영해 나오기엔 대단히 어려운 제도임을 절실히 깨닫게 해줍니다. 우리나라에 아직 의료보험제도가 도입되기 전에 저와 뜻을 같이 하는 분들이 힘을 합쳐 이 어려운 사업을 시작했습니다. 그 때가 1968년 봄이었습니다. 처음 시작하는 사업인데다가 경험도 없었고 돈도 없었으며 일손도 모자랐습니다. 다만, 한 가지 충만해 있던 것은 이웃사랑을 위한 봉사와 희생의 정신이었습니다."라고 회고하였다. 필자가 의료보험을 공부하면서 한 가지 분명하게 배운 것은 의료보험은 이웃사랑을 위한 봉사와 희생의 정신으로 사람과 사람이 서로 주고받는 도움이어야 한다는 것이다. 의료보험을 규율하는 법률 역시 냉철할지라도 그러한 정신의 발현이어야 한다. 필자의 부족함으로 이 책에서 그에 관한 보다 구체적이고 깊이 있는 논의를 하지 못한 것이 아쉽다.

이 책에 부족함이 너무나 많지만 여기에 조금이라도 의미 있는 부분이 있다면 그것은 다음과 같은 분들의 덕택이다. 필자를 학문의 길로 이끌어주시고 항상 격려를 아끼지 않으시며 구체적으로 하나 하나 살펴주신 한기정 지도교수님께 깊이 감사드린다. 심사위원장이신 박준 교수님께서는 각주에 있는 문장 하나하나까지 챙겨주시고 논문의 완성도를 높이기 위한 아낌없는 조언을 해주셨다. 이동진 교수님께서는 의료와 의료보험 분야의 현상과 본질에 대하여 생각하고 또 생각하게 하는 지적과 조언을 해주셨다. 고학수 교수님께서 경제학적인 부분을, 윤영신 교수님께서 법적 논증의 단계, 단계를 도와주시지 않으셨다면 이 책에는 지금보다 더 많은 오류와 비약이 남아 있었을 것이다. 김복기 교수님께서는 청십자의료보험조합과 그 정신을 가르쳐주셨다. 늘 따뜻하게 용기를 북돋아 주시고 법으로 사랑할 수 있고 그리하여야 한다는 가르침을 주신 권오승 교수님께도 감사드린다. 최상은 교수님, 이의경 교수님, 이상원 교수님, 이태진 교수님, 김진현 교수님께서는 필자가 보건경제나 보건정책 등 보건의료 분야를 공부할 수 있도록 도와주셨다. 강용현 변호사님, 권택수 변호사님, 유욱 변호사님, 조원희 변호사님, 김용혁 변호사님께서는 법조인으로서 귀감이 되어주셨고 필자가 변호사 실무를 하면서 공부를 병행하는 데에 격려와 도움을 아끼지 않으셨다.

　마지막으로 늘 지지와 응원을 아끼지 않는 사랑하는 아내와 두 딸에게도 지면을 빌어 고마움과 미안함을 표한다. 그리고 필자를 항상 도와주신 부모님과 장인어른, 장모님께도 감사의 말씀을 드린다.

2019. 1.
박성민

〈목 차〉

서 문

Ⅰ. 서 론

제1장 연구의 배경

우리나라는 1948년 제헌국회에서 사회보험 제도를 통하여 국민들이 지불능력과 무관하게 필요한 의료를 이용할 수 있게 하겠다고 공언[1]한 이후, 1977년 국가 주도의 의료보험 제도를 실시하였다. 그리고 12년 만인 1989년 전 국민 의료보험을 달성하였다. 국민건강보험 제도는 우리나라 국민 모두에게 상당한 수준의 의료를 공급하고 있다. 하지만 모든 국민에게 충분한 의료보장을 할 수 있는 재정이 부족한 상태에서 국민건강보험의 적용 대상을 전 국민으로 확대하였기 때문에 국민건강보험의 보장률은 국민들이 필요로 하는 모든 의료를 보장할 만큼 충분히 높지 못하였다. 정부는 국민건강보험의 보장률을 높이고자 노력해왔고 어느 정도 성과가 있었으나 새로운 의료기술의 발전, 노령화, 비급여 의료비 증가 등으로 인하여 보장률은 2000년대 초부터 지금까지 여전히 제자리걸음을 하고 있다.

그래서 우리나라에서 국민 스스로가 직접 부담하는 의료비가 미국을 제외한 대부분의 선진국보다 높은 수준으로 유지되었다.[2] 그것은 국민건강보험 제도 하에서도 국민들에 대한 의료 보장이 충분히 이루어지지 못했다는 의미이다. 정부는 2001년 국민건강보험 재정 위기 등을 겪은 후 국민건강보험 재정을 충분히 늘려서 보장률을 높이기보다는 실손의료보험이 국민건강보험을 보충해서 의료 보장 기능을 하도록 실손의료보험 규제를 완화하는 정책적 결정을 하였

---

1) 대한민국국회, 제헌국회속기록 제2권(1999), 502면 이하.
2) 김창엽 외(2015), 109면

다. 이러한 상황 속에서 실손의료보험 가입자가 크게 증가하게 된다. 현재 국민들 중 60% 이상이 의료비 위험을 부보하기 위하여 스스로의 선택으로 사보험인 실손의료보험에 가입한 상황이다.3) 실손의료보험은 제2의 국민건강보험이라고 불릴 정도로 많은 국민이 가입한 보험상품으로 성장하였다.

실손의료보험은 그 보험상품의 속성상 본질적으로 실손의료보험이 보장하는 의료의 이용을 증가시킨다. 실손의료보험은 피보험자의 의료의 이용을 도와서 국민건강보험을 보충하는 의료보험으로서 의료비 위험을 분산하여 질병과 상해에 대비하고 의료수요자의 선택권을 제고하는 효용이 있다. 다만 그 효용은 실손의료보험에 가입한 의료수요자만이 누릴 수 있다는 한계가 있다. 한편, 실손의료보험으로 인한 의료 이용 증가는 실손의료보험의 보험료 인상으로 이어져서 보험가입자의 부담이 커질 수 있다. 또한 실손의료보험으로 인하여 국민건강보험 재정이 손실을 입을 수 있는데 그렇게 되면 국가 재정과 국민 부담이 커지며 국민건강보험의 보장성 강화 정책 실현에 장애가 된다. 그리고 국가 전체의 의료비와 의료의 가격을 상승시키고 한정된 의료 자원을 불필요하게 낭비하여 국민의 보건의료에 대한 기본적 권리가 제한될 우려도 있다. 우리나라 실손의료보험의 효용을 증대시키고 부작용을 최소화하기 위한 실손의료보험 연구가 필요한 시점이다.

---

3) 금융위원장 6월 금융개혁 기자간담회, 금융위원회, 2016. 6. 13., 1면. 2015년 말 현재 약 3,200만 명의 국민이 실손의료보험에 가입하고 있다고 한다.

제2장 연구의 목적과 구성

위와 같은 배경 하에서 본 연구는, 현재 실손의료보험상품의 문제점을 분석하였다. 그리고 실손의료보험에 대한 법적 규율의 이론적 근거로서 기본적 의료 보장과 의료 이용의 효율성 제고라는 규범 목적을 제시하였다. 실손의료보험을 통해 그 이용이 증가되어야 하는 의료는 기회의 공정한 평등을 보장하는 의료이면서 동시에 비용 효과적인 의료이다. 본 연구는 미국, 영국, 독일, 호주에서도 기본적 의료 보장과 의료 이용의 효율성 제고를 위하여 실손의료보험에 대한 규제 등 법적 규율을 하고 있음을 확인하였다. 그 후 기본적 의료에 대하여 보험금을 지급하는 실손의료보험 규제 등 법적 규율 방안을 제시하고 의료 이용의 효율성 제고를 위한 실손의료보험 규율 방안을 살폈다. 그리고 국민건강보험의 보장성 강화로 인하여 실손의료보험회사가 반사이익을 얻었을 때 그 반사이익 반환에 대한 법률문제를 검토하였다.

이를 위하여 본 연구는 다음과 같은 순서로 전개될 것이다. 제1장에서는 실손의료보험의 법적 성격과 현재의 실손의료보험상품의 내용을 살피고 우리나라의 실손의료보험 규제 연혁과 현황을 검토하였다. 그리고 실손의료보험의 배경을 이루고 있는 국민건강보험 제도 하에서의 실손의료보험의 효용과 부작용을 분석하였다. 실손의료보험은 위험단체 내에서 의료 보장 및 선택권 제고 기능을 하지만 그 효용은 실손의료보험에 가입한 의료수요자만이 얻을 수 있다는 한계가 있다. 한편, 실손의료보험에 가입한 의료수요자가 의료를 과

도하게 이용하게 되면 실손의료보험이나 국민건강보험 재정 손실로
인하여 다른 보험가입자나 국민이 피해를 입을 수 있다. 그리고 의
료비가 증가하여 국민의 의료 접근권이 제한되며 건강권의 실질적
보장을 위한 국민건강보험 보장률 강화 정책 실현에 장애가 될 우려
가 있다. 그런데 현재 실손의료보험상품에는 그러한 효용을 증진하
거나 부작용을 방지할 수 있는 제도적 장치가 없는 문제점이 있다.

제2장에서는 실손의료보험이 보장해야 할 의료가 무엇인지 탐구
하였다. 의료들 간에 우열을 따질 수 있는 기준 설정은 어렵다. 하지
만 기본적 의료 보장이라는 정의와 도덕의 요청이 의료보험이 보장
해야 할 의료의 기준이 되어야 한다고 생각한다. 사회계약론에 의할
때 국가나 사회는 사회 구성원에게 기회의 공정한 평등을 보장하기
위해 필요한 의료를 보편적으로 공급해야 할 책무가 있다. 기본적
의료의 보편적 보장은 의료보험을 규율하는 법률의 입법목적이다.
그런데 실손의료보험이 보험재정 손실이나 의료비 증가를 야기하여
국민건강보험의 기본적 의료 보장 역할을 저해한다면 이를 규제하
여야 한다. 그리고 수단의 적합성이나 침해의 최소성 요건을 갖추어
비례의 원칙에 위반되지 않는 방식이라면 입법자가 입법을 통하여
실손의료보험이 적극적으로 기본적 의료 보장 역할을 하도록 규제
하는 것도 가능하다. 한편, 실손의료보험으로 인하여 비용효과적이
지 않은 의료 이용이 증가하면 국민건강보험의 기본적 의료 보장 역
할에 장애가 된다. 이는 보험재정 손실을 야기하여 실손의료보험의
보험가입자와 국민에게 피해를 줄 수도 있다. 그러므로 의료 이용의
효율성 제고를 위하여 국민건강보험의 본인부담금 보장 내용 규제
나 의료공급자나 의료수요자의 유인을 교정할 수 있도록 하는 규율
이 필요하다.

제3장에서는 미국, 영국, 독일, 호주의 실손의료보험 규제 등 실손
의료보험에 관한 법적 규율을 살폈다. 의료 자원의 배분을 시장에

맡겼다가 오바마 케어 이후 보험가입 승인 여부나 보험료 규제 등 실손의료보험 규제를 통해 기본적 의료 보장과 의료 이용의 효율성 제고를 도모하고 있는 미국, 국가가 직접 필요한 대부분의 의료를 공급하는 국가 주도의 공적의료보험 제도[1] 하에서 실손의료보험이 공적의료보험의 의료 자원 배분에 영향을 미치지 않는 범위에서는 기본적 의료 보장과 의료이용의 효율성 제고라는 측면에서 실손의료보험을 규제하지 않는 영국, 공적의료보험과 대체형 실손의료보험의 이중 구조 하에서 기본적 의료 보장과 의료 이용의 효율성 제고를 위해 대체형 실손의료보험을 규제하는 독일, 영국과 같이 국가가 직접 의료를 공급하는 체계를 기본으로 하되 공적의료보험에서 보장하지 않는 기본적 의료 보장을 위해 실손의료보험을 지원하고 규제하는 호주의 실손의료보험 규제 등 법적 규율을 검토하였다. 이들 국가들은 각국의 특유한 공적의료보험 제도 하에서 실손의료보험이 기본적 의료 보장과 의료 이용의 효율성 제고에 미치는 영향이나 그에 대한 역할에 따라 실손의료보험을 규율하고 있다.

　제4장에서는 이상의 논의를 바탕으로 기본적 의료에 대하여 보험금을 지급하는 실손의료보험을 법적으로 어떻게 규율하는 것이 타당할지 그 방안을 제시하고 그에 따른 법률문제를 검토하였다. 현행 보험업법상으로도 실손의료보험상품의 내용 등을 규제하는 것이 가능하나 향후 제정될 공·사보험 연계법이 보다 직접적이고 광범위하게 실손의료보험을 규율하는 법률이 될 것으로 보인다. 실손의료보험이 국민건강보험의 기본적 의료 보장 역할을 방해하지 않도록 하

---

1) 영국의 NHS나 호주의 메디케어는 사회보험 제도가 아니라 국가보건서비스 제도이기 때문에 의료보험 제도라는 표현이 적절치 않은 면이 있으나 보험료나 세금으로 의료비 재정을 마련한다는 면에서는 같은 제도로 볼 수 있으므로 본 연구에서는 그에 대한 엄밀한 구분을 하지 않았다. 미국의 경우에도 메디케이드는 사회보험이라고 보기 어렵고 메디케어도 그런 측면이 있지만 마찬가지이다.

고 기본적 의료 보장을 위해 실손의료보험에 가입하는 보험 소비자를 보호하기 위하여 실손의료보험상품을 기본형 실손의료보험상품과 추가형 실손의료보험상품으로 분리할 필요가 있다. 만약 미국이나 독일, 호주와 같이 국민건강보험만으로는 기본적 의료의 보편적 보장이 달성되지 않는다면 기본형 실손의료보험상품에 대한 위험 인수 규제를 하는 것이 바람직하다. 이때 그 규제의 합헌성 확보를 위하여 위험 조정 제도를 도입하여야 한다. 그러나 만약 영국과 같이 국민건강보험만으로 기본적 의료의 보편적 보장이 이행된다면 실손의료보험의 위험 인수 규제를 할 필요가 없다. 그리고 적어도 기본적 의료에 해당하는 비급여 의료의 내용과 가격 정보가 제공되고 심평원이 실손의료보험의 의료 심사, 평가 업무를 수행할 필요가 있다. 이것은 2017. 8. 건강보험 보장성 강화대책이 이행되면 상당 부분 해결이 될 것으로 기대된다.

  제5장에서는 의료 이용의 효율성 제고를 위한 실손의료보험 규율 방안을 검토하였다. 국민건강보험의 본인부담금은 비용효과적이지 않은 의료 이용을 자제하도록 하기 위한 부분과 보험재정 부족으로 인한 부분이 있는데 전자에 대해서는 실손의료보험이 보험금을 지급하지 않도록 규제할 필요가 있다. 그리고 의료공급자가 비용효과적이지 않은 의료를 공급할 유인을 감소시키기 위하여 실손의료보험회사가 보험가입자의 의료공급자에 대한 진료비 반환 청구권 등 채권을 대위하여 행사하는 방안과 실손의료보험회사가 의료공급자와 계약을 체결하여 보험급여를 제공하는 실손의료보험상품을 만드는 방안의 법률문제를 검토하였다. 또한 실손의료보험에 가입한 의료수요자가 비용효과적이지 않은 의료를 이용할 유인을 감소시키기 위하여 실손의료보험이 보장하는 본인부담금의 비율을 조정하거나 보험금 청구액에 따라 보험료를 할인하거나 할증하는 방안을 분석하였다.

마지막으로 제6장에서는 국민건강보험의 보장성 강화로 인하여 실손의료보험회사가 반사이익을 얻었을 때 그것을 보험가입자에게 반환해야 하는지 여부에 대한 법률문제를 살폈다. 2017. 8. 건강보험 보장성 강화대책에 따라 국민건강보험의 보장률을 강화하는 과정에서 실손의료보험회사가 반사이익을 얻을 수 있다. 그것을 실손의료보험의 가입자들이 돌려받을 수 있도록 하기 위하여 공·사보험 연계법에 법적 근거를 마련할 필요가 있다.

제3장 주요 용어의 정의

　보건의료(health care) 자원은 건강에 긍정적인 영향을 줄 것으로 합리적으로 기대되는 서비스와 재화를 총칭하는 개념으로 이해되는 경우가 많고 그럴 경우 의료 자원(medical resources)을 포함하는 넓은 개념이다.[1] 본 연구는 질병과 상해에 대한 의료비를 보험금으로 지급하는 실손의료보험에 관한 연구이기 때문에 보건의료라는 넓은 개념이 아니라 의료라는 좁은 개념을 주로 사용하였고 본 연구에서 의료라 함은 의료공급자가 질병이나 상해의 치료나 예방 등을 위하여 공급하는 의료 서비스 및 재화를 의미한다. 선행연구들 중에는 넓은 의미의 보건의료를 의미하는 보건의료 또는 health care라는 용어를 사용한 것들이 많은데 이를 그대로 인용할 때는 보건의료라는 용어를 사용하였다.

　본 연구에서 의료보험 제도의 핵심적인 규범 목적으로 제시한 기본적 의료 보장과 의료 이용의 효율성 제고는 각각 보건경제학이나 보건정책학에서 논의되는 형평성(equity)와 효율성(efficiency)을 지향하는 개념이다. 여기서 기본적 의료는, 존 롤즈(John Rawls)의 사회계약론에 입각한 노먼 다니엘스(Norman Daniels)의 견해에 따라 국가나 사회가 기회의 공정한 평등을 보장하기 위하여 공급해야 하는 기본적 수준의 의료를 의미한다. 어떤 의료가 기본적 의료인지 여부는 공정한 심의 과정을 통해 결정되어야 한다.

---

1) Allen Buchanan(2009), 38면.

 의료 이용의 효율성 제고란 비용효과적이지 않은 의료 이용을 방지하고 그것을 대체할 수 있는 비용효과적인 의료 이용을 장려한다는 의미이다. 비용효과적인(cost-effectiveness) 의료는 해당 의료의 비용 대비 가치(value for money)가 다른 대체 가능한 의료 등2)에 비하여 더 높게 평가되는 의료이다.3)

비용 차이
+

| 덜 효과적 & 비용 더 많이 듦 | 더 효과적 & 더 비용 많이 듦 |

* 비용효과적이지 않음이 명백함

——————————————————— + 효과 차이

| 덜 효과적 & 비용 더 적게 듦 | 더 효과적 & 비용 더 적게 듦 |

* 비용효과적임 이 명백함

———————————————

2) 경우에 따라서는 어떤 의료를 이용하는 것보다 대체 가능한 다른 의료를 이용하거나 또는 의료를 전혀 이용하지 않는 것이 비용효과적일 수도 있다.
3) Jan Abel Olsen(2017), 205면, 209면 참조. 두 가지 의료의 비용효과성을 비교하면 본문에 있는 그래프와 같이 비용 차이와 효과 차이에 있어서 4가지 경우로 나누어지는데 이중 덜 효과적이고 비용이 더 많이 드는 의료가 비용효과적이지 않음이 명백하고 더 효과적이고 비용이 더 적게 드는 의료가 비용효과적임 역시 명백하다. 그러나 더 효과적이고 더 비용이 많이 드는 의료 또는 덜 효과적이지만 비용이 더 적게 드는 의료의 경우 비용효과성을 평가하기 위해서는 경제적 분석이 필요하고 '효과'에 대한 평가 기준에 따라 일의적인 판단을 할 수 없는 경우가 많다. 그래서 어떤 의료가 비용효과적인지 여부에 관하여는 논란이 가능한 경우가 많다. 하지만 그에 관하여는 보건경제학에서 지속적인 연구가 진행 중이고 우리나라를 포함해서 대부분의 선진국은 의료에 대한 비용효과성 평가에 기초한 의사결정을 하고 있다. 아직 누구나 동의할 수 있는 절대적인 비용효과성 평가가 어려운 경우가 드물지 않지만 적어도 어떤 의료가 어떤 경우에 비용효과적일 가능성이 높다는 점에 대하여는 일응의 지침이 제공될 수 있다. 본 연구에서는 경제적 분석이 필요한 엄밀한 의미의 비용효과성까지 구체적으로 다루지 않는다.

어떤 의료가 비용효과적인지 여부를 판단하기 위해서는 그 의료 이용의 효과나 결과, 가치를 평가해야 한다. 어떤 의료의 효과나 결과, 가치를 인구집단에 대하여 통계적으로 평가하여 판단한 비용효과성은 추상적, 일반적 의료의 비용효과성이라고 할 수 있다. 이에 비하여 어떤 의료의 효과나 결과, 가치를 개별 의료수요자에 대하여 평가하여 비용효과성을 판단한다면 그것은 개별적, 구체적 의료의 비용효과성이라고 할 수 있다. 추상적, 일반적 의료의 비용효과성과 개별적, 구체적 의료의 비용효과성은 통계적으로 유사하게 나타날 가능성이 높지만 항상 그런 것은 아니다. 추상적, 일반적 의료와 개별적, 구체적 의료의 의미에 관하여는 제2장 제1절에서 서술하였다.

본 연구에서 보편적 의료 보장(Universal Health Coverage)이란 세계보건기구(World Health Organization)에서 정의한 바와 같이 추상적으로는 모든 사람이 필요한 의료를 이용할 수 있도록 하는 것으로, 구체적으로는 아래 도식과 같이 인구(population, who is covered?), 의료(services, which services are covered?), 본인부담 비율(direct costs, proportion of the costs covered)의 세 축으로 구성된 의료보장의 수준이 완전한 보편적 의료 보장에 보다 가까워지는 상태 또는 과정을 의미한다.[4]

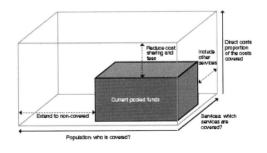

---

4) World Health Organization(2015), 8면 참조. 위 도식도 위 문헌 같은 면에서 발췌한 것이다.

위 도식에서 녹색으로 표시된 직육면체(cube)의 부피가 커질수록 완전한 보편적 의료 보장에 가깝게 된다. 본 연구는, 위 도식에서 녹색으로 표시된 직육면체가 하나인 것은 도식을 간명하게 보이기 위함이고 의료 보장을 하는 보험자 등이 다수인 경우 각 보험자의 위험단체는 인구(population) 축을, 각 보험에서 보장하는 의료는 의료(services) 축을, 각 보험의 본인부담 비율은 본인부담 비율(direct costs) 축을 구성한다고 본다.

한편, 본 연구에서 공적의료보험과 민간의료보험은 OECD Health Project 보고서의 기준5)에 따라 재원 형성 시 각 구성원이 부담해야 하는 금액이 주로 소득에 따라 결정되는지 여부에 따라 구분하였다.6) 왜냐하면 미국, 독일, 호주와 우리나라의 의료보험 제도를 거시적인 관점에서 비교할 필요가 있었기 때문이다. 그래서 엄밀히 말해서 의료보험이 아닌 영국의 NHS나 호주의 메디케어 같은 국가보건서비스도 공적의료보험으로 분류하였다. 그리고 오바마케어의 실손의료보험, 독일의 일부 대체형 실손의료보험, 호주의 실손의료보험과 같이, 사적자치가 인정되는 전형적인 사보험과 달리 보험료나 보험가입 신청 거절 여부, 보험급여 범위 등에 대하여 규제를 받는 의료보험이라고 하여도 그 보험료 산정이 소득에 따라 결정되지 않는 사보험은 실손의료보험으로 분류하였다.

---

5) OECD, (2004), 11면, Francesca Colombo and Nicole Tapay(2004), 7면에서는 민간의료보험(PHI, Private Health Insurance)은 사적인 계약 관계에서 소득과 관련 없이 보험료를 책정하고 그에 따른 보험급여 범위를 결정하는 보험이라고 보고 있다.

6) 소득에 따른 보험료 책정은 대부분의 경우 강제가입을 전제한다. 우리나라, 영국, 독일, 호주의 공적의료보험은 모두 실질적으로 강제가입을 원칙으로 한다. 그러나 미국의 메디케이드나 메디케어의 경우 공적부조의 성격을 가지고 있기도 하고 모두 강제가입되는 것은 아니어서 본 연구에서의 공적의료보험이 강제가입을 개념요소로 하지는 않는다.

의료를 공급받아 소비하는 자는 대개의 경우 환자이지만 예방이나 진단과 같은 의료의 공급을 받는 자는 환자라고 보기 어려운 측면이 있고 성형수술 등 기호적 성격이 강한 의료를 공급받는 자 역시 환자라고 부르기에 적절치 않으므로 의료를 이용하는 자를 의료수요자라고 명명하였다. 그리고 의료수요자와 의료계약을 체결하여 의료를 공급하는 자는 주로 의사이지만 의료법상 의료법인이나 약사 등도 의료를 공급할 수 있으므로 의료공급자라는 용어를 사용하였다. 또한 국민건강보험공단은 건보공단으로 건강보험심사평가원은 심평원으로, 약칭하였다.

II. 본 론

제1장 현재 실손의료보험상품의 문제점

이 장에서는 먼저 실손의료보험의 법적 성격과 현재 실손의료보험상품의 내용을 살핀다. 그리고 현재의 실손의료보험상품이 형성되기까지 실손의료보험에 대한 보험업법상 규제의 연혁과 실손의료보험의 현황을 검토한다. 그리고 공적의료보험인 우리나라 국민건강보험제도 하에서 실손의료보험의 필요성과 역할을 분석한다. 그후에 본질적으로 의료 이용을 증가시키는 속성을 가지는 실손의료보험의 문제점을 살핀다.

제1절 실손의료보험의 법적 성격과
현재 실손의료보험상품의 내용

1. 실손의료보험의 법적 성격

실손의료보험은 가입자가 질병, 상해로 입원하거나 통원 치료를 받은 경우 가입자가 실제 부담한 의료비의 일부를 보험회사가 보상하는 보험상품으로,[1] 국민건강보험에서 보장하지 않는 부분을 보완 또는 보충하는 민간의료보험이다.[2] 이것은 상법상 상해보험(상법 제

---

[1] 금융감독원 외(2015), 4면.
[2] 따라서 실손의료보험은 국민건강보험을 대체하거나 국민건강보험과 경쟁 관계에 있지 않다. 손해보험협회는 우리나라의 실손의료보험은 국민건강보험에서 보장하지 않는 부분만을 보완하기 때문에 미국과 같은 대체형

737조)과 질병보험(상법 제739조의2)이 혼합된 보험계약이다. 그리고 보험업법 제2조 제1호 다목의 제3보험상품으로 동법 제4조 제1항 제3호 제3보험업의 보험종목 중 상해보험과 질병보험이 혼합된 상품이기도 하다. 실손의료보험은 보험회사가 판매하는 보험상품으로 보험계약자가 스스로의 의사결정에 따라 가입하고 보험료 책정 시 보험계약자의 소득 수준을 고려하지 않는 사보험이라는 점에서 국민건강보험과 다르다. 그리고 질병이나 상해가 발생하였을 때 실제 치료비가 아니라 정액의 보험금을 지급하는 정액형 의료보험과도 다르다.[3]

실손의료보험이 비정액형 보상방식을 취하고 있기 때문에 그 법적 성격이 인보험이 아니라 손해보험으로 분류되어야 하는 것이 아닌가 하는 의문이 제기될 수 있다. 실손의료보험이 손해보험이라면 상법상 손해보험에 관한 규정들(상법 제665조부터 제682조)이 실손의료보험에 직접 적용되고 실손의료보험이 보험업법 제2조 제1호 나목의 손해보험에 해당하여 생명보험업을 하는 보험회사는 실손의료보험을 판매하지 못하게 된다(보험업법 제4조). 그러면 실손의료보험에도 피보험이익(보험계약의 목적, 금전으로 산정할 수 있는 이익)이 요구되며(상법 제668조) 보험약관에 보험자대위 약정이 없어도 피보험자가 제3자로부터 손해배상을 받은 경우에 보험금 청구를 할 수 없다.[4] 이론적 측면에서 오직 보상방식에 따라 비정액 보상방식을

의료보험이 아니어서 실손의료보험이 국민건강보험을 대체할 수 있다는 주장은 현실과 부합하지 않는다고 설명하고 있다. 손해보험협회 홈페이지 '민간의료보험에 대한 오해와 진실' 참조.

http://www.knia.or.kr/consumer/long-term-policy-guide/long-term-policy-guide01/ [최종방문일 : 2018. 4. 13.]

3) 한기정(2017), 30면. 실손의료보험은 비정액 보상방식의 상해보험이나 질병보험인데, 이는 상법상 보험의 분류로는 보험목적이 사람인 인보험의 일종이지만 비정액 보상방식에 관한 한 손해보험의 성질도 띈다.

취하는 보험을 손해보험으로 분류하는 것이 가능하고 그렇게 분류하면 실손의료보험도 손해보험으로 볼 수 있다. 그러나 상법상 손해보험은 이론상의 재산보험과 이론상의 손해보험이 결합되어 있어서 상법상 손해보험은 비정액 보상방식 이외에 보험목적이 재산이어야 한다.[5] 실손의료보험은 보험목적이 신체이기 때문에 상법상 손해보험으로 분류될 수 없다. 실손의료보험은 상해보험이나 질병보험의 성질과 함께 손해보험의 성질도 갖고 있는 손해보험형 상해보험(또는 질병보험)으로[6] 상법상 인보험에 해당한다. 그래서 상법상 손해보험에 관한 규정이 실손의료보험에 직접 적용되지는 않는다.[7] 그리고 실손의료보험의 보험금 지급 사유는 보험약관에서 보장하는 의료 이용으로 인한 의료비 지출이지만 보험사고는 보험약관에서 정하는 상해나 질병이다.

2. 현재 실손의료보험상품의 내용

가. 현재 실손의료보험상품의 보장내용

(1) 표준약관

금융감독원은 보험업법 및 보험업감독규정(금융위원회 고시)에 따라 보험기관의 감독을 위하여 보험업감독업무시행세칙(금융감독원 세칙)을 규정하고 있다. 보험업감독업무시행세칙 중에는 실손의

---

4) 대법원 2000. 11. 10. 선고 2000다29769 판결.
5) 한기정(2017), 28면, 412면.
6) 대법원 2016. 12. 29. 선고 2016다217178 판결, 대법원 2003. 12. 26. 선고 2002다61958 판결, 대법원 2000. 2. 11. 선고 99다50699 판결 등. 판례는 비정액 보상방식의 상해보험을 손해보험형 상해보험이라고 설시하고 있다.
7) 다만, 실손의료보험의 성질이 허용하는 범위 내에서 상법상 손해보험에 관한 규정을 실손의료보험에 유추적용하는 것은 가능할 것이다. 한기정(2014), 144면 참조.

료보험 표준약관이 포함되어 있다. 보험회사가 표준약관과 다른 보험약관으로 보험상품을 판매하기 위해서는 미리 금융위원회에 신고하여야 하는데(보험업감독규정 제7-50조) 현재 금융당국은 실손의료보험 약관이 표준화되어 있어야 한다는 입장이어서 현재 판매되고 있는 실손의료보험의 상품구조는 표준약관과 동일하다.

다만, 실손의료보험의 표준약관이 2009년에 제정되었고 그 후 7번의 개정을 했기 때문에 과거에 실손의료보험에 가입한 경우 해당 실손의료보험의 약관은 현행 표준약관과 세부적인 내용이 다르다. 그러나 공적의료보험인 국민건강보험에서 보장하지 않는 의료비(본인부담금과 비급여 의료비) 중 보험약관에서 보장하지 않는다고 규정한 의료비를 제외한 의료비에 대하여 일정 금액을 상한으로 하거나 지급 횟수에 제한을 두어 보험금을 지급하는 주된 내용에 있어서는 차이가 없다. 그러므로 현행 표준약관의 내용을 개관함으로써 과거에 판매되었던 실손의료보험의 주된 약관 내용도 파악할 수 있다.

(2) 실손의료보험이 보장하는 사항과 보장하지 않는 사항

실손의료보험의 보장종목은 상해입원형, 상해통원형, 질병입원형 및 질병통원형이다. 상해입원형은 피보험자가 상해로 인하여 병원에 입원하여 치료를 받은 경우에, 상해통원형은 피보험자가 상해로 인하여 병원에 통원하여 치료를 받거나 처방조제를 받은 경우에, 질병입원형은 피보험자가 질병으로 인하여 병원에 입원하여 치료를 받은 경우에, 질병통원형은 피보험자가 질병으로 인하여 병원에 통원하여 치료를 받거나 처방조제를 받은 경우에 보상한다.

(가) 상해입원형

보험회사는 피보험자가 상해로 인하여 병원에 입원하여 치료를 받은 경우에 입원의료비를 하나의 상해 당(같은 상해로 2회 이상 치료를 받는 경우에도 이를 하나의 상해로 봄) 보험가입금액(5천만 원이내에서 계약 시 계약자가 정한 금액을 말함)의 한도 내에서 보상한다. 표준형과 선택형의 보상 내용에 다소의 차이가 있다.

실손의료보험이 보상하는 사항 중 비급여란 국민건강보험법에서 정한 요양급여 또는 의료급여법에서 정한 의료급여 절차를 거쳤지만 급여항목이 발생하지 않은 경우로 국민건강보험법 또는 의료급여법에 따른 비급여 항목을 포함한다. 금융위원회가 2016. 12. 발표한 바에 의하면 실손의료보험 가입자의 총 의료비 중 비급여 부담비용이 차지하는 비중이 36.3%인데, 이는 일반 국민(18%, 실손의료보험에 가입하지 않은 일반 국민만으로 한정하면 15.1%)[8]의 2배 수준으로, 비급여 의료가 실손의료보험의 손해율 상승과 보험료 인상의 주된 원인이다.[9] 비급여 의료는 우리나라 의료보험 제도 내에서 아주 중요하고 복잡한 의미를 가지고 의료수요자가 실손의료보험을 필요로 하게 되는 주된 원인이면서 동시에 현재의 실손의료보험상품의 손해율 및 보험료 증가의 주된 원인인데[10] 이에 대하여는 후술한다.

표준약관에서는 회사가 보상하지 않는 사항도 구체적으로 규정하고 있다. 예를 들어, 피보험자가 고의로 자신을 해친 경우, 정당한 이유없이 입원기간 중 의사의 지시에 따르지 않거나 의사가 통원치료가 가능하다고 인정함에도 피보험자 본인이 자의적으로 입원하여

---

8) 건보공단은 2004년 이후 매년 진료비 실태조사를 하는데, 이때 비급여 의료의 가격이나 공급량을 구체적으로 파악하지는 않지만 1개월 동안의 전체 의료 중 비급여 의료가 차지하는 비율을 조사한다. 감사원(2015), 88면.

9) 금융위원회 보도자료(2016. 12. 20.), 금융개혁의 핵심과제인 실손의료보험 제도 개선을 추진하여 "착한 실손의료보험"을 안정적으로 공급하고, 국민 의료비 부담을 완화하겠습니다, 3면.

10) 정성희 (2016) (2016)참조. 보험업계와 금융당국은 보험료 인상의 주요 원인이 비급여 부분에서 발생하는 고가의 과잉 의료라고 보고 있다. 그리고 비급여 의료의 내용이나 가격 결정을 의료공급자가 하고 있고 그것을 관리하거나 감독할 수 있는 기전이 없는 것을 가장 큰 문제로 지적하고 있다.

발생한 입원의료비, 치과치료, 한방치료, 국민건강보험법에 따른 요양급여 중 본인부담금의 경우 국민건강보험 관련 법령(본인부담금 상한제)에 따라 국민건강보험공단으로부터 사전 또는 사후 환급이 가능한 금액, 국민건강보험 비급여 대상으로 신체의 필수 기능개선 목적이 아닌 외모개선 목적의 치료로 인하여 발생한 의료비, 진료와 무관한 비용(TV시청료, 전화료, 각종 증명료 등), 자동차보험 또는 산재보험에서 보상받는 의료비, 국민건강보험법 제42조의 요양기관이 아닌 외국에 있는 의료기관에서 발생한 의료비 등이다.

(나) 상해통원형

보험회사는 피보험자가 상해로 인하여 병원에 통원하여 치료를 받거나 처방조제를 받은 경우에 통원의료비 명목으로 매년 계약해 당일부터 1년을 단위로 하여 외래(외래제비용, 외래수술비) 및 처방조제비를 각각 보상한다. 외래 및 처방조제비는 회(건)당 합산하여 30만 원 이내에서 계약 시 계약자가 각각 정한 금액으로 한다. 상해통원형에서는 항목별 공제금액(deductible)을 두어서 외래 및 처방조제비가 일정 금액이 넘어야 보험금 청구를 할 수 있도록 하고 있다. 한편, 상해통원형의 경우에도 보상하지 않는 사항이 구체적으로 규정되어 있는데, 입원과 통원의 의료 공급 방식의 차이로 인하여 다소 간의 차이가 있지만 상해입원형에서 규정하는 내용과 거의 동일하다.

(다) 질병입원형

보험회사는 피보험자가 질병으로 인하여 병원에 입원하여 치료를 받은 경우에는 입원의료비를 다음과 같이 하나의 질병 당 보험가입금액(5천만원 이내에서 계약 시 계약자가 정한 금액)의 한도 내에서 보상한다. 질병입원형이 보상하지 않는 사항 역시 상해입원형이나 상해통원형과 거의 같으나 질병과 상해의 사실상의 다름으로 인하여 약간의 차이가 있다. 가령, 질병입원형에서는 청약서상 '계약전 알릴 의무(중요한 사항으로 한정합니다)'에 해당하는 질병으로 인하여 과거(청약서상 해당 질병의 고지대상 기간)에 진단 또는 치료를 받은 경우 그 질병으로 인한 입원의료비는 보상하지 않는다.

(라) 질병통원형

보험회사는 피보험자가 질병으로 인하여 병원에 통원하여 치료를 받거나 처방조제를 받은 경우에 통원의료비 명목으로 매년 계약해당일부터 1년을 단위로 하여 외래(외래제비용, 외래수술비) 및 처방 조제비를 각각 보상한다. 외래 및 처방조제비는 회(건)당 합산하여 30만 원 이내에서 계약 시 계약자가 각각 정한 금액으로 한다. 그 전반적인 내용이 상해통원형과 동일하다. 질병통원형의 경우에도 보상하지 않는 사항이 구체적으로 규정되어 있는데, 질병입원형에서 규정하는 내용과 거의 동일하다.

나. 현재 실손의료보험상품의 보험료

실손의료보험 표준화(2009. 10.) 이후 각 보험회사의 실손의료보험 상품의 구조는 모두 동일하지만 보험료 수준은 사업비 구조, 보험료 산출에 사용된 기초 통계 등에 따라 다를 수 있다.[11] 실손의료보험 계약은 보험계약자의 청약에 따른 보험회사의 승낙으로 이루어지는 계약으로 국민건강보험과 같이 법률상 가입이 강제되는 공적의료보험과 달리 계약인수 여부에 대한 판단이 보험회사의 자율에 맡겨져 있다. 현재 보험회사들은 성별, 나이를 기본으로 하여 보험료를 산

---

11) 금융감독원 외(2015), 16면.

정하되, 직업, 운전차종, 과거 병력 등을 고려하여 보험가입을 거절하거나 보험료를 책정하고 있다.

보험회사는 피보험자가 계약에 적합하지 않은 경우에 승낙을 거절하거나 별도의 조건(보험가입금액 제한, 일부보장 제외, 보험금 삭감, 보험료 할증 등)을 붙여 승낙할 수 있다(표준약관 제15조 제2항). 보험회사가 계약의 청약을 받고 제1회 보험료를 받은 경우에 건강진단을 받지 않는 계약은 청약일, 진단계약은 진단일(재진단의 경우에는 최종 진단일)부터 30일 이내에 승낙하거나 거절하여야 하며, 이 경우 30일 이내에 보험회사가 승낙 또는 거절의 통지를 하지 않으면 승낙한 것으로 본다고 규정되어 있다(표준약관 제15조 제3항).

다. 현재 실손의료보험상품의 운영방식

(1) 보험금의 지급 절차

(가) 보험금의 지급

실손의료보험상품의 보험계약자, 피보험자 또는 보험수익자는 보험금 지급사유가 발생한 것을 알았을 때에는 지체없이 그 사실을 보험회사에 알려야 한다(표준약관 제5조). 보험수익자는 청구서(보험회사 양식), 사고증명서(진료비계산서, 진료비세부내역서, 입원치료확인서, 의사처방전, 의료법 제3조에서 규정한 국내의 병원이나 의원에서 발급한 것이어야 함), 신분증, 그 밖에 보험수익자가 보험금 수령에 필요하여 제출하는 서류를 보험회사에 제출하고 보험금을 청구한다(표준약관 제6조). 보험회사는 원칙적으로 보험금 청구를 접수한 날부터 3영업일 이내에 보험금을 지급한다(표준약관 제7조 제1항).

(나) 보험금 지급사유 조사, 확인

그런데 보험회사가 보험금 지급사유를 조사, 확인하기 위하여 보험금 청구를 접수한 날부터 3영업일 이내에 보험금을 지급하지 못할 것으로 명백히 예상되는 경우에는 그 구체적인 사유와 지급예정일 및 보험금 가지급제도(보험회사가 추정하는 보험금의 50% 이내의 금액을 지급하는 제도)에 대하여 피보험자 또는 보험수익자에게 즉시 통지한다(표준약관 제7조 제2항 본문). 이때, 보험금 청구를 접수한 날부터 30영업일 이내에서 지급예정일을 정해야 하지만, 소송제기, 분쟁조정 신청, 수사기관의 조사, 외국에서 발생한 보험사고에 대한 조사, 의료기관, 국민건강보험공단, 경찰서 등 관공서에 대한 보험회사의 서면에 의한 조사요청에 대한 동의 거부 등 보험계약자, 피보험자 또는 보험수익자에게 책임이 있는 사유로 보험금 지급사유의 조사와 확인이 지연되는 경우에는 그렇지 않다(표준약관 제7조 제2항 단서).

보험계약자, 피보험자 또는 보험수익자는 계약 전 알릴 의무나 보험금 지급사유 조사와 관련하여 의료기관, 국민건강보험공단, 경찰서 등 관공서에 대한 보험회사의 서면에 의한 조사요청에 동의하여야 한다(표준약관 제7조 제5항). 보험회사는 계약자, 피보험자 또는 는 보험수익자에게 국민건강보험법에 따른 본인부담금 상한제 등에 관련된 확인요청을 할 수 있고(표준약관 제7조 제8항), 보험금 지급금액 결정을 위해 확인이 필요한 경우 보험계약자, 피보험자 또는 보험수익자에게 심평원의 진료비확인요청제도를 활용할 수 있도록 동의해줄 것을 요청할 수 있다(표준약관 제7조 제9항).

(다) 보험수익자와 보험회사가 보험금 지급사유에 대하여
     합의하지 못할 경우

보험수익자와 보험회사가 보험약관상 보험금 지급사유에 대해

합의하지 못할 때는 보험수익자와 보험회사가 함께 제3자를 정하고 제3자의 의견에 따를 수 있다(표준약관 제7조 제7항 전문). 제3자는 의료법 제3조에 규정한 종합병원 소속 전문의 중에 정하며, 보험금 지급사유 판정에 드는 의료비용은 보험회사가 전액부담한다(표준약관 제7조 제7항 후문).

(2) 의료공급자와의 관계

실손의료보험은 의료공급자와 의료수요자 사이의 의료계약에 따라 발생하는 의료비 중 일부를 부보한다. 현재 실손의료보험상품 중에는 의료공급자가 보험계약의 당사자이거나 의료공급자와 보험회사 사이의 계약을 전제로 한 보험상품은 존재하지 않는다. 보험회사와 의료공급자 사이에는 아무런 법률관계도 없다. 현재 실손의료보험상품에서는 보험금 지급이나 보험금 지급사유 조사, 확인이 모두 보험회사와 의료수요자 사이에서 이루어진다.

3. 현재 실손의료보험이 보장하는 급여 의료비와 비급여 의료비

가. 급여와 비급여 의료의 내용과 가격 결정

(1) 급여 의료와 비급여 의료

(가) 급여 의료

국민건강보험에서 보장하는 요양급여의 기준이나 방법 등 세부사항은 보건복지부 장관이 의약계, 건보공단 및 심평원의 의견을 들어 정한다(국민건강보험법 제41조 제2항. 국민건강보험 요양급여의 기준에 관한 규칙 제5조 제2항). 그리고 보건복지부장관은 요양급여 대상을 요양급여행위, 약제, 치료재료로 구분하여 급여목록표에 정

하여 고시한다(국민건강보험 요양급여의 기준에 관한 규칙 제8조 제
2항). 이렇게 국민건강보험이 보장하는 요양급여 대상을 통상 '급여'
또는 '급여 항목'이라고 부른다. 급여 항목에 등재되기 위해서는 전
문평가위원회에서 해당 의료의 안전성, 유효성을 확인하고, 경제성
(대체가능성, 비용효과성 등)이나 급여의 적정성(보험급여원리, 건강
보험재정상태 등) 등을 평가하여 요양급여 대상으로 결정되어야 한
대행위 치료재료 등의 결정 및 조정 기준(보건복지부 고시), 약가의
결정 및 조정 기준(보건복지부 고시) 참조). 이렇게 결정된 급여 항목
은 구체적인 의료의 내용과 가격을 정하고 있다. 급여 항목에 해당
하는 의료에 대하여는 의료수요자는 전액을 본인이 부담하지 않고
일부만을 본인일부부담금(통상 본인부담금이라고 함)으로 지급하고
(국민건강보험법 제44조) 나머지(통상 공단부담금이라고 함)는 의료
공급자가 건보공단에 요양급여비용을 청구하여 지급받는다.

(나) 비급여 의료
보건복지부 장관은 요양급여의 기준을 정할 때 업무나 일상생활
에 지장이 없는 질환에 대한 치료 등 보건복지부령에서 정하는 사항
은 요양급여의 대상에서 제외되는 사항(비급여대상)으로 정할 수 있
다(국민건강보험법 제41조 제4항, 국민건강보험 요양급여의 기준에
관한 규칙 제9조 제1항 별표 2). 이것을 '비급여' 또는 '비급여 항목'
이라고 부른다. 국민건강보험은 급여 항목의 의료에 대하여는 보험
급여를 하지만 비급여 항목 의료에 대하여는 보험급여를 하지 않는
다. 그러므로 의료수요자는 비급여 항목 의료에 대하여는 의료비 전
액을 의료공급자에게 지급하여야 한다. 급여 의료에 대한 의료비는
정부에서 정한 수가(酬價)에 따라 결정되는데(국민건강보험법 제41
조, 제45조) 비해 비급여 의료에 대한 의료비는 의료공급자와 의료수
요자 사이의 합의에 따라 결정된다. 비급여는 후술하는 임의 비급여

와 완전히 구별되는 개념이다. 그래서 비급여를 임의 비급여와 구별
하기 위하여 '법정 비급여'라고 부르기도 한다.

(2) 급여 의료의 내용과 가격 규제

급여 의료인 의료행위 등의 요양급여비용은 매년 건보공단의 이
사장과 대통령령으로 정하는 의약계를 대표하는 사람들 사이의 계
약으로 정하고, 그렇게 계약이 체결되면 그 계약은 건보공단과 각
요양기관 사이에 체결된 것으로 본다(국민건강보험법 제45조 제1항,
제2항). 이를 보면 요양급여비용은 매년 의약계 대표와 건보공단의
계약으로 결정되는 것처럼 보이지만, 그 계약에서 결정되는 것은 점
수 당 단가일 뿐이고(국민건강보험법 시행령 제21조 제1항) 개별 요
양급여의 상대가치점수는 보건복지부 장관이 정한다(국민건강보험
법 시행령 제21조 제2항). 게다가 그 점수 당 단가마저 계약이 결렬
되면 보건복지부 장관이 정한다(국민건강보험법 제45조 제3항). 그러
다 보니 상대가치점수의 점수 당 단가 계약(수가계약이라고도 함)
제도는 의료공급자의 자율성보다는 정부가 초점을 두는 공공성 내
지는 건강보험재정 안정성의 요구가 관철되는 경우가 많다.[12]

그리고 급여 대상인 약제에 대하여는 보건복지부장관이 고시하
는 상한금액을 한도로 하여 요양기관이 해당 약제를 구입한 금액(실
거래가)을 요양기관이 요양급여비용으로 지급받는 방식으로 상환이
이루어지는데, 이를 실거래가상환제라고 한다.[13] 그리고 최초로 급
여 대상으로 등재되는 약제의 상한금액은 심평원의 비용효과성 평가
등을 거친 후 건보공단과 제약회사가 협상을 하는 등의 방식으로 정

---

12) 이상돈 (2009), 6면.

13) 국민건강보험법 시행령 제22조 제1항. 우리나라 국민건강보험법상 약가
   제도의 변천에 관하여는 명순구(2011)), 559면 내지 563면, 박성민(2012), 47
   면 이하 참조.

해지고, 기존에 등재되어 있는 약제의 후발의약품은 원칙적으로 보건복지부 고시로 정한 산식에 따라 상한금액이 결정된다. 그래서 약제의 경우도 가격 결정에 있어 정부가 상당한 결정권을 가지고 있다.

⑶ 비급여 의료의 내용과 가격 결정

비급여 의료의 내용과 가격은 시장에서 의료공급자와 의료수요자가 자율적으로 결정한다. 그런데 국민건강보험 등에서 비급여 의료의 내용과 가격에 대한 규제가 없음은 물론이고 그에 관한 정보조차도 제공되지 않는다. 비급여 의료의 항목을 정하고 있는 국민건강보험 요양급여의 기준에 관한 규칙 제9조 제1항 별표 2는 모두 합쳐도 4면 정도에 불과하다. 현행 국민건강보험법령상 비급여 항목에는 가격 정보가 없음은 물론, 그 내용이 포괄적으로 규정되어 있어서 그 의료의 구체적인 내용을 비급여 항목으로부터 특정할 수 없다. 질병 치료 목적의 비급여 의료의 경우 구체적인 목록이 있는 경우가 있지만 그것은 일부에 불과하다. 이러한 항목 하에서는 기존에 존재하던 비급여 의료와 유사하지만 약간 달라진 비급여 의료나 완전히 새로운 비급여 의료 등 새로운 비급여 의료가 생길 수 있어서 비급여 의료는 개방적인 구조를 갖게 된다. 게다가 비급여 의료 항목에는 상병코드 등 코드가 없거나 코드가 있어도 표준화가 되어 있지 않아서 해당 코드를 통해 서로 다른 의료공급자들 간의 같은 종류의 비급여 의료를 비교하기도 어렵다.

나. 정부의 2017. 8. 건강보험 보장성 강화대책

정부는 2017. 8. 건강보험 보장성 강화대책을 발표하였다. 그 핵심은 비급여 문제를 해결하기 위하여 모든 의학적 비급여를 건강보험에 편입하는 데에 있다. 이하에서는 이 정책의 내용을 살펴보고 이

정책이 이행되었을 때 실손의료보험의 보장내용 변화를 분석한다.

(1) 정부의 2017. 8. 건강보험 보장성 강화대책의 내용

(가) 기존 비급여 해소 및 새로운 비급여 발생 차단

보건복지부는 2017. 8. 9. 문재인 케어라고 부르는 건강보험 보장성 강화대책을 발표하였다.[14] 이것은 '병원비 걱정 없는 든든한 나라'를 위하여 국민들의 의료비 부담을 획기적으로 낮추고 고액 의료비로 인한 가계파탄을 방지하기 위한 것이다. 위 발표에 의하면 정부는 그 동안 건강보험 혜택을 확대하기 위해 지속적으로 노력해왔음에도, 건강보험 보장률[15]이 지난 10년간 60% 초반에서 정체되어 있는 등 국민이 체감하는 정책효과가 미흡한 원인을 비급여 비중이 높은 것으로 판단하였다. 그리고 이를 해결하기 위하여 기존과 달리 '비급여의 점진적 축소'가 아니라 '의학적으로 필요한 비급여를 완전히 해소'하는 획기적인 전환을 추진하기로 하였다.

정부의 2017. 8. 건강보험 보장성 강화대책에는 개인 의료비 부담 상한액을 적정 관리하려는 정책[16]이나 긴급 위기 상황에 대한 지원을 강화하는 정책[17]도 있지만 가장 핵심적인 정책은 비급여 해소 및

---

14) 보건복지부 보도자료(2017. 8. 9.), 모든 의학적 비급여(미용, 성형 등 제외), 건강보험이 보장한다!
15) 보장률은 [전체 진료비 - 본인부담(비급여+법정)]/전체 진료비 이다.
16) 의료 사회안전망을 강화하기 위하여 노인, 아동, 여성 등 경제적, 사회적 취약 계층에 대한 필수적 의료비 부담을 대폭 경감할 수 있도록 하거나 소득하위 50% 계층에 대한 건강보험 의료비 상한액을 연소득 10% 수준으로 인하하는 등 소득수준에 비례하여 본인부담 상한액을 설정하는 정책이다.
17) 소득 하위 50%를 대상으로 의료비가 연간 소득의 일정 비율을 넘는 경우 비급여 등 본인부담을 연간 2천만 원 범위 내에서 지원하는 재난적 의료비 지원 제도를 확대하고 위기 상황에서 다양한 의료비 지원 사업이 적절히 지원될 수 있도록 제도간 연계를 강화하는 정책이다.

발생 차단 정책이다. 즉, 미용, 성형 등 일부를 제외하고 모든 의학적 비급여는 신속히 급여화하되, 다소 비용효과성이 떨어지는 경우는 본인부담을 차등적용하는 예비급여로 건강보험에 편입하여 관리하려는 것이다. 예비급여는 효과는 있으나 가격이 높아 비용효과성이 떨어지는 비급여를 우선 급여화하되 본인부담률을 30% 내지 90%까지 차등하는 것으로 3~5년 후 평가하여 급여, 예비급여, 비급여 여부를 결정할 것이라고 한다. 예비급여 추진 대상은 약 3,800여 개라고 하며 2022년까지 모두 급여 또는 예비급여로 건강보험을 적용할 예정이다. 가령, 대표적인 비급여인 선택진료[18]는 2018년부터 완전히 폐지되었다. 그리고 비급여 상급병실에 대하여도 2018년 하반기부터 단계적으로 건강보험 적용을 받게 되며 간호, 간병 통합서비스 제공 병상도 대폭 확대될 것이라고 한다.

현행 국민건강보험법령상 급여 항목 중에는 선별급여라고 하여 본인부담금의 비율이 높은 급여 항목이 있다.[19] 소위 '100/100'이라고 하여 급여 의료인데 본인부담금이 100%인 경우(전액본인부담)도 있다. 이렇게 급여화를 하면 공단부담금이 적거나 없다. 본인부담금은

---

18) 전문의 자격 취득 후 10년 경과한 의사(대학교수 조교수 5년), 면허 취득 후 15년 경과한 치과의사(대학병원 조교수 10년) 및 한의사 등 선택진료의사에게 진료를 받으면 약 15%에서 50%까지 추가비용을 환자가 부담하는 제도이다.

19) 선별급여는 경제성이 낮거나 불확실하지만 국민건강보험 급여에 대한 사회적 요구가 높은 진료 항목에 대해 급여 의료보다 높은 본인부담률(50% 또는 80%)을 적용하여 한시적 국민건강보험 급여로 인정하는 제도로 2014. 6. 선별급여 항목이 최초 등재되었다. 「국민건강보험법 시행령」 별표 2 제4호에 따른 요양급여 항목 및 본인부담률과 「국민건강보험 요양급여의 기준에 관한 규칙」 제5조에 따른 요양급여의 적용기준 및 방법과 제11조의3 제5항에 급여평가위원회의 평가 기준 및 절차 등 운영에 관하여 필요한 사항을 규정하는 보건복지부 고시인 「요양급여비용의 100분의 100 미만의 범위에서 본인부담률을 달리 적용하는 항목 및 부담률의 결정 등에 관한 기준」에 법적 근거를 두고 있다. 조수진 외(2016), 63면 참조.

환자가 부담하고 공단부담금은 국민건강보험 재정이 부담한다. 그래서 국민건강보험의 재정적 부담 없이 단기적으로 급여목록에 등재되는 비급여 의료의 범위를 확대할 수 있는 방법으로 비급여 의료를 급여 항목으로 등재하되 선별급여로 본인부담금 비율을 높게 설정하는 방안이 제시되어 왔다.[20] 그리고 이를 통하여 비급여 의료로 시장에 방치되어 있던 의료가 급여 의료가 되어 국민건강보험 제도에 따른 가격이나 공급량 관리를 할 수 있다는 견해가 유력하였다.[21] 이번 정책에는 이러한 견해들이 반영된 것으로 보인다.

정부는 예비급여 제도 도입 등으로 비급여가 건강보험 영역으로 편입되면 본인부담이 줄어들고 국민건강보험이 그 가격이나 실시 현황 등을 모니터링하여 관리할 수 있게 될 것으로 전망하고 있다. 이를 통해 기존의 비급여를 해소할 수 있을 것이라고 기대하는 것이다. 그런데 새로운 비급여가 발생하면 이러한 노력의 실효성이 낮아질 수 있다. 그래서 정부는 새로운 비급여 발생을 차단하기 위해 신포괄수가제[22] 적용 의료기관을 대폭 확대하는 정책도 함께 시행할 계획이다. 기존의 비급여를 예비급여를 통해 급여화하고 새로운 비급여 역시 최대한 급여 또는 예비급여로 편입되도록 하려는 것이다.

(나) 국민건강보험과 실손의료보험의 관계 재정립

정부는 2017. 8. 건강보험 보장성 강화대책 발표[23]를 통하여, 실손

20) 김대환·오영수(2016), 129면 내지 133면.

21) 이진석(2015), 213면.

22) 신포괄수가제는 기존의 행위별 수가제와 달리 환자가 입원해서 퇴원할 때까지 발생한 진료를 묶어서 미리 정해진 금액을 지불하는 방식으로 기관별 비급여 총량 관리에 효과적인 제도라고 한다. 보건복지부 보도자료(2017. 8. 9.), 모든 의학적 비급여(미용, 성형 등 제외), 건강보험이 보장한다! 참조.

23) 보건복지부 보도자료(2017. 8. 9.), 모든 의학적 비급여(미용, 성형 등 제외),

의료보험이 비급여 의료의 가격 장벽을 낮춰 불필요한 의료 이용을 유발하고 의료비와 보험료가 상승하여 국민 부담을 가중시킨다는 지적이 있어왔다고 하였다. 그리고 불필요한 의료비 상승을 억제할 수 있도록 보건복지부와 금융위가 협조하여 공·사보험 연계법을 제정하고 공·사보험 협의체를 통해 보장범위 조정 등 개선방안을 마련할 것이라고 발표하였다. 공·사보험 연계법에는 불필요한 의료비 상승 억제를 위한 국민건강보험, 실손의료보험 간 연계 관리 방안을 규정할 것이라고 한다.

그리고 보건복지부와 금융위원회는 2017. 9. 공·사보험 정책협의체를 개최하였다.[24] 이 자리에서는 국민건강보험 보장성 강화의 혜택이 온전히 국민에게 돌아갈 수 있도록 하기 위한 과제를 설정하였다. 즉, 국민건강보험 보장성 강화로 인한 실손의료보험의 손해율 하락 효과(반사이익)를 분석하여 실손의료보험의 보험료를 인하하고, 향후 국민건강보험이 현행 급여-비급여 체계에서 급여-예비급여-비급여 체계로 전면 개편됨에 따른 근본적인 실손의료보험상품 구조 개편안을 검토하며, 비급여의 급여화, 표준화, 공개를 확대하고 끼워팔기 전면금지나 실손의료보험 보험금 청구 등 관련 소비자 불편을 해소하는 소비자 권익을 강화해나가기로 하였다.

⑵ 2017. 8. 건강보험 보장성 강화대책 이행 후
실손의료보험이 보장하는 의료비

정부의 2017. 8. 건강보험 보장성 강화대책이 실현되면 의학적 필요성이 있는 모든 비급여가 급여 또는 예비급여가 된다. 국민건강보험 체계가 현재의 급여-비급여 체계에서 급여-예비급여-비급여 체계

건강보험이 보장한다!
24) 보건복지부·금융위원회 보도자료(2017. 9. 28.), 건강보험 보장성 강화와 연계한 실손의료보험 개선 추진

로 개편되고 의료수요자는 급여와 예비급여만으로 필요한 대부분의
의료를 이용할 수 있게 되는 것이다. 이것은 단순히 예비급여라는
새로운 분류체계의 이름만 생기는 것이 아니다. 어떤 의료가 급여로
분류되는 경우는 물론 예비급여로 분류되어도 급여 항목이 설정된
다. 그러면 그 의료는 급여 의료 규제를 받게 되어 그 내용과 가격이
국민건강보험법령에 따라 규제된다. 그리고 예비급여에 대하여도
급여와 마찬가지로 심평원이 요양급여비용을 심사하고 요양급여의
적정성을 평가하게 된다.

이렇게 개편된 국민건강보험 체계 하에서 실손의료보험은 본인
부담금 비중이 낮은 급여 의료의 본인부담금, 본인부담금 비중이 높
은 예비급여의 본인부담금, 의학적 필요성이 없는 비급여 의료의 의
료비를 부보할 수 있다. 현재 본인부담금 상한제25)는 예비급여에 대
하여 적용되지 않는다. 그래서 공적부조를 받는 취약계층이 아니라
면 의료수요자는 예비급여의 본인부담금을 오롯이 직접 부담해야
한다.26) 그러므로 2017. 8. 건강보험 보장성 강화대책이 이행된다고
하더라도 의료수요자가 직접 지불해야 하는 의료비가 여전히 높은
수준으로 유지될 가능성이 있다.

제2절 실손의료보험에 대한
보험업법상 규제 연혁과 현황

1. 실손의료보험에 대한 보험업법상 규제 연혁

실손의료보험은 사보험으로 이론적으로는 보험계약자와 보험회

---

25) 국민건강보험법 제44조 제2항. 국민건강보험법 시행령 제19조 및 별표 3).
26) 본인부담금은 기본적으로는 의료 남용을 억제하기 위한 것이지만 의료 남
용과 별개로 보험재정 부담을 경감하고자 하는 성격도 가지고 있다. 건강
보험심사평가원(2016), 45면.

사가 보험계약에 따라 자유롭게 보장의 내용이나 보험료를 정할 수 있다. 그러나 금융당국은 보험업법에 따라 보험회사의 보험업이나 판매하는 보험상품의 내용 등을 구체적으로 규제한다. 예를 들어, 보험회사가 제3보험업 등 보험업을 하려면 보험업법상 허가를 받아야 한다(보험업법 제4조). 그리고 보험회사는 취급하려는 보험상품에 관한 기초서류를 작성하여 금융위원회에 신고하여야 한다(보험업법 제127조). 그런데 금융위원회는 기초서류에 관한 자료의 내용이 법령에 위반되거나 보험계약자에게 불리한 내용을 포함하는 등으로 보험업법 제128조의3 및 제129조를 위반하는 경우에 대통령령으로 정하는 바에 따라 기초서류의 변경을 권고할 수 있다(보험업법 제127조의2). 이때, 보험회사는 기초서류에 기재된 사항을 준수하여야 한다(보험업법 제127조의3).[27]

보험회사는 금융당국에서 허용하지 않는 실손의료보험을 판매할 수 없고 실손의료보험의 보험급여 범위나 보험료 등의 주된 내용은 시장에서 보험계약자와 보험회사가 임의로 정하는 것이 아니라 상당 부분이 금융당국의 규제에 따라 결정된다고 할 수 있다.[28] 실제로 실손의료보험은 금융당국의 감독에 따라 그 구체적인 내용이 변화되어 왔는데 이를 손해보험회사만이 실손의료보험상품을 판매할 수 있었고 생명보험회사는 실손의료보험상품을 판매할 수 없었던 기간(1963년부터 2003년 8월까지), 실손의료보험상품이 표준화되기 전까지의 기간(2003년 8월부터 2009년 9월까지), 실손의료보험상품이 대중화되면서 소비자 보호와 과잉 의료의 문제가 대두되고 이를 해결하기 위한 금융당국의 구체적인 노력이 가시화된 기간(2009년 9월부터 현재까지)으로 나누어서 살펴보려 한다.

---

27) 보험회사에 대한 진입 규제, 퇴출 규제, 보험상품 규제, 보험 모집 및 광고 규제 등에 관하여는 김성환·이기형(2013), 159면 내지 185면 참조.
28) 헌법재판소 2012. 3. 29. 선고 2009헌마613 결정 및 그 반대의견 참조.

가. 손해보험회사만이 실손의료보험상품을 판매할 수 있었던 기간 (1963년부터 2003년 8월까지)

손해보험과 생명보험은 취급하는 보험의 위험 특성이 달라서 손해보험회사가 생명보험업을 하거나 생명보험회사가 손해보험업을 하는 겸영이 금지된다(보험업법 제10조). 금융당국은 상해보험과 질병보험이 인보험이면서도 손해보험의 성격이 있다고 보아 생명보험회사와 손해보험회사가 모두 상해보험과 질병보험을 판매할 수 있도록 그에 대하여 겸영을 허용하면서도 정액보험이 아닌 실손의료보험은 손해보험의 성격이 강한 보험으로 보아서 손해보험회사만이 실손의료보험을 판매할 수 있도록 하였다.

손해보험회사는 1963년 실손보상 상해보험을 처음으로 도입하였다.[29] 그러나 손해보험회사는 주로 화재보험이나 해상보험을 취급하였고 손해보험회사가 인보험인 상해보험이나 질병보험을 판매할 수 있는지 여부는 불분명하였는데, 1978년 재무부는 손해보험회사도 질병보험을 판매할 수 있음을 분명히 하고 다만, 정액형은 생명보험회사가 실손형은 손해보험회사가 판매하도록 하였다.[30] 금융당국은 1997년 생명보험회사와 손해보험회사가 모두 질병보험과 상해보험을 주계약으로 취급할 수 있게 겸영할 수 있도록 허용하였지만 생명보험회사에 대한 실손의료보험상품 인가가 나오지 않아서 여전히 실손의료보험은 손해보험회사만이 판매하고 있었다.[31] 손해보험회사는 1999년 상해 및 질병으로 인한 의료비 중 본인부담금을 보상하는 보험을 판매하면서 본격적인 실손의료보험을 판매되기 시작하였다.[32]

---

29) 김대환 외(2012), 31면.
30) 생명보험협회(2010), 103면, 104면.
31) 박현문(2011), 174면.

나. 의료비 증가와 국민건강보험 재정의 한계, 국민 의료 수요의 다양화 상황에서 실손의료보험의 역할에 대한 논의와 정책적 방향 설정(2003년 8월부터 2009년 9월까지)

(1) 실손의료보험 등 민간의료보험의 역할에 대한 논의와 정책 방향 설정

(가) 2001년 보건복지부의 민간의료보험 활성화 Task Force의 보고

2001년 국민건강보험 재정 위기[33]가 발생하자 보건복지부가 2001. 5. 발표한 국민건강보험 재정안정 및 의약분업 정착 종합개선 방안에는 재정안정 후 민간의료보험의 역할을 확대하여 고급의료, 신기술 고가 치료, 고가약, 병실차액 등 비급여 항목에 대한 보충적 민간의료보험을 활성화하겠다는 내용이 포함되어 있다.[34] 보건복지부는 2001. 10. 19. 학계, 의료계, 보험업계, 국민건강보험의 보험자를 중심으로 민간의료보험 활성화 Task Force를 조직하여 운영하였다.

민간의료보험 활성화 Task Force는 7주간 선정된 주제에 대한 토론 및 회의를 거쳐 보건복지부 장관에게 2001. 12. 14. 최종 결론을 보고하였다. 그 보고 내용을 보면 당시 선진국들이 의료비 증가의 적정화와 소비자 만족의 증대를 위해 공공-민간 혼합 정책을 시행하고 있음을 고려할 때 우리나라도 국민건강보험과 민간의료보험의 협력을 통해 의료보장체계를 개선하여야 한다고 결론짓고 있다.[35] 다만, Task force에 참여한 구성원들 중 건보공단과 시민단체, 노동단체는 민간의료보험이 확대될 경우 국민건강보험의 발전이 저해되고 소득에 따른 의료이용의 양극화가 초래되며 과다한 관리비용, 저소득자

---

32) 김대환 외(2012), 31면.
33) 권순원(2003), 최병호(2002), 42면 내지 49면. 송호근(2006), 60면, 61면 참조.
34) 보건복지부 보도자료(2001. 5.), 국민건강보험 재정안정 및 의약분업 정착 종합개선, 18면.
35) 보건복지부 민간의료보험 활성화 Task Force(2001)

와 병약자의 가입이 제한되며 고소득의 젊고 건강한 자를 가입시켜
이윤을 확보하려는 현상 등으로 소비자 피해가 커지므로 실손의료
보험의 역할 확대에 반대한다는 입장이었다.[36]

　　보건복지부의 민간의료보험 활성화 Task Force는 구체적으로는 국
민건강보험의 기본 틀을 유지하고 공공성이 높고 상대적으로 비용
효과성이 높은 의료 영역을 기본급여(basic package)로 하여 국민건강
보험이 이를 담당하고, 실손의료보험의 경우 다양한 욕구충족 및 의
료서비스의 질 개선이라는 기준 하에 보충형과 경쟁형의 두 가지 대
안을 설정한 후, 현실 수용적 측면에서 보충형을 활성화하는 것이
타당하다고 하며, 이를 위하여 의료정보 공시 등 민간의료보험에 대
한 소비자 보호조치를 강화하고, 세제 지원 등을 통한 민간의료보험
육성책이 필요하다고 제언하고 있다.[37] 이는 실손의료보험이 국민
건강보험을 보충하는 역할을 하여야 한다는 입장으로 2001년을 전후
로 유사한 주장들이 제기되었고,[38] 의사들 중에는 민간의료보험회사
를 통해 높은 수가를 얻을 수 있을 것이라는 기대로 민간의료보험을
지지하는 경우가 많았다고 한다.[39] 이에 대하여는 미국의 의료보험
의 폐해를 강조하면서, 민간의료보험은 국민건강보험에 비하여 부담
한 비용에 비하여 혜택이 적고, 영리를 추구하는 민간의료보험의 보
험자는 질병이나 상해 위험이 적은 피보험자를 선택하려 하며, 사회
적 연대가 파괴되는 등의 이유를 들어 국민건강보험의 보장률 강화
라는 최선을 추구하여야 한다는 반론[40]이 제기되었다.

---

36) 보건복지부 민간의료보험 활성화 Task Force(2001), 7면.
37) 보건복지부 민간의료보험 활성화 Task Force(2001), 8면 내지 11면.
38) 이상돈(2000), 78면, 79면. 82면, 오영수(2003), 48면 내지 51면, 65면, 최찬호
　　(2002), 763면, 김원중(2004), 73면 등.
39) 조병희(2003), 79면.
40) 이진석(2000)

(나) 2006년 대통령 자문 의료산업선진화위원회의 의료산업 선진화
　　전략 보고

국무총리가 위원장인 대통령 자문 의료산업선진화위원회는 2006.
7. 11. 의료산업 선진화 전략을 발표하면서, 국민건강보험의 급여율
을 2008년까지 70% 이상으로 향상시키는 등 국민건강보험의 보장성
을 지속적으로 확대하면서 민간의료보험이 국민건강보험의 비급여
를 중심으로 국민들의 의료보장에 적절한 역할을 하도록 제도를 개
선하여야 한다는 보고를 하였다.[41] 이것은 실손의료보험의 역할을
국민건강보험의 비급여 부분으로 한정하여 실손의료보험이 국민건
강보험에 미칠 수 있는 재정 영향을 최소화하려한 것이다.[42] 이는
보건복지부의 민간의료보험 활성화 Task Force의 입장과 마찬가지로
우리나라 의료보험 제도를 국민건강보험을 중심으로 하면서도 실손
의료보험이 국민건강보험을 보충하는 체계로 형성하는 것이 바람직
하다는 입장이다.

의료산업선진화위원회의 검토 내용 중 상당 부분이 실제 정책으
로 구현되지는 않았다. 하지만 보편적 의료 공급을 통한 소득재분배
와 의료의 평등 달성이라는 사회보장의 이념을 추구하면서도 인구
고령화에 따른 의료비 증가에 대응하고 국민의 의료 욕구와 수요의
수준이 높아진 것에 부응하기 위하여 국민건강보험을 중심으로 하
여 국민건강보험에서 보장하지 않는 부분을 의료수요자의 필요에
따라 실손의료보험을 통해 보장받도록 한다는 의료보험 제도의 큰
방향이 설정되었고, 그 후에도 그것이 유지되고 있다. 정부는 2006년
부터 실손의료보험의 활성화를 추진하였고 그 때부터 실손의료보험
시장이 본격적으로 성장하기 시작하였다고 하는데,[43] 그 배경에는

---

41) 대통령자문 의료산업선진화위원회(2006), 55면.
42) 이진석(2008), 22면.
43) 김대환 외(2012), 31면.

위와 같은 정부의 정책적 방향 설정이 작용한 것으로 보인다.

이에 대하여는 실손의료보험 활성화 정책은 의료비 부담을 각 개인의 역량에 맡기는 의료의 내용과 가격 결정을 개인과 시장에 맡기는 과거 미국(오바마 케어 이전의 미국)의 비효율적인 보건의료체계를 모델로 하는 정책이라는 비판이 제기되기도 하였다.[44]

(2) 생명보험회사의 실손의료보험 시장 진입 허용(2005년)과 생명보험회사의 실손의료보험상품 판매(2008년)

위와 같은 배경 하에서 2003년 보험업법 법령 개정으로 생명보험회사의 실손의료보험 영역 진출이 단체 실손의료보험의 경우 2003년부터, 개인 실손의료보험의 경우 2005년부터 허용되었다. 생명보험회사가 실손의료보험을 판매할 수 있게 허용할지 여부에 관하여 생명보험회사와 손해보험회사 간에 의견 대립이 있었는데 논란 끝에 합의에 이르렀고 정부는 생명보험회사와 손해보험회사의 합의를 상당 부분 받아들였다.[45]

생명보험회사는 2003. 8. 30.부터 단체 실손의료보험을 판매할 수 있었으나 2003. 10. 4개의 생명보험회사가 단체 실손의료보험에 진출하였을 뿐이라고 하며, 2005. 5. 30.부터 개인 실손의료보험을 판매할 수 있게 허용되었으나 2008. 6.에야 삼성생명 주도로 개인 실손의료보험을 특약 형태로 도입하기 시작했다.[46] 그렇지만 2003년과 2008년 사이에 민간의료보험의 수입보험료가 6.3조 원에서 12조 원으로 1.9배 정도 증가하였는데 그 중 정액형 민간의료보험은 5.5조 원에서 9.5조 원으로 1.7배 정도 증가한데 비하여 실손의료보험은 0.8조 원에서 2.5조 원으로 3배 정도 증가하였음을[47] 보면, 생명보험회사가 실

---

44) 이용갑(2009), 33면.
45) 생명보험협회(2010), 162면, 163면.
46) 박현문(2011), 174면, 175면. 이진석 (2008), 21면.

손의료보험 판매에 본격적으로 나서지 않은 상황에서도 실손의료보험의 판매가 빠르게 늘고 있었음을 알 수 있다.

실손의료보험은 2006년에 국민의 16.2%(796만 명), 2007년에 21.6%(1,066만 명), 2008년에 27.3%(1,354만 명), 2009년에 36.8%(1,833만 명), 2010년에 45.2%(2,284만 명), 2011년에 50.3%(2,551만 명), 2012년에 54.1%(2,756만 명), 2013년에 57.0%(2,917만 명), 2014년에 66.3%(3,403만 명)가 가입하여,[48] 그 가입자가 꾸준히 높은 속도로 늘어나지만 2008년 이후 그 전보다 가입자의 수가 더 크게 증가하고 있는데, 이것에는 손해보험회사에 비하여 자본이나 영업력이 더 큰 생명보험회사의 본격적인 실손의료보험 판매가 영향을 준 것으로 보인다.

다. 실손의료보험상품이 대중화되면서 소비자 보호와 불필요하게 과도한 의료 이용 문제가 대두되고 이를 해결하기 위한 금융당국의 구체적인 노력이 가시화된 기간(2009년 9월부터 현재까지)

(1) 2009년 개인의료보험제도 개선 방안과 실손의료보험 표준화

금융위원회는 2009. 6. 22. '개인의료보험제도 개선 방안'을 발표하였다. 금융위원회의 개선방안은 의료비를 100% 보장하는 실손의료보험이 의료이용량 증가를 유발하여 보험회사의 재무건전성과 국민건강보험의 재정을 악화시킬 우려가 있다는 지적을 반영하여 최소 본인부담금을 설정하고 소비자의 실질적 선택권을 확대하고 중복보험 가입 여부도 쉽게 확인할 수 있도록 보험상품을 단순화, 표준화하는 것을 골자로 하였다.[49]

이는 2006년 대통령자문 의료산업선진화위원회의 검토안 중 실손

---

47) 이진석(2010), 11면 슬라이드.
48) 오승연(2015), 슬라이드 8면.
49) 금융위원회 보도자료(2009. 6. 22.), 개인의료보험제도 개선 방안.

의료보험의 본인부담금 설정과 보험상품 단순화, 표준화가 반영된 것이다. 그러나 위 검토안의 나머지 내용인 민간의료보험의 비급여 중심 급여, 민간의료보험 표준약관 제정이나 개정 시 보건복지부의 관여, 민간의료보험의 공제율 차등화, 민간의료보험 급여지급률 하한선 설정, 민간의료보험 상품 표준화위원회 구성, 민간의료보험회사 간 위험균등화 프로그램, 고위험 분산제도 도입, 기왕증 보험가입자의 역선택 방지를 위한 부담보기간 설정 확대, 합리적 보험상품 개발을 위한 국민건강보험 기초통계 공유, 표준약관 상품에 대한 세제혜택, 실손의료보험상품 진료비 심사업무의 심평원 위탁 등은 반영되지 않았다.[50]

금융위원회의 개선 방안에 따라 2009. 9. 30. 실손의료보험 표준약관이 마련되었고 2009. 10. 1.부터 보험계약을 체결하는 실손의료보험의 의료비 지급비율이 90%로 통일되었다.[51] 당시 지급비율을 100%로 하여야 한다는 입장과 80%로 하여야 한다는 입장이 대립하였는데 논의 끝에 90%로 결정하였다.[52] 그리고 구성이 복잡하고 보험회사마다 제각각인 상품을 단순화하여 소비자의 이해도를 제고하고 다수의 실손의료보험에 중복 가입하는 문제[53]를 최소화하고자 하였다. 또한 입원의 경우 최고 5천만 원 보장한도 이내에서 사고(질병) 당 연간한도방식으로 운영하고 통원의 경우 최고 일당 30만 원 보장 한도에서 방문 횟수에 제한을 두었다.[54] 이렇게 보장한도를 제한하는 내용으로 표준화한 것은 과당경쟁에 따른 의료 이용 과다로 인한 국민건강보험 및 실손의료보험의 재정건전성 악화 가능성을 차단하기 위한 것이었다.[55]

이에 따라 2009. 8. 1. 이전에는 100% 보장상품(5년 자동갱신 상품), 2009. 8. 1.부터 2009. 9. 30.까지는 3년 후 90%로 축소 예정인 한시적 100% 보장상품(3년 자동갱신 상품), 2009. 10. 1. 이후에는 90% 보장상품을 판매하게 되었고, 실손의료보험회사들은 제도 변경 전에 가입자 수를 늘리려고 의료비 보장이 90%로 축소되기 전에 저가형 실손의료보험상품에 대한 대대적인 시한부 '절판 마케팅'을 하여 2008년에서 2009년 사이에 가입자가 60%나 증가하였다.[56] 그리고 실손의료보험상품이 표준화된 2009. 10. 이후에는 보험회사별로 사업비 구조, 보험요율, 위험관리능력 등에 따라 보험료 수준은 서로 다룰 수 있으나 실손의료보험상품들의 구조는 모두 동일하게 되었다.[57]

(2) 2012년 실손의료보험 종합개선대책

2012년 4월 기준으로 실손의료보험 가입자는 약 2,522만 명(전 국민 대비 약 46.8%)에 달하고 연간 수입 보험료가 약 3.3조 원에 이른다.[58] 그런데 2012년에 표준화 이전 3년 갱신 상품의 보험료가 60% 인상되었고,[59] 입원 시 최고 보상한도가 5천만 원으로 축소되기 전인 2009. 9. 30. 이전에 가입하여 보상한도가 1억 원이었던 실손의료보험상품의 보상한도가 갱신과 함께 5천만 원으로 축소되어 소비자 분쟁조정을 받는 사건[60]이 발생하였다.

---

55) 금융감독원 보도자료(2009. 9. 2.), 실손 의료보험 표준화 방안, 6면 내지 8면. 보장한도를 대폭 확대하여도 (순)보험료의 상승폭은 상대적으로 미미하여 보험회사는 광고 및 마케팅 전략으로 보장한도를 경쟁적으로 확대하는 양상이 있었다고 한다.

56) 박세민(2013), 245면.

57) 금융감독원 외(2015), 28면.

58) 김대환 외(2012), 31면.

59) 금융위원회 보도자료(2012. 8. 30.), 실손의료보험 종합개선대책(작성부서 : 금융위원회 금융서비스국 보험과, 보건복지부 건강보험정책관 보험정책과, 금융감독원 보험계리실 유사보험팀), 1면.

실손의료보험은 갱신형이어서 그 보험료가 변경될 수 있고 특별한 규제가 없다면 사회보장이나 의료의 보편적 공급이라는 이상(理想)보다는 수지균등의 보험 원리나 보험회사의 이윤 추구 유인에 의하여 운영된다.[60] 그러므로 실손의료보험이 가입 시에는 저렴하지만 갱신 시 보험료가 크게 인상되거나 추후 보험급여의 범위가 축소될 수 있어서 일반적인 의료수요자 입장에서는 정작 질병이나 상해가 발생하였을 때 보험계약 체결 시에 기대한 혜택을 얻지 못할 위험이 있었다.

한편, 국민건강보험의 급여 대상이 아닌 비급여 의료비의 비중이 점점 증가하고 그 상당 부분을 실손의료보험이 부담하고 있었다. 그런데 비급여 의료에 대한 관리, 심사 제도가 부재하여 실손의료보험회사로서는 불필요하거나 과도한 의료에 의한 보험금 지급을 차단하기 어려웠다. 그래서 결국 보험료가 인상되는 문제가 있었다.[62]

금융위원회와 보건복지부는 2012. 8. 30. 소비자 선택권을 확대하고 경제적인 표준형 실손의료보험상품을 마련하며, 비급여 의료비 확인 장치를 마련하는 등으로 보험금 지급의 투명성을 제고하기 위하여 실손의료보험 종합개선대책을 발표한다.[63] 기존에는 실손의료보험이 마케팅 전략상 다른 보장과 묶어 통합상품 형태로 판매되었는데 그러다보니 실손의료보험의 보험료가 얼마인지 알기 어렵고

---

60) 김창호(2013), 172면 이하 참조.
61) 박현문(2011), 175면에서는 실손의료보험은 그 보장범위가 넓지만 갱신형이기 때문에 위험률 증가에 따라 보험료를 올려서 리스크를 헤지할 수 있다고 한다.
62) 금융위원회 보도자료(2012. 8. 30.), 실손의료보험 종합개선대책(작성부서 : 금융위원회 금융서비스국 보험과, 보건복지부 건강보험정책관 보험정책과, 금융감독원 보험계리실 유사보험팀), 2면.
63) 금융위원회 보도자료(2012. 8. 30.), 실손의료보험 종합개선대책(작성부서 : 금융위원회 금융서비스국 보험과, 보건복지부 건강보험정책관 보험정책과, 금융감독원 보험계리실 유사보험팀).

다른 실손의료보험상품으로 갈아타려 하여도 묶여 있는 전체 상품 해지 부담 등으로 그것이 어려웠다. 그래서 소비자 선택권을 확대하고 실손의료보험상품의 변경, 재가입 시 부담을 경감할 수 있게 소비자가 실손의료보험상품만 원할 때 가입, 변경할 수 있는 단독상품 출시를 의무화하는 방안을 제시하였다. 그에 따라 실손의료보험 단독상품의 판매가 2013. 1. 1.부터 시작되었다.[64]

또한 비급여 의료비 청구 내용 확인을 위해 비급여 의료비 항목의 표준화를 추진하고 심평원과 같은 전문심사기관을 활용하는 법적 근거나 관리체계를 마련하는 것을 추진할 것을 제안하였다. 그러나 비급여 의료비 항목의 표준화나 심평원에서의 전문심사는 아직 현실화되지 못한 상황이다. 2012년 실손의료보험 종합개선대책에는 자기부담금 수준을 일률적으로 10%로만 하지 않고 20%인 상품도 출시될 수 있게 하는 방안, 보험료 갱신 주기를 3년에서 1년으로 단축하고 보장내용을 일정기간(최대 15년)마다 변경할 수 있게 하는 방안도 포함되어 있었는데 이는 보험약관 규제(보험업법 제127조 제1항, 제2항, 동법 제5조 제3호)를 통해 실제 보험상품에 반영되었다.

2012년 실손의료보험 종합개선대책에 대하여는, 상품 수익성을 고려할 수밖에 없는 실손의료보험회사들이 저가의 단독 실손의료보험상품을 소비자에게 적극적으로 소개하고 판매하려는 유인이 작아서 2013. 1. 한 달 간 단독 실손의료보험상품의 판매량이 통합상품의 0.6%밖에 되지 않는 등 단독 실손의료보험상품이 널리 활용되지 못하는 한계가 있고, 불필요하거나 과도한 의료를 유발하는 핵심 유인인 비급여 의료에 대한 적정한 수가 기준 설정 및 심사가 의료계의 강한 반발로 종합개선대책에 포함되지 못함으로써 현행 실손의료보험 제도에서 가장 중요하고 시급한 문제가 해결되지 못하였다고 지

---

64) 금융감독원 보도자료(2013. 1. 2.), '단독형 실손의료보험' 판매에 따른 소비자 유의사항 안내.

적하는 견해[65]가 있다. 위 견해는 건강보험에서 보장하지 않는 비급여 항목에 대한 보험금이 청구되면 실손의료보험회사가 심평원이나 객관성이 보장된 제3의 기관(의사협회, 감독당국, 보험회사 관계자 등으로 구성된 협의체)에 의뢰해 비급여 진료가 반드시 필요했는지 여부나 그 진료의 횟수는 정당하고 합리적이었는지 등 비급여 의료비에 대해 확인하는 장치가 있어야 하고, 그것이 없이는 실손의료보험의 과도한 보험금 증가와 그로 인한 급격한 보험료 증가의 문제를 해결하기 어렵다는 입장이다.

2. 실손의료보험 현황

실손의료보험은 2015년 말 현재 약 3,200만 명의 국민이 가입한,[66] 단일 보험상품으로 가입자수가 최대인 보험상품이자,[67] 제2의 국민건강보험이라고 불리기도 하는[68] 보험상품으로 성장하였다. 우리나라의 2013년 경상의료비 중 정부재원(11.1%)과 사회보장기금재원(44.8%)을 합한 공공재원은 55.9%이고 민간재원은 44.1%인데, 민간재원 중 가계직접부담재원은 36.9%이고 실손의료보험재원은 6.5%이다.[69] 2013년 당시 우리나라 국민의료비 103조 원 정도 중에 실손의료보험에서 지출되는 의료비가 6.4조 원 정도이다. 정부재원(11.8조 원)과 사회보장재원(44조 원)을 합친 55.9조 원 정도에 비하면 아직 그리 크지 않다. 하지만 2013년에 국민의 57.0%, 2014년에 국민의 66.3%가 실손의료보험에 가입한 상태로,[70] 국민의 상당 수가 실손의

65) 박세민(2013), 256면.
66) 금융위원장 6월 금융개혁 기자간담회, 금융위원회, 2016. 6. 13., 1면.
67) 오승연(2015) 슬라이드 8면.
68) MBC NEWS, [이브닝 이슈] 실손보험 보험료 줄줄이 인상, 원인은?, 2016. 3. 23.자 기사 참조.
69) 정형선(2015), IV면, viii면, 28면.

료보험에 가입하고 있고 6.4조 원이라는 금액은 가계직접부담 의료
비(36조 원)의 1/6이 넘는 상당히 큰 금액이며 그 금액이나 전체 의료
비 중에 차지하는 비율이 계속 증가하고 있다.[71] 그러므로 아직 실
손의료보험에서 지출되는 의료비의 비중이 6.5%에 불과하지만 실손
의료보험이 우리나라 보건의료 체계에서 중요한 의미를 갖게 되었
다고 할 수 있다.

　이렇듯 많은 국민들이 실손의료보험에 가입한다는 것[72]은 실손
의료보험이 상당히 유용한 보험이거나 최소한 많은 국민들이 그렇
게 기대했다는 의미일 수 있다. 고령화와 새로운 의료기술의 도입,
보다 높은 수준의 의료 수요 증가 등으로 인하여 의료비는 증가하는
데 국민건강보험의 급여 범위가 그만큼 빨리 확대되지 못하는 상황
에서, 많은 국민들은 국민건강보험의 보장범위가 충분하지 못하다고
인식하고[73] 질병이나 상해가 발생하였을 때 부담하게 될 의료비 위
험을 부보하기 위하여 실손의료보험상품을 구입하였는데, 그 중 '고
급 의료 서비스'를 받기 위해서 실손의료보험에 가입한 국민의 비중
은 높지 않은 것으로 보인다.[74]

---

70) 이진이(2014), 10면에 의하면 미국은 2012년 현재 전체 인구 3억 1,400만 명
　　중 60%인 1억 8,800만 명이 민간의료보험에 가입되어 있다고 하는데 실손의
　　료보험에 가입한 국민 비율로는 우리나라가 미국보다 그 수치가 더 크다.
71) 정형선(2015), ⅶ면, ⅷ면에 의하면, 국민의료비 중 실손의료보험의 지출 비
　　율은 1970년에 0.3%에서 1985년 0.7%(230억 원), 1990년 1.2%(890억 원), 1995년
　　2.8%(4,410억 원), 2000년 4.9%(1.3조 원), 2005년 3.9%(1.9조 원), 2010년 5.4%(4.6
　　조 원)으로 지출 비율도 상승하고 있고 금액 자체도 크게 증가하고 있다.
72) 한국신용정보원(2016), 21면에 의하면, 2016. 9.말 기준으로 국내 실손의료보
　　험 가입자는 중복가입을 제외하고도 3,456만 명으로 전국민(5,080만 명, 통
　　계청 추계인구)의 약 2/3(68.0%)이며, 가입자 중 96.5%는 개인보험이고 8.6%
　　는 단체보험에 가입하고 있다고 한다.
73) 김양중, 실손보험 쏠림 왜? "건강보험만으로는 불안하니까", 한겨레, 2016.
　　6. 17.자 기사.
74) 이정찬 외(2014), 57면. 이진석(2009), 7면. 정영호(2011), 3면.

제3절 실손의료보험의 효용과 부작용

1. 실손의료보험의 본질적 속성 – 의료 이용의 증가

의료수요자가 실손의료보험에 가입하면 실손의료보험에서 보장하는 의료에 대해서는 의료비 중 일부만을 부담하거나 전혀 부담하지 않기 때문에 의료 이용에 대한 한계비용이 낮아서 의료를 많이 이용하는 것이 경제적으로 합리적이다.[75] 실손의료보험에 가입한 의료수요자는 실손의료보험에 가입하지 않은 경우에 비하여 직접 지불하는 의료비 대비 의료의 효과를 높게 평가하게 되고, 의료로 인한 비재정적인 비용(감염 위험, 요양기간 소요 등)을 상대적으로 낮게 평가하게 되기 때문에, 더 많은 의료 이용을 선택하게 된다.[76] 그 결과 의료수요자는 실손의료보험으로 인하여 필요한 의료를 충분히 이용하게 될 수도 있고 또는 불필요하게 높은 가격의 의료를 이용하거나 과도하게 많은 의료를 이용하게 될 수도 있다. 물론 그것은 실손의료보험에서 보장하는 의료 및 그 의료를 이용하는데 수반되는 의료[77]에 한정된다.[78]

의료공급자 역시 자신의 환자가 실손의료보험에 가입하여 보험금을 받을 수 있다면 더 많은 의료를 공급하려는 경향을 보인다.[79]

---

75) Paul J. Feldstein(2012), 158면.
76) Jennifer Doggett and Ian McAuley(2013), 3면.
77) 예를 들어, 입원을 요하는 요실금 수술이 비급여인데 실손의료보험이 그 수술비를 보장하여 수술이 증가하면 수술을 받는 환자가 입원을 하게 되어 입원 관련 의료를 이용하게 된다. 이때 후자의 입원 관련 의료가 실손의료보험에서 보장하지 않는 의료인 경우라도 실손의료보험에서 보장하는 의료에 수반되는 의료이므로 전자가 증가하면 후자의 이용도 함께 증가한다.
78) 신기철 외(2014), 122면, 146면.
79) Office of Health Economics(2007), 40면.

의료공급자는 최선의 의료서비스를 공급할 의무가 있는데,[80] 항상 그런 것은 아니지만[81] 더 많은 또는 더 비싼 의료를 공급하는 것이 더 나은 의료인 경우가 적지 않다.[82] 그래서 의료공급자가 자신의 책무를 다하기 위하여 높은 가격이나 더 많은 양의 의료를 공급해야 하는 경우가 있다. 그러나 의료수요자의 의료비 지불능력이 부족하면 충분한 의료를 공급하지 못할 수 있다. 이때 실손의료보험에서 보험금이 지급된다면 의료공급자가 충분한 의료를 공급하는데 도움이 된다. 한편, 의료공급자는 의료수요자가 얻는 성과와 관계없이 또는 그 성과와 다소 배치되더라도 의료비를 증가시키는 방향으로 의료를 공급할 경제적 유인을 가질 수 있다.[83] 의료에 대한 대가 지불 방식이 의료수요자가 얻는 결과나 가치, 질에 따라 책정되지 않고 공급한 의료의 양(volume)에 비례하기 때문이다. 그래서 일부 의료공급자는 그 유인에 따라 의료를 공급한다. 그러므로 의료수요자가 실손의료보험에 가입함으로써 실손의료보험에서 보장하는 의료에 대하여 지불 능력과 의사를 갖게 되면 일부 의료공급자는 이를 활용해서 더 많은 의료를 공급하거나 같은 의료를 공급하더라도 가격을 인상하려고 할 것이다.

실손의료보험은 본질적으로 가입자인 의료수요자와 의료공급자에게 실손의료보험에서 보장하는 의료와 그에 수반되는 의료를 더 많이 이용 또는 공급하도록 하는 유인을 제공해서 의료 이용을 증가시킨다. 이것은 우리나라에서 실손의료보험에 가입한 의료수요자의 의료 이용이 증가한다는 실증적 연구 결과로도 확인된다.[84] 실손의

---

80) 의료법 제4조 제1항. 의사 윤리 지침 제4조. 대법원 2012.9.27. 선고 2011두 11068 판결. 이동진(2014), 20면.

81) Isabelle Joumard 외(2011), 28면. OECD(2010), 105면 내지 120면. Cheryl Cashin *et al.*(2014). Sylvia M. Burwell(2015). Barack Obama(2016).

82) 이상돈(2000), 78면, 79면. 82면.

83) Michael E. Porter and Robert S. Kaplan(2015), 1면 내지 5면, 19면.

료보험에 가입한 의료수요자의 의료이용이 단기적으로는 증가하지만 장기적으로는 그렇지 않다는 연구결과도 존재한다.[85] 하지만 그 분석 자료나 방법에 한계가 있을뿐더러, 그 연구에 의하더라도 실손의료보험으로 인하여 의료를 더 많이 이용하는 보험가입자가 일부라도 실재한다는 사실, 그리고 잠재적으로 보험가입자의 의료 이용이 실손의료보험으로 인하여 증가할 개연성이 있다는 사실에 대하여는 이견이 없다.

　실손의료보험으로 인한 의료 이용 증가는 실손의료보험의 효용이 되기도 하고 부작용이 되기도 한다. 실손의료보험으로 인해서 '필요한' 의료를 '적정' 수준으로 이용할 수 있게 된 것이라면 그 의료 이용 증가는 경제적 부담으로 인한 과소 의료 이용의 문제를 해결한 효용으로 평가되어야 할 것이다. 그러나 실손의료보험으로 인하여 '불필요하거나 필요성이 낮은' 의료를 '적정' 수준을 벗어나 '과도하게' 이용하게 된 것이라면 그 의료 이용 증가는 보험의 역기능으로 일반적으로 논의되는 도덕적 위태나 도덕적 위험[86]의 결과라고 평가할 수 있다. 실제로 실손의료보험의 도덕적 위험 문제[87]는 실손의료보험이 해결해야 할 중요한 과제이다.[88]

---

84) 김관옥·신영전(2017). 최성은(2016). 백인립 외(2012). 유창훈 외(2011).
85) 김대환(2014).
86) 한기정(2017), 36면. 도덕적 위태(morale hazard)는 보험가입으로 인하여 보험계약자 등이 사고발생 등과 관련하여 평소보다 주의를 게을리하게 될 위험을 가리키고, 도덕적 위험(moral hazard)은 보험에 가입해 보험을 부당하게 이용할 위험을 가리킨다고 한다. 한편, 한창희(2011), 150면에서는 도덕적 위험은 2가지 의미를 가진다고 하면서 보험가입자가 사고를 방지하기 위한 주의가 감소되는 것을 광의의 도덕적 위험이라고 하고, 보험가입자가 보험가입을 이용하여 적극적으로 이득을 얻고자 하는 것을 협의의 도덕적 위험이라고 설명한다.
87) 대법원 2015. 2. 12. 선고 2014다73237 판결.
88) 이기수 외(2015), 876면. 이정택(2016), 14면. John R. Wolfe(1993), 83면, 84면. 양봉민 외(2013), 28면. Barbara McPake et al.(2013), 225면.

실손의료보험의 효용과 부작용은 일의적으로 규정할 수 있는 것이 아니다. 실손의료보험으로 인하여 이용이 증가하는 의료가 '필요한' 의료인지, '적정' 수준인지, '불필요하거나 필요성이 낮은' 의료인지, '적정' 수준을 벗어나 '과도하게' 이용한 것인지에 따라, 그리고 구체적, 개별적 상황에 의료 이용의 증가를 효용으로 평가할 수도 있고 부작용으로 평가할 수 있다. 그러므로 실손의료보험의 효용과 부작용을 가름하는 기준을 분석하여 효용을 증대시키고 부작용을 최소화할 수 있는 방안을 모색해야 한다.

2. 실손의료보험의 효용

실손의료보험으로 인하여 의료수요자가 개인적으로나 사회적 측면에서 필요성이 높은 의료를 더 많이 이용하게 되었다면 비록 그로 인하여 의료비 지출이 많아졌다고 하더라도 부정적으로 볼 수 없다.[89] 이런 경우에는 실손의료보험이 국민건강보험에서 보장하지 않는 의료비를 보장하는 보충적 보험으로서 역할을 충실히 하여 실손의료보험의 효용이 나타났다고 볼 수 있다. 이것은 실손의료보험의 위험단체 내에서 보편적 의료 보장 기능을 하고 의료수요자의 선택권을 제고하여 사회적으로나 의료수요자 또는 의료공급자 개인에게나 모두 바람직한 일이다. 그러나 보험료를 감당하기 어렵거나 질병이나 상해 위험이 커서 실손의료보험에 가입하지 못한 의료수요자는 그러한 효용을 누릴 수 없다는 한계가 있다.

가. 위험단체 내에서의 '보편적' 의료 보장 기능

실손의료보험은 일반적인 보험과 마찬가지로 위험단체를 형성하

---

89) Francesca Colombo and Nicole Tapay(2004), 37면.

고[90] 보험료를 받아서 마련한 재원으로 보험금을 지급함으로써 위험을 분산하고 피보험자의 경제적 안정성[91]을 확보하는 효용이 있다.[92] 의료수요자가 국민건강보험만으로 의료비를 충분히 보장받지 못하는 경우 실손의료보험을 통해 위험을 분산하고 위험에 대비할 수 있다. 그리고 통상 보험의 위험단체에서 모인 총보험료보다 총보험금이 더 적지만 위험기피적인 보험가입자로부터 보험자로의 위험이 이전되거나 위험단체가 위험을 함께 부담하면 사회적 후생이 증가한다.[93] 그래서 총보험료와 총보험금의 차액으로 인한 보험가입자들의 후생 감소보다 보험가입자가 보험자에게 위험을 이전함으로 인하여 얻는 후생의 증가가 더 큰 한도 내에서 보험에는 효용이 있다.[94] 실손의료보험 역시 마찬가지이다.

실손의료보험에서 보험금이 지급되면 위험단체를 구성하는 피보험자들 중에 보험사고(질병, 상해)를 당하지 않은 피보험자 측으로부터 보험사고를 당한 피보험자 측으로 부의 이전이 일어난다(사후적, 현실적 부의 이전). 일반적인 실손의료보험은 보험료를 위험에 따라 책정하지만 현실적으로 질병이나 상해 위험이나 그로 인하여 발생한 의료비를 정확하게 예측하기 어렵다.[95] 그래서 질병이나 상해 위

---

90) 이기수 외(2015), 3면, 4면.
91) 한기정(2017), 35면.
92) 양승규(2004), 27면 내지 29면.
93) 송옥렬(2012), 225면, 226면. 위험기피적인 개인은 위험을 제3자에게 이전할 인센티브를 가진다. 위험중립적이거나 대수의 법칙으로 실제손실을 평균손실로 대체할 수 있는 보험자는 보험료를 받고 위험을 인수할 유인이 있다. 보험가입자로부터 보험자로 위험이 이전되면(risk-transfer) 사회적 후생이 증가하며, 동일하게 위험기피적이라고 하더라도 그 위험을 함께 부담하기로 하는 계약을 통해(risk-pooling) 전체 효용을 증가사킬 수 있다. 그러므로 보험은 사회적 후생을 증가시킨다.
94) Ronald Dworkin(2001), 95면.
95) Patricia Seliger Keenan et al.(2001), 245면. Sarah Thomson and Elias Mossialos(2004), 2면.

험에 차이가 있어도 보험료가 같게 책정되는 그룹이 형성된다. 그 그룹 내에서는 질병이나 상해 위험이 높은 자에게서 낮은 자에게로 의 부의 이전이 발생한다(사전적, 확률적 부의 이전). 그래서 실손의 료보험의 위험단체 내에서는 보험가입자 간에 사전적, 사후적으로 연대관계가 형성된다.

실손의료보험은 사회연대의 원리에 따라 운영되지는 않지만 위 험을 분산하고 경제적 위험에 대비하는 기능이 있어서 사회보험의 보완 기능을 가진 사보험이라고 평가된다.[96] 실손의료보험의 가입 자들은 실손의료보험을 매개로 서로 돕게 되고 이것은 넓은 의미에 서 사회연대나 상호부조라고 볼 수 있다. 실손의료보험은 이러한 기 능을 통하여 보장범위에 해당하는 의료를 피보험자에게 공급한다. 그래서 실손의료보험은 실손의료보험에 가입하여 지속적으로 보험 료를 지불하는 의료수요자들에게 '보편적' 의료 보장 역할을 할 수 있다.[97] 실제로 미국이나 호주에서는 정책적으로 실손의료보험에 그러한 역할을 맡기고 있다. 그래서 국민건강보험과 같이 강제로 모 든 국민이 가입되는 보험에 비하면 보편성의 수준이 낮지만, 실손의 료보험의 위험단체 내에서는 실손의료보험이 국민건강보험과 마찬 가지로 보편적인 의료 공급 역할을 할 수 있다.[98]

나. 의료수요자의 선택권 제고 기능

고가의 의료 등 보편적 의료 공급을 통해서는 이용하기 어려운 의료를 보장하는 실손의료보험상품은 의료수요자의 다양한 욕구를

---

96) 노병호·한경식(2010) 26면.
97) 김영삼(2000), 1면에서는 사회보장법을 넓은 의미로 파악하는 경우 사법인 도 그 주체가 된다고 한다.
98) 김대환·오영수(2016), 129면 내지 133면에서는 현재 실손의료보험이 사적 안전망 역할을 하고 있다고 한다.

충족시켜 의료수요자의 선택권을 제고하는 효용이 있다. 고가의 의
료가 적절한 가격의 의료에 비하여 항상 의료수요자에게 더 많은 편
익을 주는 것은 아니고 비용효과성에 있어서는 낮은 가격의 의료에
비하여 고가의 의료가 열등할 수도 있다. 그래서 모든 의료수요자가
고가의 의료를 이용할 필요가 있거나 그럴 의사가 있는 것은 아니다.

하지만 우리나라 경제가 발전하고 생활수준이 향상되었고 의료
에 대하여 다양한 수요가 존재한다. 그리고 질병이나 상해 상태에
있는 의료수요자는 그 질병이나 상해가 악화될지 호전될지 알 수 없
는 불확실한 상황에 있는 경우가 많고 어떤 의료가 어떤 편익을 줄
지는 확률의 문제이다. 그래서 개별 의료공급자나 의료수요자는 고
가의 의료가 가져다 줄 가능성이 있는 편익의 증가분이 작아서 그
의료가 비용효과적이지 않다고 하더라도 그것을 무시할 수 없다. 그
러므로 질병이나 상해 위험 실현 시 고가의 의료를 이용하길 원하는
의료수요자가 상당수 존재한다. 그러한 의료수요자는 실손의료보험
을 통해 고가의 의료를 이용하는 데 도움을 받을 수 있다. 이것은 의
료수요자의 선택권을 제고하는 기능을 한다.

다. 실손의료보험의 효용의 한계

실손의료보험은 실손의료보험에 가입하지 않은 의료수요자에 대
하여는 의료 보장 기능을 할 수 없다. 그런데 보험회사는 젊거나 건
강한 자 등 위험이 낮은 의료수요자로 위험단체를 구성하거나 위험
이 높은 자에 대해서는 보장범위를 축소하여 보험계약의 청약을 승
낙하는 위험 선택(risk selection)을 할 가능성이 높다.[99] 보험회사가 질
병이나 상해 위험을 정확히 평가하여 그에 따라 보험료를 책정할 수

99) Cynthia Cox et al.(2016). Timothy S. Jost(2009), 3면. 보건복지부 민간의료보험
활성화 Task Force(2001), 7면. Marcia Angell(2008), 917면

있기 때문에 위험 선택을 할 필요가 없을 것이라고 생각할 수도 있다. 그러나 질병이나 상해 위험을 정확히 평가하고 그로 인하여 발생할 의료비를 추산하는 것은 기술적으로 어렵고 비용이 많이 들기 때문에 보험회사는 위험을 일일이 정확하게 평가하기보다는 평균보다 낮은 위험을 가진 의료수요자들이 보험에 가입하도록 할 유인이 있다.100) 그리고 위험을 정확히 평가할 수 있다고 하더라도, 높은 위험을 가진 의료수요자들 중에는 높은 보험료 부담으로 인하여 보험에 가입하지 못하는 자들이 많을 것이다. 그래서 충분한 수의 위험단체가 형성되지 않으면 대수의 법칙(law of large numbers)101)에 따른 수지균등을 이루지 못할 가능성이 커진다. 그러면 보험회사는 높은 위험을 가진 의료수요자와 체결한 보험계약을 통해 안정적인 수익을 기대하기 어렵다.

보험회사가 위험에 따라 보험료를 차등 책정하거나 높은 위험에 대하여 보험가입을 거절하는 것은 사적 자치의 영역에 있고 역선택의 문제를 해결하기 위해서 필요하므로102) 그 자체를 비난할 수는 없다. 그러나 보험회사가 위험 선택을 하게 되면 질병이나 상해 위험을 부보할 필요가 큰 의료수요자는 실손의료보험을 활용하기 어렵다. 반면 비교적 실손의료보험에 가입할 필요성이 낮은 의료수요자들이 보험에 가입하게 된다.103) 그래서 실손의료보험의 사회전체적인 효용이 낮아진다.104) 만약 실손의료보험이 보장하는 비급여 의료 중에 모든 사회 구성원이 보장받아야 하는 의료가 상당 부분 포함되어 있다면, 그리고 보험료나 보험가입 거절 때문에 실손의료보

---

100) Sarah Thomson and Elias Mossialos(2004), 2면.
101) 한기정(2017), 10면.
102) 대법원 1991. 12. 24. 선고 90다카23899 전원합의체 판결. 한기정(2017), 10면, 11면.
103) 최기춘·이현복(2017), 39면.
104) 김종명(2017).

험에 가입하지 못하는 의료수요자가 존재한다면, 그것은 실손의료보험의 효용이 갖는 중요한 한계가 된다. 특히 모든 사회구성원이 지불능력이나 건강 상태 등과 무관하게 일정한 수준의 의료를 보장받아야 한다는 관점에서 보면 더욱 그러하다. 그러한 관점에서는 국민건강보험의 보장률을 높여야 하고 만약 현실적으로 그것이 어려우면 실손의료보험이 보편적 의료 보장에 더욱 기여하도록 할 수 있는 방안을 모색해야 한다.

3. 실손의료보험의 부작용

실손의료보험의 보장 내용에 따라 보험가입자가 불필요한 의료를 이용하거나 비용효과적인 의료 대신 비용효과적이지 않은 의료를 이용하는 경우가 있을 수 있다.[105] 보험가입자는 실손의료보험의 보장 내용에 따라 동일한 의료를 더 많이 이용하는 경우가 있을 수도 있는데, 이 역시 비용효과적이지 않은 의료 이용 증가라고 할 수 있다. 그렇게 되면 실손의료보험의 보험재정에 손실이 발생하고 그로 인하여 실손의료보험의 다른 보험가입자가 피해를 입는다. 그리

---

105) 설명의 편의를 위해 단순하게 예를 들어 설명하자면 이렇다. 갑이라는 유형의 의료수요자들에게 5 단위 상당의 편익을 주고 을이라는 유형의 의료수요자들에게 10단위 상당의 편익을 주는 A 의료가 본인부담금 10만 원에 공급되고 있다. 그리고 갑이라는 유형의 의료수요자들에게 5 단위 상당의 편익을 주는 B 의료가 본인부담금 6만 원에 공급되고 있다. 이때, 갑이라는 유형의 의료수요자가 본인부담으로 의료비를 지출한다면 B 의료를 이용할 것이다. 그런데 실손의료보험에서 A 의료와 B 의료의 의료비를 모두 100% 보장할 경우, 갑이라는 유형의 보험가입자는 A 의료를 이용하든 B 의료를 이용하든 같은 비용으로 같은 편익을 얻기 때문에 A 의료를 이용할 수도 있고 B 의료를 이용할 수도 있다. 그래서 갑이라는 유형의 보험가입자 중 일부가 A 의료를 이용하면 그만큼 더 많은 의료비와 보험금이 지출되는데 이것은 불필요한 것이며 비용효과적이지 않다.

고 실손의료보험의 보장 내용에 따라서는 국민건강보험의 보험재정
에 손실을 야기하는 의료 이용이 증가하는 경우가 생길 수 있는데,
그렇게 되면 국민건강보험의 가입자인 국민들이 피해를 입는다. 나
아가 의료 이용의 증가가 사회 전반에서의 의료의 가격 상승이나 의
료 이용량 증가로 이어지면 국가 전체의 의료비 증가를 초래하고 국
민의 의료접근권이 제한될 수 있다. 이것은 국민건강보험의 보장률
확대를 통하여 보편적 의료 보장을 달성하려는 우리나라 보건의료
정책 실현에 장애가 되고 헌법과 법률에서 정한 국민의 건강권의 실
질적 보장을 저해할 수 있다.

가. 보험재정 손실로 인하여 실손의료보험 가입자와 국민이 입는 피해

첫째, 보험가입자 중 일부라도 실손의료보험으로 인하여 비용효
과적인 의료 대신에 비용효과적이지 않은 의료를 이용하면 그만큼
보험금 지출이 증가하여 다른 보험가입자가 피해를 입는다. 만약 비
용효과적이지 않은 의료를 이용한 보험가입자가 그 대신에 비용효
과적인 의료를 이용한다면 보험금 지급액이 그만큼 감소한다. 그러
면 보험료가 인하되거나 그 인상율이 낮아질 것이다. 일부의 보험가
입자라도 비용효과적인 의료 대신에 비용효과적이지 않은 의료를
이용하면 그것은 그만큼 실손의료보험의 보험료를 높이는 요인이
된다.

그래서 보험가입자가 실손의료보험으로 인하여 비용효과적이지
않은 의료를 이용하면 그 후에 보험에 가입하거나 보험을 유지하는
다른 보험가입자가 더 많은 보험료를 부담하게 된다. 그렇게 형성된
보험재정에서 비용효과적이지 않은 의료 이용에 대하여 보험금이
지급되고 그 보험금은 비용효과적이지 않은 의료를 공급한 의료공
급자에게 의료비로 지급된다. 실손의료보험의 보험가입자가 비용효

과적인 의료 대신 비용효과적이지 않은 의료를 이용하면 실손의료
보험을 매개로 하여 다른 보험가입자로부터 그 보험가입자로의 부
의 이전이 일어난다. 그리고 그것은 비용효과적이지 않은 의료를 공
급한 의료공급자에게로 이전된다. 보험가입자 중에는 비용효과적인
의료를 보장받기 위해 실손의료보험에 가입하고 실제로 주로 비용
효과적인 의료를 이용하는 의료수요자도 있을 것인데 그러한 보험
가입자는 더 많은 피해를 입는다.

둘째, 실손의료보험의 보장 내용에 따라 국민건강보험의 재정 손
실이 발생하는 경우가 있을 수 있는데 그러면 국민건강보험의 가입
자인 국민이 피해를 입는다. 실손의료보험으로 인하여 의료 이용이
증가한다고 하여 항상 국민건강보험의 재정 손실이 발생하는 것은
아니다. 실손의료보험이 보장하는 비급여 의료가 국민건강보험이
보장하는 급여 의료를 대체할 경우에는 국민건강보험 재정에 도움
이 될 수 있다.[106] 실손의료보험으로 인하여 국민건강보험에서 지급
하는 공단부담금이 더 낮은 급여 의료가 이용된다면 그 때도 국민건
강보험 재정에 도움이 된다. 그러나 실손의료보험이 보장하는 비급
여 의료가 모두 급여 의료를 대체하는 것은 아니다. 비급여 의료 중
에는 그 의료 이용 시 급여 의료 이용을 수반하는 경우[107]가 있는데
그런 경우 실손의료보험이 보장하는 비급여 의료 이용의 증가는 국
민건강보험 재정 지출 증가로 이어질 수 있다.[108] 그리고 현실적으

---

106) 가령, 비급여이지만 실손의료보험은 보장하는 로봇수술을 하면 급여 의
    료인 개복수술을 하지 않게 된다고 가정해보자. 그런 경우 실손의료보험
    으로 인하여 로봇수술이 증가하면 개복수술이 줄어들어서 국민건강보험
    재정에 이익이 될 수 있다.
107) 위의 예에서 의료수요자가 로봇수술을 받기 전에 급여가 되는 약제를 복
    용해야 한다면 로봇수술의 증가는 그 약제 이용의 증가를 수반한다. 그
    러면 로봇수술 증가로 인하여 국민건강보험 재정에서 해당 급여 약제비
    가 지출이 증가한다.

로 실손의료보험에 가입하지 않았다면 국민건강보험에서 지급하는 공단부담금이 더 높은 급여 의료를 이용했을 것인데 실손의료보험에 가입하였기 때문에 그것을 대체하여 공단부담금이 더 낮은 의료를 이용하는 경우는 드물다.[109]

한편, 현재 우리나라 실손의료보험상품처럼 실손의료보험이 국민건강보험의 본인부담금에 대하여 보험금을 지급하면 국민건강보험이 보장하는 의료 이용이 증가할 개연성이 크다. 국민건강보험의 본인부담금의 전부 또는 일부는 의료수요자가 스스로 불필요하거나 비용효과적이지 않은 의료 이용을 자제하도록 설정한 것이다.[110] 그

---

108) 의료수요자에게 일부 의료는 급여 의료를 나머지 의료는 비급여 의료를 공급하는 것을 혼합진료라고 하는데, 일본에서는 원칙적으로 혼합진료 시 의료비 전액을 건강보험으로 적용하거나 또는 비급여로 적용해야 하고 그 의료비를 혼합하는 것을 제한하고 있다. 예를 들어, 암환자에게 급여항목에 등재되지 않은 주사약을 사용하고 그 주사 비용만을 비급여로 환자에게 비용을 징수하는 것은 혼합진료에 해당하므로 재진료와 주사기 술료 등을 포함한 모든 의료비를 환자가 자비로 부담하여야 한다. 김계현 외(2011), 337면 참조. 또한 영국의 NHS는 NHS에서 보장하지 않는 민간 의료 이용은 NHS 서비스와 분리해서 이루어지도록 해서 NHS에서 보장하지 않는 의료로 인하여 NHS의 자원이 소요되지 못하도록 한다. Mike Richards(2008), 33면, 49면, 51면. 우리나라에는 위와 같은 혼합진료 금지제도나 비급여 이용 분리 제도가 없다.

109) 가령, 현재의 실손의료보험상품의 표준약관에서는 입원 시 급여와 비급여 의료비의 80%(표준형) 또는 90%(선택형)를 보장한다. 이에 의하면 입원 시 급여 의료의 종류나 급여 의료의 공단부담금의 액수 등에 따라 실손의료보험의 보험금 지급이 달라지지 않고 일괄적으로 80% 또는 90%가 보험금으로 지급된다. 그러므로 일반적인 경우 실손의료보험에 가입하지 않았다면 급여 의료 중 공단부담금이 더 큰 의료를 이용하였을 것인데 보험금을 지급하기 때문에 급여 의료 중 공단부담금이 더 낮은 의료를 이용할 유인이 생긴다고 보기 어렵다. 오히려 그 반대의 유인이 발생할 가능성이 더 높다.

110) Mark Stabile *et al.*(2013), 644면, 645면. 다만, 본인부담금 중에는 보험재정 부족으로 인한 부분도 존재할 수 있다. 그런 경우 본인부담금이 모두 의료

런데 실손의료보험이 본인부담금에 대하여 보험금을 지급하면 본인 부담금 제도에서 의도한 의료 이용 자제 효과가 감소한다. 만약 그로 인하여 급여 의료의 이용이 과도하게 증가하면 국민건강보험법상 본인부담금 제도의 정책 목적 달성이 저해되고 국민건강보험 재정이 손실을 입는다.

최근 우리나라에서의 실증적 연구 결과에 의하면 실손의료보험으로 인한 의료 이용 증가는 국민건강보험의 요양급여비용 지급을 증가시킨다.[111] 실손의료보험으로 인하여 국민건강보험 재정 지출이 늘어나면 국가 재정과 국민의 보험료로 형성된 국민건강보험 재정이 그만큼 불안정해진다.[112] 만약 실손의료보험으로 인하여 의료수요자가 의료 이용을 통해 얻는 결과, 가치, 질에는 별 차이가 없는데도 비용효과적이지 않은 의료의 이용이 증가하여 국민건강보험 재정이 손실을 입는다면 그것을 긍정적으로 볼 수 없다. 그러한 국민건강보험 재정 손실은 국민건강보험에 가입되어 있는 모든 국민이 지급해야 하는 국민건강보험료 상승 요인이 된다. 만약 실손의료보험으로 인하여 일부 의료수요자의 경우라고 하더라도 급여 의료 이용을 더 많이 하게 되고 그것이 비용효과적이지 않다면 그만큼 국민건강보험 재정 손실이 발생할 것이다. 그것은 국민건강보험에 가입한 모든 국민에게 피해를 준다. 그리고 그러한 의료 이용이 더 많아질수록 그 피해는 더 커진다.

나. 의료비 증가로 인한 국민의 의료 접근권 제한 가능성

실손의료보험으로 인하여 실손의료보험이 보장하는 의료 이용이

이용 자제 효과 감소를 위해 설정된 것이라고 할 수는 없다.
111) 김관옥·신영전(2017). 정상원 외(2016), 61면. 신기철 외(2014).
112) 최기준·이현복((2017).

증가하면 보험금 지급 역시 늘어난다. 실손의료보험의 보험금 지급이 늘어나서 보험재정이 악화되고 손해율이 증가하면 보험회사는 실손의료보험의 보험료를 올린다. 의료수요자는 보험료 인상에 대하여 실손의료보험을 해지하는 방식으로 대응할 수도 있다. 그러나 의료비가 증가하는 추세를 보이고 있다면 의료수요자는 미래에 발생할 수 있는 의료비 위험이 크다고 예상할 것이다. 장래의 의료비 위험을 정확하게 측정하는 것은 어려운 일이고 의료수요자 개인에게는 불가능한 일이다. 의료수요자가 불확실한 미래의 의료비 위험을 높게 평가하는데도 의료비를 부보할 수 있는 다른 방법이 없다면 실손의료보험을 해지하지 않을 가능성이 상당하다. 그러면 실손의료보험에 가입한 의료수요자의 수가 유지되거나 늘어난다.

실손의료보험에 가입한 의료수요자의 수가 충분히 많아지면 개별 보험가입자 수준이 아니라 사회 전체 수준에서 의료 이용이 증가한다. 그러면 의료공급자는 보다 쉽게 의료의 가격을 올릴 수 있다. 사회전체적인 의료 이용의 증가는 의료 가격 인상의 압력으로 작용하기 때문이다. 비급여 의료비의 증가는 우리나라의 의료비 증가의 주된 원인이다.[113] 실손의료보험은 비급여 의료비 재원 조달 역할을 하므로 비급여 의료 이용 증가와 가격 상승에 기여한다. 급여 의료의 경우 국민건강보험에서 가격을 엄격하게 통제하기 때문에 의료공급자가 임의로 그 가격을 올릴 수는 없다. 하지만 일부 의료공급자가 실손의료보험으로 인한 유효수요(구매력이 뒷받침 되는 수요)를 활용하여 비급여 의료의 가격을 올리고 그것이 사회 전체에서 통

---

113) 이진석(2015), 213면. 강길원(2016). 의료공급자는 가격이나 공급량에 관하여 통제를 받지 않는 비급여 의료를 통하여 더 많은 수익을 얻을 수 있기에 가급적 비급여 의료의 공급량을 늘릴 경제적 유인이 있다. 감사원(2015), 1면, 5면, 26면. 건강보험정책연구원 보도자료(2014. 2. 7.), 암 등 4대 중증질환 대상자 및 1인당 고액진료비 상위 30위내 질환 건강보험 보장률 증가, 4면.

용되는 가격이 되면 급여 의료의 가격과 비급여 의료의 가격에 차이가 커진다. 그러면 경제적 유인에 반응하는 의료공급자는 비급여 의료에 집중하게 된다. 의료의 원가 중에는 의료공급자의 인건비가 차지하는 비중이 크다. 그런데 비급여 의료 가격이 높고 그것이 널리 이용된다면 의료공급자가 비급여 의료를 공급하는 대신 급여 의료를 공급할 때의 기회비용이 상승한다. 그것은 의료의 원가를 높게 책정하는 근거가 될 수 있다. 급여 의료 중에 일부 의료에 대하여는 공급 부족 현상이 나타날 수도 있다. 이것도 국민건강보험의 급여 의료 가격 인상의 압력으로 작용할 수 있다.

이러한 상황이 심화되면 보험료와 보험금 증가(실손의료보험 시장 확대)가 의료 공급량이나 의료의 가격을 높이고(의료 시장 확대), 그것이 다시 보험료와 보험금을 증가시키고(실손의료보험 시장 재확대), 또 다시 의료비를 증가시키는(의료 시장 재확대) 순환 구조가 형성될 수 있다. 만약 실손의료보험으로 인하여 비용효과적인 의료이용이 늘어나고 의료의 가격이 의료공급자가 지속적으로 필요한 수준의 의료를 공급할 수 있는 수준으로 올라간다면 위와 같은 순환 구조는 선순환 구조라고 할 수 있다. 그러나 만약 실손의료보험으로 인하여 비용효과적이지 않은 의료이용이 늘어나고 의료의 가격이 필요한 수준의 의료의 지속적 공급을 담보하는 수준보다 더 높아진다면[114] 위와 같은 순환 구조는 악순환 구조가 된다. 그렇게 되면 실손의료보험을 매개로 하여 보험가입자의 부를 의료공급자에게로 또는 의료공급자와 보험회사에게로 이전하는 구조가 형성될 위험이

---

114) 가령, 비급여 의료 중에 비용효과적이지 않거나 필요성이 낮은 의료가 있는데 실손의료보험에서 그런 의료의 이용 증가를 방지할 수 있는 제도적 장치가 없다면 실손의료보험이 그러한 의료의 이용을 증가시키고 가격을 상승시킬 수 있다. 실손의료보험으로 인하여 국민건강보험의 본인부담금 제도의 기능이 상쇄되는 등으로 급여 의료 중 비용효과적이지 않은 의료 이용이 증가되는 경우에도 마찬가지이다.

있다는 우려가 제기되기도 한다.[115]

비용효과적이지 않거나 필요성이 낮은 의료 이용의 증가로 의료 자원이 비효율적으로 배분되고 의료비가 늘어나면 국민의 보건의료에 대한 기본적 권리 보장이 어려워진다.[116] 의료의 이용량과 가격이 올라가면 이를 감당할 수 있는 소득이나 재산이 없는 자의 의료 접근권이 현실적으로 제한되기 때문이다. 만약 모든 국민이 보장받아야 하는 기본적 의료가 있다면, 기본적 의료 외에 추가적인 의료의 공급이나 이용 증가가 기본적 의료의 의료비를 증가시키거나 기본적 의료의 공급 부족을 야기함으로써 보편적 공급을 저해할 가능성이 있다.[117] 의료비 증가가 국민의 건강권의 실질적 보장을 가로막는 장애 요소가 될 수 있는 것이다.

다. 국민건강보험 보장률 강화 정책 실현에 장애가 될 우려

국민은 헌법 제10조의 행복추구권, 제34조 제1항의 인간다운 생활을 할 권리를 갖고 제36조 제3항에 따라 보건에 관하여 국가의 보호를 받는다. 그리고 보건의료기본법 제10조에서는 건강권 등이라는 제목 하에 모든 국민은 이 법 또는 다른 법률에서 정하는 바에 따라 자신과 가족의 건강에 관하여 국가의 보호를 받을 권리를 가진다고 규정하고 있다. 국민건강보험법은 모든 국민을 적용 대상으로 하는 건강보험 사업을 실시함으로써 국민의 건강권을 실질적으로 보장하기 위한 재원 조달 방식을 제공한다.

우리나라는 세계적으로 유래를 찾기 어려울 정도로 짧은 기간 내에 전 국민이 가입한 국민건강보험 체계를 형성하였다.[118] 그러나

---

115) 김대환 외(2012), 34면.
116) 김남순(2015), 61면.
117) Norman Daniels(2010), 370면.

재정 문제 등 현실적인 이유로 인하여 본인부담금과 비급여 의료비
의 비중이 높아서 국민건강보험의 보장률이 낮은 상황이 유지되고
있다.[119] 우리나라 국민건강보험은 보다 실질적인 의료보장을 하기
위하여 1990년대부터 보장률을 높이려고 꾸준히 급여범위를 확대해
왔다.[120] 그러나 의료비 증가율이 높은데다가,[121] 그 중에서도 특히
비급여 의료비의 증가율이 높아서,[122] 국민건강보험이 급여 범위를
확대하여도 보장률이 높아지지 않고 있다.[123]

　　실손의료보험으로 인하여 이용량이 증가하는 의료 중에는 비급여
의료비의 비중이 높다.[124] 실손의료보험은 국민건강보험의 보장률 확
대를 어렵게 하는 비급여 의료 이용 증가를 야기할 수 있다. 현재 국
민건강보험 하에서의 비급여 의료 중에는 의학적 필요성이 있는 의
료가 상당 부분 포함되어 있어서 비급여 의료 이용 증가를 부정적으
로만 볼 수는 없다. 하지만 실손의료보험으로 인한 의료 이용 증가가

118) 1948년 제헌국회에서 사회보험제도를 통하여 지불능력과 무관하게 필요
　　한 의료를 이용할 수 있게 하겠다고 밝힌(대한민국국회, 제헌국회속기록
　　제2권(1999), 502면 이하) 이후, 1977년 국가 주도의 의료보험 제도를 실시
　　하였고 12년 만인 1989년 전 국민 의료보험을 달성함으로써 세계적으로
　　선례를 찾기 힘들 정도로 짧은 기간 내에 전 국민에 대한 의료보장에 성
　　공하였다. 김진수 등(2012), 78면. 독일은 의료보험 시행 후 전 국민 의료
　　보험을 달성하는데 127년, 이스라엘은 84년, 일본이 36년이 소요된 반면,
　　우리나라는 의료보험법이 제정된 1963년을 기준으로 하면 26년, 직장의료
　　보험이 실시된 1977년을 기준으로 할 경우 12년이 걸렸다.
119) 이규식(2002), 234면, 마크 브릿넬(2016), 60면. 부르스 제이 프리드·로라 엠
　　게이도스(2002), 110면.
120) 최병호(2002), 6면, 45면. 김상우(2016).
121) OECD(2010), 26면, 118면
122) 이용갑(2009), 18면. 김남순(2015), 44면.
123) 김상우(2016), 60면. 김대환(2012), 44면. 강길원(2016).
124) 금융위원회 보도자료(2016. 12. 20.), 금융개혁의 핵심과제인 실손의료보험
　　제도 개선을 추진하여 "착한 실손의료보험"을 안정적으로 공급하고, 국민
　　의료비 부담을 완화하겠습니다, 3면. 조용운·김세환(2005) 12., 40면.

국민건강보험의 보장률 확대라는 우리나라 보건의료 정책의 오래된 과제 해결에 장애 요소로 작용하는 부분이 있는 것이 사실이다. 이는 헌법과 법률에서 정한 국민의 건강권의 실질적 보장을 저해할 수 있다. 실손의료보험으로 인하여 증가하는 의료 중 위와 같은 부작용을 야기하는 의료가 있다면 그리고 사적 자치에 맡겨서는 그러한 의료 이용의 증가를 방지하기 어렵다면 이에 대한 규율이 필요하다.

제4절 현재 실손의료보험상품의 문제점

현재 실손의료보험상품은 실손의료보험이 위험단체 내에서 보편적 의료 보장 역할을 하고 의료수요자의 선택권을 제고하기 위하여 어떤 의료에 대하여 보험금을 얼마나 지급해야 하는지에 대한 기준을 제시하지 못한다. 그리고 보장하는 의료의 내용이나 가격을 제대로 심사, 평가하고 있다고 볼 수도 없다. 또한 현재 실손의료보험상품은 국민건강보험의 본인부담금의 기능적 성격과 관계없이 동일한 비율로 보험금 지급을 하고 있고, 의료수요자나 의료공급자의 의료 이용 또는 공급에 지침을 주거나 이를 관리할 수 있는 실효성있는 법적 장치를 갖추거나 적절한 법적 대응을 하고 있다고 보기 어렵다. 나아가 현재 실손의료보험상품에는 정부의 건강보험 보장성 강화대책이 실현되어 감에 따라 보험회사가 얻는 반사이익의 귀속에 관하여도 아무런 고려를 하고 있지 않다.

1. 실손의료보험상품이 보장하는 의료

가. 보편적으로 공급되어야 하는 의료와 그렇지 않은 의료의 구분

실손의료보험에는 위험단체 내에서 보편적 의료 보장을 하고 의

료수요자의 선택권을 제고하는 효용이 있다. 이러한 효용을 최대화
하기 위해서는 의료수요자가 보편적으로 이용할 수 있어야 하는 의
료와 그런 의료는 아니지만 의료수요자의 선택권 제고를 위한 의료
를 구분하는 것이 바람직하다. 실손의료보험에 가입하는 의료수요
자들 중에는 보편적으로 공급되어야 하는 의료 이용만을 위해 보험
에 가입한 자나 의료 이용의 선택권 제고만을 위해 보험에 가입한
자도 있을 것인데, 위와 같은 구분이 없다면 보험가입자가 원하지
않는 보장까지 구입하게 된다.

　보험회사들과 금융당국은 현재 실손의료보험이 보장하는 의료
중에 실손의료보험의 부작용의 원인이 되는 의료가 존재한다는 입
장인 것으로 보인다.[125] 그렇다면 이를 판정할 수 있는 기준을 설정
하고 그것을 약관에 반영하여 그러한 의료에 대하여는 보험금을 지
급하지 않거나 보험금 지급 비율을 줄여야 한다. 그러나 현재 실손
의료보험상품은 그렇게 설계되어 있지 않다. 그래서 실손의료보험
의 부작용을 방지하기 어렵다.

　현재 실손의료보험상품은 국민건강보험에서 보장하지 않는 급여
의료의 본인부담금과 비급여 의료비를 보장한다. 급여 의료의 경우
국민건강보험법령 하의 급여 항목에서 의료의 내용과 가격을 구체
적으로 정하고 있으므로 실손의료보험이 보장하는 급여 의료는 포
지티브 방식으로 보장 내용이 정해져 있는 셈이다. 그러나 비급여
의료는 그렇지 않기 때문에 실손의료보험상품의 약관에서 보장하지

---

125) 정성희(2016). 6. 16., 8면. 금융감독원 브리핑 자료(2015. 8. 25.), 실손의료보
　　험 가입자 권익제고 방안, 금융감독원 브리핑 자료(2015. 10. 7.), 실손의
　　료보험 가입자 권익제고 방안 ②. 대한민국 정부 보도자료(2016. 5. 18.),
　　실손의료보험 제도 개선을 위한 관계부처·기관 및 연구기관 간 정책협의
　　회 본격 시작. 실손의료보험에 가입한 일부 의료수요자가 불필요한 의료
　　를 이용하거나 심지어는 일부 의료공급자가 불필요한 의료를 유발하고
　　있으나 그것이 방치되고 있다는 논란이 제기되고 있다.

않는다고 명시한 비급여 의료를 제외한 나머지 비급여 의료는 모두 보장하는 네거티브 방식으로 보장하고 있다. 실손의료보험에서 보장하는 비급여 의료 중에 어떤 의료가 보편적으로 공급되어야 하는 의료인지, 어떤 의료의 이용이 부작용을 야기하는지에 따라[126] 실손의료보험상품의 종류나 보장 내용을 결정할 필요가 있다.

나. 보험료 산정과 보험가입 거절의 문제점 – 위험이 높다고 평가된 의료수요자의 실손의료보험 활용의 어려움

현재 보험회사들은 실손의료보험상품의 보험료를 산정할 때 성별, 나이를 기본으로 하되 직업, 운전차종, 과거 병력 등을 고려하고 있다. 이를 통해 질병이나 상해 발생 위험을 평가하여 보험료를 책정한다. 그래서 질병이나 상해로 인하여 의료비가 많이 발생할 위험이 높다고 평가된 의료수요자의 경우 보험료가 높게 산정되거나 일정한 보장범위가 제외되거나 아예 보험가입이 거절되기도 한다. 그래서 실손의료보험이 도입 취지와 달리 국민의 의료비 부담을 덜어주는 역할을 제대로 하지 못한다는 평가를 받기도 한다.[127]

보험료 산정이나 보험가입 거절 결정은 원칙적으로 보험회사의 자율의 영역에 있다. 그러나 질병이나 상해로 인한 의료비 발생 위험이 크다고 평가된 의료수요자도 실손의료보험을 통해 의료비 위험을 분산할 수 있도록 하기 위해서 국가가 그것을 규제할 필요가 있는지 여부 및 그런 규제가 어떻게 정당화될 수 있는지 검토할 필

---

126) 허순임·이상이(2007), 13면에서는 실손의료보험으로 필요한 의료가 공급될 수도 있으나 실손의료보험을 통해 공급되는 의료가 필요한 의료인지 아닌지 구별이 어렵다고 하면서 그러한 부정적인 영향을 줄일 수 있는 정책적 노력이 필요하다고 지적한다.

127) 김종명(2017).

요가 있다. 의료보험 제도는 각 나라의 독특한 보건의료 체계의 배
경하에서 이해해야 하므로 다른 나라의 제도를 그대로 우리나라 제
도와 비교하기는 어렵지만, 제3장에서 살피는 바와 같이 미국의 오
바마케어, 독일, 호주의 경우 그러한 규제를 하고 있다.

다. 보험금 지급사유 심사, 평가의 문제점

현재의 실손의료보험상품이 보험금 지급사유 심사, 평가를 제대
로 하고 있다고 보기 어렵다.[128] 보험금 지급사유 심사, 평가는 개별
적, 구체적인 의료의 내용과 가격의 적절성에 대한 심사, 평가인데
현재로서는 두 가지 모두 제대로 이루어지지 못하고 있다. 의료수요
자가 약관에서 정하고 있는 바에 따라 질병, 상해로 인하여 의료를
이용하였는지 여부를 조사, 확인한 후 그에 대하여 판정하려면 고도
의 지식과 경험이 축적된 전문성이 필수적이다. 현재 보험회사들에
게 그와 같은 전문성이 부족하기 때문에 보험금 지급사유를 조사하
거나 확인하기 어렵다.[129] 그래서 불필요한 의료, 심지어는 보험사기
에 대하여도 보험금이 지급되고 있다는 논란이 제기되지만 그에 대
해서 개별적, 구체적으로 확인할 수 있는 경우가 많지 않다.

최근 금융분쟁조정위원회는 질병을 개선시키거나 호전시킨다는
객관적인 의학적 증거가 없고 과도한 것으로 보이는 도수치료는 질
병과 상당인과관계가 인정되지 않으므로 그에 대한 실손의료보험회
사의 보험금 지급 거절이 타당하다고 판단하였다.[130] 대한의사협회

---

128) 한국소비자원(2012), 35면.
129) 보험회사들은 보험금 지급사유에 대하여 실효성 있는 조사나 확인을 할
　　　수 없어 실손의료보험의 손해율이 증가하고 따라서 보험료를 인상할 수밖
　　　에 없다는 입장이다. 이재은, 실손보험률 대폭 인상 ⋯ 4대 손보사 18~27%
　　　올려, 조선일보, 2016. 2. 1.자 기사, 선명수, '고삐' 풀린 실손보험료 '인상
　　　폭탄', 경향신문 기사, 2016. 2. 1.자 기사.

는 그러한 금융분쟁조정위원회의 결정이 의학적으로 잘못된 판단이라고 비판하였다.[131] 실손의료보험회사나 금융분쟁조정위원회가 몇몇 전문의 등의 자문을 받아서 어떤 치료가 질병으로 인한 치료가 아니라고 심사, 평가하였을 때 그것을 의료공급자나 의료수요자가 얼마나 수긍할 수 있을지 의문이다.

또한, 그와 별개로 보험회사마다 의료의 내용을 제각기 심사, 평가하는 것도 문제가 될 수 있다. 만약 실손의료보험이 국민건강보험을 보충하여 기본적으로 보장되어야 하는 의료의 재원 조달 방법으로서 역할을 하는 경우에는 그러한 의료에 대한 심사, 평가가 일관성있게 이루어질 필요가 있기 때문이다.

2. 의료 이용의 효율성 제고 방안

가. 국민건강보험의 본인부담금에 대한 일률적인 보험금 지급

의료보험이 국민건강보험의 본인부담금 중 비용효과적이지 않은 의료 이용을 스스로 자제하도록 하는 부분에 대하여 보험금을 지급한다면, 국민건강보험 제도에서 본인부담금을 설정한 정책적 효과가 실손의료보험에 의하여 상쇄될 것이다. 반면, 실손의료보험이 국민건강보험 재정의 부족으로 인하여 설정된 본인부담금 부분에 대하여 보험금을 지급한다면 이것은 긍정적으로 평가할 수 있다. 그런데 현재의 실손의료보험상품의 표준약관에서는 국민건강보험제도의 본인부담금의 기능적 성격과 무관하게 급여 의료에 대하여 보험금

---

130) 금융분쟁조정위원회 조정결정(결정일자 : 2016. 5. 24., 조정번호 : 제2016-12호).

131) 대한의사협회 보도자료(2016. 6. 10.), 금감원의 민간보험사 배불리는 실손 보험 정책 개선 요구

을 지급한다. 그래서 실손의료보험이 국민건강보험 재정 부족으로
인하여 보장이 되지 않는 의료 이용을 도울 수도 있지만 반면에 국
민건강보험의 본인부담금 제도를 통해 달성하고자 한 효과를 소멸
시켜서 비용효과적이지 않은 의료 이용이 증가할 수 있다.

나. 의료공급자와 실손의료보험의 관계

현재의 실손의료보험은 의료공급자와 아무런 법률관계도 형성하
고 있지 않다. 그런데 의료수요자는 전문성이 부족하고 감정적으로
도 불안정하여 의료 이용 시 의료공급자에게 의존적인 경우가 많
다.[132] 그리고 의료공급자에 의한 수요 유발(supplier-induced demand)이
가능하다.[133] 의료공급자는 공급하는 의료의 양을 늘릴 수 있고[134]
수익성이 더 좋은 의료를 공급할 수도 있다.[135] 의료공급자가 의료
수요자의 이익보다는 자신의 이익을 위해 의료수요자에게 의료를
공급할 위험을 배제할 수 없다.[136] 의료수요자가 이용하는 의료의
내용은 실질적으로 의료공급자에 의하여 결정되는 경우가 많고 최
소한 그에 대하여 큰 영향을 미치기 때문에, 실손의료보험상품의 보
험금 지급 사유에 있어 의료공급자는 핵심적인 역할을 한다. 그러므
로 실손의료보험의 보험금 지급에 대한 의료공급자의 영향이나 역
할은 작지 않다. 실손의료보험과 의료공급자 사이의 법률관계를 검
토해보아야 한다. 그리고 후술하는 미국이나 영국, 호주와 같이 보
험회사가 의료공급자와 계약을 체결해서 실손의료보험을 운영하는

---

132) Francesca Barigozzi and Rosella Levaggi(2008), 3면, 5면.
133) 양봉민 외(2013), 27면. 신현웅, 외(2014), 14면.
134) Paul J. Feldstein(2006), 253면.
135) 조병희(2006), 453면.
136) 정영호 외(2004), 69면, 70면. 의료공급자에 의한 수요 유발 논의는 Shain
　　and Roemer(1959), 71면 내지 73면, Roemer(1961), 988면 내지 993면.

방식이나 우리나라 국민건강보험 등이 의료공급자에 대한 지불방식을 통해 의료 공급에 영향을 미치는 방식[137]을 우리나라 실손의료보험상품에 도입함으로써 의료공급자의 의료 공급을 관리하는 방안에 대한 검토가 필요하다.

다. 의료수요자의 의료 이용의 유인 조절

현재 실손의료보험상품은 의료수요자가 스스로 의료 이용을 자제할 경제적 유인을 충분히 주지 못한다. 의료수요자는 이미 보험료를 지급했고 의료 이용 시 보험금을 받을 수 있기 때문에 경제적 유인이 왜곡된다. 그래서 설령 그 의료 이용을 통해 얻는 편익이 미미하고 그것이 비효율적이더라도 의료를 이용하는 선택을 할 수 있다. 만약 본인부담금 중 실손의료보험의 보험금 지급 비율 조정이나 보험료의 할인이나 할증을 통해서 의료수요자가 불필요한 보험금 청구를 스스로 자제할 수 있다면 그것은 불필요한 의료 이용을 줄이는 데 기여할 수 있을 것이다.

3. 국민건강보험 보장성 강화로 인한 실손의료보험회사의 반사이익

국민건강보험의 보장성이 강화되면 실손의료보험회사가 반사이익을 얻을 수 있다. 예를 들어 A 의료가 비급여 의료였고 시장에서 20만 원 정도로 공급되고 있었는데 국민건강보험에서 A 의료를 급여화하면 A 의료에 대하여 20만 원 정도의 보험금을 지급하던 실손의

---

137) 밀턴 뢰머(2001), 210면, 211면. 각 국의 의료비 관리 방안을 크게 3가지로 정리하면서 그 중 하나가 의료공급자에 대한 지불 방식을 통해 과도한 의료 공급을 방지하는 방법(의료공급자 의료 공급 행태 관리)이라고 한다.

료보험회사는 급여화된 A 의료의 본인부담금 정도만 지급하면 되므로 그만큼 보험금 지출이 줄어든다. 국민건강보험법상 본인부담금 상한제가 확대되는 경우에도 마찬가지이다. 국민건강보험의 보장성이 강화되고 새로운 비급여 의료가 발생하지 않는다면 실손의료보험 계약 체결 시에 부보한 의료비 위험이 사후적으로 감소한다. 이때 보험료를 감액하지 않는다면 실손의료보험회사가 반사이익을 얻게 된다. 그런데 현행 실손의료보험상품 약관에는 그러한 반사이익 발생시 그것을 보험가입자에게 돌려주는 내용이 없다. 우리나라가 국민건강보험의 보장성 강화를 보건의료 정책 목표로 삼고 꾸준히 노력하고 있는 상황에서 그로 인한 반사이익을 실손의료보험회사가 보유할 수 있는지 여부 및 그렇다면 그것이 타당한지 검토가 필요하다.

제5절 소결 – 실손의료보험에 관한 법적 규율의 필요성과 그 방향

실손의료보험은 국민건강보험을 보충하는 의료보험으로서 질병과 상해로 인한 의료비 중 본인부담금과 비급여 의료비의 일부를 부보한다. 실손의료보험은 의료수요자가 질병에 걸리거나 상해를 입은 경우 필요한 의료비 위험을 분산하여 이에 대비하고 실손의료보험에 가입한 의료수요자들의 위험단체 내에서의 보편적 의료 공급 기능을 하며 의료수요자의 선택권을 제고하는 효용이 있다. 그러나 실손의료보험으로 인한 의료 이용 증가는 실손의료보험과 국민건강보험 재정에 손실을 줌으로써 비용효과적인 의료를 주로 이용하는 보험가입자나 국민에게 피해를 줄 수 있다. 그리고 사회 전체적으로 의료비를 증가시켜서 그로 인하여 국민의 의료 접근권을 제한할 수 있다. 게다가 국민의 건강권을 실질적으로 보장하기 위한 국민건강보험 보장률 강화 정책 실현에 장애가 되는 부작용도 일으킬 수 있다. 실손의료보험의 내용과 운영방식은 실손의료보험의 효용을 극대화하고 부작용을 최소화할 수 있도록 정해져야 한다. 그것이 시장에서 자율적으로 이루어지기 어렵다면 이를 위한 규제가 필요하다.[138]

---

138) Pablo Gottret and George Schieber (2006), 112면. 민간의료보험에는 장단점이 있으므로 금융당국이나 보건당국의 적절한 규제가 필요한데 그 구체적인 규제의 내용은 각국의 상황에 따라 달라질 수밖에 없다고 한다.

제2장 실손의료보험에 관한 법적 규율의 이론적 근거

제1절 실손의료보험에서 보장해야 할 의료

실손의료보험이 모든 의료에 대하여 보험금을 지급할 수 없다면 부보 대상 의료를 결정해야 한다. 먼저 생각해볼 수 있는 것은 사회적으로 볼 때 또는 개인적으로 볼 때 더 좋은 결과, 가치, 질을 제공하는 의료를 우선적으로 부보하는 것이다. 그런데 의료의 효과나 산출물을 평가하는 데에는 한계가 있고 개별적, 구체적인 상황에 따라 달라질 수 있기 때문에 의료들 간에 우열을 따지기는 어렵다. 그러나 그렇다고 하여 의료 자원의 배분을 시장에 맡길 수는 없다. 그것은 의료 자원의 배분이 정의롭게 이루어져야 한다는 규범적 요청과 그것을 실현하기 위하여 비용효과적인 의료를 이용함으로써 의료 이용의 효율성을 제고해야 한다는 요청 때문이다.

1. 의료 간의 우열을 결정하는 기준 설정의 어려움

가. 건강과 의료의 관계

건강은 사회 구성원이 사회적 역할을 이행하고 인간관계를 맺는 등 개인의 능력을 발휘하고 삶을 살아가는 기초가 되고 사회의 기본적인 가치나 신념과도 깊이 연관되어 있다.[1] 건강과 의료[2]는 같지

---

1) 르네이 C. 팍스(1993), 29면.
2) 우리나라 의료법은 의료행위의 개념이나 범위를 구체적으로 규정하지 않고(대법원 1974. 11. 26. 선고 74도1114 전원합의체 판결 참조), 우리나라 약

않다. 건강은 여러 가지 사회적 요소들에 반영된 사회 정의로부터 분리시키기 어려우며, 건강이 의료에 의해서만 결정되지는 않는다.[3] 건강은 사회 내부의 소득이나 지위에 있어서의 평등의 실현 정도에 영향을 받는 사회·경제적 복지의 산물이다.[4] 건강에 있어 의료는 절벽 밑에서 기다리는 앰뷸런스라고 비유할 수 있다.[5] 이미 절벽에서 떨어진 자를 위하여 앰뷸런스가 제공된다고 하여 절벽에서 떨어지기 전과 같이 되는 것이 아니듯 의료가 공급되는 것만으로 질병이나 상해 위험을 최소화할 수 있다고 기대할 수 없다.

그러나 근대 과학이 발전하면서 새로운 의약품과 의료행위가 개발되었기 때문에 과거와 달리 적절한 의료를 이용할 수 있는지 여부가 건강이나 삶의 질에 큰 영향을 미친다.[6] 적절한 의료를 이용하지 못하면 건강에 대한 추가적인 위험이나 예상하지 못한 위험이 발생할 수

사법 역시 의약품의 개념이나 범위를 구체적으로 설정하지 않아서(대법원 2010. 10. 14. 선고 2007다3162 판결 참조), 의료의 개념이나 범위, 유형 구분에 관한 논란이 있다(예를 들어, 치과의사가 눈가와 미간에 보톡스 시술을 한 것이 치과의사에게 허용되는 의료행위라고 판단하여 이와 달리 본 원심을 파기환송한 대법원 2016. 7. 21. 선고 2013도850 판결 참조). 의료의 개념은 실증적 차원을 넘어 인문학적, 사회학적인 차원에서 논의되고 그러한 배경 가운데 규범적 규명이 필요한 개념이다(김나경, 의료 개념의 다층적 이해와 법, 의료법학 제11권 제2호, 대한의료법학회, 2010 참조). 의료의 개념에 관하여는 본 연구에서 다루지 않는다.

3) Norman Daniels(2008), 22면, 83면 내지 92면에서는 건강불평등을 야기하는 개인의 사회경제적 지위, 상대적 소득, 사회 불평등 등 사회적 결정 요인을 검토하고 있다. 저자는 자신의 저술인 Norman Daniels(1985)에서는 건강을 더 넓은 사회 정의에서 분리시킬 수 있다고 생각하였으나 그 후 현실에서의 건강불평등 문제 해결을 위한 보다 깊은 연구를 통해 건강이 단순히 보건의료의 산물이 아니고 사회 정의와 쉽게 분리할 수 없음을 알게 되었다고 한다.

4) 니키 하트(1991), 92면. 리처드 윌킨슨(2008).

5) Norman Daniels(2002), 11면.

6) Norman Daniels(1985), 12면. John C. Burnham(2014), 270면, 305면.

있고, 그로 인하여 삶에서 기회의 공정한 평등을 누리지 못하게 될 수 있다. 다만, 모든 의료가 건강 수준을 향상시키는 것은 아니다.[7]

나. 의료 이용의 효과나 결과 등 평가의 어려움

(1) 추상적, 일반적 의료와 개별적, 구체적 의료의 구분

어떤 의료가 '바람직한지', '좋은지' 또는 '적정한지' 평가할 때는 그 의료를 크게 추상적, 일반적 의료와 개별적, 구체적 의료로 나누어서 접근할 필요가 있다. 추상적, 일반적으로 적절한 의료는 의료 수요자 집단 전체에 대하여 그 의료가 적절한지 여부에 따라 결정되고 개별적, 구체적으로 적절한 의료는 개별적인 의료수요자에게 공급되는 구체적인 의료가 적절한지 여부에 따라 결정된다. 설명의 편의를 위하여 간단하게 예를 들자면, 어떤 의료가 충분히 많은(예를 들어, 80%) 환자에게서 일정한 수준 이상의 임상적 효과를 나타내고 기존의 대체 가능한 다른 의료행위나 의약품에 비하여 비용효과적이라면 그 의료행위나 의약품은 추상적, 일반적으로 적절한 의료로 분류될 수 있다. 그런데 그 의료는 20% 정도의 환자에게서 일정한 수준 이상의 효과를 나타내지 못한다. 그러므로 위 20% 정도의 환자에 대하여는 그 의료가 적절한 의료라고 보기 어렵다. 이 경우 그 의료는 추상적, 일반적으로는 적절한 의료이지만 위 20% 정도의 환자에 대하여는 개별적, 구체적으로 적절한 의료가 아니다. 또한 설령 위 80% 정도의 환자에게 그 의료를 적용한다고 하여도 의료공급자의 부주의나 무능력, 외부 환경 등으로 인하여 일정 수준 이상의 임상적 효과가 나타나지 않는다면 이 역시 그 환자에 대하여는 개별적, 구체적으로 적절한 의료가 아니다.

---

7) Ellen Nolte *et al.*(2011), 108면 내지 110면.

(2) 추상적, 일반적 의료의 효과나 산출물 평가 노력과 한계

의료 이용의 효과나 산출물은 원칙적으로 건강이지만 현실적으
로 건강의 개념을 정의하거나 그것을 평가하는 것이 어렵다. 그래서
의료 이용의 효과나 산출물을 평가할 때 그 평가 대상이 건강이라는
견해와 의료 이용 자체라는 견해가 나뉜다.[8] 개념적으로만 생각하
면 후자의 견해는 타당하지 않지만 현실적으로는 의료 이용의 효과
나 산출물을 평가하거나 의료의 가격을 책정할 때 후자의 견해에 따
르는 경우가 많다. 전문가인 의료공급자가 공급한 의료를 이용하면
그 이용한 만큼 건강 상태가 좋아질 것이라는 믿음에 기초한 것이
다. 그러나 실제로 널리 이용되고 있는 의료 중에도 근거가 부족하
거나 효과가 입증되지 않은 것들이 존재한다.[9]

그래도 추상적, 일반적 의료에 대하여는 임상시험이나 역학조사
등을 통하여 그 의료가 건강의 향상 또는 유지에 기여하는 정도를
통계적으로 밝힐 수 있다. 여기에는 고도의 전문성을 갖춘 인력과
많은 비용이 필요하고 그로 인하여 연구자 또는 연구비를 지급하는
자의 의도가 연구에 개입될 우려가 있다. 하지만 추상적, 일반적 의
료의 효과나 산출물에 대한 평가 결과가 누적되고 있고 보다 객관적
인 분석이 가능해지고 있다.

---

8) 양봉민 외(2013), 37면 내지 45면.
9) Jonathan Ellis *et al.*(1995).에서는 당시 의료 중 10-20%만이 과학적 근거가 있
   다는 주장이 있으나 영국 옥스퍼드에 있는 병원에서의 109개 일차 진료 중
   82%가 근거에 기반한 의료였다고 한다. George Chapman *et al.*(2013).은 위
   Jonathan Ellis 등의 연구 이후 15년 뒤에 영국의 옥스퍼드에서 다시 연구를
   하였는데 여전히 83%의 의료가 근거에 기반한 것이어서 그 동안 개선이
   되지 못하였음을 문제점으로 지적하고 있다. P Gill *et al.*(1996), 819면에서는
   2일 동안 이루어진 122건의 의사와 환자의 상담 내용을 분석하였는데 그
   중 82%가 임상시험 근거에 기반을 둔 의료였다고 한다. 당장리 외(2002), 40
   면에서는 우리나라 대학병원 한 곳의 의료진료 179건 중 효과가 입증되었
   거나 전문가 자문을 통해 근거가 있다고 인정된 것이 80.4%였다고 한다.

그래서 근거중심 의료의 중요성이 부각된다.[10] 건강 수준 향상에 도움이 안 되거나 심지어 건강 수준을 저하시키는 의료를 가려내기 위해 의료가 건강 수준을 향상시킨다는 근거를 요구하는 것이다. 임상 실무에서 참고하거나 적용할 수 있는 표준진료지침[11]의 개발이나 보급이 요청되는 것 역시 근거중심 의료를 위한 것이다.[12] 우리나라를 비롯하여 영국, 독일, 캐나다, 프랑스에서 의료보험의 보험급여 여부를 결정할 때 의료의 안전성, 유효성 및 경제성 등을 평가(HTA, Health Technology Assessment)하여 비용효과성을 검토하는 것[13]도 같은 맥락에 있다.

그러나 여전히 의료에는 미지의 영역이 상당히 많이 존재하고, 임상시험이나 역학조사 등은 자본이 충분한 제약회사 등이 자신들의 영업상 목적을 위해 진행하는 경우가 많아서 그렇지 않은 영역에서는 연구가 이루어지지 못하는 등, 추상적, 일반적 의료의 경우에도 여전히 의료 이용의 효과나 산출물이 불분명한 경우가 많다. 그리고 객관적으로 추상적, 일반적 의료의 효과나 산출물을 평가한 경우에도 그 평가 결과가 개별 의료수요자에게 항상 유효할 것이라고 기대할 수 없다. 추상적, 일반적 의료에 대한 평가는 통계적으로 의미가 있지만 개별 의료수요자의 구체적인 사정에 따라서는 효과나 산출물이 달라질 수 있기 때문이다.

(3) 개별적, 구체적 의료의 결과, 가치, 질 평가 노력과 한계

통상 의료공급자가 의료 공급에 대한 대가를 받을 때 공급한 의료를 통해 의료수요자가 얻은 건강 수준 향상 등 결과(outcome), 가치

10) 박병주 외(2009), 5면 내지 13면. 조성욱 외(2006), 975면.
11) 김용익 외(2013), 441면 내지 445면.
12) 감사원 통보(2016a), 3면 참조.
13) Mark Stabile et al.(2013), 647면.

(value), 질(quaility)을 고려하지 않고, 의료공급자가 공급한 의료의 양 (volume)에 따라 대가를 받는다. 일반적으로 의료계약의 법적 성격은 도급계약이 아니라 위임계약이라고 보고[14] 의료공급자가 의료계약에 따라 부담하는 채무는 수단채무로 보는 것[15]은 바로 위와 같은 의료 평가 방식에 바탕을 두고 있다.

이것은 개별 의료공급자가 통상의 의료 수준에서 볼 때 최선의 의료를 공급한다는 믿음에 전제하고 있는데, 그에 대한 의문이 제기되고 있다.[16] 어떠한 의료가 환자에게 가장 적합한지 여부에 관한 정보가 불분명한 상태에서 많은 비용을 들여 공급되는 의료 중에는 의료수요자에게 불필요하거나 오히려 건강을 해치는 의료가 있을 수 있다.[17] 저렴한 의료가 비싼 의료보다 의료수요자에게 유사하거나 더 좋은 결과나 가치를 주는 경우가 있을 수도 있다.[18]

그런데도 의료에 대한 대가 지불 방식이 의료수요자가 얻는 결과나 가치, 질에 따라 책정되지 않고 의료공급자가 투여한 자원에 비례하기 때문에 의료공급자는 의료비를 증가시키는 방향으로 의료를 공급할 유인을 갖게 된다. 그에 따른 의료가 반드시 의료수요자가 얻는 건강 수준의 향상으로 이어지지는 않는다.[19] 단순히 공급된 의

---

14) 김민중(2011), 62면, 63면.
15) 대법원 2015. 10. 15. 선고 2015다21295 판결, 대법원 1988. 12. 13. 선고 85다카 1419 판결 등 참조.
16) OECD/Korea Policy Center·건강보험심사평가원(2012), 20면 내지 23면. Michael E. Porter and Clemens Guth(2012), 87면, 125면, 15면.
17) C.P. Subbe and L. Gemmell(2010), 233면.
18) 예를 들어, 아스피린은 심혈관질환 병력을 가진 환자에서 아스피린의 심혈관질환 2차 예방 효과가 확립되어 있고, 일반인에게서 비치명적 심근경색과 암 발생을 감소시킬 수 있다고 알려져 있다[백유진·윤종률(2014)]. 따라서 심혈관질환이 있는 환자에 대하여 저렴한 아스피린 처방이 고가의 심혈관질환 관련 의약품이나 시술보다 더 나은 의료인 경우가 있을 수 있다.
19) Michael E. Porter and Robert S. Kaplan(2015), 1면 내지 5면, 19면.

료의 양이 많다고 하여 의료수요자가 필요로 한 결과나 가치가 제공
되는 것은 아니기 때문이다.[20]

그래서 근래 선진국의 공적의료보험을 중심으로 의료수요자들에
게 보다 가치 있는 의료를 공급하면서도 과도한 의료비 증가의 문제
를 해결하는 방법으로 성과에 기반한 지불 방식(Paying for Performance,
P4P)이 주목을 받고 있다.[21] 우리나라를 포함하여 미국, 영국, 독일,
프랑스 등은 성과에 기반한 지불 방식을 개발하기 위하여 꾸준히 노
력하고 있다.[22] 미국 정부는 오바마 케어가 의료에 투하된 비용
(volume)이 아니라 의료행위의 결과, 가치에 기반한 지불체계를 마련
함으로써 의료비 증가 억제에 어느 정도 성공을 거두고 있다고 하
고[23] 영국 정부와 의회도 성과 기반 지불 방식의 개발을 위해 노력
하고 있다.[24] 현재까지 이러한 노력과 논의는 공적의료보험에서 이
루어지고 있지만 미국에서는 실손의료보험에서도 이를 활용하려는
시도와 논의가 이루어졌다.[25]

그러나 현재까지는 의료 이용의 결과, 가치, 질에 대한 평가가 어
려워서 이론적 논의에 머물고 있을 뿐 현실적인 적용 범위가 좁은
것이 사실이다.[26] 개별적 구체적 의료의 경우 의료공급자에 따라 서
비스나 재화에 차이가 있을 수 있고 동일한 의료에 대하여도 개별
의료수요자별로 효과가 나타나지 않거나 불분명할 수 있다. 게다가
의료의 효과는 합병증 감소, 사망 감소와 같이 오랜 기간이 경과된

---

20) Isabelle Joumard 외(2011), 28면.
21) Mark Stabile et al.(2013), 646면. OECD(2010), 105면 내지 120면.
22) Cheryl Cashin et al.(2014)
23) 미국 HHS(Health and Human Services)의 장관인 Ms. Burwell의 글인 Sylvia M.
    Burwell(2015)., 미국 대통령인 Barack Obama의 글인 Barack Obama(2016) 참조.
24) Emily Jackson(2013), 77면. Michael E. Porter and Robert S. Kaplan(2016).
25) Marin Gemmill(2007), 22면.
26) Cheryl Cashin et al.(2014).

후 그 결과를 알 수 있는 경우가 많다.[27] 추상적, 일반적 의료에 관
하여는 많은 비용이 필요하긴 하지만 장기간의 연구를 통해 그 결과
를 평가할 수 있다. 그러나 개별적, 구체적 의료에 관하여는 오랜 시
간이 경과하여도 그 결과를 확인하거나 그 결과에 해당 의료가 얼마
나 기여하였는지 평가하기 어렵다.

(4) 의료들 간의 우열을 따질 수 있는 기준 설정의 어려움

이렇듯 의료 이용의 효과나 결과 등을 평가하기 어렵기 때문에
의료들 간의 우열을 따질 수 있는 기준을 설정하기 어렵다.[28] 예를
들어, 아토피 피부염의 진단과 치료를 위하여 항원특이적 면역글로
불린 E 검사를 Allergen 종류에 따라 산정하되 최대 6종 이내로 산정
하면 바람직하다고 평가하고 그보다 더 많이 해서 산정하면 바람직
하지 않다고 평가하는 기준이 타당할까?[29] 고가의 로봇 수술은 필요
성이 낮고 불필요한 의료라는 생각이나[30] 고가의 에이즈 예방 의료
가 필요성이 높은 의료라는 생각에[31] 대하여는 얼마든지 이견이 있
을 수 있다. 어떤 이는 사회에서 규정한 의료 가이드라인에 부합하
는지 여부가 기준이라고 생각할 수도 있고[32] 부적절한 의료가 아닌
의료 중에서 의료공급자들이 합의에 이른 의료이면 된다고 볼 수도
있으며[33] 표준적인 진료수준으로서 의료공급자가 시장에서 가격에

27) 김용익 외(2013), 398면.
28) Norman Daniels(2008), 3면, 4면.
29) 헌법재판소 2007. 8. 30. 선고 2006헌마417 결정. 당시 국민건강보험법령에
    서는 위와 같은 경우 6종이 넘어가면 의료공급자와 의료수요자가 합의하
    여도 임의비급여에 해당해서 유상으로 의료를 공급할 수 없게 하고 있었
    는데, 헌법재판소는 그것이 위헌이 아니라고 판단하였다.
30) 박현, 한국의 의료 '양질의 적정진료'가 핵심, 병원신문 기사, 2011. 10. 24.
31) Kristen Underhill(2012), 665면, 666면.
32) Huhg Alderwick, et al.(2015). 7., 72면.
33) Diana Buistand Megan Collado(2014). 7., 4면.

대한 규제 없이 얻을 수 있는 수입을 보장하는 의료인지 여부가 기준이 된다고 생각할 수도 있다.[34] 의료 전문가의 관점과 의료에 대한 전문지식이 없는 자의 관점이 다를 수 있고, 의료에 대한 전문지식이 없는 자라고 하여도 건강한 자의 관점과 환자의 관점이 다를 수 있으며, 사회 전체에서의 관점 역시 다를 수 있다.[35] 사회에서 가장 건강 상태가 나쁜 의료수요자에게 필요한 의료를 최우선적으로 공급하는 것이 항상 바람직한지 여부도 어려운 문제이다.[36] 많은 경우 어떤 의료가 필요성이 높은지 낮은지 또는 어떤 의료가 더 적절한지 판단하려 할 때 모두가 동의할 수 있는 기준을 도출할 수 없다.[37]

다. 우리나라에 존재하는 '바람직한 의료'의 기준

추상적, 일반적 의료 이용의 효과나 산출물이 불확실하고 개별적, 구체적 의료 이용의 결과, 가치, 질 평가가 어려운데 '바람직한 의료'의 기준을 정한다는 것은 어려운 일이다. 여기서는 '바람직한 의료'와 관련하여 우리나라에 기존에 존재하는 법적인 기준인 의료과오법상의 기준과 국민건강보험법상의 기준을 검토한다. 그리고 일반적인 의료수요자가 느끼는 주관적 필요에 따른 기준에 대하여도 살핀다. 이를 통해 위의 어느 기준도 실손의료보험이 보장해야 할 의

---

34) 이상돈(2009), 11면.

35) Report of a working group prepared for the Director of Research and Development of the NHS Management Executive(1993), 117면 내지 120면.

36) Norman Daniels and James E. Sabin(2008), 3면 참조.

37) James S. Cline and Keith A. Rosten(1985), 126면. 미국에서는 의료보험에서 보험급여를 할 때 그 의료가 구체적인 상황에서 '필요한' 의료인지 여부를 심사하여 '필요하지' 않다고 판단하면 보험급여를 거절하였기 때문에 필요한(necessary) 의료가 무엇인지가 쟁점이 된 소송들이 많았고 그 과정에서 그 개념에 관한 다양한 의견들이 제시되었으나 실제 구체적인 개별 상황에서 누구나 동의할만한 지침을 주는 개념 정의는 없었다고 한다.

료의 기준이 될 수 없음을 확인한다.

(1) 의료과오법에 따른 의료과오가 아닌 의료

의료과오(medical malpractice)란 의료인이 환자를 진료, 조산, 간호 등을 하면서 당연히 기울여야 할 업무상 요구되는 주의의무를 게을리 하여 사망, 상해, 치료지연 등 환자의 생명, 신체의 완전성을 침해한 결과를 일으키게 한 경우로서 의료공급자의 주의의무 위반에 대한 비난가능성을 말한다.[38] 의사 등 의료공급자는 의료가 공급되는 시점의 평균적인 의료공급자가 가져야 할 의학상의 기술과 지식에 따른 합리적인 재량 하에서 의료를 공급하여야 한다.[39] 이는 개별적, 구체적 의료에만 한정되는 것은 아니지만 주로 추상적, 일반적 의료보다는 개별적, 구체적 의료에 관하여 논의된다.

예를 들어, 의료공급자는 진단을 할 때 완전무결한 진단을 실시할 수는 없어도 환자의 상태에 충분히 주의하고 진료 당시의 의학적 지식에 입각하여 환자에게 발생 가능한 위험을 방지하기 위하여 최선의 주의를 기울여야 하고,[40] 수술 시 지혈 등의 목적으로 사용하였던 거즈를 모두 회수하여야 함에도 거즈를 그대로 수술부위에 둔 채 봉합하여서는 아니되며,[41] 산모가 난산의 가능성을 알리고 제왕절개에 의한 분만을 요청하는 등으로 안전분만을 하고자 임산부로서 할 바를 다하였는데 의료공급자가 이를 가볍게 여기거나 무시하여서는 안 되나,[42] 숙련된 전문의라고 하여도 의료수요자에게 발생

---

38) 신현호·백경희(2011), 36면, 권오승(1992), 102면, 109면.
39) 대법원 1987. 1. 20. 선고 86다카1469 판결, 대법원 2006.10.26. 선고 2004도486 판결, 대법원 2008. 8. 11. 선고 2008도3090 판결, 대법원 2010.03.25. 선고 2008도590 판결 등 참조. 대법원 1994.4.26. 선고 93다59304 판결, 대법원 1997. 2. 11. 선고 96다5933 판결 등 참조.
40) 대법원 1998. 2. 27. 선고 97다38442 판결.
41) 대법원 1994. 4. 26. 선고 93다59304 판결.

한 요관손상이 일반적인 합병증의 범위를 벗어난 것으로 볼 만한 사정이 있다면 그에 대하여 의료공급자가 책임을 지지 않고,[43] 수술용 메스가 부러지는 경우가 흔히 있는 종류의 수술 도중에 수술용 메스가 부러지자 이를 찾기 위하여 최선의 노력을 다하였다면 그에 대하여도 과실이 있다고 하기 어렵다.[44]

의료과오법에 따른 의료과오가 아닌 의료는 의료공급자의 주의의무 위반이 없거나 의료수요자의 손해 발생이 없는 경우로서 '바람직한 의료'의 필요조건이다. 하지만 의료과오법에 따른 의료과오가 아닌 의료라고 하여 모두 '바람직한 의료'라고 할 수 없다. 평균적인 의료공급자가 가져야 할 의학상의 기술과 지식에 따른 합리적인 재량 범위 내에 있는 의료들을 모두 동등하게 볼 수는 없다. 의료과오법에 따른 기준은 실손의료보험에서 보장해야 할 '바람직한 의료'의 충분조건일 수는 없다.

(2) 국민건강보험의 보장내용에 포함되는 의료와 그렇지 않은 의료

국민건강보험법의 하위법령에서는 국민건강보험의 보장내용을 구체적으로 정하고 있다. 국민건강보험의 보장내용에 포함되는 의료에 대하여는 가격 등에 대하여 통제가 이루어지고 의료수요자는 의료공급자에게 본인부담금만 지급하면 된다. 그래서 우리나라 의료 공급 실무에서 어떤 의료가 국민건강보험의 보장내용에 포함되는지 여부는 매우 중요하다. 국민건강보험의 보장내용에 포함되는지 여부는 개별적, 구체적 의료보다는 주로 추상적, 일반적 의료에 관한 기준이다.

가령, 국민건강보험의 보장내용에서 'DNA microarray'에 대하여 보

---

42) 대법원 1992. 5. 12. 선고 91다23707 판결.
43) 대법원 2008. 3. 27. 선고 2007다76290 판결.
44) 대법원 1999. 12. 10. 선고 99도3711 판결.

장한다고 기재되어 있는데 'PNA probe DNA microarray'가 그에 해당한
다고 판단될 경우[45], 이는 급여 의료로 분류되어 가격 등에 대하여
통제를 받는다. 대신에 의료수요자가 본인부담금만 지급하고 이용
할 수 있어서 수요가 늘어날 수 있다. 반면에 위와 달리 판단될 경우
이는 임의비급여 의료로 분류되어 유상으로 의료 공급을 하는 것이
금지되거나 또는 비급여 의료로 분류되어 의료공급자와 의료수요자
가 자유롭게 그 가격이나 내용을 정할 수 있게 된다.

국민건강보험의 보장내용은 국민보건 향상과 사회보장 증진에
이바지함을 목적으로 하는 국민건강보험법의 목적(국민건강보험법
제1조)에 따라 정해진다. 그리고 그것은 1989년 전국민 의료보험을
시행한 이후 지금까지 오랫동안 운영되면서 축적된 결과물이다. 비
록 그 의사결정이 관료 중심적으로 이루어져 왔지만[46] 의료공급자
와 의료수요자 등이 계속적으로 관여하면서 그 의견이 반영되어 왔
다(국민건강보험법 제4조).[47] 그리고 국민건강보험 급여 목록에 등
재 시에 비용효과성을 검토하고 있다(국민건강보험법 제41조 제2항,
국민건강보험 요양급여의 기준에 관한 규칙 제5조 제2항, 보건복지부
고시인 행위 치료재료 등의 결정 및 조정 기준, 약가의 결정 및 조정
기준 참조). 그러므로 국민건강보험의 보장내용 중 상당 부분이 의료
수요자에게 필요성이 높고 비용효과적인 의료라고 볼 수 있다.

다만, 국민건강보험의 보장내용은 재정의 한도(국민건강보험법
제69조, 제73조) 내에서 결정된다. 그래서 국민건강보험의 보장 내용
에 포함되지 않은 의료 중에는 의료의 필요성이 낮아서라기보다는

---

45) 대법원 2016. 3. 10. 선고 2015두50351 판결 참조.
46) 권오탁(2016b), 20면.
47) 다만, 독일과 비교하면[Miriam Blümel and Reinhard Busse(2015), The Commonwealth
    Fund(2016)., 72면] 우리나라 국민건강보험의 의사 결정은 보건당국의 의사
    가 더 많이 반영되는 구조이다.

재정적 부담 때문인 경우48)가 있다. 그런 경우 그것이 '바람직하지 않은 의료'라고 보기는 어렵다.

(3) 의료수요자의 주관적 필요에 따른 '바람직한 의료'

우리나라 의료수요자들은 의료는 필요에 따라 이용할 수 있어야 한다는 관념이 강하다.49) 다수의 의료수요자에게 '필요'는 개별적, 구체적인 상황에서 의료수요자가 주관적으로 느끼는 필요이다. 이는 법적이거나 학문적인 개념은 아니지만 질병이나 상해로 고통받고 있는 개인에게는 존재론적인 절박함일 수 있다. 의료기술이 발전하기 전에는 이용할 수 있는 의료가 많지 않았고 많은 비용이 들지도 않았기 때문에 모두가 주관적으로 필요하다고 느끼는 의료를 이용하여야 한다는 수사(rhetoric)나 립서비스(lip service)를 이행하기 위해 요구되는 의료의 수준과 실제 현실에서 공급되는 의료 사이의 간격이 크지 않았다.50) 그러나 지금은 그 간격이 매우 크다. 모든 사람에게 주관적 관점에서 필요한 의료를 공급하기 위해서는 사회의 대부분의 자원을 의료에 투여해야 하는데 그것은 불가능하며 바람직하지도 않다.51)

(4) 소결

'바람직한 의료'는 의료과오법에 따른 의료과오가 아닌 의료이어야 하지만 의료과오법에 따른 기준은 필요조건에 불과하다. 한편,

---

48) 예를 들어, 이태진 외(2014), 222면. 에이즈 의약품인 푸제온이 약가 협상 결렬로 4년 이상 국민건강보험 급여 범위 내로 들어오지 못하여 에이즈 환자 단체가 푸제온의 특허에 대한 강제실시를 한 사안에 대하여 소개하고 있다.
49) 김도균(2012), 393면. 이상돈(2000), 56면.
50) Ronald Dworkin(1993), 886면, 885면.
51) Amanda Bennett(2012)

국민건강보험의 보장내용에 포함되는 의료는 추상적, 일반적 의료로서의 '바람직한 의료'로 평가될 가능성이 높으나, 국민건강보험의 보장내용에 포함되지 않는다고 하여 '바람직한 의료'가 아니라고 할 수는 없다. 의료수요자의 주관적 필요에 따르는 '바람직한 의료'는 무한정의 의료 자원 소비를 필요로 하는데, 이 역시 '바람직한 의료'의 기준이 될 수 없다.

라. 의료 자원의 배분을 시장에 맡길 것인가?

의료는 건강에 기여함으로써 의미를 갖지만 의료 이용의 효과나 결과 등을 평가하기 어렵고 의료들 간에 우열을 따지기도 어렵다. 그래서 의료과오법에 따른 기준이나 국민건강보험법에 따른 기준 등을 참고해볼 수는 있지만, '바람직한 의료'에 대하여 누구나 동의할 수 있는 절대적 기준을 설정할 수 없다. 의료수요자는 질병이나 상해에 대하여 조금이라도 도움이 되거나 도움이 될 가능성이 있다면 그에 대하여 주관적 필요를 느낄 것이고 그러한 의료가 모두 '바람직한 의료'라고 보기도 어렵다.

그렇다면 의료보험을 규율하는 법과 제도는 의료 이용을 시장에, 즉, 의료공급자와 의료수요자, 의료보험의 보험자의 자율적인 판단에 맡기고 평균적인 기준에 미치지 못하는 불량 의료가 발생하는 것만 규제하면 되는 것일까? 의료의 배분을 시장에 내맡겨서는 안 된다는 우리나라 국민의 정서는 사회적 연대성의 이념에 지향된 감정적 에토스에 불과한 것일까?[52] 이것은 국가나 사회가 의료 자원 배분에 대하여 어느 정도로 어떻게 개입할 것인지의 문제이다. 그리고 그것은 의료보험의 보장 내용이나 방식이 법적으로 어떻게 규율되어야 하는지의 문제이기도 하다.

---

52) 이상돈(2000), 56면.

2. 의료 자원 배분에서 의료보험의 역할과 의료보험이 보장해야 할 의료

가. 의료 자원 배분의 중요성

(1) 의료의 필수성과 의료 자원의 희소성

의료는 인간의 삶에 필수적이다. 의료의 이용은 의료를 이용하지 않은 다른 사회구성원의 건강이나 행복에 도움을 주는 긍정적인 외부 효과를 갖는다.[53] 그런데 의료 자원은 공급의 제한이라는 측면과 수요의 무한정이라는 측면 모두에서 희소하다.[54] 기술발전이 의료 자원의 희소성 문제를 해결할 수 있다는 기대도 있지만,[55] 적어도 현재까지의 상황으로 볼 때 요원해보인다.

게다가 우리나라를 포함한 대부분의 국가는 의료공급자의 진입을 규제한다.[56] 이것은 면허가 없는 자가 의료를 공급함으로써 생길 수 있는 사람의 생명, 신체나 공중위생상의 위험을 방지하기 위한 것이기도 하지만[57] 전체적인 의료 공급 수준을 조절하는 의미도 갖는다.[58] 그래서 의료 수요가 많아진다고 하여 의료공급자의 공급이 그에 따라 탄력성 있게 늘어나기 어렵다.

경제학에서 의료라는 재화의 성격에 대하여 다양한 견해가 대립하는데 그것은 현상에 대한 객관적 이해의 차이라기보다는 의료의 필수성과 희소성에 대한 이념이나 가치관의 대립이다.[59] 의료의 필

53) 엄영진(2014), 27면. 130면. Paul J. Feldstein(2012), 43면.
54) International Labour Organization(2014), 111면. Otfried Höffe(1999), 71면 내지 74면. Guy Carrin(2011), 431면.
55) William B. Schwartz(1998), 150면.
56) 헌법재판소 1996. 10. 31. 선고 94헌가7 결정.
57) 대법원 2009. 5. 14. 선고 2007도5531 판결 등.
58) 주호노(2012), 12면 내지 44면, 394면 내지 396면 참조.
59) 최병호(2008), 5면, 6면. 이규식(2007), 107면 내지 115면.

수성으로 인하여 보건의료에 접근하는 것은 '권리'로 인식되고 의료
자원의 희소성으로 인하여 의료 자원의 배분 구조에 대한 연구가 요
청된다.[60] 의료의 필수성과 희소성은 의료 자원 배분에 도덕과 정의
의 요청을 제기하고 이를 이행하기 위한 국가나 사회의 역할을 논의
하는 전제가 된다.[61]

⑵ 의료비 증가 문제

첨단 과학의 발달로 새로운 의료가 계속적으로 개발되고 있다.
새로운 의료는 종래 의료기술로는 만족시킬 수 없었던 의료수요자
의 수요를 충족시키거나 의료비를 감소시킬 수 있는 수단이 될 수도
있다.[62] 하지만 대부분의 경우 기존의 의료보다 고가의 의료이기 때
문에 의료비 증가의 원인이 된다.[63] OECD 국가들의 GDP 대비 국민
의료비 비율은 2015년 현재 대략 9.0% 정도(우리나라의 경우 7.2%, 호
주는 9.3%, 영국은 9.8%, 독일은 11.1%, 미국은 16.9%)이다.[64] 그런데도
전세계적으로 의료비는 계속 증가하고 있다.[65] 의료비 지출은 개인
과 가계의 경제를 심각하게 위협할 수 있다.[66] 국가 재정의 상당 부

---

60) Lu Ann Aday and Ronald M. Andersen(1981), 4면, 5면.
61) Kwangsu Mok(2013), 51면. Norman Daniels(2010), 370면.
62) Darius Lakdawalla *et al.*(2015). 2면 내지 4면. 안선희·전용웅(2014), 6면 내지 9
    면. William B. Schwartz(1998).
63) Norman Daniels and James E. Sabin(2008), 1면. Ronald Dworkin(2001), 308면.
64) 통계청 OECD 주요국의 GDP 대비 국민의료비 비율 사이트 [최종방문일 :
    2016. 11. 29.]
65) Isabelle Joumard 외(2011), 35면.
66) Thomas Rice *et al.*(2013), 91면에서는 미국에서 파산을 하는 사람들의 60% 이
    상의 파산 원인이 의료비 부담인 것으로 추정된다고 한다. 김창엽(2009), 74
    면에서는 개발도상국에서 개인이 빈곤에 빠지는 이유 중 보건의료 혹은
    건강이 60% 내지 88%에 이른다는 연구 결과(Krishana, Anirudh, For Reducing
    Poverty Faster: Target Reasons Before People, World Development Vol. 35 No. 11,
    2007) 등을 제시하며, 이는 대부분의 국가에서 관찰할 수 있는 현상이라고

분이 의료비로 지출되는 상황에서 의료비의 증가는 국가 경제에도 영향을 미친다.[67]

나. 의료 자원 배분의 정의(正義)와 효율성

(1) 의료 자원 배분의 정의(正義)

의료는 희소하면서도 개인적으로나 사회적으로 필수적이다. 그런데 이용할 수 있는 의료가 많아지면서 의료비가 증가하고 지불 능력에 따른 의료 이용의 편차가 커졌다. 그래서 의료 자원 배분의 정의(正義), 즉, '사회가 얼마만큼의 의료를 공급하여야 하는가?'(이 질문은 '사회가 의료에 소비하는 자원의 총량이 얼마여야 하는가?' 그리고 '그것이 어떻게 배분되어야 하는가?'라는 두 개의 질문으로 나누어진다)하는 문제가 대두되었다.[68] 모든 의료수요자의 건강에 대한 욕구나 필요를 충족시킬 수는 없는 현실에서 누구든지 지불능력에 상관없이 일정한 수준이상의 의료를 이용할 수 있어야 그것이 정의롭다고 할 수 있는지 여부에 대한 질문이 제기된 것이다.[69] 의료 자원 배분은 정의롭게 이루어져야 하지만 시장에만 맡겨서는 그 정의가 실현되지 않는다는 논의가 전개되었다.[70] 그리고 사회구성원의 이타심이나 시민의식, 상호호혜와 같은 사회연대 의식이 의료 자원 배분의 정의에 반영되어야 한다는 견해가 제시되었다.[71] 실제로

한다.
67) Edward A. Zelinsky(2007), 278면. 아놀드 S. 렐만(2008), 106면.
68) Ronald Dworkin(1993), 886면, 885면, 893면.
69) Norman Daniels(2010), 370면. Norman Daniels and James E. Sabin(2008), 2면 참조.
70) Ronald Dworkin(2001), 307면, 108면, 317면, 318면.
71) Saffron Clackson(2008), 38면. Andreas Hasman and Søren Holm(2005), 263면, 272면. Michal Zabdyr-Jamróz(2015), 80면, 81면. Larry R. Churchill(1994), 97면. 사회연대의 원리에 관하여는, 박귀천(2012), 72면. 장승혁(2014), 52면. 정영훈(2014), 8면 내지 10면.

우리나라의 국민건강보험을 비롯하여[72] 서유럽 국가들의 공적의료
보험 제도는 그러한 견해를 중요한 사상적 기초로 하고 있다.[73] 제3
장에서 다루는 미국의 오바마케어의 실손의료보험 규율이나 독일의
대체형 실손의료보험 규율, 호주의 실손의료보험 규율도 구체적인
모습에 차이가 있지만 의료 자원 배분의 정의 실현을 핵심적인 규범
목적으로 삼고 있다.

(2) 의료 이용의 효율성

최근 전세계적으로 의료비 증가가 국가적인 문제가 되면서 보건
의료 체계의 비효율이 의료비 증가의 중요한 원인으로 지적되고 있
다.[74] 예를 들어, 다른 나라에 비하여 압도적으로 많은 의료비를 사
용하지만 국민의 건강 수준은 평균 정도에 불과해서 의료비에 비하
여 의료수요자가 얻는 결과나 가치가 낮고 비효율적이라는 평가[75]
를 받는 미국의 경우가 전형적인 경우이다. 의료 이용의 효율성에

---

72) 우리나라 국민건강보험 제도의 의무적 가입, 보험료 산정 방식 등이 합헌
이라고 결정하면서 사회연대의 원리를 강조하는 헌법재판소 결정으로 헌
법재판소 2000. 6. 29. 선고 99헌마289 결정, 헌법재판소 2001. 8. 30. 선고
2000헌마668 결정, 헌법재판소 2003. 10. 30. 선고 2000헌마801 결정, 헌법재
판소 2013. 7. 25. 선고 2010헌바51 결정, 같은 취지의 대법원 판결로는 대법
원 2011. 11. 24. 선고 2011두15534 판결, 대법원 2007. 5. 31. 선고 2005두15472
판결. 국민연금 제도에서의 강제가입과 연금보험료 강제 징수가 합헌이라
고 결정하면서 그 근거 중 하나로 사회연대성을 제시한 것으로 헌법재판
소 2001. 2. 22. 99헌마365 결정. 그러나 헌법재판소나 대법원은 사회연대의
의미나 규범의 성격 등을 구체적으로 설명하거나 논증하지는 않는다.
73) Peter C. Smith and Sophie N. Witter(2005), 154면.
74) Hendrik Schmitz(2011), 1면.
75) Leiyu Shi and Douglas A. Singh(2015), 9면 내지 19면. Karen Davis *et al.*(2014), 26
면. 김성수(2015), 295면, 298면. The White House(2010). 12., 11면에 따르면,
2010년에 미국 백악관에서 추산한 바에 의하면, 개혁이 이루어지지 않을
경우 2025년에는 미국의 공적의료보험과 사회보장제도를 운영하는 데에만
연방의 재정을 전액 지출하여야 하는 상황이 될 수 있다고 한다.

있어 의료보험을 운영하는데 필요한 행정비용도 의미가 있다.[76]

하지만 가장 중요한 것은 지출되는 의료비와 비교한 의료 이용의 가치(value for money)이다.[77] 그것을 높이기 위해서는 보다 비용효과적인 의료를 이용해야 한다. 본 연구에서 말하는 의료 이용의 효율성은 거시적으로는 사회의 전체 의료비에 대하여 전체 사회 구성원이 얻는 의료 이용의 가치가 대체 가능한 다른 의료를 이용한 것보다 높은 것을, 미시적으로는 개별 의료비에 대하여 개별 의료수요자가 얻는 의료 이용의 가치가 대체 가능한 다른 의료를 이용한 것보다 높은 것을 의미한다. 전자는 추상적, 일반적 의료의 비용효과성이고 후자는 개별적, 구체적 의료의 비용효과성이다. 후자의 가치의 합은 전자의 가치를 형성한다.

도덕이나 정의에 기반한 규범적 요청이 최소한의 도덕 또는 정의가 아닌 보다 높은 수준을 추구할 때 효율성은 중요한 도구적 개념이 된다.[78] 전통적인 규범학에서 효율성은 중요하게 다루어지지 않았으나 입법에 있어 효율성이 고려되어야 함에는 이견을 찾기 어렵고 해석에 있어서도 중요한 의미가 있다.[79] 의료보험이 의료 자원 배분을 상당 부분 결정짓는다면, 의료 이용의 효율성 제고는 의료보험을 규율하는 법률의 또 다른 규범 목적이 된다.

다. 의료 자원 배분에서 의료보험의 역할

의료보험에서 부보하지 않는 의료비는 의료수요자 본인이 부담

---

76) Steffie Woolhandler *et al.*(2003), 771면, 772면. Institute of Medicine(2011), 141면 이하 참조.
77) OECD(2010), 39면, 105면, 120면. Ellen Nolte *et al.*(2011), 108면 내지 110면. Cheryl Cashin and Y-Ling Chi(2014), 109면, 110면. Mark Stabile *et al.*(2013), 646면. Norman Daniels and James E. Sabin(2008), 51면, 55면
78) 론 풀러론 풀러(2015), 78면, 241면.
79) 윤진수(2009).

하기 때문에, 의료보험에 가입한 의료수요자는 의료보험에서 보장하
는 의료를 더 많이 이용하게 된다. 의료보험의 보장 내용은 의료수
요자의 의료 이용과 의료공급자의 의료 공급에 직접적 또는 간접적
으로 영향을 미친다.[80] 그래서 상당한 규모의 위험단체를 형성하는
의료보험은 의료 자원의 배분에 있어 결정적인 역할을 한다.[81] 이때
의료보험의 보험자는 실질적인 구매자 지위에서 의료의 내용이나
가격 결정에 영향을 미친다. 이것은 우리나라 국민건강보험과 같이
모든 국민이 위험단체를 구성하는 경우는 물론이고[82] 의료수요자가
많이 가입하고 있는 실손의료보험도 마찬가지이다.[83] 이것은 경험
적으로도 확인할 수 있다. 미국의 실손의료보험은 의료공급자와의
계약이나 보험가입자에 대한 보험금 지급 관리를 통해 의료 이용을
관리 또는 통제한다.[84] 영국의 공적의료보험인 NHS는 영국 국민이
이용하는 의료의 대부분을 결정한다.[85] 독일의 공적의료보험과 대
체형 실손의료보험,[86] 호주의 공적의료보험인 메디케어와 실손의료

---

80) 조병희(2006), 453면.
81) Guy Carrin(2011), 7면.
82) 최상은 외(2013), 113면 이하에서는 단일 보험자인 건보공단을 수요독점자,
   의료수요자들의 대리인(Agent of consumer)로 보고 의약품이 독점적으로 공
   급되는 시장에서의 가격과 수요량을 분석하고 있다.
83) Leiyu Shi and Douglas A. Singh(2015), 13면에서는 만약 의료 시장이 경쟁 시장
   이라면 의료수요자들이 구매자로서 역할을 할 것이나 현실적으로 미국에
   서 구매자는 개별 의료수요자라기보다는 실손의료보험의 보험자인 MCO
   (Managed Care Organization)와 공적의료보험의 보험자인 Medicare나 Medicaid
   이고 의료의 가격은 의료의 수요와 공급이 이루어지는 시장의 외부에 있
   는 보험자에 의하여 결정되어 미국의 의료 시장이 경쟁 시장이라고 할 수
   없다고 한다.
84) Anne Austin and Victoria Wetle(2008), 38면 내지 40면. Sherry Glied(1999), 5면.
   Ching-to Albert Ma and Michael H. Riordan(2002), 82면, 83면.
85) Mark Stabile et al.(2013), 646면. Richard Cookson(2015), 99면. Mike Richards(2008),
   33면, 49면, 51면.
86) Reinhard Busse and Miriam Blümel(2014), The Commonwealth Fund(2015), 67면.

보험도 마찬가지이다.[87] 우리나라 국민건강보험도 그러하다.

라. 의료보험이 보장해야 할 의료

의료 자원은 희소하고 필수적이다. 그래서 의료 자원 배분의 정의가 요청되고 그것을 현실화하기 위해서는 의료 이용의 효율성이 제고되어야 한다. 의료보험은 그 위험단체 내에서의 의료 자원 배분의 상당부분을 결정한다. 그러므로 의료보험은 의료 자원 배분의 정의를 실현하고 그것을 위한 의료 이용의 효율성 제고를 달성할 수 있도록 그 보장 내용과 운영 방식이 결정되어야 한다.[88] 그렇다면 의료보험이 보장해야할 의료는 그와 같은 기준에 따른 의료이다. 이에 대하여 다음 절에서 보다 구체적으로 살핀다.

제2절 기본적 의료 보장과 그것을 달성하기 위한 의료 이용의 효율성 제고

1. 기본적 의료 보장

가. 기본적 의료 보장에 대한 일반적인 논의

UN(United Nations)[89], 세계보건기구(WHO, World Health Organization)[90], 국제노동기구(ILO, International Labour Organization)[91] 등 국제기구는 모

---

87) Jane Hall(2015), 493면.
88) Robert Blank(1988), 135면, 252면. 의료 자원 배분의 정의는 형평성(equity)에, 의료 이용의 효율성 제고는 효율성(efficiency)에 상응한다.
89) Draft resolution (A/67/L. 36) Global health and foreign policy, 2012. 세계인권선언 (The Universal Declaration of Human Rights) 제25조 제1항
90) WHO(2013), 4면, 6면, 7면. WHO(2010), 7면, 8면.

두 지불능력 등과 무관한 의료의 기본적 보장을 강조하고 있다. 이
는 영국[92], 독일[93], 유럽 연합[94], 미국의 오바마케어[95]도 마찬가지다.
우리나라의 국민건강보험법도 의료의 기본적 보장을 중요한 입법
목적으로 하고 이를 위하여 다른 법률에서는 찾기 어려운 전 국민
강제가입 및 소득 등 경제적 수준에 따른 차등적인 보험료 부과[96],
요양기관당연지정[97], 보험급여의 범위 내에 있는 의료행위와 의약품
등에 대한 가격 통제[98] 등으로 사적 자치에 제한을 가하고 있다. 헌
법재판소와 대법원은 이러한 제한이 위헌이나 위법이 아니며 정당
하다는 입장이다. 보건학이나 보건경제학, 보건정책학 등의 관련 학
문 분야에서도 의료 이용의 평등을 강조하고 그것을 달성하기 위한
보건학적, 경제학적, 정책학적 방법론을 제시한다.[99] 기본적으로 보

---

91) International Labour Organization(2014), 100면.
92) The NHS Constitution(2015), 3면.
93) Reinhard Busse and Miriam Blüme(2014), 263면.
94) Tamara K. Hervey and Jean V. McHale(2015), 51면, 52면.
95) Barack Obama(2016), E2 면. 버락 오바마 대통령은 그가 2016. 7. 학술지에 발
    표한 위 논문에서 보건의료의 질을 개선하고 그 비용 증가를 방지하여야
    할 미국 사회의 필요와 보건의료는 소수가 누리는 특권이 아니라 모든 사
    람의 권리라는 굳센 믿음이 오바마 케어(ACA, Affordable Care Act) 입법 추진
    의 중요한 이유였다고 설명한다.
96) 헌법재판소 2000. 6. 29. 선고 99헌마289 결정, 헌법재판소 2001. 8. 30. 선고
    2000헌마668 결정, 헌법재판소 2003. 10. 30. 선고 2000헌마801 결정, 헌법재
    판소 2013. 7. 25. 선고 2010헌마51 결정 참조.
97) 헌법재판소 2002. 10. 31. 선고 99헌바76, 2000헌마505(병합) 결정, 헌재 2014.
    4. 24. 선고 2012헌마865 결정 참조.
98) 급여 범위에 포함되는 의료행위에 대한 가격 통제를 인정하는 것으로 대
    법원 2012. 6. 18. 선고 2010두27639,27646 전원합의체 판결(이 판결의 쟁점은
    임의비급여의 허용 여부와 관련되는 것이나 그 판단 중에 급여 부분에 대
    하여는 가격 통제 등이 가능하다는 설시가 나온다), 급여 범위에 포함되는
    의약품에 대한 가격 통제를 인정하는 것으로 대법원 2010. 9. 9. 선고 2009
    두218 판결, 대법원 2009.6.25. 선고 2009두2696 판결 참조.
99) 김창엽 외(2015) 외(2015)((2009), 양봉민 외(2013), 김용익 외(2013), 문옥륜 외

장되어야 하는 의료의 보장을 달성하는 방법론이나 기본적으로 보
장되어야 하는 의료의 범위에 대하여 견해가 일치하는 것은 아니지
만 전반적으로 의료의 기본적 보장을 의료 자원 배분의 핵심적인 가
치로 전제하지 않는 견해는 찾기 어렵다.

이렇듯 지불능력이 아닌 필요에 따라 일정 수준 이상의 의료를
이용할 수 있어야 한다는 보편적 의료 공급의 요청과 그 당위성은
널리 인정되고 있다. 그러나 이를 위하여 국가나 사회가 적극적으로
개입하여 의료공급자나 의료수요자, 보험회사의 자유나 권리를 제한
할 수 있는지, 그렇다면 어떠한 방식으로 어디까지 개입하여야 하는
지에 관한 질문에 대한 답변을 위해서는 그에 대한 이론적 검토가
필요하다.

나. 기회의 공정한 평등을 보장하기 위한 의료 자원 배분의 정의

(1) 사회계약론과 존 롤즈의 정의론

존 롤즈(John Rawls)는 사회계약론의 입장에서 평등한 기본적 자유
보호, 기회의 공정한 평등 보장 등의 정의의 원칙을 제시함으로써[100]
시민적, 정치적 자유를 옹호하면서도 공리주의에 의하여 보호되기
어려운[101] 사회적 약자의 복지 보장 및 사회적 재화의 평등한 분배
가 정당화되는 철학적 기초를 제공한 것으로 평가되고 있다.[102] 국
가와 사회는 사회계약에 의하여 형성되므로, 무지의 장막에서 원초

(2009), 엄영진(2014), 권순원(2003), 이용재(2012), Fiona Sim & Martin McKee
(2011) Paul J. Feldstein(2012)등.
100) 존 롤즈(2003), 45면, 46면, 49면, 400면.
101) 김영정·정원규(2003), 14면 내지 16면. 장영민(2016), 20면. 존 롤즈(2003), 68
면. Otfried Höffe(1999), 77면. Mark S. Stein(2012), 49면. Allen E. Buchanan(1984),
60면.
102) 장동익(2005), i면, 3면. Robert Nozick(1974), 3면, 183면.

적 입장으로 정해진 기회의 공정한 평등의 원리 등 사회계약상의 정의의 원리는 그 구성원들이 처하는 구체적인 상황에서 합의할 법률이나 제도를 구속한다.[103]

존 롤즈는 모든 사회 구성원이 건강하다고 전제하고 논의를 전개했기 때문에 그의 정의론에는 의료 자원 배분이나 건강에 대한 이론이 언급되지 않는다.[104] 그렇지만 만약 존 롤즈의 정의론이 의료 자원 배분에 있어 허용되는 불평등과 허용되지 않는 불평등을 가름하는 기준을 정당화할 수 있다면, 그리고 국가나 사회의 적극적 개입이 없는 상태에서는 허용되지 않는 불평등이 현실화되는 것을 막을 수 없다면, 그것은 국가나 사회가 의료 자원 배분에 적극적으로 개입하여야 함을 정당화하고 그 적극적 개입 방식을 지도하는 사상적 기초가 될 수 있다.

(2) 노먼 다니엘스의 의료 자원 배분의 정의

(가) 존 롤즈의 정의론과 의료 자원 배분의 정의

존 롤즈의 정의론은 추상적이기 때문에 현실에서 구체적인 지침을 주지 못한다는 비판이 있다.[105] 실제로 존 롤즈의 정의론을 의료 자원 배분에 적용한 분석 중에는 존 롤즈의 정의론을 로버토 노직과 같은 자유지상주의적 이론과 같은 입장으로 보는 견해도 있다.[106] 그와 달리 모든 사람은 기본적 가치재(primary goods)인 의료를 공급

---

103) 존 롤즈(2003), 269면 참조.

104) Norman Daniels(1985), 43면, Thomas C. Shevory(1986), 749면. Annette Rid(2008), 653면.

105) Robert Paul Wolff(1977), 195면, 198면, 201면. 이에 대하여 로버트 울프(Robert Wolff)가 원리의 문제와 원리의 적용의 문제를 혼동하였다는 비판으로는 Steven Strasnick(1979)., 509면.

106) 이상돈(2000), 57면, 58면. 김용우(2010), 81면. 박상혁(2008b), 29면 참조.

받을 권리를 갖는다거나[107] 국가에 의하여 관리되는 일원화된 의료
자원 배분 제도를 구축해야 한다고 보는 것도 있다.[108] 그래서 존 롤
즈의 정의론이 의료 자원 배분에 있어 구체적인 지침을 줄 수 있는
지 여부에 의문이 제기될 수 있다.[109]

그러나 존 롤즈의 정의론은 중립성(neutrality)을 갖고 합리적 다원
주의(reasonable plurality)를 허용하지만 자유 보장과 그로인한 불평등
의 전제 또는 한계를 분명히 설정하고 있기 때문에 무차별적인 중립
성을 인정하거나 모든 형태의 다원주의를 정당화하지 않는다는 점
을 고려할 필요가 있다.[110] 여기서 존 롤즈의 정의론을 보건의료와
건강의 영역으로 확대하여 의료 자원 배분에 실천적으로 적용될 수
있는 정의론을 제시한 노먼 다니엘스의 견해를 살펴볼 필요가 있다.

(나) 기회의 공정한 평등과 의료 이용

노먼 다니엘스는 존 롤즈의 정의론을 보건의료와 건강의 영역으
로 확대하여 보건의료와 건강의 정의론을 제시한 것으로 평가받고
있다.[111] 그는 건강(health)과 보건의료(health care)가 행복 등이 아니
라 공정한 기회에 기여한다는 점에 착안하고 의료 자원 배분에 특별
한 도덕적 중요성이 있음에 주목하였다.[112] 그리고 기회의 공정한
평등을 요청하는 존 롤즈의 정의론을 보건의료의 영역으로 확장함
으로써 국가와 사회가 기회의 공정한 평등을 보장하기 위하여 필요
한 기본적 수준 이상의 의료를 공급할 책무를 지게 된다는 이론을

---

107) Varun Gauri(2006), 331면.
108) 박상혁(2008b), 25면.
109) Allen E. Buchanan(1984), 61면, 62면.
110) Kwangsu Mok(2013), 59면, 60면, 78면.
111) Thomas C. Shevory(1986), 751면, Anne Donchin(1989), 697면, Ian Henneberger
     (2011), 17면, Elizabeth H. Coogan(2007), 34면, Allen Buchanan(2009), 4면, 27면.
112) Ian Henneberger(2011), 13면. Norman Daniels(1982) 71면, 72면.

전개하였다.[113)

　의료는 사회 구성원이 정상적인 기능을 유지할 수 있게 돕는다. 건강이 손상된 사회 구성원은 의료를 이용함으로써 사회에서 자신의 삶을 영위하는 기회를 얻을 수 있다. 그러므로 의료에는 특별한 도덕적 의미가 있다. 가령, 일정 수준 이상의 음식이 제공된다면 고가의 스테이크를 먹을 수 없어도 기회의 공정한 평등이 박탈되지는 않지만 신장 기능이 나쁜 환자가 고가의 혈액투석을 받지 못하면 기회의 공정한 평등을 박탈당한다는 점에서 의료는 정의에 있어 음식 등 일반적인 재화나 서비스와 다른 특별한 의미를 갖는다. 그러므로 국가나 사회는 사회 구성원에게 기회의 공정한 평등을 달성하기 위한 정의의 요청에 따라 필요한 의료를 보장하여야 한다.[114) 존 롤즈도 의료나 건강에 관한 불평등 문제에 대하여 자신의 이론을 적용한 노먼 다니엘스의 견해에 전반적으로 동의한다는 뜻을 밝혔다.[115)

　그런데 기회의 공정한 평등을 보장하는 의료를 결정하고 그것을 국가나 사회가 보장하는 것은 의료들 간에 우열을 정하거나 우선순위를 정하여 제한을 설정(priority setting or limiting setting)하는 의사결정이다. 그런데 국가나 사회가 기회의 공정한 평등의 전제가 되는 기본적 수준 이상의 의료를 보장해야 한다는 명제만으로는 그와 같은 의사결정에 구체적인 지침을 얻을 수 없다.[116) 위 명제의 핵심적

---

113) Norman Daniels(1985), 17면, 33면, 39면, 56면 58면.
114) Norman Daniels(1999), 199면.
115) John Rawls(1993), 184면에서 존 롤즈는 건강에 이상이 생겨 자연적인 능력에 차이(variations)가 생김으로써 정상적인 사회구성원으로서의 최소한의 필요한 능력을 갖추지 못하게 된 경우, 그 사회구성원에게 의료를 공급하여 정상적인 활동을 할 수 있게 회복시켜야 하며, 그에 필요한 비용과 정부의 지출 등을 고려하여 균형을 이룰 수 있도록 법제도가 마련되어야 한다고 하면서, 자신의 위와 같은 생각은 기본적으로 노먼 다니엘스의 논문과 저서의 사상을 따른 것이라고 밝히고 있다.
116) Norman Daniels(2008), 3면, 4면. 25면, 26면, 103면, 104면.

인 개념인 기회의 평등이 무엇인지부터 불분명하고 위 명제에는 의
료 자원 배분의 기준이 될 만한 지침이 없기 때문이다.[117)

(다) 공정한 심의과정을 통한 기본적 의료 결정

노먼 다니엘스는 제임스 세이빈(James Sabin)과의 공동연구를 통해
건강이나 의료 자원 배분 방법에 관하여 도덕적인 견해 차이가 존재
하므로 모두가 동의할 수 있는 의사결정 기준을 제시할 수는 없으나
기회의 공정한 평등 원리에 구속되는 공정한 심의과정에 의하여 그것
을 결정하여야 한다고 결론짓는다.[118) 즉, 의료 자원 배분의 우선순위
를 결정하는 의사결정자들에게 합리성에 관한 해명책임(accountability
for reasonableness)을 부담지우고 그 요건으로 투명성의 원칙(Publicity
Condition), 적합성의 원칙(Relevance Condition), 수정 가능성의 원칙
(Revision and Appeals Condition), 규제의 원칙(Regulative Condition)이 적
용되어야 한다고 주장하였다.[119)

노먼 다니엘스와 제임스 세이빈에 의하면, 투명성의 원칙(Publicity
Condition)이란 의료의 배분에 직접적, 간접적으로 제한을 두는 것과
관련된 의사결정과 그 근거가 공개되어야 한다는 원칙이다. 그리고
적합성의 원칙(Relevance Condition)이란 의료의 배분에 제한을 두는
의사결정의 근거가 합리적이어야 한다는 원칙으로 지출되는 비용에
대한 의료의 가치('value for money')를 주요하게 고려하여야 하고 증
거, 근거, 원칙에 의하여 뒷받침되어야 한다는 것이다.[120) 수정 가능
성의 원칙(Revision and Appeals Condition)은 이미 이루어진 의사결정에

---

117) Allen E. Buchanan(1984), 63면 내지 66면.
118) Norman Daniels and James Sabin(1997), 321면, 322면.
119) Norman Daniels and James E. Sabin(2008), 45면.
120) Norman Daniels and James E. Sabin(2008), 51면, 55면, 61면. Ronald Dworkin
     (2001), 317면, 318면.

대하여 새로운 증거나 주장을 제기하여 수정하거나 개선할 수 있어
야 한다는 원칙이다. 규제의 원칙(Regulative Condition)은 당사자들의
자율적 규제에 의하여서든 공적 규제에 의하여서든 위의 원칙들이
지켜지도록 하여야 한다는 것이다.

　이것은 로널드 드워킨이 주장한 의료 이용의 총량과 의료 자원
배분 결정 과정[121]과도 같은 취지라고 생각한다. 로널드 드워킨은
모든 사회구성원이 자원을 공평하게 나누어 가지고 있고 의료의 가
치나 비용에 관한 지식과 정보가 모두에게 공개되어 있지만 아무도
자신이 어떤 질병에 걸릴 확률이 높은지는 알 수 없는 가상의 사회
에서 자원을 자유롭게 배분할 때 결정되는 의료 이용의 총량과 배분
결정 과정을 모사하여야 의료 자원 배분의 정의를 실현할 수 있다고
주장하였다.

　노먼 다니엘스와 제임스 세이빈의 연구는 미국의 의료보험 제도
를 배경으로 이루어진 것으로 그들이 염두에 둔 것은 미국의 실손의
료보험회사가 보험금을 지급하는 기준을 설정하는 절차였다.[122] 하
지만 공정한 심의과정을 통한 기본적 보장 의료 결정은 미국이 아닌
다른 나라에서도 일반적으로 적용될 수 있을 것이다.[123] 그에 따를
경우 의료는 크게 국가나 사회가 기본적으로 보장해야 하는 기본형
(basic tier)과 추가형(upper tier)의 이중 의료체계(two-tier system)라고 분
류된다.[124] 법철학의 도덕 문제의 눈금자의 맨 아래 쪽은 분명하고
본질적이며 사회적 생존에 반드시 필요한 도덕적 의무(의무의 도덕
의 영역)이고 점차 위로 가면서 인간이 열망하고 성취할 수 있는 최

---

121) Ronald Dworkin(1993), 885면, 889면, 893면.
122) Norman Daniels and James Sabin(1997), 303면, 322면. Nan D. Hunter(2006), 153면
　　 참조.
123) Norman Daniels(2008), 103면, 104면.
124) 박상혁(2008), 237면.

고 단계(열망의 도덕의 영역)까지 이른다는 비유[125]에 따르자면, 기본형 의료 보장은 의무의 도덕의 영역에 있고 추가형 의료 보장은 열망의 도덕의 영역에 있다고 할 수 있다.

다. 기본적 의료 보장과 실손의료보험 규제

(1) 의료보험이 부보해야 하는 의료

기본적 의료는 국가나 사회가 기회의 공정한 평등을 보장하기 위하여 보장해야 하는 기본적 수준의 의료를 의미한다. 국가가 무지의 장막에서 원초적 입장으로 정해진 관념상의 사회계약에 의하여 형성되었고, 구성원의 자유를 보호하면서 동시에 기회의 공정한 평등을 보장하는 것이 사회계약의 핵심 원리라고 인정한다면 이 원리는 국가의 법률과 제도를 구속한다. 우리나라의 법률과 제도는 모든 의료수요자가 지불능력과 무관하게 기본적 의료를 이용할 수 있도록 만들어져야 한다. 그런데 의료 자원 배분은 의료보험을 규율하는 법령에 따라 또는 그 법령에 의하여 허용되는 범위 내에서 형성되는 보험금 지급 사유와 산정 방식 등 의료보험의 내용과 운영방식에 큰 영향을 받는다. 그러므로 의료보험 제도는 기본적 의료 보장 달성이라는 규범 목적에 따라 형성되어야 한다. 이에 의하면, 실손의료보험이 보장해야 할 의료는 기회의 공정한 평등을 보장하는 기본적 의료이다.

(2) 기본적 의료 보장을 위한 실손의료보험 규제

그렇다면 기본적 의료 보장을 위하여 실손의료보험을 규제하는 것이 정당화되는지 살펴볼 필요가 있다. 국가와 사회가 기본적 의료

---

125) 론 풀러론 풀러(2015), 25면 내지 27면, 31면, 74면, 240면.

를 보장해야 할 책무를 진다고 하더라도, 그것이 사기업인 보험회사의 의무는 아니기 때문이다. 이에 관하여 실손의료보험이 기본적 의료 보장을 위하여 적극적인 역할을 하도록 규제하는 것과 소극적으로 국민건강보험의 기본적 의료 보장 역할을 방해하지 않도록 규제하는 것을 나누어 검토하여야 한다.

우선, 실손의료보험이 소극적으로 국민건강보험의 기본적 의료 보장 역할을 방해하지 않도록 하는 규제는 반드시 필요하다. 왜냐하면 현행 헌법과 보건의료기본법, 국민건강보험법에서 국민의 건강권을 실질적으로 보장하기 위하여 두고 있는 법적 장치 등 노력의 효과가 실손의료보험에 의하여 상쇄되거나 무력화되어서는 안 되기 때문이다. 그 규제는 우리나라의 보건의료 제도와 실제 현실을 감안하여 실손의료보험의 위와 같은 부작용이 나타나지 않도록 하는데 필요한 조치여야 한다. 실손의료보험이 불필요하게 국민건강보험 재정 손실이나 의료비 증가를 초래하는 측면이 있다면 그런 경우 실손의료보험이 국민건강보험의 기본적 의료 보장 역할을 저해하지 않도록 실손의료보험을 규제할 필요가 있다.

반면, 실손의료보험이 적극적으로 기본적 의료 보장 역할을 하도록 규제하여야 하는지 여부에 관하여는 얼마든지 논란이 가능하며, 그것이 규범적으로 필연적인 귀결이라고 할 수는 없다. 그리고 그러한 규제를 하더라도 그 규제의 구체적인 모습은 입법 재량 내에서 다양하게 존재할 수 있다. 제3장에서 살펴볼 것인데, 영국은 실손의료보험에 대하여 그러한 규제를 하지 않고 있으며, 미국, 독일, 호주는 그러한 규제를 하지만 그 양상이 다채롭다. 국민건강보험만으로 기본적 의료의 보편적 보장이 어려워서 실손의료보험이 적극적으로 그 역할을 분담하도록 규제하는 입법을 한다면 그 목적의 정당성이 인정된다. 왜냐하면 의료 자원 배분의 정의의 요청이 기본적 의료의 보장에 있고 국가나 사회가 이를 실현할 사회계약적 책무를 부담하기 때문이다. 그래서 비록 실손의료보험상품이 사인인 보험회사와 의료수요자 등 사이의 사적 계약이지만, 수단의 적합성이나 침해의 최소성 요건을 갖추어 비례의 원칙에 위반되지 않는다면 입법자가 입법을 통하여 그 내용이나 운영방식에 적극적으로 개입하는 것이 가능하다.

2. 의료 이용의 효율성 제고

가. 의료 이용의 효율성 제고의 필요성

의료 자원은 한정되어 있기 때문에 비용효과적이지 않은 의료 이용을 방지하고 이를 대체할 수 있는 비용효과적인 의료 이용을 촉진하여 의료 이용의 효율성을 제고하지 않으면 의료비 증가와 보험료 인상으로 인하여 사회 구성원이 지불 능력 등과 무관하게 기본적 의료를 이용하기 어렵다. 현실에서 기본적 의료 보장이라는 규범 목적을 달성하기 위해서는 의료 이용의 효율성 제고가 필요하다.

나. 시장에 맡겨둘 경우 의료 이용의 효율성이 제고되기 어려움

(1) 의료의 내용이나 가격에 대한 정보의 부족

의료 이용의 효율성을 제고하기 위해서는 의료의 내용과 가격을 파악한 후 대체 가능한 여러 의료 중 어떤 의료가 당해 사안에서 비용효과적인지 판단할 수 있어야 한다. 그런데 의료 이용의 효과나 결과 평가가 어렵다. 그래서 의료공급자도 의료의 가격에 대한 정보나 그 결정 방식을 알지 못하는 경우가 많다.[126] 과학기술의 발전으

---

126) Robert S. Kaplan and Michael E. Porter(2011)에서는 미국에서 의료비가 급격히 증가하는 문제의 근본적인 이유는 (의료수요자나 보험자가 의료공급

로 의료 관련 지식의 양이 너무 많아서 현실적으로 개별 의료공급자
가 그 지식을 다 습득할 수 없다. 그리고 이를 별론으로 하더라도 비
용효과성을 판단하기 위해서는 대체 가능한 의료들에 대한 통계적,
경제적 분석을 통한 실증적 연구와 그 연구 결과에 대한 평가 및 적
용이 필요하다. 개별 의료수요자는 물론이고 개별 의료공급자도 그
러한 비용효과성 판단을 할 수는 없다. 그러므로 시장에 맡겨둘 경
우 시장에서 의료공급자와 의료수요자가 자발적인 거래를 통하여
비용효과적이지 않은 의료 대신 비용효과적인 의료를 이용할 것이
라고 기대하기 어렵다.

(2) 의료공급자의 대리인 문제(agency problem)

의료공급자와 의료수요자 간 정보비대칭과 의료공급자에 의한
의료 수요 유발로 인한 의료공급자의 대리인 문제[127]는 널리 알려져
있다. 의료공급자의 대리인 문제는 의료 자원 배분에 있어 시장실패
가 발생하는 이유로 가장 많이 거론된다.[128] 의료수요자는 의료공급
자의 도움을 받아야 어떤 의료가 필요한지 알 수 있다.[129] 의료수요

자에게 지불하는 비용이 아니라) 의료공급자가 의료를 공급하는데 소요
되는 비용이 얼마인지 파악하지 못하고, 특히 그렇게 투여된 비용과 의료
의 결과(outcome)를 어떻게 비교할지에 관하여는 더욱 그러하기 때문이라
고 주장한다.

127) 이준구(2013), 660면, 661면. 본인-대리인 문제(principal-agent problem)는 어떤
    일을 하려는데 자신이 직접 그 일을 할 수 없어 다른 사람에게 대신 일해
    줄 것을 부탁하는 상황에서 일을 대신하는 대리인(agent)이 자신의 이익을
    추구하기 위해 본인의 이익을 해치는 할 가능성이 있는데, 본인은 대리인
    이 어떤 행동을 하고 있는지 알 수 없기 때문에 발생하는 문제이다.

128) 양봉민 외(2013), 27면. 신현웅 외(2014), 14면. Paul J. Feldstein(2006), 253면.
    조병희(2006), 453면. 정영호 외(2004), 69면, 70면. Shain and Roemer(1959), 71
    면 내지 73면. Roemer(1961), 988면 내지 993면.

129) 대법원은 의료공급자의 설명의무를 인정하고 있다. 의사의 경우 대법원
    1979. 8. 14. 선고 78다488 판결, 대법원 2007. 5. 31. 선고 2005다5867 판결

자는 의료를 이용한 후에도 의료공급자의 도움을 받아야 그 의료 이용의 효과나 결과를 제대로 평가할 수 있다.[130] 의료수요자는 감정적으로도 의료공급자에게 의존적인 경우가 많다.[131] 게다가 의료공급자는 공통된 이해관계와 네트워크를 토대로 조직적이고 전문적인 대응을 하기 쉽지만 의료수요자들은 그렇지 못해서 교섭력에 있어서도 큰 차이가 난다.[132] 그래서 의료공급자는 더 많은 또는 더 비싼 의료 이용을 유발(supplier-induced demand)할 수 있다.[133] 의료공급자가 그 유인에 따를 경우 비용효과적인 의료보다는 의료공급자가 경제적 이익을 더 많이 얻을 수 있는 의료의 이용이 증가하게 된다.

(3) 의료보험에 가입한 의료수요자의 경제적 유인 왜곡 가능성

의료보험에 가입한 의료수요자는 보험금을 받을 수 있기 때문에 의료보험에 가입하지 않았을 때와 비교할 때 의료 이용 시 경제적 유인이 달라진다. 그래서 의료수요자가 의료의 내용과 가격에 대한 정보를 가지고 비용효과적인 의료를 선택할 수 있어도 비용효과적이지 않은 의료를 이용할 가능성이 있다. 의료비를 본인이 모두 부담하지 않고 보험금을 통해 상당 부분을 조달할 수 있다면 비용효과

등, 약사의 경우 대법원 2002. 1. 11. 선고 2001다27449 판결, 한약업사의 경우 대법원 2002. 12. 10. 선고 2001다56904 판결. 이는 미국이나[Donna Page (2014), 227면 내지 234면.] 영국(Emily Jackson(2013), 165면) 등도 마찬가지다.

130) 정인석·이상직(2009), 245면 참조.

131) Francesca Barigozzi and Rosella Levaggi(2008), 3면, 5면에서는 기존에 의사-환자 관계는 주로 정보비대칭에 초점을 두고 의사가 환자의 대리인적 지위에 있다고 설명되었는데, 그에 더하여 행동경제학의 발전으로 환자가 감정적으로 불안하거나 의료공급자에게 의존적으로 되는 등의 사정도 고려하여야 한다고 한다.

132) Alicia Ely Yamin and Jean Connolly Carmalt(2013), 233면.

133) 양봉민 외(2013), 27면. 신현웅 외(2014), 14면. Paul J. Feldstein(2006), 253면. 조병희(2006), 453면. 정영호 외(2004), 69면, 70면. Shain and Roemer(1959), 71면 내지 73면. Roemer(1961), 988면 내지 993면.

적이지 않은 의료 이용이 의료수요자 개인에게는 합리적인 선택인 경우가 있을 수 있다.

예를 들어, 가벼운 증상에 대하여는 효과의 차이가 없는 A라는 의료(본인부담금 60원)와 B라는 의료(본인부담금 500원)이 있을 때, 가벼운 증상만 가지고 있는 의료수요자가 A라는 의료를 60원에 이용하는 것이 비용효과적이다. 그러나 의료보험에서 B라는 의료 이용 시 450원의 보험금이 지급된다면 보험에 가입한 의료수요자는 B라는 의료를 500원에 이용하는 것이 합리적이다.[134] 의료보험에 가입한 의료수요자의 경제적 유인이 왜곡되어 비용효과적이지 않은 의료를 이용하는 것이 의료수요자에게 합리적인 경우가 발생할 수 있는데 그러한 왜곡이 발생하지 않거나 이를 최소화할 수 있는 방안이 필요하다.

다. 의료 이용의 효율성 제고와 실손의료보험 규제

(1) 의료 이용의 효율성 제고를 위한 국가나 사회의 개입

국가나 사회[135]는 여러 분야의 전문가들의 체계적인 도움을 받고

---

134) 이에 대하여는 상법 제680조의 손해방지의무를 통한 해결 방안도 제시될 수 있으나 상법 제680조는 손해보험 통칙에 나오는 규정으로 인보험인 실손의료보험에 적용되지 않는다고 판단될 가능성이 상당하다. 그리고 설령 상법 제680조가 실손의료보험에 준용된다고 하더라도 보험약관에서 보장하는 의료를 이용한 것이 손해방지의무 위반이라고 보기는 어려울 것이다. 특히 현실에서는 앞서 설명한 의료 이용의 효과나 결과 등 평가의 어려움으로 인하여 개별, 구체적인 상황에서 A의료를 이용하지 않고 B의료를 이용한 것이 손해방지의무 위반임을 증명하기 어려운 경우가 많을 것이다. 위와 같은 문제를 해결하기 위해서는 보험약관에서 위의 경우 B라는 의료 이용에 대하여는 보험금을 지급하지 않거나 보험금을 지급하더라도 본인이 직접 부담하는 금액이 A의료를 이용할 때 본인이 직접 부담하는 금액보다 의미 있는 금액만큼 더 많도록 해야 할 것이다.

135) 여기서 사회는 국가나 국가의 기관인 행정청이 아니지만 기능적으로 공적 역할을 하는 사적 주체들이나 그들의 조합, 조직 등으로, 예를 들면 의

통계나 경제 분석 등 실증적인 연구를 하며 이해관계자들의 의견을 취합하는 등으로 의료의 내용이나 가격에 대한 정보를 제공하거나 사후적 평가에 관여할 수 있다. 그리고 법령이나 계약을 통하여 의료공급자나 의료수요자의 유인을 조절할 수 있다. 그러므로 의료 이용의 효율성 제고를 위하여 의료의 내용이나 가격 정보 제공 및 평가, 의료공급자의 비용효과적이지 않은 의료 공급 행위 방지, 의료보험에 가입한 의료수요자의 왜곡된 경제적 유인 교정을 위한 국가나 사회의 적극적 개입이 필요하다.

미국에서는 전통적으로 보험회사나 의료공급자로 구성된 MCO(Managed Care Organization)에서 계약을 통하여 비용효과적인 의료 이용을 도모한다.[136] 영국은 국가에서 결과와 근거 중심으로 의료를 평가하여 비용효과적인 의료에 관한 가이드라인이나 표준을 만들고[137] 의료 자원 배분의 의사결정을 한다.[138] 독일에서는 국가의 권

료인들의 공동체나 실손의료보험회사들의 조합, 환자 단체와 같이 법률적으로 조직된 단체일 수도 있고 단순히 의료인들이나 실손의료보험회사들 또는 의료수요자들일 수도 있다. 가령, 독일에서는 입법의 틀 내에서 의료공급자나 보험자 조합이 자율적으로 의료 자원 배분을 어떻게 할 것인지 의사결정을 하고(Katharina Böhm(2016), 87면), 공적의료보험에서 의료공급자에게 의료비를 지불하는 방식은 의료공급자 조합과 보험자 조합 사이의 계약에 따라 결정되는데(§ 82 SGB V. § 87 (1) SGB V), 여기서 조합들은 국가의 기관은 아니지만 사회적 주체로서 의료의 내용이나 가격 결정, 의료수요자와 의료공급자의 유인 조절 등에 적극적으로 개입한다.

136) Sherry Glied(1999), 5면. Leiyu Shi and Douglas A. Singh(2015), 220면 내지 222면. Sara Rosenbaum *et al.*(2000), 2면.

137) NICE(2013). 1면. Emily Jackson(2013), 77면.

138) Adlington K *et al.*(2014). 영국의 NHS에서는 의료 자원을 배분(commission)하는데, 이는 의료서비스가 공급되는 절차로서 의료수요자에게 필요한 의료가 무엇인지 평가(assess)하고 공급할 의료를 계획(planning)하고 한정된 자원으로 의료의 결과에 기초하여 의료를 공급하고(securing) 공급된 의료를 감독하여(mornitoring) 이를 다시 평가에 반영하는 순환적 의사결정 과정이라고 한다.

한 위임을 받은 의료공급자 조합과 보험자 조합의 사회적 자치운영과 집단적 계약 관계에 의하여 의료의 내용과 가격을 결정하거나 그에 관한 정보를 제공한다.[139] 호주에서는 국가에서 메디케어에서 보장하는 의료의 내용과 가격을 결정하고[140] 민간 의료의 내용과 가격에 대한 정보를 제공한다.[141] 우리나라의 국민건강보험도 비용효과적인 의료 이용을 통한 효율성 제고를 위하여 급여 의료의 내용과 가격을 목록으로 만드는 등의 노력을 하고 있다.

(2) 의료 이용의 효율성 제고를 위한 실손의료보험 규제

제1장에서 살핀 바와 같이 실손의료보험으로 인하여 비용효과적이지 않은 의료 이용이 증가하면, 실손의료보험 재정이나 국민건강보험 재정에 손실이 발생하고 비용효과적인 의료를 주로 이용하는 실손의료보험 보험가입자나 국민이 피해를 입게 된다. 그리고 의료 이용량과 가격이 상승함으로써 사회 전체 의료비가 증가할 우려가 있다. 그러므로 실손의료보험이 비용효과적이지 않은 의료 이용을 증가시키지 않고 비용효과적인 의료 이용을 증가시킬 수 있도록 규제될 필요가 있다. 예를 들어, 실손의료보험이 국민건강보험에서 비용효과적이지 않은 의료 이용을 자제하도록 하기 위해 책정해둔 본인부담금에 대하여는 보험을 지급하지 않도록 하는 방안, 실손의료보험이 의료공급자가 고의적으로 비용효과적이지 않은 의료 공급을 하는 것을 관리하도록 하거나 의료수요자의 경제적 유인을 조절하도록 하는 방안 등을 생각해볼 수 있다.

---

139) Katharina Böhm(2016), 87면. Reinhard Busse and Miriam Blüme(2014), 130면. 김성옥 외(2014), 29면.

140) Lucinda Glover(2015), 15면.

141) Eileen Willis(2016), 29면, 28면, HHS(2016), 2면, Department of the Parliamentary Library(2003).

제3절 실손의료보험의 기본적 의료 보장 역할

1. 문제 제기

우리나라는 기본적 의료 보장을 위해서 국민건강보험제도를 두고 있다. 그러므로 기본적 의료 보장이나 의료 이용의 효율성 제고는 국민건강보험의 역할이고 실손의료보험은 그와 무관하다는 의문이 제시될 수 있다. 이하에서는 국민건강보험과 실손의료보험의 관계에서 실손의료보험의 역할을 검토한다.

2. 국민건강보험의 기본적 의료 보장 역할

가. 국민건강보험을 통한 기본적 의료 보장

우리나라의 의료 복지 제도는 오랜 역사를 가지고 있지만[142] 사회보험으로서의 국민건강보험 제도는 광복 이후[143] 우리나라의 정

---

142) 최창무(2008). 예를 들어, 고려 시대에는 서민 등을 위하여 제위보, 동서대비원, 혜민국, 동서제위도감, 구제도감, 진제도감, 해아도감 등을 설치하였고(위의 글 70면 내지 76면), 조선시대에도 혜민서, 활인서 등을 설치하여 의료를 공급하였다(위의 글 139면 내지 175면). 이러한 국가의 노력은 오늘날의 공공의료 공급이나 공적부조와 유사하다.

143) 대한민국국회, 제헌국회속기록 제2권(1999), 502면 이하에는 당시 사회부장관 전진한의 발언이 기록되어 있다. 위의 글 503면에는 보건행정의 근본문제는 국민의 건강을 유지하고 향상시키는 것인데 부유한 사람들은 특히 생활이 곤란한 사람에게 더 큰 의미를 가진다고 하면서, 당시 의료 공급자가 부족한 문제를 해결하기 위하여 의, 약학 교육에 힘을 쓰고 전국에 보건소를 설치하는 등의 보건정책을 설명하고 있고 504면에는 시골에 있는 사람이나 도시에 있는 사람이나 치료를 받아야 하므로 무의촌(無醫村) 문제를 해결하기 위하여 공립 또는 민간 설립 종합병원을 각지에 설치하고, 가난한 사람이나 부유한 사람이나 모두 보험의 힘으로 치료

치, 사회, 경제의 발전 및 변화에 따라 복잡다단하게 발전해왔다.[144] 국민건강보험의 발전 양상이 국가의 개입으로 보다 많은 국민에 대한 의료보장이 확대되는 과정이라는 관점에서 그 발전단계를 임의 의료보험 기간(1948년부터 1977년 6월까지), 국가 주도의 사회보험 확장 기간(1977년 6월부터 1989년 6월까지), 국민건강보험 보험자 통합 기간(1989년 7월부터 1999년까지), 단일 보험자 체계의 국민건강보험 제도 실시 기간(2000년부터 현재까지)으로 나누어 볼 수 있다.[145]

국민건강보험은 전 국민에 대한 의료보장 달성 후 필요에 따라 균등하게 보험급여를 제공하기 위하여 그 보장 범위를 확대하고자 꾸준히 노력하였다.[146] 그러나 국민건강보험법이 제정되고 단일 보험자 체계가 구축된 지 1년 만인 2001년에 국민건강보험에 2.4조 원 정도의 적자가 발생하여 재정 위기를 경험한다.[147] 정부는 보험재정 확보와 보험급여 지출 통제를 통해 이를 해결하였다.[148] 그러나 재정 문제로 인하여 본인부담금을 높게 설정하고 재정이 많이 필요한 의료는 비급여 항목으로 둠으로써 전 국민이 가입되어 있지만 개별 의료수요자가 부담해야 하는 의료비의 수준이 상대적으로 높은 체계를 이루게 되었다.[149] 국민건강보험의 본인부담금 비율이 높고 비

를 받을 수 있도록 의료사회 보험제도를 만들어 치료조합이나 다른 보험 제도를 실시하겠다는 발언이 기록되어 있다.

144) 명순구(2011), 41면 내지 239면, 박세택(2009), 62면 내지 109면. 권오탁 (2016a), 63면 내지 71면. 박정호(2008). Soon-yang Kim(2016). 박종기(1979), 144면. 주연욱(2013). 엄영진(2014), 136면, 137면.

145) 박세택(2009), 70면, 71면. 권오탁(2016a), 63면 내지 71면.

146) 최병호(2002), 6, 45면. 신영란(2010). 이진석,(2015) 191면.

147) 보건복지부 보도자료(2001. 5.), 국민건강보험 재정안정 및 의약분업 정착 종합개선, 1면에 의하면 2001. 5. 당시 정부가 추정한 2001년 적자 규모는 4조 1,978억 원이었다고 한다.

148) 송호근(2006), 60면, 61면. 최병호(2002). 6., 42면 내지 49면. 유승현·문상호 (2005), 1면. 권순원(2003)

149) 김창엽 외(2015), 109면. 이규식(2002), 234면, 마크 브릿넬(2016), 60면. 부르

급여 의료 중에 기본적으로 보장되어야 할 의료가 상당 부분 포함되어 있어서 보장률이 충분하지 않다는 주장이 지속적으로 제기되었다.[150] 정부는 국민건강보험을 통해 의료비 부담을 충분히 사회화하기 위하여,[151] 비급여 의료를 급여화하여 보장률을 높이려는 노력을 해왔다. 그러나 정부의 지난 30년의 노력에도 불구하고 전체 의료비 증가[152]와 그 중에서도 국민건강보험에서 통제하지 않고 시장에 맡겨둔 비급여 의료비 증가로 인하여 보장률을 높이는데 성공을 거두지 못하였다.[153]

나. 기본적 의료 보장을 위한 의료 이용의 효율성 제고

국민건강보험은 한정된 보험재정으로 기본적 의료 보장을 하기 위하여 의료 이용의 효율성을 제고하기 위한 각종 제도와 법적 장치를 두고 있다. 국민건강보험법에 따라 모든 국민과 요양기관이 강제로 또는 당연히 국민건강보험체계에 가입된다. 또한 급여 목록으로 급여 의료의 내용과 가격을 구체적으로 정한다. 그리고 유상의 임의 비급여는 원칙적으로 금지된다. 전문기관인 심평원이 요양급여비용

스 제이 프리드·로라 엠 게이도스(2002), 110면.

150) 허순임·이상이(2007), 이정찬 외(2014), 이규식(2002), 234면, 마크 브릿넬(2016), 60면. 부르스 제이 프리드·로라 엠 게이도스(2002), 110면 등 참조.

151) 이용갑(2009), 16면. 위의 글은 국민건강보험의 급여율을 높이는 것을 의료비 부담의 사회화로 보고 급여율을 높이지 않는 것은 의료비 부담의 개인화로 본다.

152) OECD(2010), 26면, 118면. 2008년 우리나라의 의료비 지출은 GDP의 6.5%로 OECD 국가들 중 비교적 그 비중이 낮지만, 1993년부터 2008년 사이에 1년 당 의료비 지출 증가율이 7.6%로 8.3%의 터키에 이어 우리나라가 두 번째로 높았는데, 이는 OECD 평균인 3.9%나 영국(4.2%), 미국(3.1%), 독일(2.2%)보다 훨씬 높은 수치이다.

153) 이용갑(2009), 18면. 김남순(2015), 44면. 김상우(2016), 60면. 강길원(2016). 김창엽 외(2015), 109면.

청구를 심사, 평가하고 국민건강보험에서 허용한 의료가 아닌 경우 그 경제적 부담을 실질적으로 의료공급자에게 지운다. 이러한 적극적인 개입으로 인하여 국민건강보험 재정 지출이 관리되었고 모든 국민들이 비교적 저렴한 가격으로 급여 의료를 이용할 수 있었던 것이 사실이다. 그러나 의료 공급이나 이용이 경직화되고 관료화된 측면도 있다.

3. 기본적 의료 보장을 위한 실손의료보험의 역할

가. 우리나라에서 실손의료보험의 역할에 관한 종래의 논의

우리나라에는 모든 국민과 모든 요양기관이 국민건강보험법에 따라 강제로 또는 당연히 가입되어 있는 국민건강보험이 존재한다. 만약 앞서 살핀 실손의료보험의 효용이 국민건강보험만으로도 달성되었거나 그럴 수 있다면 실손의료보험이 불필요한 것 아닐까. 이에 대하여 종래 논의를 정리한다. 이것은 우리나라에서 실손의료보험이 국민건강보험이 제공하지 못하는 의료 보장이나 의료수요자의 선택권 제고 역할을 하여야 한다는 것으로 실손의료보험에 관한 법적 규율의 방향 설정 시 중요한 의미를 갖는다.

(1) 실손의료보험이 국민건강보험을 보충하는 역할을 하여야 한다는 견해
　제1장에서 살폈듯이 2001년 보건복지부의 민간의료보험 활성화 Task Force나 2006년 대통령 자문 의료산업선진화위원회는 민간의료보험이 국민건강보험을 보충하는 것이 바람직하다는 입장이었다. 그 외에도 그러한 견해가 많이 제기되었는데 그 근거를 보면 대부분 1) 국민건강보험 재정 부담 감소 2) 의료수요자의 선택권 제고를 들고 일부 견해는 3) 효율성 증대도 제시하고 있다. 대부분의 견해들이

제시된 시기상 '민간의료보험'의 역할을 논하고 있으나 용어를 실손
의료보험으로 대체하여도 같은 취지일 것으로 보여 이하에서 그렇
게 서술한다.

  실손의료보험이 1) 국민건강보험 재정 부담을 감소시키고, 2) 의
료수요자의 선택권을 제고한다는 견해로는, 실손의료보험이 국민건
강보험의 기능을 보충하는 보완적 역할을 하면서 중산층 서민이라
면 누구나 실손의료보험의 혜택을 받을 수 있도록 실손의료보험제
도가 짜여져야 한다는 견해154), 적정 수준에서 실손의료보험을 활성
화하여 공보험을 보완하고 그 재정부담을 감소시킬 수 있다는 견
해155), 국민건강보험만으로는 다양한 의료 수요를 모두 충족시키기
어려우므로 필수적인 의료가 아닌 고가의 의료에 대한 수요는 실손
의료보험을 통하여 충족될 수 있게 하여야 한다는 견해156), 모든 사
람에게 양질의 의료를 저렴하게 제공하는 것이 현실적으로 불가능
하므로 실손의료보험을 활용해서 국민건강보험과의 조화를 도모하
여야 한다는 견해157), 국민건강보험이 모든 유형의 질병이나 상해
위험에 대해 의료보장을 할 수는 없고 모든 국민에게 동일한 수준의
급여를 제공하는 것이 국민들의 만족도를 높이는 데 한계가 있을 것
이므로, 시장실패의 가능성이 더 큰 영역(높은 비용이 필요한 중증
질환 등)은 국민건강보험이 관장하고 실손의료보험은 국민건강보험
이 급여하지 않는 나머지 부분에 대하여 급여를 제공하되, 실손의료
보험회사의 위험선택 현상(cream skimming, 질병이나 상해 위험이 적
은 피보험자를 선택하려는 현상) 등을 해결하기 위하여 실손의료보
험이 정부의 규제를 받아야 한다는 견해158), 국민건강보험이 제공하

---

154) 이상돈(2000), 78면, 79면. 82면.
155) 김미숙 외(2003). 12., 241면.
156) 이만우 외(2003). 9., 87면.
157) 김원중(2004), 73면, 허호영 외(2003), 181면.
158) 이주선·권순만(2006), 68면, 69면.

지 못하는 부분을 의료수요자에게 합리적인 가격으로 제공한다는 점에서 긍정적인 측면이 있다는 견해[159], 건강보험이 보장하지 않는 의료비를 실손의료보험이 보장함으로써 의료수요자의 선택권이 확보될 수 있다는 손해보험협회의 견해[160] 등이 있다.

그리고 사회연대에 기반한 사회보험으로서의 국민건강보험은 기초 의료를 보장하는 역할을 하고 그외 추가적인 의료, 특히 고가의 의료에 대하여는 가격 원리에 입각한 실손의료보험 시장에서 담당하도록 하여 국민건강보험 재정을 안정화하면서도 연대성과 효율성을 모두 확보할 수 있다는 견해[161], 자유경쟁의 특성을 지닌 실손의료보험과 국민건강보험 간의 자유경쟁체계를 통해 보험료율을 인하시키고 실손의료보험 가입 문턱을 낮추면서 국민건강보험의 재정을 안정화하고 의료 서비스의 질을 높일 수 있다는 견해[162], 주요 사회보장 국가에서 의료비 억제를 위하여 공적보험체계 하에서 경쟁원리를 도입하고 있으므로 우리나라도 그리하여야 한다는 견해[163] 등은 1) 국민건강보험 재정 부담 감소 2) 의료수요자의 선택권 제고와 함께 실손의료보험을 통한 3) 효율성 증대를 제시한다. 효율성 증대와 관련하여서는, 효율로 얻게 된 결과가 의료수요자에게 혜택으로 돌아가지 못하고 의료공급자나 보험회사에 귀속된다면 그것이 바람직하다고 할 수는 없다는 견해[164]도 있다.

---

159) 김양균(2009), 202면.

160) 손해보험협회 홈페이지 '민간의료보험의 역할'
    http://www.knia.or.kr/consumer/long-term-policy-guide/long-term-policy-guide01/
    [최종방문일 : 2016. 8. 1.]

161) 오영수(2003), 48면 내지 51면, 65면, 오영수(2006), 121면.

162) 최찬호(2002), 763면.

163) 이창우·이상우(2010), 11면.

164) 이규식(2001), 125면.

(2) 국민건강보험의 보장률을 높여서 실손의료보험의 보충적 역할이
불필요하도록 하여야 한다는 견해

우리나라 보건의료 분야의 학설 중에는 실손의료보험에 대하여
부정적인 견해가 많다. 앞서 살핀 실손의료보험의 보충적 역할을 지
지하는 견해들도 가만히 들여다보면 대부분 국민건강보험 재정 문
제나 의료 수요자의 선택권 제고를 위하여 불가피하게 실손의료보
험의 보충적 역할을 인정하는 견해일 뿐 실손의료보험의 활성화에
대하여는 신중한 입장이 대부분이다. 실손의료보험에 대하여 부정
적인 이유로는 보험료를 지불할 능력이 안 되는 인구의 보건의료 접
근성을 저하시키고(접근성), 저소득층의 의료이용 불평등을 야기하
며(의료 이용의 평등), 공적의료보험에 비하여 근본적으로 급여가 불
리하며(급여 범위), 실손의료보험의 활성화가 공적의료보험의 비용
증가 압력을 완화한다는 주장에는 실증적 근거가 없고 오히려 실손
의료보험으로 인하여 공적의료보험의 자원 사용이 불필요하게 증가
할 위험이 있고(공적의료보험과의 관련성), 실손의료보험이 전체 의
료비 지출을 효율화하는데 기여한다는 증거를 찾기 어려우며(거시
적 효율성), 실손의료보험의 거래비용, 간접비, 판매와 마케팅 비용,
규제와 규제 준수 비용, 이윤 등 행정관리 비용이 과다하다는(미시
적 효율성)[165] 점이 제시된다.[166]

그러한 관점에서 국민건강보험의 보험료를 올리면 대부분의 의
료비를 국민건강보험으로 해결할 수 있지만 그에 상응하는 결과를
얻기 위하여 실손의료보험에 가입할 경우 보험료를 훨씬 더 많이 지
급해야 하므로, 대다수 서민 입장에서는 국민건강보험이 더 유리하

---

165) Francesca Colombo and Nicole Tapay(2004), 39면. OECD가 제한된 자료이지만
OECD 국가들의 자료에 기초하여 분석한 결과 민간의료보험의 운영에 필
요한 비용이 공적의료보험 등에 비하여 높았다고 한다.
166) 김창엽(2009), 545면.

다고 하면서 실손의료보험 시장의 활성화보다는 실손의료보험에 투입되는 보험료를 국민건강보험 재정으로 흡수하여 국민건강보험의 보장률을 높이는 것이 더 바람직하다는 견해[167]가 있다. 또한, 실손의료보험이 활성화되면 실손의료보험회사 등이 국민건강보험을 대체하는 실손의료보험을 지향할 수 있다고 우려하면서 현재의 실손의료보험상품은 (오바마 케어 이전의) 미국식 의료보험의 전 단계라고 부정적으로 보고, 국민들이 실손의료보험에 의존하지 않도록 국민건강보험의 보장률을 80% 이상으로 올려야 한다는 견해[168]나 민간의료보험의 보험료로 납부하는 큰 돈을 국민건강보험으로 돌려서 무상의료를 실현하여야 한다는 견해[169]도 마찬가지 입장인 것으로 보인다. 이러한 견해들은 우리나라 국민건강보험이 제3장에서 후술하는 영국의 NHS와 같은 의료보험 체계를 지향하여야 한다는 관점에 서 있는 것으로 보인다.

(3) 실손의료보험이 국민건강보험을 대체할 수 있는 역할을 하여야 한다는 견해

앞서 살핀 견해들은 대부분 실손의료보험이 국민건강보험을 대체하여서는 안 된다고 전제하고 있다. 정부의 입장도 그러하고 비교법적으로도 그런 체계는 찾기 어렵다.[170] 전술한 바와 같이 실손의료보험이 활성화되면 당장은 보충적 역할을 하겠지만 결국 국민건강보험을 일부라도 대체하려고 시도하거나 대립하는 관계가 될 것이라는 다소 막연한 (하지만 일부에서 상당한 공감을 얻고 있는) 우

---

167) 이진석(2008), 24면.
168) 이상이 외(2008), 159면. 다만, 보장률이 충분히 높아지기 전까지 실손의료보험의 보충적 역할을 인정하고 규제를 통하여 사회적 통제하에 두어야 한다고 주장한다.
169) 조경애 외(2012) 37면, 38면.
170) 김연희·이희선(2006), 98면.

려도 존재한다.[171] 실손의료보험이 국민건강보험과 경쟁하는 의료보험이 되어야 한다는 견해는 찾기 어렵다. 국민건강보험법상 요양기관 당연지정제[172]를 폐지하고 요양기관이 건보공단과의 계약 체결 여부를 선택할 수 있도록 하여 건보공단과 계약을 체결하지 않은 요양기관의 서비스에 대한 의료비 등을 실손의료보험에서 부보하는 방식으로 국민건강보험을 보충하는 것이 타당하다는 견해[173] 정도가 있을 뿐이다.[174] 요양기관 당연지정제를 폐지해서 건보공단과 계약을 체결하지 않는 요양기관이 생기면 그 요양기관에서는 국민건강보험의 급여 항목에 해당하는 의료비에 대하여 실손의료보험이 보험금을 지급하게 될 수 있다. 그렇게 되면 그 요양기관에서의 급여 의료에 한하여 실손의료보험이 국민건강보험을 대체하게 된다. 이것은 영국의 실손의료보험과 같은 형태라고 할 수 있다.[175] 그러나 이 견해도 실손의료보험이 국민건강보험의 역할을 부분적으로 대신할 수 있는 가능성을 열어두자는 것일 뿐 전 국민 강제가입제를 부정하는 것은 아니므로 엄밀히 말해서 실손의료보험이 국민건강보험을 대체할 수 있게 하자는 견해는 아니다.

---

171) 윤태호 외(2005), 163면, 홍석표, 민간의료보험 관리의 외국사례, 보건복지포럼, 2008. 6., 89면, 이상이 외(2008), 159면, 김창보(2009), 44면, 허순임·이상이(2007), 3면.

172) 국민건강보험법은 의료법에 의하여 개설된 의료기관, 약사법에 의하여 등록된 약국 등 모든 요양기관이 원칙적으로 국민건강보험법상 요양기관으로 당연 지정되도록 하고 있다(국민건강보험법 제42조). 헌법재판소는 요양기관 당연지정제에 대하여도 헌법재판소 2002. 10. 31. 선고 99헌바76, 200헌마505(병합) 결정, 헌법재판소 2014. 4. 24. 선고 2012헌마865 결정에서 합헌이라는 입장을 분명히 하고 있다.

173) 이규식(2002), 260면.

174) 보건복지부 민간의료보험 활성화 Task Force(2001), 15면.

175) 영국의 실손의료보험에 관하여는 II. 제3장 제3절 참조.

나. 국민건강보험제도 하에서의 실손의료보험의 역할

(1) 국민건강보험의 낮은 보장률을 보충하는 역할

국민건강보험은 재정을 충분히 마련하지 못한 상태에서 의료보장의 적용 대상을 전 국민으로 확대하였기 때문에 보장률이 충분히 높지 못하였다.[176] 제1장에서 살핀 바와 같이 실손의료보험은 그러한 낮은 보장률의 문제를 해결하기 위한 수단으로서 등장하였다. 현행 국민건강보험제도 하에서는 (충분한 국민건강보험 재정이 확보될 수 있다면) 의학적 필요성이 있는 의료는 국민건강보험이 모두 보장하는 것이 원칙이다.[177] 그것이 국민의 질병, 부상에 대한 예방, 진단, 치료, 재활과 출산, 사망 및 건강증진에 대하여 보험급여를 실시함으로써 국민보건 향상과 사회보장 증진에 이바지함을 목적으로 하는(국민건강보험법 제1조) 국민건강보험법의 입법취지에 부합한다. 그리고 우리나라 국민들의 정서와 선호에도 부합한다.[178] 실손의료보험과 같은 사적 재원조달의 의존도를 낮추는 것이 바람직하다는 연구 결과[179]나 우리나라 의료비 증가의 주된 원인은 인구 고령화인데[180] 현재로서는 실손의료보험이 노인을 위한 보험으로서 역할하기 어려우며[181] 그 역할을 하기 위해서는 상당한 연구가 필요하다는 점[182] 등을 고려할 때 실손의료보험이 국민건강보험을 대체하고 경쟁하는 역할을 하는 것은 시기상조인 것으로 보인다.

---

176) 명순구(2011), 41면 내지 239면, 문옥륜 외(2009), 62면 내지 109면, 박정호(2008), Soon-yang Kim(2016), 문옥륜 외(2009), 권오탁(2016a), 63면 내지 71면 참조.
177) 김상우(2016), 57면, 58면.
178) 서남규 외(2014), 154면 내지 162면.
179) Sarah Thomson 외(2011), 149면.
180) 2015년 보험소비자 설문조사, 보험연구원, 2015. 8., 206면.
181) 정영호(2011), 4면.
182) 김대환 외(2012), 32면, 33면.

제3장에서 살피는 바와 같이 미국, 영국, 독일, 호주 등 여러 나라에서는 모두 실손의료보험이 존재한다. 그리고 OECD의 연구 결과에 의하면 OECD 국가들은 공통적으로 민간의료보험을 통하여 1) 공적 의료보험 재정 부담을 덜고 2) 의료수요자의 선택 가능성을 넓히고 3) 효율성을 증대하는 보건의료상의 목적을 달성하려고 한다.[183] 실손의료보험이 제대로 운영되면 공적의료보험에서 보장하지 않는 의료에 대한 접근성을 향상시키고 혁신을 촉진하는 측면이 있는 것도 사실이다.[184] 그러므로 우리나라에 국민건강보험이 이미 존재하지만 실손의료보험은 국민건강보험이 제공하지 않는 보장을 통해 국민건강보험을 보충하는 역할을 함으로써 의료수요자에게 효용을 줄 수 있다. 실손의료보험은 국민건강보험이 제공하지 못하는 의료 보장이나 의료수요자의 선택권 제고 역할을 할 수도 있다.

실손의료보험의 역할은 국민건강보험의 보장 범위에 따라 달라진다. 국민건강보험의 보장률이 낮을수록 실손의료보험의 의료 보장 역할이 더 많이 요구될 것이다. 국민건강보험의 보장률이 커질수록 실손의료보험의 의료 보장 역할에 대한 요구가 더 작아지고 의료수요자의 선택권 제고 역할이 상대적으로 더 중요해질 것이다. 우리나라 의료보험 체계는 국민건강보험의 보장률에 따라 국민건강보험이 기본적 의료의 보편적 보장 역할을 전담하는 모델이 되거나 실손의료보험이 국민건강보험을 보충하여 기본적 의료의 보편적 보장 역할을 하는 모델이 될 수 있다.

(2) 국민건강보험이 기본적 의료의 보편적 보장 역할을 전담하는 모델 -영국의 경우와 유사함

국민건강보험이 기본적 의료의 보편적 보장 역할을 전담하기 위

---

183) OECD(2004), 11면, 20면.
184) Pablo Gottret and George Schieber(2006), 105면 내지 107면.

해서는 국민건강보험의 보장률을 높여야 한다. 이를 위해서는 국민
건강보험의 보험료를 높여야 한다.[185] 그런데 국민건강보험에는 모
든 국민이 강제로 가입되고 소득이나 재산 상태에 따라 보험료가 책
정된다. 국민건강보험의 보험료를 높이면 소득이나 재산이 많은 국
민이 부담하는 보험료가 상대적으로 더 크게 증가한다. 만약 보험료
를 크게 인상하는 정책과 입법을 추진 할 수 있고[186] 그렇게 형성된
보험재정으로 국민건강보험의 보장률을 충분히 높인다면 국민건강
보험만으로 기본적 의료 보장이 가능해진다. 그렇게 되면 우리나라
의료보험 체계는 제3장에서 살피는 영국의 경우와 유사해진다. 그러
면 실손의료보험이 기본적 의료 보장 역할을 할 필요가 없다. 실손
의료보험이 국민건강보험의 기본적 의료 보장 역할을 방해하지 않
도록 하는 규율이 필요할 뿐이다.

---

185) 현재 국민건강보험의 보장률(63% 정도)을 영국이나 독일의 공적의료보험
의 보장률인 80%정도까지 올리려면, 보장률이 커져서 의료 이용이 증가
되는 효과 등을 염두에 두지 않고 산술적으로만 계산해보아도 보험료 등
국민건강보험의 수입을 최소한 30% 이상 증가시켜야 가능한 일이다.
2016. 10. 7. 국정감사에서 보건복지부는 2018년에는 보장률이 68%대로 진
입할 것으로 전망하며 지속적으로 보장성 강화 노력을 하겠다고 하면서
보장률을 80%까지 높이려면 연간 약 16조 8천억 원이 추가로 필요하며,
이를 위해서는 보험료를 현행(6.16%) 대비 약 40% 인상(8.49%)하여야 한다
고 답변하였다고 한다. 최은택, 건강보장률 80% 달성하려면 연 16조 8천
억 원 추가 수요, 데일리팜 2016. 10. 8.자 기사
186) 현재 국민건강보험법 제73조에서는 직장가입자의 보험료율을 1천분의 80
의 범위에서 심의위원회의 의결을 거쳐 대통령령으로 정하도록 하고 있
고, 동법 시행령 제44조에서는 직장가입자의 보험료율을 1만분의 612로
정하고 있다. 그러므로 직장가입자의 보험료율을 1천분의 80보다 더 높이
려면 국민건강보험법을 개정하여야 한다.

⑶ 실손의료보험이 국민건강보험을 보충하여 기본적 의료 보장
  역할을 분담하는 모델 – 미국, 독일, 호주의 경우와 유사함

국민건강보험의 재정을 충분히 확보하지 못해서 보장률을 높이
지 못하면 국민들은 국민건강보험만으로 기본적 의료를 이용하기
위한 의료비 위험을 모두 부보할 수 없게 된다. 따라서 국민 중 상당
수가 의료비 위험을 분산시키기 위해서 실손의료보험을 필요로 하
게 된다. 그러면 실손의료보험이 기본적 의료 보장 역할을 분담하게
된다. 그렇다면 실손의료보험의 기본적 의료 보장 역할을 위한 규제
가 필요하다.[187] 국가가 재정 문제 등으로 어려움을 겪을 때, 민간
부문에서 사회적으로 필요한 공급이 이루어지도록 규제하는 것은
널리 이용되는 방식이다.[188] 실제로 후술하는 미국, 독일, 호주의 경
우 실손의료보험이 기본적 의료 보장 역할을 분담하고 있고 그것을
위한 규제가 이루어지고 있다.

제4절 소결

의료보험을 규율하는 법률은 의료보험이 의료 자원 배분의 정의
를 실현하고 그것을 위한 의료 이용의 효율성 제고를 달성할 수 있
도록 의료보험의 보장 내용과 운영 방식을 규제하거나 규율해야 한
다. 왜냐하면 사회계약에 따라 형성된 국가나 사회의 법률과 제도는
사회구성원이 기회의 공정한 평등을 누리기 위해 필요한 기본적 수
준의 의료를 보장할 수 있도록 구성되어야 하기 때문이다. 우리나라

---

187) Sarah Thomson and Elias Mossialos(2007), 117면에서는 국가가 공적의료보험의
   재정 부담 해소 등 목적을 위하여 실손의료보험을 활용하고자 할 때 적
   절한 규제를 하지 않으면, 결국 지불능력이 있는 의료수요자의 의료 접근
   성만 높이는 결론에 도달하게 된다고 한다.
188) OECD(2014), 13면.

는 기본적 의료의 보편적 보장과 그것의 현실화를 위한 의료 이용의 효율성 제고를 위하여 국민건강보험 제도를 운영하고 있다. 그러므로 만약 실손의료보험이 국민건강보험의 기본적 의료의 보편적 보장 역할을 방해한다면 그것을 방지하기 위한 규제가 필요하다. 그리고 입법자는 비례의 원칙을 위배하지 않는 범위에서 실손의료보험이 적극적으로 기본적 의료 보장 역할을 하도록 하는 규제 입법을 할 수 있다. 국민건강보험이 기본적 의료의 보편적 보장 역할을 전담하는 경우 실손의료보험이 국민건강보험의 기본적 의료 보장 역할을 방해하지 않도록 하는 규제만으로 충분하다. 하지만 국민건강보험만으로는 기본적 의료의 보편적 보장이 실현되지 않는다면 실손의료보험이 국민건강보험을 보충하여 기본적 의료 보장 역할을 하게 될 것이므로 그에 맞는 규제가 필요하다.

제3장 외국에서의 실손의료보험에 관한 법적 규율

제1절 비교법적 고찰의 의의

의료비 재원 조달 방식인 의료보험 제도는 단순히 경영적, 사업적인 차원에서 형성되는 것이 아니라 그 국가의 역사를 통해 다양하게 발전한 보건의료 제도[1]를 배경으로 하여 그 국가나 사회의 철학이나 이념, 의료기술의 수준이나 경제적 수준, 사회 구성원 사이의 연대 의식 등 여러 가지 요소들에 의하여 영향을 받는다. 그래서 다른 나라의 의료보험 제도를 우리나라에 그대로 적용하려 하거나 단순히 비교하는 것은 적절하지 않다.[2] 이는 공적의료보험은 물론 실손의료보험에 대하여도 마찬가지이다.[3] 의료보험 제도의 구체적인 내용 하나 하나가 모두 역사의 축적물이고 사회구성원들이 협동과 갈등을 통해 빚어낸 것[4]이기 때문이다.

---

1) 한 나라의 의료비 조달 방식은 그 나라의 보건의료 체계에 기반을 둔다. 그런데 보건의료 체계는 의료공급자의 자격이나 행위, 의약품, 의료기기 등 보건의료 자원을 의약학 등 과학기술적 측면이나 보건의료 전달 체계의 측면에서 규율하는 법률(의료법, 약사법, 의료기기법 등)과 보건의료 자원에 대한 재정 조달 방법을 규율하는 법률(국민건강보험법, 의료급여법, 산업재해보상보험법, 자동차손해배상보장법, 보험계약법 등), 의료공급자와 의료소비자, 보험자 간의 계약 등 법률관계의 내용에 의하여 기본적인 틀이 형성되는데, 그 내용이 전문적일뿐더러 그 사회의 오랜 역사가 축적되어 있기 때문에 해당 법률들이 적용되는 구체적인 현실의 규율은 하위 법령이나 행정청의 가이드라인 등 지침, 의료공급자들의 단체에서 정한 권장 사항 또는 내부 기준, 의료공급자와 의료수요자 사이에 형성된 관행이나 문화 등에 의하여 형성된다.

2) Sarah Thomson 외(2011), 148면. 마크 브릿넬(2016), 10면.

3) 장덕조(2016b), 171면.

그러나 각국은 국민들이 기본적 의료 보장과 의료 이용의 효율성 제고를 위하여 노력해왔고, 여러 나라에서 실손의료보험이 일정한 역할을 하고 있다. 이것이 각국의 법제도에 반영되어 있으므로 이를 참고할 필요가 있다. 이하에서는 그러한 관점에서 미국, 영국, 독일, 호주에서의 실손의료보험에 관한 규율을 살핀다. 각 나라에서의 민간의료보험 중 실제 소요된 의료비를 보장하는 의료보험이 우리나라의 실손의료보험에 상응하기는 하지만 각 나라의 공적의료보험 제도 등의 차이로 인하여 실제로 우리나라 실손의료보험과 동일하다고 할 수는 없으므로 본 장에서는 실손의료보험이라는 용어와 민간의료보험이라는 용어를 혼용한다.

제2절 미국에서의 실손의료보험에 관한 법적 규율

1. 미국의 실손의료보험의 의료비 위험 부보 역할

가. 미국의 공적의료보험 제도

대부분의 선진국에서는 공적의료보험 제도가 모든 국민 또는 대부분의 국민에게 기본적 의료 보장을 하고 소외 계층에 대해서는 공적부조로서 의료를 공급한다. 그래서 공적의료보험이 의료 자원 배분에 있어 주도적인 역할을 하고 실손의료보험은 보충적 역할을 한다. 그러나 미국의 공적의료보험은 노인이나 빈곤 계층을 위한 공적부조의 역할을 하고 실손의료보험이 의료 자원 배분을 주도한다.

미국의 공적의료보험 제도인 메디케어(Medicare)와 메디케이드(Medicaid)는 노인이나 저소득층 등 소외계층에게 의료를 공급하기 위해 1965년에 만들어졌다.[5] 미국의 메디케어[6]는 65세 이상 노인과

---

4) 김창엽(2005), 15면.

장애인을 적용대상으로 하고 메디케이드[7]는 저소득층 등 소외 계층
을 적용대상으로 한다. 메디케어와 메디케이드가 우리나라 사회보
장기본법상 사회보험과 같은 의료보험이라고 보기 어렵고 특히 메
디케이드는 우리나라 사회보장기본법상 공적부조에 가깝지만 본 연
구에서는 둘 다 공적의료보험으로 분류한다.

나. 미국의 실손의료보험의 내용과 운영방식

(1) 고용관계를 기반으로 한 실손의료보험

미국의 실손의료보험은 초기에 병원 중심으로 형성되었다.[8] 그런
데 뉴딜정책 시 전반적인 사회보장 정책 확대, 제2차 세계대전 시 물
가관리를 위한 임금 통제, 노동관계법(The National Labor Relation Act)
에 따른 노동조합의 단체교섭 강화 등으로 인하여 고용관계를 통한
의료보험이 성장하였다.[9] 그리고 1954년 세법 개정으로 사업주가 부
담하는 근로자의 의료보험 보험료에 대하여는 연방 소득세를 면제
해주어[10] 실질적으로 연방정부가 고용관계를 통한 의료보험을 보조
하면서 사업주가 근로자들에게 임금 외의 부가 급여(fringe benefit)로
서 의료보험을 제공하는 것이 일반화되었다고 한다. 기업에서 근로
자들이 고용관계를 통하여 보험에 가입하는 것은 위험단체를 형성
(pooling)하는 수단으로 기능하였다.[11] 실손의료보험회사로서는 보험

---

5) Paul J. Feldstein(2006), 1면.
6) Thomas Rice et al.(2013), 107면, 110면. Leiyu Shi and Douglas A. Singh(2015), 70
   면. 아놀드 S. 렐만(2008), 111면, 112면.
7) Thomas Rice et al.(2013), 120면, 121면, 128면. Leiyu Shi and Douglas A. Singh
   (2015), 69면.
8) Thomas Bodenheimer·Kelvin Grumbach(2013), 8면.
9) 김창엽(2005), 94면, 95면.
10) Thomas G. McGuire(2011), 322면.
11) Jonathan Gruber(2010), 4면.

료 징수를 쉽게 하고 상대적으로 젊고 건강한 가입자를 확보하여 가입자의 역선택을 막을 수 있는 등의 이점이 있어서[12] 고용관계를 통한 의료보험 판매를 선호하였다.[13]

2014년 현재 미국에서 65세 이하인 사람들 중 민간의료보험에 가입한 사람은 62.5%(고용관계를 통한 보험 55.5% + 개별적으로 가입한 보험 7.0%)이고 공적의료보험인 메디케이드의 혜택을 받는 사람이 21.6%이며 의료보험이 없는 사람이 12.0%이다.[14] 민간의료보험의 90% 가량이 고용관계를 통한 보험 또는 사업주를 기반으로 한 보험(employer-based, employer-sponsored)으로 주류를 이룬다. 우리나라에서도 사업주가 근로자의 국민건강보험 보험료의 일부를 지급할 의무를 부담한다.[15] 하지만 우리나라에서는 사업주가 보험상품을 선택하는 것은 아니라서 직장이 있는지 여부나 직장이 어디인지에 따라서 의료보험의 내용이 달라질 수 있는 미국과 크게 다르다. 미국에서는 기업이 직접 보험자 역할을 하는 경우(self-insurance)도 있다는 점[16]도 우리나라와 크게 다른 점이다. 일반적인 미국의 고용관계를 통한 보험은 각 근로자가 개별적으로 민간의료보험에 가입하는 것으로 우리나라 상법 제735조의3의 단체보험과 같이 근로자 단체가 규약에 따라 일괄적으로 가입하는 것과도 구별된다.

---

12) 김창엽(2009), 50면, 524면, 534면.
13) 우리나라의 민간의료보험 도입 초기에도 역선택이나 도덕적 위험의 발생 가능성이 낮은 기업의 근로자 단체보험 시장을 목표시장으로 선정하고 보험료를 할인하는 방식으로 적극적으로 시장을 확대하여야 한다는 견해가 제시된 바 있다. 박홍민·김경환(2011), 89면 참조.
14) The Kaiser Family Foundation(2015), 1면.
15) 우리나라의 국민건강보험도 직장가입자의 보수월액보험료는 직장가입자와 사업주 등이 각각 보험료액의 100분의 50씩 부담하므로(국민건강보험법 제76조 제1항), 사업주가 전체 보험료의 상당 부분을 부담하고 있고 독일에서도 마찬가지이다.
16) John K. Iglehart(1992a), 1718면.

미국의 의료보험에서 고용관계를 통한 실손의료보험이 중심을
이루고 의료보험과 고용이 연계되어 있다 보니 미국의 의료보험은
고용 환경에 영향을 받는다.[17] 그리고 보험료나 보험급여 등 보험계
약의 조건을 결정하는데 기업들의 이해관계가 크게 반영된다. 보험
가입자는 자신의 사업주가 제시한 선택 범위 내에서 보험상품을 선
택할 수 있어서 (스스로 보험상품을 선택해서 본인이 보험료를 모두
부담하는 것이 아니라 고용관계를 통해 실손의료보험에 가입한다면)
실질적으로 보험상품을 선택할 자유의 폭이 그리 크지 않다. 게다가
실직을 하게 되면 의료보험 혜택을 받지 못하게 될 가능성이 높다.[18]

미국의 고용관계를 통한 의료보험이 사업주에 의한 연대성 실현
이라는 견해가 있다.[19] 사업주가 의료보험을 제공하는 것은 근로자
에 대한 급여의 일부이고 세금 혜택이나 집단적 보험 가입을 통한
교섭력이나 거래비용 감소로 인한 혜택이 주된 유인이라는 점에서
그것을 연대성이라고 부를 수 있는지 의문이다. 같은 사업주에 고용
된 근로자 집단을 중심으로 하는 위험 분산을 통해 어느 정도의 상
호 협력과 소득재분배 효과가 발생하므로 넓은 의미에서는 연대성
이라고 볼 수 있으나 이것은 일반적인 실손의료보험의 효용일 뿐이
다. 이것은 우리나라나 영국, 독일, 호주의 공적의료보험은 물론, 독
일의 대체형 실손의료보험이나 호주의 실손의료보험, 미국의 초기
실손의료보험(평균기준 보험료 부과 방식의 보험료 부과)의 연대성
과 비교하여도 약한 의미를 가질 뿐이다.

---

17) Katherine Swartz(2005), 17면, 18면.
18) 1985년에 제정된 COBRA(Consolidated Omnibus Budget Reconciliation Act)에 의하
여 직장을 그만 둔 이후에도 18개월 간 보험료 전액을 지불하면 직장에서
제공받았던 실손의료보험을 계속 유지할 수 있으나 많은 사람들이 보험료
를 감당하지 못한다고 한다. Thomas Bodenheimer·Kelvin Grumbach(2013), 22면
참조.
19) 김나경(2012), 49면 내지 51면.

(2) 자율적인 위험 인수 – 오바마케어 이전

미국의 실손의료보험은 의료수요자와 보험회사 사이의 계약이다. 하지만 의료수요자를 고용하고 있는 사업주가 실질적으로 실손의료보험상품의 보장내용이나 보험료에 영향을 미쳐서 당사자와 유사한 지위에 있다. 그리고 보험회사가 의료공급자와도 계약을 체결해서 실손의료보험상품에서 보장하는 의료를 관리하기도 한다. 이렇듯 미국의 실손의료보험은 여러 당사자들 간의 합의에 따라 다양한 형태의 실손의료보험상품이 존재하여 그 내용이나 운영방식이 상당히 복잡하다.[20]

미국 실손의료보험의 초기인 1930년대에 실손의료보험을 주도했던 비영리 보험자인 Blue Cross와 Blue Shield는 동일 지역의 보험가입자에게 동일한 보험료를 부과하는 평균기준 보험료 부과 방식(Community rating)[21]을 채택하였다. 그런데 세계 2차 대전 이후 영리를 추구하는 보험회사들이 의료보험 시장에 진입하여 경쟁하면서 과거 수년간의 질병력, 건강상태, 나이 등을 고려하여 보험료를 차등적으로 부과하는 경험률 산정방식(Experience rating)을 도입하였다.[22] 그래서 건강하거나 젊은 사람들을 저렴한 보험료로 유인하여 Blue Cross나 Blue Shield에는 건강상태가 좋지 않거나 나이가 많은 사람들이 남게 되어 보험료 수

---

20) Ryan Meade(2014), 300면.
21) community rating은 지역료율이라고 번역되기도 하고 그것이 원어에 충실한 번역이다. 미국이나 호주같이 국토가 넓은 국가에서는 연혁적으로 지역별로 동일한(또는 거의 동일한) 보험료를 책정하는 것을 지역료율이라고 불렀던 것으로 보인다. 그러나 우리나라와 같이 국토가 넓지 않은 국가에서는 지역별로 지리적 또는 인구학적으로 구분이 명확히 되지 않기 때문에 지역료율이라는 용어가 부자연스럽다. community rating은 건강한 사람과 병약한 사람이 모두 동일한 자격으로 보험에 가입하며 보험료 부과방식은 위험의 평균수준을 기준으로 하는 방식이므로 이를 평균기준 부과방식이라고 번역하려 한다. 이는 양봉민, 보건경제학(2006), 152면의 번역을 따른 것이다.
22) Thomas Bodenheimer·Kelvin Grumbach(2013), 9면.

입 대비 보험금이 높아졌고, 결국 Blue Cross나 Blue Shield와 같은 비영리 보험자도 경험률 산정방식 제도를 도입하고 영리 보험회사들과 같은 방식으로 경쟁을 하게 되었다고 한다.[23]

평균기준 보험료 부과 방식으로 보험료를 부과하면 동일하지 않은 위험을 가진 피보험자들에게 동일하거나 유사한 보험료를 책정함으로써 질병이나 상해 위험이 작은 사람이 위험이 큰 사람을 재정적으로 도와주는 소득재분배 효과가 있다.[24] 하지만 위험이 작은 사람 입장에서는 그러한 소득재분배에 동참할 경제적 유인이 없다. 그래서 실손의료보험 시장에서 경험률에 따라 보험료를 책정하는 보험상품이 있다면 평균기준 보험료 부과에 따라 보험료를 책정하는 보험상품은 경쟁에서 살아남을 수 없다.[25] 그래서 미국의 실손의료보험은 비영리 기관에서 판매하는 보험상품이든 영리법인인 보험회사에서 판매하는 보험상품이든 질병이나 상해 위험에 따라 보험료를 책정하게 되었다.[26]

그리고 실손의료보험회사는 자유롭게 보험가입 승인 여부를 결정할 수 있었다. 그래서 질병이나 상해 위험이 높아 의료보험이 더욱 필요하다고 여겨지는 사람일수록 의료보험의 혜택을 받기 어려워지게 되었다. 게다가 미국은 고용관계를 통한 의료보험이 주류를 이루다보니 대기업과 같이 근로 조건이 좋은 직장에 들어간 사람은 비교적 저렴하고 보험급여 혜택이 좋은 의료보험에 가입할 수 있었다. 그래서 동일한 위험을 가진 사람이라고 하여도 직장의 유무, 직장이 어디인지에 따라 받을 수 있는 의료보험의 혜택이 달라질 수 있었다. 이것은 지불능력에 따라 의료가 배분되는 체계의 바탕이 된다.

---

23) 이진이(2014), 62면.
24) Kenneth J. Arrow(1963)(1963), 147면.
25) Henry Aaron(1991), 32면.
26) R Town *et al.*(2004), 327면.

다. 지불능력이 있는 의료수요자들의 의료비 위험 부보 역할

미국에서도 보험회사에 대하여 정부의 규제가 존재하고 오바마 케어 이전에도 실손의료보험에 대하여 여러 가지 규제를 하였다.[27] 하지만 사회 구성원에게 기회의 공정한 평등을 부여하기 위해 필요한 기본적 의료 보장이나 의료 이용의 효율성 제고를 위한 규제는 찾기 어려웠다.[28] 미국에서 의료비가 상승하고 의료 불평등이 심화됨에 따라 보험회사들은 윤리적인 딜레마에 빠졌다. 그러나 보험료 수입과 보험금 지출 간의 차액에서 관리비나 이윤을 얻어야 했기 때문에, 기본적 의료의 보장이라는 가치를 우선순위에 두고 실손의료 보험상품을 판매할 수는 없었다.[29] 당사자 간의 자율적인 합의에 따른 실손의료보험 체계는 지불능력이 없는 사람을 실손의료보험에서 배제할 수밖에 없었다.[30] 미국에서는 실손의료보험이 의료 자원 배분을 주도하는데 실손의료보험이 지불능력이 있는 의료수요자들의 의료비 위험을 부보하는 역할을 하였기 때문에 미국은 기본적 의료 보장에 실패하게 된다.

2. 실손의료보험회사와 의료공급자 사이의 계약을 통한 의료의 내용과 가격 통제

가. 과도한 의료비 증가를 통제해야 할 필요성과 관리 의료(managed care)

미국의 전통적인(conventional) 실손의료보험은 의료공급자가 공급

---

27) Rituparna Basu(2013).

28) 미국 백악관 홈페이지 오바마 대통령 연설문(2010. 3. 8.) 참조. [최종방문일 : 2016. 10. 17.], Leiyu Shi and Douglas A. Singh(2015), 10면, 16면, 17면.

29) Allen Buchanan(2009), 80면, 81면

30) David Orentlicher(2010), 85면.

한 의료의 양에 따라 보험금을 지급하는 행위별 수가제(fee-for-service)로 운영되었기 때문에 의료보험의 보험자가 의료의 내용과 가격을 통제하기 어려웠다.[31] 미국에서 1960년대 이후 의료비가 급속도로 증가함에 따라 이를 통제할 방법이 필요하였다. 그래서 실손의료보험회사와 의료공급자 사이의 계약을 통해 실손의료보험회사가 의료의 내용과 가격을 관리하는 관리 의료(managed care) 방식이 등장하였다.[32]

나. 계약을 통한 의료의 내용과 가격 통제

(1) 관리 의료(managed care)

미국에서 관리 의료(managed care)란 법제도라기보다는 계약이다. 이는 의료의 내용과 가격을 통제하여 비용을 절감하고자 의료 공급과 의료보험이 계약을 통해 결합되는 법률관계로서 다양한 모습으로 나타난다.[33] 하지만 실손의료보험회사가 의료공급자나 의료공급자들의 조직과 계약을 해서 의료 공급이나 이용을 관리한다는 점에서 공통된다.[34] 미국에서 1900년대 초에 철도 회사 등이 고립된 지역에 있는 직원들에게 의료를 공급하기 위해 의료공급자와 직접 계약을 체결하여 관리한 것이 관리 의료의 원형이라고 한다.[35] 그 후 1930년대부터 일정한 집단이 의료공급자나 보험회사와 계약을 해서 일정 기간 동안 의료를 이용하는 경우가 생겼는데, 그것이 미국 관리 의료의 시작이라고 한다.[36]

관리 의료에서 관리의 주체는 보험회사나 의료공급자로 구성된

---

31) Laurence Baker(2011), 405면.
32) Jacob S. Hacker and Theodore R. Marmor(1999), 667면.
33) Anne Austin and Victoria Wetle(2008), 38면 내지 40면.
34) Sherry Glied(1999), 5면.
35) Leiyu Shi and Douglas A. Singh(2015), 222면.
36) Laurence Baker(2011), 413면.

조직인 경우가 많은데 MCO(Managed Care Organization) 또는 HMO(Health Maintenance Organizatino)[37]라고 부른다. MCO는 미국 실손의료보험에서 실질적인 보험가입자 지위에 있는 사업주와 협상을 통해 보험료를 결정하고, 의료공급자와 계약을 체결해서 인두제(capitation)나 할인제(discounted fees), 봉급제(salaries) 등의 방식으로 의료에 대한 대가를 지불함으로써 의료 이용을 관리한다.[38] 미국의 닉슨 행정부는 국가 주도의 의료 자원 배분 체계를 선택하지 않고 의료비 증가에 대한 재정 위험을 기본적으로 민간에서 해결하는 방법을 선택하였다.[39] 그래서 1973년 Health Maintenance Act를 통해 새로 만들어지는 HMO에 대하여 재정적인 혜택을 주고 사업주들이 근로자들에게 HMO를 선택지로 제시하도록 하는 등으로 선지불 방식의 의료보험인 HMO를 활성화하였다.[40]

실손의료보험상품에 따라 다르지만 MCO는 실손의료보험의 보험자이면서 동시에 의료공급자 역할[41]도 한다. 그리고 경우에 따라 의료공급자들이 직접 MCO를 운영하기도 한다.[42] 관리 의료 실손의료보험상품의 내용에 따라 실손의료보험회사가 보험금 지급 여부를 통해 의료공급자의 행위를 통제하고 규율하여 의료공급자와 대립하는 지위에 있는 경우도 있지만 어떤 경우에는 의료공급자와 사실상

---

37) HMO는 좁은 의미로는 MCO의 초기 유형이라는 의미로 사용되고 넓은 의미로는 그에 국한되지 않고 MCO 전체를 의미하기도 한다.
38) Leiyu Shi and Douglas A. Singh(2015), 220면 내지 222면.
39) Nixon 대통령 연설문(1974. 2. 6.) 참조.
40) Anne Austin and Victoria Wetle(2008), 39면.
41) Sara Rosenbaum et al.(2000), 2면. 미국 법원은 HMO가 고용한 의사 등의 의료과오와 같이 HMO가 의료공급자의 지위에서 의료수요자에게 손해를 야기한 경우에는 병원(hospital)에 적용하는 법리와 같은 법리를 적용하여 HMO의 책임을 인정한다.
42) 가령, Pegram v. Herdrich 530 U.S. 211 (2000) 판결에서 문제되었던 HMO는 의사들이 소유하고 있었다.

이해관계가 같은 경우도 있는 것이다. 일반적으로 의료보험의 보험
자는 의료수요자 편에서 실질적인 수요자 지위에 있다. 그런데 보험
자가 경제적 이익을 추구하는 사인이고 보험자와 의료공급자가 계
약에 의하여 경제적 이익을 공유하게 되면 보험자가 의료공급자 편
에서 실질적인 공급자 지위에 서게 될 수 있는 점은 특이할 만하다.

(2) 관리 의료의 의료비 통제 방식

관리 의료의 구체적인 모습은 의료수요자와 실손의료보험회사
사이의 계약의 내용이나 의료공급자와 실손의료보험회사 사이의 계
약의 내용에 따라 다양하다. 대표적인 관리 의료 조직으로는 의사
등을 고용하거나 의료공급자들과 계약을 체결하여 의료를 공급하고
주로 인두제에 따라 의료비를 선지불하는 HMO(Health Maintenance
Organizatino), 행위별 수가제와 HMO를 결합하고 보험자가 지정하지 않은
의료공급자에 대하여도 일정한 보험급여를 하는 형태인 PPO(Preferred
Provider Organization) 등이 있다.[43]

관리 의료는 되도록 의료비가 적게 나오도록 의료공급자에게 경
제적 인센티브를 부여하였다.[44] 예를 들어, 보험급여를 하지 않는다
고 명시하는 면책조항 외에도 사전에 심사하여(utilization review)[45]
'의학적으로 필요한 의료'에 대하여만 보험급여를 하기로 하는 보험
계약을 통해 의료비를 통제하였다.[46] 그리고 보험회사가 지정한 일

---

43) HMO가 1980년대, 1990년대에 급속도로 성장하였지만 보험급여에 제한이
   많아서 보험가입자들이 반발함에 따라 PPO가 부상하게 되었다. PPO는 의
   료공급자들의 network와 계약을 하지만 행위별 수가제로 보험금을 지급하
   는 경향이 있고 보험가입자들이 network 밖에 있는 의료공급자에게서 의료
   를 공급받는 것이 상대적으로 용이하다고 한다. Thomas Rice et al.(2013), 91
   면. Margaret F. Schulte(2012), 145면. 이진이(2014), 62면.
44) Laurence Baker(2011), 409면 내지 412면.
45) J. Scott Andresen(1998), 432면 이하.

차 의료공급자의 진료를 먼저 받도록 해서 일차 의료공급자가 필요하다고 판단해야 전문의의 진료에 대해 보험금을 지급했다.[47] 그리고 컴퓨터로 자료를 분석하여 의료비가 적게 나오는 의료공급자를 찾기도 하였고, 질 보장(quality assurance), 치료 프로토콜(treatement protocol), 알고리즘, 규정, 임상 가이드라인(practice guideline), 의료 이용 심사(utilization review) 등을 통하여, 그리고 금전적인 인센티브를 통하여 의료공급자의 행동에 영향을 미쳐서 '필요한' 의료만 제공되도록 노력하였다.[48]

관리 의료 하에서 의료공급자가 환자의 입원 기간, 환자를 전문의에게 이송할지 여부, 처방되는 의약품 등 의료의 내용을 결정할 때 관리 의료의 의료보험 계약 및 의료공급자와 보험자 사이의 계약 내용과 해당 의료가 의학적으로 '필요한지' 여부에 대한 MCO의 판단이 큰 영향을 미치게 되었다.[49] 그래서 의료공급자의 경제적 유인이 과거의 행위별 수가제 하에서는 가급적 의료 공급량을 늘리려 했던 쪽에 있었는데 관리 의료 하에서는 반대로 가급적 의료의 공급량을 줄이는 쪽을 향하게 되었다.

(3) 관리 의료의 의료비 통제로 인한 과소 의료 공급 문제

실손의료보험의 보험회사는 '의학적 필요성' 판단 시 객관적인 의

---

46) E. Haavi Morreim(2001), 46면

47) Anne Austin and Victoria Wetle(2008), 38면. 관리 의료 하에서 의료수요자는 보험자가 지정한 일차 의료를 먼저 받아야 보험 혜택을 받을 수 있고(또는 더 많이 받을 수 있고) 일차 의료공급자가 필요하다고 판단하여야 전문의 등의 의료에 대해 보험 혜택을 받을 수 있는(또는 더 많이 받을 수 있는) 경우가 많은데 이를 게이트키핑(gatekeeping)이라고 한다. HMO에 비하여 PPO 등은 게이트키핑이 다소 완화되어 있다.

48) John K. Iglehart(1992b), 746면.

49) Paul J. Feldstein(2006), 262면.

학적 필요성보다는 경제적 유인에 따라 보험금 지급을 하지 않는 판
단을 할 위험이 있었다. 실제로 보험회사가 피보험자가 신청한 보험
급여를 거절하여 그에 대한 분쟁들이 발생했다.50) 그리고 의료공급
자가 관리 의료에 따라 의료비를 줄이기 위해서 과소 의료를 공급하
는 문제가 발생했다. 의사가 환자의 복부에서 염증을 발견하였는데
보험금과 의료비 때문에 그 초음파 진단 절차를 가까운 병원에서 하
지 않고 50마일 이상 떨어져 있는 시설에서 하도록 하여 환자가 8일
을 기다리다가 맹장이 파열되어 복막염으로 발전한 경우(Pegram v.
Herdrich 사건51))나 의사가 관절염 환자에게 부작용이 작은 고가의 의
약품을 권했는데 실손의료보험회사가 그에 대하여 보험금을 지급하지
않겠다고 하여 부작용 위험이 높은 저가의 의약품을 복용하였다가 심

---

50) MCO가 '필요한 의료'가 아니라는 이유로 보험급여를 거절하였을 때 이를
    다툴 수 있게 하는 external appeal 절차에 대하여는 Aaron Seth Kesselheim
    (2001) 참조. MCO의 의학적 필요성 사전 심사 결정에 대한 소송 사례에 대
    한 소개로는 Allison Faber Walsh(1997), 224면 이하 참조.
51) Pegram v. Herdrich 530 U.S. 211 (2000) 판결의 사안이다. 위 판결에서는 HMO
    가 의료공급자로 하여금 의료비를 적게 사용할수록 경제적 인센티브를 부
    여함으로써 과소 의료를 유도한 것에 대하여 책임을 부담하는지 여부가
    쟁점이었다. 제7항소법원은 HMO가 의사가 의료비를 줄일수록 더 많은 보
    너스를 지급하는 인센티브를 준다고 하여 그것만으로(automatically) 신인
    의무 위반은 아니지만 위와 같은 인센티브는 신인 의무 위반에 이를 수 있
    는 가능성을 제공하고, 이 사건과 같이 의사가 보너스를 더 많이 받으려는
    목적만으로 필요한 의료 공급을 지연시키고 적절한 의료 제공을 하지 않
    도록 하는 상황에서 보험가입자와 HMO 사이에서의 신인 신뢰(fiduciary
    trust)는 존재하지 않는다고 설시하였다. 그러나 미국 연방대법원은 HMO가
    고용한 의사를 통해 한 치료에 대한 결정('treatment decisions made by a health
    maintenance organization, acting through its physician employees')은 ERISA
    (Employee Retirement Income Security Act)에서 규정한 신인 행동(fiduciary act)이
    아니라고 판단하고 제7항소법원의 판결을 파기하였다. 이에 대하여는
    Phyllis C. Borzi(2001), 1면, 6면. Sara Rosenbaum et al.(2000), 7면, Timothy S. Jost
    (2001), 5면 참조.

각한 부작용을 겪게 된 경우(Aetna Health Inc. v. Juan Davila 사건52)) 등이 발생하였다.

(4) 소결

미국의 실손의료보험의 경우를 통해 기본적으로 이윤을 추구할 수밖에 없는 사적 경제 주체인 보험회사가 별다른 규제 없이 의료의 내용과 가격을 관리하면 금전적 측면에서의 의료비 통제에 초점을 두게 될 위험이 있음을 확인할 수 있다. 규제되지 않는 실손의료보험은 기회의 공정한 평등을 위한 기본적 의료 보장과 의료 이용의 효율성 제고를 위해 의료의 내용과 가격을 통제하기보다는, 보험료 수입보다 더 많은 보험금 지출을 방지하기 위한 재정적 측면에 중점을 두고 보험급여를 통제하는 방향으로 운영될 위험이 있다.

3. 기본적 의료 보장과 의료 이용의 효율성 제고를 위한 규제 – 오바마 케어

가. 기본적 의료 보장과 의료 이용의 효율성 제고 실패

미국의 의료 자원 배분에 심한 불평등이 존재하며,53) 그것이 미국 사회의 심각한 문제라는 사실은 널리 알려져 있다.54) 기본적 의료 보장을 위한 규제가 없는 상태에서 실손의료보험은 지불능력에 따라 의료를 배분하고 지불능력이 없는 자는 의료보험에서 배제시켰다.55)

---

52) Aetna Health Inc. v. Juan Davila, Cigna Healthcare of Texas v. Ruby R. Calad, 124 S. Ct. 2488 (2004). 두 사건이 병합된 것임. 이 판결에 대하여는 Wendy K. Mariner(2004), 1347면, 1348면, 1351면, Karen A. Jordan(2004), 93면, Amber M. Schuknecht and Aetna v. Davila(2006), 963면 참조.

53) 조지프 스티글리츠(2013), 51면.

54) Angela Sauaia(2014), 5면.

55) Allen Buchanan(2009), 80면, 81면. David Orentlicher(2010), 85면. Francesca

이것은 의료공급자나 의료수요자의 자유를 실질적으로 제한하게 되었다.[56] 오바마 케어 이전에 미국에서 의료보험의 혜택을 받지 못하는 사람이 전 국민의 1/6 정도였고 미국에서 파산을 하는 사람들의 60% 이상의 파산 원인이 의료비 부담인 것으로 추산된다.[57] 미국은 이러한 문제를 해결하고자 1986년에 제정된 EMTALA(The Emergency Treatment and Active Labor Act)[58]를 통해 지불능력과 무관하게 응급환자를 보호하도록 하였다. 그러나 심각한 건강 손상을 입은 응급환자에게 약간의 의료를 보장한다고 하여 기본적 의료 보장을 달성할 수는 없었다.

한편, 미국은 세계에서 가장 많은 의료비를 지출하고 있지만[59] 의료수요자가 얻는 결과나 가치는 그에 비하여 낮은 것으로도 유명하다.[60] 미국 실손의료보험의 관리 의료는 보험금을 지급하지 않는 방식으로 1980년대 중반과 1990년대 후반에 일시적으로 의료비 증가를 통제한 것처럼 보였다.[61] 그러나 지불능력이 있는 의료수요자들은

Colombo and Nicole Tapay(2004), 38면. Thomas Bodenheimer·Kelvin Grumbach (2013), 22면.

56) 김나경(2012), 56면, 57면.

57) Thomas Rice et al.(2013), 91면.

58) Thomas Rice et al.(2013), 74면, 75면. 메디케어에 참여하는 병원이 응급 의료 상황(emergency medical condition, EMC)에 처한 환자 위한 검사나 치료 요청을 받으면 환자의 지불능력과 상관없이 의학적인 검사(medical screening examination, MSE)를 하여 환자를 안정화시켜야 하고 그 환자를 돌보기 어려울 경우 다른 병원에 환자를 이송할 의무를 부여하였다. 그 결과 병원의 응급 부서(emergency department)는 의료보험이 없어서 응급 상황이 아닌 상태에서는 의료를 이용할 수 없는 환자들이 의료를 공급받을 수 있는 통로가 되었다. EMTALA가 재산권을 침해하여 위헌이라는 주장으로 E. H. Morreim(2014), 211면 참조.

59) OECD Health Statistics 2016 참조. 미국의 2014년 국민의료비 총 지출 규모는 2조 8,774억 달러(US$/PPP)이고 1인당 의료비가 9450 달러(US$, 영국은 3970 달러, 독일은 5120 달러, 한국은 2360 달러)이다.

60) Karen Davis et al.(2014), 26면.

그러한 실손의료보험상품을 구입하지 않았고 그 결과 의료비 증가를 막을 수 없었다.[62] 지불능력이 있는 의료수요자는 보장률이 높은 실손의료보험을 통하여 비용효과적이지 않아도 주관적으로 필요하다고 느끼는 모든 의료를 소비하였다. 지불능력이 없는 사회구성원은 기본적 의료조차 이용하지 못하지만 지불능력이 있는 사회구성원은 비용효과적이지 않은 의료까지 과도하게 이용하는 역설(a paradox of excess and deprivation)이 일반화되었다.[63] 미국의 의료보험제도는 의료 이용의 효율성 제고에도 실패한 것이다.[64]

나. 오바마 케어 도입과 그 이후

(1) 오바마 케어 도입

미국에서도 의료는 다른 서비스나 재화와 달리 평등하게 공급되어야 한다는 믿음이 존재한다.[65] 실제로 미국에서도 성공하지는 못하였지만 연방 차원에서 모든 국민에게 일정한 수준 이상의 의료를 보편적으로 공급하는 의료보험 제도 구축을 위한 시도가 여러 번 있었다.[66] 주(state) 차원에서는 건강 상태가 나쁘거나 나이가 든 의료수요자도 실손의료보험에 가입할 수 있도록 실손의료보험회사의 보험가입 승인 결정이나 보험료 책정을 규제하는 시도가 있었으나 큰 성공을 거두지는 못하였다.[67] 그런데 2010년 3월 오바마 케어가 입법

---

61) Paul J. Feldstein(2006), 2면. Marc A. Rodwin(1995), 1009면 내지 1011면.
62) Paul J. Feldstein(2006), 274면, 278면. 아놀드 S. 렐만(2008), 97면, 107면.
63) Alain Enthoven(1989), 29면.
64) 아놀드 S. 렐만(2008), 김성수(2015).
65) Norman Daniels(1985), 17면.
66) 김창엽(2004), 53면, 54면. 김창엽(2005), 16면 내지 22면. Leiyu Shi and Douglas A. Singh(2015), 69면. 김흥식(2012), 151면, 152면. 대외경제정책연구원(2010), 2면. 새뮤얼 헌팅턴(2004), 95면 내지 102면. 미국의 PNHP(Physicians for a National Health Program) 홈페이지 참조.

되었다.[68]

오바마 케어는 1965년 메디케어와 메디케이드 도입 이후 미국 보건의료 제도에서 가장 중요한 입법이다. 이는 미국 국민의 의료에 대한 접근성과 의료의 질을 높이는 것을 목표로 한다.[69] 여기서 의료에 대한 접근성은 기본적 의료 보장을, 의료의 질을 높이는 것은 의료 이용의 효율성 제고와 통한다. 오바마 케어는 실손의료보험의 보장내용과 보험료, 보험회사의 보험가입 거절 제한 등 실손의료보험에 대한 규제를 중요한 골자로 한다.

오바마 케어는, 실손의료보험회사가 보험가입 신청자가 일정한 조건을 충족하는 한 기존의 의료이용이나 건강 상태를 이유로 가입을 거절하지 못하게 한다.[70] 그리고 동일한 등급의 의료보험에 대해서는 원칙적으로 평균기준 보험료 부과 방식(community rating)에 따라 같은 보험료를 적용하도록 한다. 또한 실손의료보험이 충족해야 하는 최소한의 보장범위를 규정하였다(minimal essential health care coverage). 이것은 질병이나 상해의 위험이 높은 의료수요자도 같은 보험료로 실손의료보험에 가입할 수 있게 하고 실손의료보험이 일정한 수준 이상의 의료를 보장하도록 규제한 것이다.

오바마 케어는 위와 같은 위험 인수 규제로 인하여 실손의료보험

---

67) Leigh Wachenheim and Hans Leida(2007).
68) 이우영(2014), 77면, 78면, 87면 내지 95면 참조. 2008년 미국 대선에서 오바마 대통령의 주된 공약이었던 의료보험 제도 개혁안은 2009. 9. 민주당 의원의 대표발의로 연방의회 하원에 발의되어 2009년 말 미연방의회를 통과한 후 2009. 12. 상원 수정의결, 2010. 3. 하원 의결에 의하여 양원을 통과하였다. 상당수의 규정은 2014. 1. 발효하였고 그 외의 조항도 2020년까지는 모두 발효한다.
69) Barack Obama(2016), 525면 참조.
70) Mark O. Dietrich and Gregory D Anderson(2012), 60면 내지 62면. Leiyu Shi and Douglas A. Singh(2015), 146면. H.R.3590 - Patient Protection and Affordable Care Act

회사들이 재정적 어려움을 겪는 것을 방지하기 위하여 재보험 방식 (reinsurance), 보험료 보정 방식(risk corridors), 위험 조정 제도(risk adjustment)를 두었다.[71] 오바마 케어의 위험 조정 제도[72]는 메디케어 와 메디케이드에서 운영하는데 보험가입자의 역선택이나 실손의료 보험회사가 질병이나 상해 위험이 높은 피보험자의 보험가입으로 인한 손실을 방지하기 위해 사전적으로 평가된 개별 피보험자의 위 험 점수에 따라 실손의료보험회사들 사이에서 보험료 수입을 조정 한다.[73] 이것은 후술하는 독일의 공적의료보험이나 호주의 실손의 료보험에 대한 위험 조정 제도와 같은 취지의 제도이다. 또한 오바 마 케어는 공급되는 의료의 양이 아니라 의료수요자에게 주는 가치 에 따른 지불 방식을 개발하여 먼저 공적의료보험에 적용하고 추후 실손의료보험으로도 확대하려고 시도하고 있다. 아직 오바마 케어 초기라서 그 경과를 지켜봐야 하겠지만 2016년 현재로서는 좋은 성 과를 내고 있다고 한다.[74]

(2) 오바마 케어 이후의 상황

오바마 케어 이후인 2016년 초에 원래 의료보험이 없었던 2,000만

---

71) Michelle Li and Donald Richards(2017), 2면. 재보험 방식(reinsurance)은 위험 인 수 규제로 인하여 과도하게 많은 보험금을 지급하게 된 실손의료보험회사 에게 재정을 지원하는 제도이고, 보험료 조정 방식(risk corridors)은 보험료 책정이 부정확한 경우 그것을 보정해주는 제도이다. 위험 조정 제도(risk adjustment)는 사전적으로 위험을 평가하여 조정하는 제도이다. 이 중 재보 험 방식과 보험료 조정 방식은 2016년까지만 한시적으로 적용되고, 위험 조정 제도는 계속 적용된다고 한다.

72) 재보험 방식(reinsurance)은 45 CFR §§ 153.200 - 153.270, §§ 153.400 - 153.420 에서, 보험료 보정 방식(risk corridors)은 45 CFR §§ 153.500 - 153.540에서, 위 험 조정 제도(risk adjustment)는 45 CFR §§ 153.300 - 153.365, §§ 153.600 - 153.630에서 규정하고 있다.

73) John Kautter et al.(2014), E8.

74) Barack Obama(2016), Sylvia M. Burwell(2015)

명 가량이 의료보험을 갖게 되었고 의료보험이 없는 사람의 비율이
2013년에 비하여 43% 감소하였다고 한다.[75] 미국 정부는 최근 오바마
케어가 성공적으로 진행되고 있다고 하면서 의료에 투하된 비용
(volume)이 아니라 의료행위의 결과(outcome), 가치(value)에 기반한 지
불체계를 마련함으로써 의료비 증가 억제에 어느 정도 성공을 거두
고 있다고 발표하였다.[76] 공적의료보험과 실손의료보험의 적용대상
을 지불능력과 상관없이 보편적으로 확대하려는 오바마 케어의 가
장 중요한 숙제는 의료비 문제인데 미국은 이것을 결과, 가치, 질의
평가와 그에 기반한 보상 기전의 개발로 해결하려는 것으로 보인
다.[77] 그러나 여전히 미국에서는 오바마 케어에 대하여 반대하는 의
견이 상당하다.[78] 오바마 케어가 향후 원했던 바를 달성할 수 있을
지 여부는 지켜봐야 할 것으로 보인다.[79]

---

75) Uberoi N *et al.*(2016)
76) Sylvia M. Burwell(2015), Barack Obama의 글인 Barack Obama(2016), D. Blumenthal
    and S. R. Collins(2014) 참조.
77) 신영석(2016), 128면, 129면, 136면.
78) Leiyu Shi and Douglas A. Singh(2015), 342면에서는 오바마 케어의 입법취지가
    좋지만 아직 미국에서 오바마 케어가 인기가 없다고 한다(highly unpopular).
    다만, 그럼에도 불구하고 오바마 케어가 미국 의료 시스템에서 이미 굳게
    자리 잡기 시작했다고 한다. 마크 브릿넬(2016), 293면, 294면에서는 오바마
    케어에 대한 찬반 견해를 소개하면서 어느 쪽이든 향후 미국 보건의료 지
    형에서 우위를 점할 가능성이 있다고 한다.
79) 오바마 케어 하에서 미국의 실손의료보험의 2017년 보험료가 2016년에 비
    하여 평균 22% 정도로 급격하게 증가하게 되었고, 인디아나주와 같이 그
    증가율이 3%인 곳도 있지만 아리조나주와 같이 증가율이 116%인 곳도 있
    다. Alicia Adamczyk, *Obamacare Premiums to Increase by Double Digits in 2017*,
    TIME 기사. 이러한 상황으로 인하여 오바마 케어가 지속가능한지 여부에
    대하여 의문이 제기되기도 한다. 2016년 미국 대통령 선거에서 당선된 트
    럼프는 선거운동 당시 오바마 케어 법안이 폐기되어야 한다는 주장을 펼
    친 바 있다.

제3절 영국에서의 실손의료보험에 관한 법적 규율

1. 영국의 국가보건서비스(NHS, National Health Service)

가. 국가가 직접 의료를 공급함

영국은 사회연대의 원리에 따라 국가가 세금을 주된 재원으로 하여 모든 국민에게 보편적 의료를 공급하는 대표적인 나라이다.[80] 영국의 국가보건서비스(NHS, National Health Service)는 성형수술 등 긴급한 필요가 없는 의료를 제외한 대부분의 의료를 영국의 국민과 통상적으로 영국에 거주하는 자들에게 공급한다.[81] 영국은 1911년 국가가 필요한 의료 공급을 보장하여야 한다는 철학에 따라 국민보험법(National Insurance Act)을 제정하였다. 그리고 1942년 베버리지 보고서에 담긴 계획[82]에 따라 1948년 국민보건서비스법(National Health Service Act)을 제정하여 본격적으로 NHS를 도입하였다.[83]

영국 정부가 2012. 3. 발표한 NHS 헌장에 의하면, NHS는 1) 모두에 대한 포괄적인 서비스, 2) 지불능력이 아닌 임상적 필요에 기초한 접근, 3) 높은 수준의 우수하고 전문성 있는 의료 공급, 4) 환자 중심,

---

80) Adam Oliver and Elias Mossialos(2014), 656면.

81) Bernhard A Koch (ed), WV Horton Rogers 집필 부분, Bernhard A Koch(2011), 165면. NHS를 통하여 의료를 공급받는 의료수요자와 의료공급자 사이에는 계약 관계가 성립하지 않고(설령 의료공급자가 NHS를 위하여 의료행위를 하는 개인 병원이라고 하더라도 마찬가지라고 함), NHS에서 공급하지 않는 의료에 대하여는 의료수요자와 의료공급자 사이에 계약이 성립한다고 한다(위의 글 167면).

82) 박능후(2000), 12면 내지 17면 참조. 베버리지 보고서는 제2차 세계대전 이후 국가 재건 프로그램으로서 작성된 것으로 빈곤을 극복하는데 초점을 두고 있으며, 국가가 모든 국민에게 일상생활에 필요한 최소한의 기초보장을 하는 것을 해결책으로 제시하였다.

83) 변진옥 외(2014), 9면, 10면.

5) 지역사회, 공적·사적 영역의 협력, 6) 세금으로 구성된 한정된 자원의 효과적이고 공평하며 지속가능한 사용, 7) 공동체와 환자에 대한 책임을 지도 원리로 한다.[84] 영국의 국민은 원칙적으로 무상으로 NHS 서비스를 공급받는다.[85] 의료공급자는 NHS를 통하여 제공되는 서비스에 대하여 의료수요자에게서 대가를 받아서는 안 되지만[86] 처방약 등 의약품이나 치과, 안과 등에 대하여는 예외가 허용된다.[87]

2013년에 발표된 설문조사에 의하면 영국 국민들은 NHS를 영국의 상징으로 여기고 영국 왕실보다 NHS를 더 자랑스러워한다.[88] 영국의 보건의료제도는 세계적으로 성과가 뛰어난 제도로 평가된다.[89] 의료비 증가 통제에도 성공을 거둔 것으로 보인다.[90] 그 바탕에는 세금으로 조성된 공적 자금의 지원이 있다.[91] 영국에서 의료 자원 배분은 NHS의 의료보장 범위에 따라 결정된다.[92] 영국에서의 의료

---

84) The NHS Constitution(2015), 3면, 4면 .

85) NHS Act 2006 제1조, 제3조. 제1조 제3항에서는 다른 명시적인 법률 조항이 없다면 공급되는 서비스는 무료여야 한다고 규정하고 있다.

86) NHS Act 2006 제83조(Primary Care Trust), 제99조(Primary dental services), 제115조 (Primary ophthalmic services), 제126조(pharmaceutical services) 참조.

87) NHS Act 2006 제172조(drugs, medicines or appliances), 제176조(dental), 제179조, 제180조(optical appliance) 등 참조.

88) Ipsos MORI(2013), 3면, 8면.

89) Karen Davis et al.(2014), 12면에서는 11개국(미국, 호주, 캐나다, 프랑스, 독일, 네델란드, 뉴질랜드, 노르웨이, 스웨덴, 스위스, 영국)에 대하여 질(Quality), 접근성(Access), 효율성(Efficiency), 형평성(Equity), 건강 수준(Healthy lives) 등을 평가하였는데 영국이 가장 우수하다고 결론지었다.

90) 변진옥 외(2014), 32면. 영국의 1인당 국민의료비는 3,405 달러/PPP(우리나라는 2,198달러/PPP)로 OECD 평균인 3,322 달러/PPP보다 조금 높은 수준이다.

91) Seán Boyle(2011), 447면에서는 영국의 보건의료 제도에서 1997년부터 2010년까지 사이에 가장 중요한 요소를 하나 뽑으라면 공적 자금의 지출이 크게 증가한 것을 들 수 있다고 한다.

92) 예를 들어, R (on the application of Rogers) v Swindon NHS Primary Care Trust and another, [2006] EWCA Civ 392, 2006. 4. Herceptin이라는 유방암 항암제의 유방암 초기 치료에 관하여 아직 유럽 EMA(European Medicine Agency)의 허

자원 배분 논의는 국가가 어떻게 의료 자원 배분에 관한 의사결정을 할 것인지에 초점이 맞춰져 있다.[93]

나. 국가주도형 의사결정 구조가 갖는 단점을 해결하기 위한 꾸준한 노력

국가 주도의 의료 자원 배분의 단점은 구성원들의 경제적 유인을 활용하지 못하여 자원의 공급 자체가 부족하게 되는 공산주의 의료 시스템의 실패[94]에서 잘 드러난다. 영국의 국가 주도형 의료 자원 배분 역시 실제 현장에 있는 의료공급자나 의료수요자와 동떨어져서 관료주의적이거나 NHS 재정 중심적으로 경직될 우려가 있다. 실제로 영국에서는 의료수요자들이 의료를 이용하기 위하여 기다려야 하는 대기 시간이 길어지고 의료의 질이 저하되는 등의 의료전달체계상 비효율이 발생하였다.

Walker 사건이나 Collier 사건은 대기 시간으로 인하여 의료수요자가 겪을 수 있는 어려움을 잘 보여준다. Walker 사건[95]은, Walker 부인의 아기가 심장 수술을 받아야 하는데 의료공급자가 다른 긴급한 환

가가 나오지 않았고 NICE(National Institute for Health and Clinical Excellence)의 guidance도 없는 상황에서 Herceptin 치료가 필요하다는 진단을 받은 원고가 NHS trust에 재정 지원을 요청하였으나 거절당한 사안이다. 법원은 NHS trust 의 규정상 '예외적인 경우(exceptional case)'에는 Herceptin을 공급하여야 하고 구체적으로 어떤 경우가 예외적인지는 명시되어 있지 않지만, 이 사건의 경우 예외적인 경우에 해당하므로 위 거절 결정은 위법하다고 판단하였다.

93) Adlington K *et al.*(2014). Thomas Foubister *et al.*(2006), 9면. NHS(2013), 5면. 건강보험정책연구원(2016), 16면. 변진옥 외(2014), 10면. Emily Jackson(2013), 77면. Richard Cookson(2015), 99면.
94) Reinhard Busse and Miriam Blüme(2014), 35면 참조.
95) R v Central Birmingham Health Authority, ex parte Walker, Court of Appeal, Civil Division, 04 3 BMLR 32, 1987. 11. 25.,

자들이 있다는 이유로 기다리도록 한 상황에서 그러한 의료공급자
의 대기 결정의 위법성이 다투어진 사건이다. 영국 법원은 공적 주체
의 판단이 1) 고려해야할 중요한 사항을 고려하지 않았거나 2) 고려해
서는 안 되는 사항을 고려했거나 3) 어떠한 합리적인 공적 주체도 그
러한 판단을 하지 않을 정도로 비합리적인 경우에 한하여 법원이 개
입할 수 있다는 Wednesbury 법리(Associated Provincial Picture Houses v
Wednesbury Corp [1947] 2 All ER 680, [1948] 1 KB 223)에 의하면, 긴급하
다고 보기도 어려운 상황에서 의료공급자가 그와 같이 판단한 것이
위법하지 않다고 판단하였다. 한정된 자원으로 섬세한 균형을 맞추
어 운영되는 NHS 체계에서 개별 환자의 관점에서 부당해 보인다고
하여 법원이 의료 자원 배분에 개입하는 것은 적절하지 못하므로 법
원의 개입은 엄격한 요건 하에서만 가능하다는 것이다.

Collier 사건[96]에서, Collier의 아이는 선천적으로 심장 판막에 문제
가 있어서 심장 수술을 받았으나 완치되지 못하여 다시 수술을 받아
야 했다. 그래서 1987년 9월 수술 대기자 명단에 1순위로 올라갔으나
1987년 11월이 되도록 수술을 받지 못하였다. Collier는 수술을 받게
해달라는 취지로 소를 제기하였으나 영국 법원은 Walker 사건에서와
같은 법리가 적용된다고 하였다. 이 사건에서 Collier 측은 Walker 사
건과 달리 긴급한 상황임을 주장하였으나 영국 법원은 그리 볼 증거
가 없고 설령 그리 본다고 하여도 Collier의 아이가 수술을 받지 못하
는 상황에 대하여 의료 자원의 부족 외에 의료공급자의 잘못이 없는
이상 그 대기 결정이 위법하다고 할 수 없다고 하였다. Neill 판사는
판결문에서 이 사건은 가장 고통스러운 사건('a most distressing case')
이라고 하면서 Collier의 아이에게 수술이 긴급하게 필요한 것으로 보
이고 이러한 상황에 대해 일반 공중이 가질 수 있는 걱정을 이해할

---

96) R v Central Birmingham Health Authority ex parte Collier, Court of Appeal(Civil
    Division), 1988. 1. 6.

수 있지만 법원으로서는 위와 같이 판단할 수밖에 없다고 하였다.

영국은 NHS 체계 내에서 그러한 문제를 해결하려고 꾸준히 노력하였다. 가령 1990년 중앙집권적인 NHS의 구조를 개혁하고 NHS 구조 내에 시장 원리를 일부 도입하여[97] NHS의 효율성을 높이려 시도하였다.[98] 그리고 2000년에 시작하여 8년간 진행된 NHS Plan이라는 개혁은 종래 투자가 부족하였던 문제를 해결하고 의료의 질이나 공급 시기 등 NHS 서비스를 상당히 향상시켰다.[99] 또한, 영국의 의료의 양과 질을 개선하여야 하고 이를 위하여 의료수요자의 의료공급자 선택권을 넓히고 지불방식을 조정하여 의료공급자들 사이에 경쟁을 활성화시켜야 한다는 지적[100]을 받아들여, 2006년 일반의(General Practitioner, GP)가 의료수요자를 진단하여 병원으로 보낼 때 의료수요자에게 4, 5개의 병원을 제시하여 선택할 수 있게 하는 등의 제도 개선을 하였고 병원 간 경쟁이 활성화되어 의료의 질이 향상되었다고 한다.[101]

의료 자원 배분 방식이 비효율적이고 충분한 정보나 의사소통에 기초하지 않는다는 비판[102]에 대하여는, 의료 자원 배분의 의사결정을 하였던 SHA(Strategic Health Authority)와 PCTs(Primary Care Trusts)의 관료화 문제를 해결하고 NHS 구조 내에 경쟁원리를 도입하기 위하여, 2013년 NHS 개혁을 실시하여, SHA와 PCTs를 폐지하고 CCGs와 NHSCB(NHS Commissioning Board) 등을 설치하여 의료공급자와 의료수요자의 의견이 의료 자원 배분 의사결정에 더 폭넓게 반영되도록 하는 등의 조치를 하였다.[103] NHS 구조 내에 시장 원리를 확대하는 최근의 개

---

97) 엄영진(2009), 298면.
98) 변진옥 외(2014), 10면.
99) 마크 브릿넬(2016), 262면.
100) Isabelle Joumard 외(2011), 165면.
101) Elaine Kelly and George Stoy(2015), 6면. 병원 숫자 제한은 2008년에 없어졌다고 한다.
102) Seán Boyle(2011), 422면.

혁에 대하여는 효율성과 경쟁력을 향상시킬 수 있을 것이라는 기대
와 필요한 의료의 무상 공급이라는 NHS의 원리가 무너질 수 있다는
우려가 교차된다.[104]

2. 영국의 실손의료보험 규제

영국에서는 실손의료보험에 관한 논의를 찾기 어렵다.[105] 그리고
기본적 의료 보장이나 의료 이용의 효율성 제고를 위한 실손의료보
험 규제 역시 거의 없다.[106] 그것은 NHS가 국민들이 필요로 하는 의
료의 상당 부분을 보장하기 때문에 실손의료보험의 역할이 작고 그
래서 실손의료보험을 통한 기본적 의료 보장이나 의료 이용의 효율
성 제고의 필요성이 낮기 때문인 것으로 보인다.[107]

가. 영국의 실손의료보험 현황

영국의 전체 국민의료비 중 공공의료비 비율이 2014년 현재 83.1%
이고 나머지 16.9% 중 의료수요자가 직접 부담하는 부분이 9.7%이며
민간의료보험에서 부담하는 비율이 3.4%이다.[108] 이를 보면 영국 국
민들은 지불능력과 무관하게 영국에서 이루어지는 의료의 83%를 이
용할 수 있어서 NHS를 통해 필요한 상당 부분의 의료를 이용함을 알
수 있다.

영국에도 NHS에서 공급하지 않는 의료를 이용하거나 NHS에서 의

---

103) 변진옥 외(2014), 10면.
104) Matthew Weait(2013), 215면.
105) 장덕조(2016b), 171면.
106) Thomas Foubister and Erica Richadson(2016), 159면.
107) 홍석표 외(2007), 119면. 김대환·오영수(2016), 120면.
108) Thomas Foubister and Erica Richadson(2016), 157면.

료를 이용하기 위해 기다려야 하는 기간이 긴 것을 피하기 위하여 고가의 민간 의료(NHS가 아닌 민간 의료공급자가 공급하는 의료)를 이용할 때 보험급여를 하는 실손의료보험이 있다. 그러나 실손의료 보험에 가입한 영국 국민은 1990년대 이후 현재까지 꾸준히 11% 정도로 유지되고 있다.[109] 영국의 실손의료보험은 1980년대에 급증하여 1990년대에 포화상태(전체 인구의 11% 정도가 가입)에 이르렀는데 1980년대에 실손의료보험 가입이 급증한 것은 당시 대기업이 근로자의 부가급여로서 실손의료보험을 제공하였기 때문이라고 한다.[110]

나. 영국 실손의료보험의 보장내용

영국의 실손의료보험은 NHS의 급여 범위 외의 의료를 공급하는 보완형도 있지만 대부분 NHS의 급여 범위 내의 민간 의료 이용에 대하여 보험금을 지급한다.[111] 즉, NHS의 급여 범위 내의 의료를 대기 시간 없이 빨리 이용하거나 의료수요자가 의료공급자를 선택할 수 있는 범위를 늘리거나 좀 더 편안한 시설을 사용할 때 발생하는 의료비를 부보한다.[112]

---

109) Elias Mossialos and Sarah Thomson(2004), 34면. The Kings Fund(2014), 3면. Thomas Foubister and Erica Richadson(2016), 158면.
110) 국민건강보험공단(2000), 263면, 265면.
111) Thomas Foubister and Erica Richadson(2016), 158면.
112) Elias Mossialos and Sarah Thomson(2004), 52면, 66면에서는 유럽의 민간의료 보험을 공적의료보험과의 관계에 따라 크게 세 가지 유형으로 나누고 있다. 보충형(supplement)은 공적의료보험의 급여 대상과 같은 의료에 대하여 대기하지 않고 의료이용을 하거나 의료공급자를 선택할 수 있거나 더 편안한 시설을 이용하기 위한 보험이고, 보완형(complementary)은 공적의료보험의 급여 범위 외의 의료에 대한 의료비나 공적의료보험에서 급여를 하지만 본인부담금이 있는 경우 그 본인부담금을 부보한다. 그리고 대체형(substituteve)은 공적의료보험의 적용을 받지 못하거나 받지 않는

NHS는 의료 이용을 위한 대기 시간이 길기로 유명하다.[113] 현재의 NHS는 과거보다 많이 개선되어 과거의 Waler 사건[114]이나 Collier 사건[115]에서와 달리 긴급한 상태에 처한 의료수요자에 대하여는 대기 시간이 길지 않다고 한다.[116] 하지만 긴급하지 않다고 평가된 의료수요자는 NHS에서 공급하는 의료 이용을 위해 대기해야 하는 경우가 드물지 않다.[117] 또한 NHS에서 전문의의 진단을 받으려면 주치의인 GP를 통해서 필요하다는 판단을 받아야 하고 NHS에서 제공하는 범위 내에서만 의료공급자를 선택할 수 있어서 의료수요자의 선택권이 제한된다. 그리고 NHS를 이용하는 의료수요자는 NHS에서 공급하는 병상이나 입원실보다 좀 더 쾌적한 시설을 사용할 수가 없다.

이런 경우 의료수요자는 NHS와 계약 관계에 있지 않은 민간 의료공급자나 NHS와의 계약에서 민간 의료를 할 수 있게 허용된 의료공급자를 통해 의료를 이용함으로써 기다리지 않고 의료를 이용하거나 의료공급자를 선택하거나 더 나은 시설을 사용할 수 있다. 그런 경우 의료비가 상당히 높은 편인데[118] 영국의 실손의료보험은 그러

의료수요자에 대하여 공적의료보험을 대신하여 보험급여를 제공한다.

113) 홍석표 외(2007), 119면.

114) R v Central Birmingham Health Authority, ex parte Walker, Court of Appeal, Civil Division, 04 3 BMLR 32, 1987. 11. 25.

115) R v Central Birmingham Health Authority ex parte Collier, Court of Appeal(Civil Division), 1988. 1. 6.

116) 마크 브릿넬(2016), 262면. 2000년부터 2008년까지의 NHS 플랜 제도 개선을 통해 그 전에 투자가 부족했던 것을 만회하고 다시 의료의 질, 시의적절성, 대응력이 향상되었다고 한다.

117) Richard Murray et al.(2016). 2016년 6월 현재 NHS에서 GP가 2차 의료로 보낸 (referral) 후 18주가 지나도록 의료를 이용하지 못하고 기다리고 있는 의료수요자의 비율이 8.5%(307,000명 이상)라고 하고 그 중 940명은 1년 넘게 기다리고 있다고 한다.

118) 2013년 기준으로 통상 1회 진찰 시 150 파운드(약 23만 원) 정도의 비용이 소요되어 사실상 고소득자 또는 실손의료보험 가입자만이 이용 가능하다

한 의료비를 부보한다. NHS의 보장률이 높기 때문에 NHS의 보장범위 외의 의료에 대한 보장 수요가 별로 없다고 한다.[119] 그리고 실손의료보험이 보장하는 의료는 여분(extra)의 의료이거나 사치재(luxury item), 긴급하지 않은 선택적인(elective) 의료라고 인식된다고 한다.[120]

영국의 실손의료보험의 보장내용은 우리나라의 실손의료보험과 큰 차이가 있다. 영국의 실손의료보험은 NHS에서 보장하는 의료에 대한 의료비를 보장하지만 우리나라 실손의료보험은 국민건강보험에서 보장하지 않는 의료에 대한 의료비를 보장한다. 우리나라에서는 국민건강보험법상의 요양기관 당연지정제와 급여 의료 규제로 인하여 실손의료보험이 영국의 실손의료보험과 같은 보장을 하는 것이 법적으로 불가능하다.

다. 영국의 실손의료보험의 운영 방식

영국에서 실손의료보험의 운영 방식은 실손의료보험의 보험자, 의료공급자, 보험가입자 사이의 계약에 따라 자유롭게 이루어진다. 실손의료보험의 보험자가 민간 의료공급자들과 계약을 체결하고 실손의료보험의 피보험자는 자신의 보험자가 계약을 체결한 의료공급자들 중에 선택하여 의료를 이용하며, 보험금은 실손의료보험의 보험자가 의료공급자에게 직접 지급하고 만약 보험자가 정한 의료비보다 실제 의료비가 더 많이 나오면 차액은 피보험자가 지급하며, 보험상품에 따라서는 미국의 관리의료와 같이 보험자가 보험급여 여부에 대한 사전승인을 요건으로 하는 상품도 있다.[121]

고 한다. 배병준(2013), 105면 참조.

119) 홍석표 외(2007), 119면.

120) Thomas Foubister et al.(2006), 79면. Seán Boyle(2011), 21면.

121) Thomas Foubister and Erica Richadson(2016), 159면.

실손의료보험 중에는 보험가입자가 보험금 청구를 하지 않으면 그 다음 해 보험료에서 할인(No Claims Discount)을 해주기도 한다. 예를 들어, 보험료 할인 레벨을 1부터 14까지 설정하고 일정 기간 내의 보험료 청구액이 전혀 없으면 레벨이 하나 올라가고 보험료 청구액이 £250 이하이면 레벨이 하나 내려가고 보험료 청구액이 £250.01에서 £500 사이이면 레벨이 둘 내려가고 보험료 청구액이 £500.01 이상이면 레벨이 셋 내려가는 식으로 하여, 보험료 할인 레벨이 14이면 70%를 할인하고 그 아래 레벨은 좀 더 낮은 할인율을 적용하고(예를 들어 레벨 10이면 58%, 레벨 2이면 10%), 레벨이 1이면 할인율을 적용하지 않는 방식이다.[122]

영국의 실손의료보험은 가입 전부터 가지고 있던 질환은 보장하지 않는다고 한다.[123] 피보험자 등이 가입 전부터 질환을 가지고 있었다고 하여도 보험약관에 따라 보장을 할 수도 있을 것이고, 그것이 기본적 의료 보장이라는 면에서는 바람직할 수 있다. 예를 들어, 후술하는 바와 같이 호주의 실손의료보험은 가입 이전에 이미 질병 등 건강에 문제(pre-existing conditions)가 있는 경우에도 보험회사가 가입 거절을 할 수 없도록 규제되고, 다만 일정한 기간(waiting period)이 지나야 보험금 청구를 할 수 있다. 그러나 영국의 실손의료보험은 기본적 의료 보장의 역할보다는 의료수요자의 선택권 제고 역할을 하고 있으므로 호주와 같이 기본적 의료 보장을 위한 규제를 하지 않는 것으로 보인다.

라. NHS의 의료 자원 낭비를 막기 위한 규제

의료수요자는 NHS에서 공급되는 의료 외에 민간에서 별도의 의료비를 지급하고 추가적인 의료(민간 의료)를 이용하는 경우에도 여

---

122) Bupa(2015), 12면, 13면.
123) Thomas Foubister and Erica Richadson(2016), 159면.

전히 NHS 서비스를 이용할 수 있다.[124] 그러나 영국에서는 공적 자금으로 운영되는 NHS가 민간 의료를 보조하여서는 안 된다는 인식이 강하다. 그래서 그러한 추가적인 민간 의료 이용은 NHS 서비스와 분리해서 이루어지도록 한다.[125] 민간 의료를 이용하여도 NHS 서비스는 무상으로 이용할 수 있지만 각 의료가 민간 의료인지 NHS 서비스인지 분명히 하고 민간 의료와 NHS 서비스가 가능한 명백하게 분리되도록 하며 각 의료를 이용하는 시간이나 장소도 분리되도록 해야 한다.[126] NHS에서 보장하지 않는 의료로 인하여 NHS의 의료 이용이 늘어나는 것을 막으려는 것이다. 이것은 실손의료보험을 직접 규제하는 것은 아니다. 하지만 실손의료보험이 보장하는 의료로 인하여 NHS의 의료 이용이 늘어나지 못하도록 하는 것으로 간접적인 실손의료보험 규제라고 볼 수 있다. 이것은 실손의료보험으로 인하여 공적의료보험의 의료 이용이 늘어남으로써 의료 이용의 효율성이 저해되고 공적의료보험의 보험재정이 피해를 입는 것을 방지하기 위한 소극적 규제이다.

제4절 독일에서의 실손의료보험에 관한 법적 규율

1. 독일의 의료보험 제도

가. 공적의료보험과 대체형 실손의료보험의 이중 구조

독일이 산업화가 진행되고 있던 1883년 비스마르크는 도시 근로

---

124) Department of Health(2009), TheDepartment of Health in UK(2015), 7면, 23면.
125) Mike Richards(2008), 33면, 49면, 51면.
126) Department of Health(2009), 7면, 8면. 이러한 분리 원칙은 환자의 안전에 큰 문제가 있는 예외를 제외하고는 지켜져야 하며 단순히 환자 등의 편의를 위하여 이 원칙의 예외가 허용되지는 않는다고 한다.

자의 질병이나 상해 위험을 부보하는 질병금고(Krankenkassen, 독일 공적의료보험 보험자)를 만들어 세계 최초로 사회보험 제도를 만들었다.[127] 독일의 공적의료보험 제도는 100년이 넘는 기간 동안 점진적으로 발전하여 거의 모든 국민에게 보편적으로 의료를 공급하게 되었다.[128] 2015년 현재 독일에서 전체 국민의료비 중 공공의료비 비율은 85%(우리나라는 55.6%)이다.[129]

독일에서는 2009년 제도 개선을 통해 고연봉자 등 기존에 의료보험에 가입할 의무가 없었던 자들도 원칙적으로 공적의료보험 또는 대체형 실손의료보험 중 하나에 의무적으로 가입하도록 하였다. 2012년 현재 공적의료보험에 가입한 국민이 85%, 대체형 실손의료보험에 가입한 국민이 11%이다.[130] 다만, 모든 국민이 공적의료보험과 대체형 실손의료보험을 선택할 수 있는 것은 아니고 고연봉자, 자영업자, 공무원과 같이 일정한 요건이 충족되는 의료수요자에 한하여 공적의료보험이 아닌 대체형 실손의료보험을 이용할 수 있다. 독일의 의료보험 체계는 공적의료보험과 대체형 실손의료보험의 이중 구조(dual system)을 이루고 있다.[131]

---

127) Gerhard A. Ritter(1992), 22면. 독일에서 최초로 만들어진 '강제노동자보험' 모델은 유럽 등의 여러 국가로 전파되어 19세기 말, 20세기 초 국가 주도 사회보험이 시행되게 되었다.

128) Till Bärnighausen and Rainer Sauerborn(2002), 1560면, 1564면. 비스마르크가 처음에 공적의료보험 제도를 만들었을 때 적용 대상은 전체 인구의 5% 정도의 근로자였는데 차츰차츰 범위를 넓혀서 1885년에 11%, 1910년에 37%, 1930년에 50%, 1950년에 70%였다고 한다. 그리고 1975년에 90%로 넓어졌고 나머지 10%는 민간의료보험으로 보장을 받아서 거의 모든 국민이 의료보험 제도의 혜택을 입게 되었다고 한다.

129) 통계청 사이트 OECD 주요국의 국민의료비 대비 공공의료비 비율 참조. [최종방문일 : 2016. 10. 18.]

130) Reinhard Busse and Miriam Blüme(2014), xxiv. 나머지 4%는 정부에서 특별하게 운영하는 프로그램(예를 들어 군대 프로그램 등)의 적용을 받는다고 한다.

나. 공적의료보험의 내용과 운영 방식

(1) 보험자 조합과 의료공급자 조합을 통한 사회적 자율 규제

독일의 공적의료보험은 대체형 실손의료보험을 선택할 수 있는 일부 국민을 제외한 대부분의 국민의 의무 가입, 소득에 따른 보험료 책정, 사업주의 보험료 공동 부담, 지불능력과 무관한 보편적 의료 공급, 공적의료보험 보험자의 보험 인수 의무, 자율 규제로 특징지어진다.[132] 또한 독일의 공적의료보험제도는 다수의 보험자(2014. 1. 1. 현재 132개)가 경쟁하는 체계를 이루고 있다.[133] 보험급여 범위나 보험료 책정 등에 대한 의사결정 권한은 연방정부, 주정부 그리고 조합이라고 부르는 의료공급자들과 보험자들의 여러 조직들 간에 배분되어 있다.[134] 그리고 국가의 권한 위임에 따라 의료공급자나 보험자 조합에 의한 자율적 의사결정이 이루어진다.[135] 이것을 국가에 의한 입법의 틀 내에서의 사회적 자치운영이라고 부를 수 있다.[136]

의료 자원 배분에서 가장 중요한 의사 결정권한은 외래 의료공급자, 입원 의료공급자, 질병금고의 각 연방 조합이 참여하는 위원회인 G-BA(Gemeinsamer Bundesausschuss)가 보유한다.[137] 공적의료보험에서

---

131) Reinhard Busse and Miriam Blümel(2014), 2014 International Profiles Of Health Care Systems, 2015. 1., 67면.

132) Michael E. Porter and Clemens Guth(2012), 71면, 72면.

133) 공적의료보험의 보험자는 여러 유형(local plans, substitute plans, guild plans, company-based plans)으로 나누어져 있었고 의료수요자의 직업(예를 들어, white collar v. blue collar) 등에 따라 가입할 수 있는 보험자에 제한이 있었으나 1993년 제도 개선(Gesundheitsstrukturgesetz) 이후 1996년경에는 그러한 제한이 많이 없어졌고 의료수요자는 대부분의 보험자를 선택할 수 있게 되었다고 한다. Michael E. Porter and Clemens Guth(2012), 72면 참조.

134) Reinhard Busse and Miriam Blüme(2014), 17면, 45면.

135) Katharina Böhm(2016), 87면. 김성옥 외(2014), 29면.

136) 박종연(2009), 270면.

137) § 91 SGB Ⅴ.

의료공급자에게 의료비를 지불하는 방식은 의료공급자 조합과 보험자 조합 사이의 계약에 따라 결정된다.[138] 요양급여비용의 심사도 의료공급자 조합이나 보험자 조합을 중심으로 이루어진다.[139]

이러한 체계는 1883년부터 지금까지 산업화, 사회주의의 등장과 기존 체계와의 대립, 독일 제국, 바이마르 공화국, 두 차례의 세계대전, 전쟁 후 독일 분단, 통일을 거치면서 형성된 것이다.[140] 이는 선험적 논리에 따라 구성된 것이 아니라 오랜 역사 속에서 이해관계자들 사이의 갈등과 협력, 정치적 소통과 결단의 축적을 통해 이루어졌다.

(2) 사회연대의 원리에 따른 보험료 책정

독일의 공적의료보험 체계는 사회법 제5편[SGB V, Sozialgesetzbuch (SGB) Fünftes Buch (V)]에서 규정하고 있다. § 1 SGB V에서는 사회연대 (Solidarität)의 원리와 피보험자에게 필요한 의료를 공급할 공적의료보험의 자기책임(Eigenverantwortung)을 규정하고 있다. 보험료는 사회연대의 원리에 따라 피보험자의 수입에 따라 책정되고 피보험자의 가족은 별도의 보험료 지급 없이 보험급여를 받을 수 있다.[141] 일반적으로 보험료는 수입의 14.5%이고[142] 소득이 많아도 보험료 상한 (Beitragsbemessungsgrenze)을 초과하는 부분에 대하여는 보험료를 더 이상 내지 않아도 된다.[143] 모든 국민은 공적의료보험에 가입하여야 하지만[144] 공무원, 고연봉자[145], 자영업자 등은 예외적으로 공적의료

---

138) § 82 SGB V. § 87 (1) SGB V. Reinhard Busse and Miriam Blüme(2014), 130면, 141 면. Health Internatinal(2009), 30면. Konrad Obermann et al.(2011), 86면, 87면.
139) Reinhard Busse and Miriam Blüme(2014), 154면. 건강보험심사평가원(2011), 42 면. 정형선(2013), 19면.
140) K. P. Companje et al.(2009), 43면.
141) § 3 SGB V, Solidarische Finanzierung.
142) § 241 SGB V, Allgemeiner Beitragssatz. 보험료는 사업주와 피보험자가 절반씩 분담하여 지급한다.
143) § 223 SGB V.

보험이 아닌 대체형 실손의료보험을 선택할 수 있다.[146]

다. 공적의료보험의 보험자 간 바람직한 경쟁 유도

(1) 보험료 인하를 통한 경쟁

공적의료보험의 보험자는 자치적으로 운영되는 공법상 권리능력 있는 사단(rechtsfähige Körperschaften des öffentlichen Rechts)이다.[147] 공적의료보험의 피보험자들은 다수의 보험자들 중에 자신의 보험자를 선택할 수 있다.[148] 보험자는 피보험자의 가입 신청을 거부할 수 없다.[149] 보험자가 제공하는 보험급여의 범위는 G-BA의 결정을 따라 규제되므로 보험자가 달라도 보장범위의 차이가 미미하다.[150] 그래서 보장범위에 따른 경쟁은 이루어지지 않는다.

피보험자는 가입 후 18개월이 지나면 보험자를 다시 선택할 수 있고 그 전이라도 만약 부가적 보험료(Zusatzbeitrag)를 추가적으로 지불하게 되면[151] 마찬가지로 보험자를 변경할 수 있다.[152] 또한 공적의료보험의 보험자는 비영리로 운영되므로 보험료 수입이 보험급여 지출을 초과하면 보험료 환급 등의 방식으로 초과 이익을 피보험자

---

144) § 5 SGB V, Versicherungspflicht.
145) Reinhard Busse and Miriam Blüme(2014), 121면. 고연봉의 기준은 2005년에 €3900, 2010년에 €4162.50, 2011년에 €4125(당시 재정 위기로 기준을 낮추었음), 2014년에는 €4462.50이다. 이러한 고연봉 기준은 공무원이나 자영업자에게는 적용되지 않는다.
146) § 6, § 7, § 8 SGB V.
147) § 4 SGB V.
148) § 173 SGB V, Allgemeine Wahlrechte.
149) § 175 (1) SGB V.
150) Michael E. Porter and Clemens Guth(2012), 120면, 76면.
151) § 242 SGB V. 공적의료보험의 보험자의 보험료 수입보다 보험급여 지출 비용이 더 큰 경우 보험자는 피보험자에게서 부가적 보험료를 받아야 한다.
152) § 175 (4) SGB V.

에게 돌려줘야 한다.[153] 그리고 보험자는 일정 금액을 피보험자의 본인부담금으로 하거나(Selbstbehalt) 피보험자가 보험급여를 받지 않을 경우 보험료를 일부 환급하는(Beitragsrückerstattung) 등의 선택적인 보험료 책정(Wahltarife)을 할 수 있다.[154] 예를 들어, 피보험자가 1년 동안 의료를 일정 수준 이상으로 이용하지 않으면 보험료의 1/12까지 환급받을 수 있다.[155] 공적의료보험의 보험자는 보험료를 인하하거나 실질적으로 인하함을 통해 경쟁을 한다.

이에 대하여, 독일의 공적의료보험의 보험자들 사이에서의 보험료 인하 경쟁이 의료비 증가를 억제하는데 어느 정도 도움이 되는 것은 사실이나, 의료 공급의 목적은 의료수요자가 얻는 가치를 증대시키는 것이므로 단순히 비용에 대한 경쟁이 아니라 의료수요자가 얻는 가치를 향상시키는 경쟁 구조를 만들어야 한다는 견해[156]가 제시되어 공감을 얻고 있다. 그러나 그러한 견해가 아직 현실적으로 구현되지는 못하고 있는 상황이다.[157]

(2) 위험에 따른 보험료 조정

보험자들 중 위험이 큰 피보험자들이 많이 가입한 보험자는 수지 균등을 맞추기 어려운 불리한 지위에 놓인다. 그래서 피보험자들은 보험자가 아닌 건강 기금(Gesundheitsfonds)[158]에 보험료를 납부한다. 그리고 건강 기금이 피보험자들의 나이, 성별 등 위험에 따라 보험료를 조정하여 질병이나 상해 위험이 높다고 평가된 피보험자의 보험자에게는 보험료를 가산하고 위험이 낮다고 평가된 피보험자의

153) Andrea Döring and Friedemann Paul(2010)
154) § 53 SGB V.
155) Stefanie Thönnes(2015), 4면, 5면.
156) Michael E. Porter and Clemens Guth(2012), 87면, 96면.
157) 마크 브릿넬(2016), 218면.
158) § 271 SGB V.

보험자에게는 보험료를 감액하여 지급한다.[159] 위험에 따른 엄밀한 보험료 조정이 용이하지 않아서 그 적정성에 대한 논란의 소지가 있다.[160] 그러나 위험 조정을 통해 질병이나 상해의 위험이 높은 피보험자가 많은 보험자를 보호한다.[161] 그리고 보험자들이 위험이 적은 피보험자를 선별가입(cream skimming)하려는 유인을 없애고[162] 피보험자에게 이익이 되는 방향으로 경쟁을 하도록 한다.[163]

2. 독일의 대체형 실손의료보험 규제

독일의 민간의료보험은 공적의료보험을 대체하는 대체형 실손의료보험과 공적의료보험을 보충 또는 보완하는 민간의료보험으로 나누어진다. 통상 독일의 민간의료보험이라고 하면 대체형 실손의료보험을 의미한다. 2014년 현재 독일의 의료비 중 77%는 공적 영역에서 지출되고 13.2%는 의료수요자가 직접 부담하고 나머지 8.9%는 민간의료보험에서 지출된다.[164] 우리나라의 2013년 경상의료비 중 실손의료보험 재원이 6.5%인데[165] 우리나라 실손의료보험은 대체형이 아니라 보충, 보완형 보험이고 독일 국민 중 11%가 대체형 실손의료보험 가입자이며 대체형 실손의료보험 가입자가 이용하는 의료비가 더 고가인 점을 감안하면, 독일에서 보충, 보완형 민간의료보험의 비중은 낮은 것으로 보인다.[166] 독일은 공적의료보험의 보장범위가 넓

---

159) § 266 SGB V. Zuweisungen aus dem Gesundheitsfonds (Risikostrukturausgleich). 이는 1991년에 도입되었다. Reinhard Busse and Miriam Blüme(2014), 128면 참조.
160) Matthew Gaskins and Reinhard Busse(2014), 128면 참조.
161) OECD(2004), 125면.
162) Martina Grunow and Robert Nuscheler(2014), 672면.
163) 김나경(2012), 74면.
164) Stefan Greβ(2016), 61면.
165) 정형선(2015), Ⅳ면, ⅷ면.
166) Nadeem Esmail(2014), 7면. 독일에서는 공적의료보험을 활용하여도 대기 시

기 때문에 보충, 보완형 민간의료보험 시장이 크지 않고 독일에서
민간의료보험 시장은 주로 대체형 실손의료보험을 중심으로 이루어
져 있다.[167]

가. 대체형 실손의료보험 가입자 규제

2012년 현재 대체형 실손의료보험에 가입한 독일 국민이 11%인
데,[168] 크게 공무원, 고연봉자, 자영업자(농부 제외), 세 부류로 나누
어진다. 일정한 요건이 충족되면 대체형 실손의료보험에서 공적의
료보험으로 변경하는 것이 가능하지만 공적의료보험에의 역선택을
방지하기 위하여 55세 이후에는 그렇게 할 수 없다.[169] 공적의료보험
에서는 사회연대의 원리에 따라 질병이나 상해 위험과 무관하게 수
입에 따라 보험료가 책정되고 보험자의 부양가족이 자동으로 보험
혜택을 받을 수 있다. 그러나 민간의료보험에서는 그렇지 않다. 그
래서 젊고 건강하고 소득 수준이 높고 부양가족이 없을수록 (민간의
료보험의 보험료가 상대적으로 저렴하여) 민간의료보험을 선호하는

간이 길지 않아서 영국과 같이 대기 시간을 줄이기 위한 보충형 실손의
료보험의 수요가 낮다고 한다. Stefan Greβ(2016), 62면. 김대환·오영수
(2016), 120면. 정영호(2011), 7면. 독일의 보충, 보완형 민간의료보험은 고
급시설 같이 사치재에 해당하는 의료나 공적의료보험에서 본인부담 비율
이 높은 치과 진료를 이용하거나 병원에서 의사를 용이하게 선택하기 위
한 것이다.

167) Michael E. Porter and Clemens Guth(2012), 90면. Stefan Greβ(2007), 31면.
168) Reinhard Busse and Miriam Blüme(2014), xxiv.
169) Stefan Greβ(2016), 63면. 이는 2000년에 도입된 제도이다. 이러한 제도가 없
　　 을 때 발생할 수 있는 역선택의 예로는, 젊을 때는 민간의료보험에서 낮
　　 은 보험료로 보험혜택을 누리다가 나이가 들어 질병이나 상해 위험이 높
　　 아져서 민간의료보험의 보험료가 올라가면 공적의료보험으로 변경하는
　　 경우를 생각해볼 수 있다.

경향이 있다고 한다.[170]

공무원은 국가에서 의료비의 50% 내지 80%를 지원하기 때문에 (Beihilfe) 대부분 국가에서 지원되지 않는 나머지 부분을 부보하는 대체형 실손의료보험에 가입한다.[171] 고연봉자는 소득이 많으므로 국가나 사회의 보호가 필요하지 않아서 대체형 실손의료보험을 선택할 수 있게 한 것이라고 해석할 수 있다.[172] 그러나 자영업자 중에는 소득이 낮은 경우가 있을 것이어서 그렇게 보기 어렵다. 현실적으로는 자영업자의 소득 파악이 어려운 것이 공적의료보험에 편입시키기 어려운 사유 중 하나였을 것이다.

이것은 독일의 공적의료보험이 주로 사회, 경제적으로 의료보장이 필요한 계층, 그 중에서도 공장 등에서 일하는 산업화 시대 근로자로부터 적용대상을 점진적으로 넓혀온 역사적 배경[173] 하에서 이해할 수 있다. 그러나 보험료를 많이 낼 수 있는 고소득자가 공적의료보험에서 탈퇴할 수 있게 한 것은 사회연대의 원리나 의무 가입을 본질로 하는 사회보험의 원리[174]에 부합하지 않는 면이 있다. 또한 민간의료보험에 가입한 의료수요자와 그렇지 않은 의료수요자 사이에 차별이 발생할 수 있다는 논란도 제기된다.[175]

---

170) Stefan Greβ (2016), 62면.

171) Erich Schneider(2002), 4면.

172) 김나경(2012), 77면.

173) Katharina Böhm(2016), 93면, 106면, Gerhard A. Ritter(1992), 48면, 79면, 81면, 84면 참조.

174) 헌법재판소 2009. 10. 29. 선고 2008헌바86 결정 등은 국가가 국민을 강제로 보험에 가입시키고 임의탈퇴를 인정하지 않는 국민건강보험제도의 강제성은 사회연대의 원리에 따르는 사회보험으로서의 본질로부터 도출된다고 설시하였다.

175) Christoph Schwierz et al.(2011), 414면에서는 의료공급자가 민간의료보험의 피보험자에게 의료를 공급하면 공적의료보험에 비하여 경제적으로 많은 수익을 얻으므로 민간의료보험의 피보험자를 선호하는 것은 자연스럽다고 하면서, 실제 실증 연구 결과 공적의료보험에 비하여 민간의료보험의

독일 정부는 고연봉자의 민간의료보험 가입 요건을 엄격히 하기 위하여 2007년 고연봉 기준 유지 기간을 1년에서 3년으로 늘렸으나 민간의료보험업계의 반발로 2011년 다시 1년으로 줄였다고 한다.[176] 고연봉자나 질병이나 상해 위험이 낮은 자가 민간의료보험을 선택하고, 부양가족이 많거나 소득이 낮거나 위험이 높은 자가 공적의료보험에 남게 되면 공적의료보험에 역선택 문제가 발생한다는 지적이 있고[177] 그 문제를 해결하기 위하여 의료보험을 통합하려는 입법적 노력이 이루어지기도 하였으나 아직까지 성공을 거두지 못하고 있다.[178]

나. 기본적 의료 보장을 위한 규제

(1) 기본형 상품

대체형 실손의료보험은 사회연대의 원리가 아니라 시장 원리에 따라 규율되지만 보험료나 보험급여 범위 등에 대하여 기본적 의료 보장을 위한 규제를 받는다. 대체형 실손의료보험은 그 보험료가 공적의료보험의 보험료의 평균적인 최대값보다 더 높지 않고 보장범위가 공적의료보험의 보험급여 범위와 적어도 동등한 기본형 상품

피보험자의 대기 시간이 더 짧다고 한다. 다만, 위 연구에서 공적의료보험과 민간의료보험 피보험자의 대기기간의 차이는 가장 큰 것이 3일 정도이고 그러한 차이가 건강 상태에 유의미한 영향을 주는지 여부는 불분명하여 심각한 불평등을 야기하고 있다고 보기는 어려워 보인다. 독일은 영국과 달리 일반적으로 대기 시간이 길지 않다.

176) Stefan Greβ (2016), 63면.
177) Stefan Greβ (2007), 32면 내지 34면. 공적의료보험이 아닌 민간의료보험을 선택하는 의료수요자는 상대적으로 질병이나 상해 위험이 낮고 고소득이어서, 공적의료보험의 보험료 수입은 줄어들고 보험급여 지출은 늘어나는 결과로 이어진다고 한다.
178) Stefan Greβ (2016), 64면.

(PKV Basistarif)을 판매해야 한다.[179] 이는 2007년에 도입된 제도로 질병이나 상해 위험이 크거나 지불 능력이 부족하여 높은 보험료를 지불하기 어려운 의료수요자가 대체형 실손의료보험을 활용해야 하는 경우에 적어도 공적의료보험과 같은 수준의 의료보장을 받을 수 있게 하려는 것이다.[180] 그리고 피보험자가 보험료 납부를 지체하더라도 보험자가 보험계약을 해지할 수는 없고 보험급여를 제한할 수 있을 뿐이다.[181] 고연봉자의 경우 대체형 실손의료보험에 가입해도 공적의료보험에 가입하였을 때의 부담을 최대한도로 하여 사업주가 절반 정도의 보험료를 분담한다.[182] 2009년부터는 고연봉자 등 그 이전에 의료보험 가입 의무가 없던 자들도 공적의료보험 또는 대체형 실손의료보험 중 어느 하나에는 가입할 의무를 부담한다.[183] 독일에서는 대체형 실손의료보험을 허용하지만 모든 의료수요자가 최소한 공적의료보험에서 보장하는 의료보장을 받을 수 있도록 대체형 실손의료보험의 보장내용과 보험료를 규제하고 있다.

(2) 노인적립금

대체형 실손의료보험의 보험자는 공적의료보험의 보험자와 달리 보험료 중 일부를 피보험자가 노인이 되었을 때를 위하여 적립하여야 할 법적 의무를 부담한다.[184] 이것은 피보험자가 노인이 되었을 때 보험료가 급격히 증가하는 것을 방지하기 위하여 젊을 때 필요한 보험료에 노인이 되었을 때를 대비하여 적립하는 금액(Alterungsrückstellungen)을 추가로 더 받도록 한 것이다.[185] 공적의료보험에서는 소득 수준

---

179) § 152 Versicherungsaufsichtsgesetz Basistarif.
180) Michael E. Porter and Clemens Guth(2012), 90면, 91면.
181) Stefan Greβ (2016), 63면.
182) § 257 (1) SGB V.
183) Stefan Greβ (2016), 63면.
184) § 150 Versicherungsaufsichtsgesetz Gutschrift zur Alterungsrückstellung; Direktgutschrift.

은 낮고 질병이나 상해 위험은 높은 노인에 대한 의료비를 사회연대
의 원리에 따라 다른 사회구성원들이 보조하지만 민간의료보험은
그렇지 않기 때문에 피보험자가 노인이 되었을 때 기본적 의료를 공
급받을 수 있도록 예상되는 연이율 등을 감안하여 보험료의 일부를
적립하도록 한다.186) 그러나 의료비의 급격한 증가나 인플레이션, 수
명 연장 등으로 적립된 금액으로 충분한 보장이 이루어지지 못할 가
능성을 배제할 수는 없다. 2007년 이전에는 피보험자가 대체형 실손
의료보험상품을 바꾸고자 하여도 노후를 위한 준비 적립금 이전이
용이하지 않아서 대체형 실손의료보험의 보험자 간 경쟁이 활발하지
않았으나, 2007년에 제도 개선을 통해 대체형 실손의료보험상품을 바
꿀 때 노인 적립금의 일부를 이전할 수 있도록 하였다고 한다.187)

다. 의료의 내용과 가격 정보 제공을 위한 규제

독일의 대체형 실손의료보험은 의료비 통제에 소극적이라고 한
다.188) 하지만 정부가 작성한 의료 수가 표에 담긴 의료의 내용과 가
격 정보를 통하여 어느 정도의 의료비 통제가 이루어지는 것으로 보
인다. 이렇게 정부에서 의료의 내용과 가격 정보를 제공함으로써 의
료 이용의 효율성을 제고하려는 것으로 이해할 수 있다.

---

185) Andrea Döring, Friedemann Paul, The German healthcare system, EPMA Journal
Vol.1(4), 2010, 538면.

186) 홍석표(2008), 89면.

187) Michael E. Porter and Clemens Guth(2012), 91면.

188) Stefan Greβ(2016), 65면에서는 독일의 대체형 실손의료보험은 의료비 통제
를 하지 않기 때문에 고가의 의료를 이용하는 수단으로서 매력적이지만,
최근 의료비 증가로 대체형 실손의료보험의 보험료가 증가하고 있고 장
래에는 의료비를 통제하기 위한 노력을 하게 될 가능성이 높다고 하면서,
그렇게 된다면 고소득자가 원하는 고가의 의료를 공급하는 대체형 실손
의료보험의 장점이 없어지게 될 것이어서 그 장래가 어둡다고 전망한다.

독일의 의료보험 제도에는 공적의료보험의 의료 수가 표(EBM, Einheitlicher Bewertungsma β stab)[189]와 민간 의료 수가 표(GOÄ, Gebührenordnung für Arzte)[190]가 있다.[191] GOÄ는 전문가들과 의료공급자의 자문을 받아서 정부에서 정하는 민간 의료 수가표인데 EBM과 동일하지는 않지만 독일 정부가 GOÄ를 작성할 때 EBM을 많이 참조하기 때문에 두 수가표가 유사한 부분이 많다고 한다.[192] 공적의료보험 가입자가 아닌 의료수요자에 대한 의료의 가격은 의료공급자와 의료수요자 사이의 사적 계약으로 자유롭게 정해진다.[193] 그 가격이 민간 의료 수가표(GOÄ)상 금액의 2.3배까지는 제한이 없다.[194] 그러나 2.3배부터 3.5배까지는 실손의료보험의 보험자에게 사유를 제출하여야 하고 3.5배 이상으로 하려면 미리 실손의료보험회사와 합의를 해야 한다.[195] 정부는 의료비를 관리하면서도 의료의 수준을 떨어뜨리지 않기 위하여 민간 의료 수가표를 만든다.[196]

의료 수가표는 의료의 내용과 가격에 대한 정보가 부재하고 그것을 평가하기 어려운 문제를 해결하기 위하여 정부가 시장에 정보를

---

189) http://www.kbv.de/html/online-ebm.php [최종방문일 : 2017. 9. 17.]

190) http://www.e-bis.de/goae/defaultFrame.htm [최종방문일 : 2017. 9. 17.]

191) Reinhard Busse and Miriam Blüme(2014), 26면, 148면. Miriam Blümel and Reinhard Busse(2015), The Commonwealth Fund(2016)., 70면.

192) David W. Dunlop and Jo. M. Martins(1997), 173면.

193) § 82 SGB V에 따라 외래 의료공급자 연방 조합과 보험자 연방 조합 사이에 2016. 7. 1. 체결된 계약(BMV-Ä, Bundesmantelvertrag - Ärzte) 제3조 제1항에서는 공적의료보험의 보험급여에 해당하지 않는 의료도 사적 계약에 따라 이루어질 수 있다고 규정하고 있고, 위 계약 제18조 제8항에서는 그에 대하여 의료공급자가 의료수요자에게 비용을 청구할 수 있다고 규정하고 있다.

194) David W. Dunlop and Jo. M. Martins(1997), 173면.

195) Andrea Döring and Friedemann Paul(2010) Erich Schneider(2002), 6면. 정성희(2016). 6. 16., 18면.

196) Erich Schneider(2002), 6면.

제공하는 방식으로 개입하는 것이라고 볼 수 있다. 우리나라에는 공
적의료보험의 의료 수가표만 있을 뿐 비급여 의료의 의료 수가표가
없어서 의료수요자나 실손의료보험회사가 비급여 의료의 내용이나
가격을 평가하거나 비교해볼 수 없는 것과 대조된다.

라. 대체형 실손의료보험의 역할

대체형 실손의료보험은 기본적 의료 보장 역할을 하면서 동시에
고소득자 등 대체형 실손의료보험에 가입할 수 있는 의료수요자들의
선택권을 제고하는 역할을 겸하고 있다. 대체형 실손의료보험은 기본
형 상품을 통하여 최소한 공적의료보험의 보장범위만큼의 보장을 제
공하도록 규제되므로 기본적 의료 보장 역할을 한다. 그리고 질병이
나 상해 위험에 따라 보험료를 책정하고 공적의료보험보다 더 넓은
보장을 하는 보험상품을 통해 의료수요자의 선택권을 제고한다.[197)

제5절 호주에서의 실손의료보험에 관한 법적 규율

1. 호주의 의료보험 제도

가. 호주의 공적의료보험과 실손의료보험의 이중 구조

호주는 영국의 NHS와 유사하게 사회연대의 원리에 따라[198) 조세

---

197) Patrick Hullegie and Tobias J. Klein(2010), 7면, 23면. 의료공급자가 동등한 의
　　료에 대해서도 민간의료보험에 가입한 의료수요자의 경우 공적의료보험
　　보다 2.3배 더 많은 대가를 받을 수 있다고 한다. Stefan Greβ(2016), 62면,
　　65면. 그리고 의료공급자는 대체형 실손의료보험에 가입한 의료수요자에
　　게 의료를 공급할 때는 공적의료보험에서와 달리 공급하는 의료의 총량
　　에 대한 제한도 받지 않는다.

를 재원으로 하는 메디케어(medicare)를 통해 모든 국민에게 의료를
공급한다.[199] 그러나 NHS를 통해 필요한 의료의 대부분을 공급하는
영국과 달리 호주 정부는 실손의료보험에 대하여·재정적인 지원을
하고 국민들이 실손의료보험에 가입하도록 적극적으로 장려한다.
그래서 메디케어 외에 실손의료보험을 기본적 의료 보장의 중요한
수단으로 활용한다. 호주의 실손의료보험은 보장내용이나 보험료
등에 대하여 기본적 의료 보장을 위한 규제를 받고 보험가입 신청을
거절할 수도 없다.[200] 그래서 일반적인 사보험으로서의 민간의료보
험과는 그 성격이 다르고 공적의료보험과 유사한 기능을 한다.[201]
이러한 독특한 이중구조(dual system)는 민간의료보험이 먼저 형성된
상황에서 기본적 의료의 보편적 공급을 위해 공적의료보험을 도입
하는 과정에서 이루어진 정치적 협상과 결단이 축적된 결과이다.

　호주에서는 역사적으로 기본적 의료 보장을 공적의료보험을 중
심으로 할지 실손의료보험을 중심으로 할지에 관하여 정치적인 견
해 대립이 있었고 정권의 변화에 따라 공적의료보험에 무게가 실리

---

198) Johannes Stoelwinder(2011), 22면.
199) Lucinda Glover(2015), 11면, 12면. 연방, 주, 지역 정부는 보건의료 등에 대한
　　역할을 분담하고 있는데, 가령, 일차 의료(primary care)는 주로 연방 정부
　　가 담당하고 공공 병원(public hospital)은 주 정부가 운영한다.
200) 이정석 외(2014), 25면.
201) Francesca Colombo and Nicole Tapay(2004), 7면에서는 민간의료보험(PHI,
　　Private Health Insurance)의 개념요소로서 사적인 계약 관계에서 소득과 관
　　련 없이 보험료를 책정하고 그에 따른 보험급여 범위를 결정하는 것을
　　들고 있다. 이에 따르면 호주의 사보험은 공적의료보험이 아니라 민간의
　　료보험이다. 그러나 미국의 민간의료보험과 같이 보험회사가 위험의 크
　　기에 따라 보험료를 책정하고 보험회사가 보험인수를 거절할 수 있으며
　　보험급여 범위에 대해서도 보험회사가 상당한 자율성을 가지고 있는 사
　　보험과 비교할 때 호주의 사보험은 기본적 의료 보장을 위한 규제를 받
　　기 때문에 독일의 공적의료보험의 보험자(sickness fund)와 유사한 성격을
　　갖는다.

기도 하고 실손의료보험에 무게가 실리기도 하면서 제도가 변화되어 왔다.[202] 이를 개략적으로 정리하자면, 별도의 공적의료보험제도가 없는 상태에서 정부가 실손의료보험에 재정적 지원을 한 시기, 1974년 보편적 의료 공급을 위하여 공적의료보험 제도인 메디뱅크(medibank)를 만들어서 메디뱅크 중심의 의료 공급을 추진한 시기, 2년 후인 1976년 다시 실손의료보험에 공적 자금을 지원하는 방식을 택하여 실손의료보험에 중점을 둔 시기, 1984년 메디케어를 도입하여 메디케어 중심의 의료보험 제도를 운영한 시기, 1996년부터 메디케어와 함께 공적 자금으로 실손의료보험을 지원하여 메디케어와 민간의료보험을 병행한 시기로 나누어볼 수 있다.[203]

2015년 호주의 국민의료비 대비 공공의료비 비율은 66.7%로 우리나라(55.6%)보다는 높지만 독일(85%)이나 영국(79%)은 물론 OECD 평균(72.9%)보다 낮다.[204] 그러나 실손의료보험이 기본적 의료 보장을 위한 규제를 받아 독일의 공적의료보험이나 미국의 오바마 케어 하에서의 실손의료보험과 유사하게 기본적 의료 보장 역할을 한다.

나. 공적의료보험의 내용과 운영 방식

메디케어는 Medicare levy 등 세금을 재원으로 하여 필요한 의료를

---

202) Melissa Hilless and Judith Healy(2001), 13면 내지 16면에서는 2차 세계대전 이후 호주에서 노동당(the Labor) 정부나 자유당(the Liberal) 정부, 연립 정부가 택한 의료보험 제도과 그 변화 과정을 설명하고 있다. 노동당은 영국의 NHS와 같은 공적의료보험제도를 통하여 모든 국민이 지불능력과 무관하게 의료를 이용할 수 있는 제도를 지향하고 자유당은 공적의료보험과 함께 민간의료보험에 대한 지원이나 규제를 통하여 기본적 의료의 보편적 공급을 추구하였던 것으로 보인다.

203) Jane Hall(2015), 493면.

204) AIHW(2015), 46면, 47면. 통계청 사이트 OECD 주요국의 국민의료비 대비 공공의료비 비율 참조. [최종방문일 : 2016. 11. 26.]

공급하는 공적의료보험 제도로서 지불능력과 무관하게 질적으로 수준 높은 의료를 보편적으로 공급하는 것을 목표로 한다.205) 이는 영국의 NHS와 같다. 호주의 메디케어에 대한 구체적인 감독은 보건부(DH, Department of Health)에서 담당하고 있다. 보건부는 메디케어의 요양급여 범위를 정하는 의료 수가표(MBS, Medicare Benefits Schemes)와 약제 수가표(PBS, Pharmaceutical Benefits Scheme)를 결정한다. 의료 수가표(MBS)는 의료행위에 대한 수가표이고 약제 수가표(PBS)는 의약품에 대한 수가표이다.206) 메디케어의 보장내용을 정할 때는 노먼 다니엘스와 제임스 세이빈의 공정한 심의과정의 원칙을 고려한다.207)

호주 정부는 의료 수가표(MBS)를 통하여 메디케어에서 제공하는 의료행위의 보험급여 범위와 지원 금액을 정한다. 공공병원 등에서 의료수요자가 공적 환자(public patient)로서 메디케어에서 직접 의료를 공급받지 않고 민간 환자(privae patient)로서 의료를 이용할 때, 메디케어는 수가표에 따라 의료공급자 또는 의료수요자에게 전부 또는 일부 의료비를 지급한다. 영국의 NHS는 의료를 직접 공급할 뿐 의료수요자가 민간 의료를 이용한 것에 대하여 의료비를 지급하지는 않지만208) 호주의 메디케어는 마치 보험금을 지급하듯이 의료비를 지급하는 것이다. 메디케어는 일반의(GP, General Practitioner)의 의료에 대하여는 수가표 가격의 100%를 지원하고209) 전문의(specialist)의

---

205) Healy J et al.(2006), 128면. 따라서 모든 호주 국민은 메디케어에 실질적으로 강제로 또는 당연히 가입하는 셈이고 메디케어에서 탈퇴할 수 없다. 이는 영국의 NHS와 같다.
206) 이평수(2014), 19면.
207) Jennifer A. Whitty(2015), 133면.
208) Jean V. McHale(2007), 107면.
209) The Lancet Editoria(2014), 756면. 최근 호주 정부는 의료수요자가 메디케어 이용 시 일정한 본인부담금을 지불하도록 제도를 변경하려 하였으나 '보편적 의료 공급을 저해하고 미국의 의료보험 제도로 가는 길'이라는 비판과 국민적 저항 때문에 제도 변경을 추진하지 못하였다.

의료에 대해서는 85%, 병원 의료에 대해서는 75%를 지원하는데, 의료
공급자는 수가표 가격에 법적으로 구속되지는 않고 그보다 더 높은
가격으로 의료를 공급할 수 있다.[210]

　　호주의 의료공급자는 메디케어에서 정한 수가표의 가격을 그대
로 받아들여서 그 의료비를 메디케어에 직접 청구하여 메디케어로
부터 지급받을 수도 있고(이를 bulk-bill이라고 함), 그보다 더 많은 비
용을 책정하여 의료수요자로부터 의료비를 지급받을 수도 있다.[211]
후자의 경우 의료수요자는 의료공급자에게 의료비를 지불한 후 메
디케어로부터 메디케어가 의료 수가표(MBS)에 따라 지원하는 금액
을 돌려받는다.[212] 우리나라에서는 국민건강보험의 보험급여 대상인
의료의 경우 의료수요자가 동의한다고 하더라도 의료공급자가 급여
목록에서 정한 가격보다 더 높은 가격을 책정할 수가 없고, 의료수
요자에게 국민건강보험법령에서 정한 본인부담금보다 더 많은 의료
비를 받지 못하도록 한다. 그런데 호주에서는 이를 의료공급자와 의
료수요자의 자율에 맡겨두고 있다.

　　메디케어는 메디케어에 의료비를 청구하였을 때 그 메디케어 서
비스에 대하여 심사를 해서 부적절한 의료(inappropriate practice)가 발
견되면 의료공급자에게 그 책임을 묻는다. 여기서 말하는 부적절한
의료란 통상의 일반의(GP)나 전문의 등 통상의 의료공급자로서는 용

210) HHS(2016), 2면.
211) Department of the Parliamentary Library(2003).에서는 기본적 의료 보장이
bulk-bill만을 의미한다면 bulk-bill을 할지 여부는 의료공급자의 선택에 달
려있는 것이어서 메디케어가 기본적 의료 보장을 한다고 볼 수는 없지만,
적어도 주 정부에서 운영하는 공공병원에서는 무료로 모든 사람에게 형
평성 있게 의료가 공급되고, 그렇지 않은 경우에도 메디케어가 모든 의료
수요자에 대하여 MBS 가격을 기준으로 일정 금액을 지원하기 때문에 이
를 통하여 기본적 의료 보장을 도모하고 있다고 한다.
212) Eileen Willis(2016), 29면, 28면. 2013년에서 2014년 사이에 메디케어 서비스
중 77.2%가 bulk-bill로 지불되었다고 한다.

인하기 어려운 의료를 의미한다.[213] 그리고 의료공급자가 메디케어에 잘못된 청구(incorrect billing)를 하거나 의료공급자가 직접 청구하지 않더라도 의료수요자가 의료공급자에게 의료비를 지불하고 메디케어에서 지원하는 부분을 청구할 때도 그 청구 내용이 원래 메디케어에서 보장하지 않는 잘못된 청구일 경우에 그에 대한 책임은 의료공급자가 부담한다.[214] 메디케어는 전문가 서비스 검토 절차(Professional Services Review Scheme)라는 절차를 두어서 메디케어에 청구된 의료가 적정한지 여부나 청구가 잘못된 것은 아닌지 심사한다.[215]

2. 호주의 실손의료보험 규제

가. 실손의료보험의 역할

호주에서는 영국과 마찬가지로 공공병원에서 공적 환자로서 의료를 이용하면 무료로 이용할 수 있다. 하지만 응급 의료가 아닌 경우 대기 시간이 길어질 수 있고 의료수요자가 의사를 선택할 수 없다.[216] 그런데 의료수요자가 민간 환자로서 의료공급자가 자율적으로 책정한 의료비를 지불하면 대기하지 않을 수 있고 의사를 선택할 수도 있다. 실손의료보험 가입자는 민간 환자로서 의료를 이용하고 그에 대하여 보험금을 받을 수 있다.[217] 호주에서 전체 인구 중 병원 의료 실손의료보험에 가입한 사람의 비율은 2000년 이후 45% 정도로 유지되고 있고 최근까지도 마찬가지이다.[218]

---

213) Section 82 of Health Insurance Act 1973.
214) Section 128A of Health Insurance Act 1973.
215) Part VAA of Health Insurance Act 1973.
216) 이정석 외(2014), 21면, 28면.
217) The Department of Health(2011).
218) Private Health Insurance Administration Council(2015), 2면에서는 호주 국민 중

　　호주에서는 영국과 같은 공적의료보험 일원화 체계가 바람직
하다는 입장과 실손의료보험이 보다 주도적인 역할을 하여야 한다
는 입장이 나누어져 있었다.[219] 하지만 현재는 국가가 보장해야 하
는 의료의 일부를 실손의료보험을 통해 부보함으로서 메디케어의
재정 부담을 분담하는[220] 이중 구조에 대하여 어느 정도의 사회적
합의가 이루어진 상태라고 한다.[221] 호주의 실손의료보험은 지원과
규제를 통해[222] 공적의료보험에 준하는 성격을 갖는다.[223]

나. 기본적 의료 보장을 위한 규제

(1) 실손의료보험상품 규제 - 위험 인수 의무와 보험료 규제

　　호주는 실손의료보험에 가입하길 원하는 사람은 누구든지 가입할
수 있고(open enrollment regulation) 보험회사가 가입 신청자를 건강 상
태 등을 이유로 차별하지 못하도록 평균기준 보험료 부과(community
rating) 방식에 따라 보험료를 책정하도록 하고 있다.[224] 실손의료보
험회사가 보험료를 책정하려면 DH의 장관(the Minister)에게 승인을
받아야 한다.[225] 만성 질환 등 건강 상태에 문제가 있다거나 성별,
인종, 종교, 나이, 거주지, 직업, 취미, 기존에 의료를 이용한 빈도 등
에 따라 보험가입 신청을 거절하거나 보험료 책정 등을 달리 하는

　　47%가 병원 의료 실손의료보험에 가입하고 있다고 하고, 56%는 치과, 안
　　과 등 일반 치료(general treatment)를 부보하는 민간의료보험에 가입하고
　　있다고 한다.

219) John Menadue AO and an McAuley(2012), 5면, 16면.
220) Terence C. Cheng et al.(2013), 43면 참조.
221) Eileen Willis(2016), 46면, 47면.
222) Private Health Insurance Administration Council(2015), 2면.
223) Ardel Shamsullah(2011), 23면 참조.
224) Section 66-1, Division 66 of Private Health Insurance Act 2007.
225) Section 66-10 of the Private Health Insurance Act 2007

것은 원칙적으로 금지되는 부적절한 차별(improper discrimination)로 분류된다.226) 민간의료보험 가입 이전에 이미 질병 등 건강에 문제(pre-existing conditions)가 있었을 경우도 가입할 수 있고, 다만 대기 기간(waiting period)227)이 지나야 보험금 청구를 할 수 있다.228)

실손의료보험의 보장내용도 정부의 규제를 받는다.229) 2007년 이전에는 실손의료보험의 보험급여가 입원 의료로 한정되는 등 제한이 있었는데 호주 정부는 2007년에 broader health cover라는 보장범위를 인정하여 의료수요자에게 더 넓은 선택권을 주는 실손의료보험 상품이 운영되고 있다.230)

호주에서는 기본적 의료 보장을 위하여 민간의료보험회사에게 위험 인수 의무를 부담 지워 보험계약 체결을 하지 않을 자유를 제한하고, 민간의료보험상품의 보험료를 질병이나 상해 위험에 따라 산정하지 못하도록 하며 보장내용에 대하여도 규제한다.231) 이는 상당히 강력한 규제인 것으로 보인다. 이러한 모습은 미국 민간의료보험이 초기에는 평균기준 보험료 부과 방식(Community rating)으로 민간의료보험을 운영하였으나 영리를 추구하는 보험회사들이 의료보

---

226) Section 55-5 of Private Health Insurance Act 2007.
227) 75-5 Meaning of waiting period in Division 75 of Private Health Insurance Act 2007. 여기서 대기 기간이라는 것은 의료를 이용하기 위하여 기다려야 한다는 의미가 아니라 민간의료보험 가입 후 그 보험 혜택을 받기 위하여 기다려야 하는 기간을 의미한다. 이미 건강 상태에 문제(pre-existing conditions)가 있었을 때나 임신의 경우 12개월, 정신 의학, 재활 의학, 말기 완화 의료의 경우 2개월 등으로 그 기간이 정해져 있다.
228) Division 75 of Private Health Insurance Act 2007.
229) section 333-20 of the Private Health Insurance Act 2007. Private Health Insurance (Benefit Requirements) Rules 2011.
230) The Department of Health(2006). 호주 정부 Department of Health 사이트 참조. http://www.health.gov.au/internet/main/publishing.nsf/Content/health-phi-fact26.htm [최종방문일 : 2017. 9. 17.]
231) Section 63-1 of Private Health Insurance Act 2007.

험 시장에 진입하여 질병이나 상해 위험에 따라 보험료를 산정하는
방식으로 경쟁하면서 결국 모든 보험자들이 위험에 따라 보험료 책
정을 하게 되고 위험이 높아 의료보험이 더 필요한 사람일수록 의료
보험의 혜택을 입지 못하게 된 것과 대비된다. 호주의 실손의료보험
규제는 실손의료보험 규제를 통해 기본적 의료 보장을 하려고 하는
오바마 케어와 유사하다.

(2) 위험 조정 제도(risk-equalisation scheme)

독일의 공적의료보험이나 호주의 민간의료보험과 같이 다수의
보험자가 존재하는 상황에서 보험료나 보장내용을 규제하고 보험자
가 보험가입 신청을 거절하지 못하게 하면, 전체적으로는 수지균등
을 이룰 수 있도록 규제가 되어도 보험자들 중에는 위험을 너무 많
이 인수하게 되는 보험자가 생길 수 있다. 독일은 이러한 문제를 건
강 기금(Gesundheitsfonds)을 통해 질병이나 상해 위험에 따라 보험료
를 조정하여 해결하고 있다. 호주에서는 1953년부터 1976년까지는 특
별 계좌(Special Accounts)를 통하여, 1976년부터 2007년까지는 재보험
방식(reinsurance scheme)을 통하여, 2007년부터는 위험 조정 제도(risk
equalisation scheme)[232]를 통하여 그 문제를 해결해왔다.[233] 2007년 이
전의 재보험 방식과 그 이후의 위험 조정 제도는 구체적인 정산 방
법에서 차이는 있으나,[234] 사전적으로 평가된 위험에 따라 조정하는

---

232) 현재의 호주의 위험 조정 제도는 Private Health Insurance Act 2007의 위임을
     받아 제정된 Private Health Insurance (Risk Equalisation Policy) Rules 2015에서
     구체적으로 규정하고 있다.
233) Luke B. Connelly et al.(2010), 4면, 5면. 특별 계좌(special accounts) 방식은 보
     험 가입 이전에 이미 질병을 가지고 있거나 만성 질환을 가지고 있는 피보
     험자의 보험료를 특별 계좌에 두고 정부에서 그 부족분을 지원하는 제도
     였고, 재보험 방식은 정부에서 일정한 기금을 출연하기는 하지만 나머지
     부족분은 민간의료보험회사들 사이에서 재분배하는 방식이었다고 한다.

것이 아니라 사후적으로 지급된 보험금 액수에 따라 보험자 간에 이 해관계를 조정한다는 점에서는 같다.[235]

호주의 민간의료보험 위험 조정 제도는 독일과 달리 사전적으로 평가된 피보험자의 위험이 아니라 보험자가 실제로 지급한 보험금 의 액수에 따라 보험금을 적게 지급한 보험자로부터 보험금을 많이 지급한 보험자에게 재분배하는 방식으로 조정한다. 그런데 보험금 이 많은 것은 피보험자의 질병이나 상해 위험이 높아서 그럴 수도 있지만 보험자가 비효율적이기 때문일 수도 있기 때문에, 호주의 위 험 조정 제도 하에서는 비효율적인 보험자를 지원하게 된다는 비판 이 제기될 수 있다.[236]

다. 의료의 내용과 가격에 대한 정보 제공

호주의 의료공급자는 메디케어의 보험급여 범위나 수가표상의 가격에 구속되지 않는다. 즉, 의료공급자는 메디케어의 보험급여 범 위 외의 의료라고 하여도 적절한 의료라면 이를 공급할 수 있고 메 디케어의 급여 목록에 정해진 가격보다 더 높은 가격을 책정할 수도 있다. 그러나 메디케어의 급여 목록은 호주에서 의료비 증가를 통제 하는 가장 중요한 수단이다.[237] 비록 의료공급자가 메디케어의 급여

---

234) Paul Collins(2008), 6., 20면 참조.
235) John Armstrong et al.(2010) et al.(2010), 42면, 45면, Luke B. Connelly et al.(2010), 5면 참조.
236) OECD(2004), 126면에서는 2007년 이전의 재보험 방식에 대하여 위와 같은 비판이 있음을 소개하고 있다. 현재의 위험 조정 제도도 피보험자의 질 병이나 상해 위험에 따라 조정하는 제도가 아니라 지급된 보험금에 따라 조정한다는 점에서 재보험 방식과 같기 때문에 이러한 비판은 현재에도 유효할 것으로 보인다.
237) Lucinda Glover(2015), 17면.

목록에서 정한 가격 이상의 의료비를 환자에게 청구하는 것이 가능하지만 그것이 과도하게 많다면 환자는 해당 의료공급자에 대하여 반감을 가질 수도 있고 진료를 거부하고 다른 의료공급자를 찾을 수 있기 때문이다.[238] 이것은 메디케어의 급여 목록이 기본적 의료의 구체적인 내용과 가격에 관한 일응의 정보를 제공하여 의료공급자나 의료수요자가 그에 기초하여 자율적으로 가격을 형성할 수 있기 때문이다. 메디케어의 급여 목록은 그러한 점에서 독일의 민간 의료 수가표와 유사한 기능을 하는 것으로 보인다. 우리나라의 국민건강보험도 급여 목록을 통해 의료의 내용이나 가격 정보를 제공하지만 의료공급자가 급여 목록에 있는 의료의 내용과 가격 정보에 구속되기 때문에 급여 목록에 등재된 의료에 대하여는 의료공급자나 의료수요자가 자율적으로 가격을 형성하는데 제약이 따르는 점과 대비된다.

라. 의료공급자와의 관계 규제

호주 정부는 1996년 민간의료보험회사와 의료공급자 사이의 계약을 장려하였다. 호주 의사 협회(AMA, Australia Medical Association)는 그럴 경우 민간의료보험이 미국의 관리 의료(managed care)와 같이 의료공급자의 독립성을 훼손할 수 있다는 우려를 표하였다. 그래서 1998년에 그러한 계약을 하더라도 의료공급자의 전문가로서의 자율성이 보장되어야 한다는 조항이 입법되었다고 한다.[239] 그래서 호주에서는 민간의료보험회사와 의료공급자가 계약을 체결할 수 있지만 그 계약으로 인하여 적절한 의료를 공급해야할 의료공급자의 전문가로서의 자유가 제한되어서는 안 된다.[240] 그래서 호주의 실손의료

---

238) 이평수(2014), 109면.
239) The Royal Australian College of Surgeons(2005)(2005), 4면, 2면.

보험회사는 미국의 관리 의료와 같은 방식으로 의료공급자의 의료 행위에 개입하거나 간섭하기 어려운 것으로 보인다. 하지만 호주의 실손의료보험회사는 공급된 의료의 안전성이나 질과 연계한 계약 조건(예를 들어, 충분히 예방할 수 있었던 부작용이 발생한 경우에 보험금 지급을 하지 않는다는 조건 등)을 통해 불필요하거나 과도한 의료를 방지하려는 시도를 하고 있다고 한다.[241]

제6절 소결

우리나라 의료보험 법체계에서 실손의료보험의 역할이 어떠해야 하고 어떠한 법적 규율이 필요한지 검토하기 위하여 미국, 영국, 독일, 호주에서 기본적 의료 보장과 의료 이용의 효율성 제고를 위하여 실손의료보험에 관하여 어떠한 규제 등 법적 규율을 하는지 살펴보았다. 의료 자원의 배분을 시장에 맡겼다가 오바마 케어 이후 보험가입 승인 여부나 보험료 규제 등 실손의료보험 규제를 통해 기본적 의료 보장과 의료 이용의 효율성 제고를 도모하고 있는 미국, 국가가 직접 필요한 대부분의 의료를 공급하는 국가 주도의 공적의료보험 제도 하에서 실손의료보험이 공적의료보험의 의료 자원 배분에 영향을 미치지 않는 범위에서는 기본적 의료 보장과 의료이용의 효율성 제고라는 측면에서 실손의료보험을 규제하지 않는 영국, 공적의료보험과 대체형 실손의료보험의 이중 구조 하에서 기본적 의료 보장과 의료 이용의 효율성 제고를 위해 대체형 실손의료보험을 규제하는 독일, 영국과 같이 국가가 직접 의료를 공급하는 체계를

---

240) Section 172-5 of Private Health Insurance Act 2007.
241) The Royal Australian College of Surgeons(2005), 13면, 2면, 4면. 현재까지도 호주의 의료공급자들이 민간의료보험회사와 의료 공급의 구체적인 내용에 대하여 실질적인 의미가 있는 계약을 체결하는 경우는 많지 않다고 한다.

기본으로 하되 공적의료보험에서 보장하지 않는 기본적 의료 보장을 위해 실손의료보험을 지원하고 규제하는 호주의 실손의료보험 규제 등 법적 규율을 검토하였다. 이들 국가들은 각국의 특유한 공적의료보험 제도 하에서 실손의료보험이 기본적 의료 보장과 의료 이용의 효율성 제고에 미치는 영향이나 그에 대한 역할에 따라 실손의료보험을 규율하고 있다.

제4장 기본적 의료를 보장하는 실손의료보험 규율

제4장에서는 이상의 논의를 바탕으로 기본적 의료에 대하여 보험금을 지급하는 실손의료보험의 법적 규율 방안을 제시하고 그에 따른 법률문제를 검토하였다. 실손의료보험은 사보험이지만 제1장에서 살핀 바와 같이 보험업법에 따른 행정규제에 의하여 그 상품의 내용과 운영방식이 결정되어왔다. 앞으로는 보험업법에 더하여 향후 제정될 공·사보험 연계법이 실손의료보험의 내용이나 운영방식을 규율할 수 있는 법적 근거가 된다. 공·사보험 연계법의 규범 목적은 기본적 의료 보장과 그 달성을 위한 의료 이용의 효율성 제고가 되어야 한다. 그리고 이에 따라 기본적 의료를 보장하는 실손의료보험이 기본적 의료 보장 기능을 할 수 있도록 규율되어야 한다.

기본적 의료 보장을 위하여 실손의료보험상품을 기본형과 추가형 실손의료보험상품으로 분리할 필요가 있다. 그리고 만약 미국, 독일이나 호주와 같이 실손의료보험이 기본적 의료의 보편적 보장 역할을 해야 하는 상황이라면 기본형 실손의료보험상품의 경우 위험 인수 규제를 하는 것이 바람직하다. 이때 그 규제로 인한 불합리와 위헌성을 해소하기 위하여 위험 조정 제도를 도입하여야 한다. 그러나 만약 영국과 같이 공적의료보험만으로 기본적 의료 보장을 달성할 수 있다면 기본적 의료를 보장하는 실손의료보험의 위험 인수 규제를 할 필요가 없다. 그리고 의료 이용의 효율성을 제고하기 위하여 적어도 기본적 의료에 해당하는 비급여 의료의 내용과 가격 정보가 제공되고 심평원이 실손의료보험의 의료 심사, 평가 업무를 수행할 필요가 있다. 이것은 2017. 8. 건강보험 보장성 강화대책이 이행되면 상당 부분 해결이 될 것으로 기대된다.

제1절 실손의료보험에 관한 규율의 법적 근거

1. 보험업법

오늘날 보험은 위험사회에서 국민생활에 필수적인 제도로서 공공성과 사회성이 있는데 이로 인하여 보험계약에서 계약자유의 원칙을 그대로 인정할 수는 없다.[1] 보험업법은 보험사업의 단체성, 사회성 등 때문에 국가와 사회경제생활에 미치게 되는 영향을 고려하여 보험업의 허가, 보험상품의 내용, 보험의 운영방식 등의 감독에 관한 규정을 두고 있다.[2] 그래서 사보험이라고 하더라도 보험당국의 규제가 허용하는 범위 내에서 사적자치의 원리에 따라 그 내용이나 운영방식이 결정된다. 제1장에서 살핀 실손의료보험의 규제 연혁을 보면 보험당국에서 승인하기 전까지는 실손의료보험상품 자체가 존재하지 않았고 실손의료보험이 도입된 이후에도 그 구체적인 내용과 운영방식이 보험당국의 규제에 따라 변경되어 온 것을 확인할 수 있다. 보험업법에 의한 실손의료보험상품 규제는 주로 보험약관에 대한 규제이다.[3]

실손의료보험에 대한 보험업법상 규제의 구체성과 규범력은 헌법재판소 2012. 3. 29. 선고 2009헌마613 결정을 통해서도 엿볼 수 있다. 위 결정의 심판청구인들은, 금융위원회가 금융위원회 고시 제

---

1) 한기정(2017), 65면.
2) 대법원 1990. 6. 26. 선고 89도2537 판결. 대법원 1989. 1. 31. 선고 87도2172 판결.
3) 보험약관에 대한 보험업법상 규제에 관하여 한기정(2017), 117면, 119면 참조.

7-62조에 제6항을 신설하여 실손의료보험이 보험금으로 본인부담금을 전액 보장하지 못하도록 한 것이, 사적자치의 원칙 등을 침해한다고 주장하면서 헌법소원심판을 청구하였다. 헌법재판소의 다수의견은 위 규정에 의하여 본인부담금 전액 보장 실손의료보험상품의 판매와 가입 등이 금지되는 것은 아니라서[4] 기본권 침해의 가능성이나 직접성 요건이 흠결하여 부적법하다고 판단하였다. 그러나 위 결정의 반대의견은, 비록 위 규정이 형식적 측면에서 신고상품과 제출상품을 구별하는 기준으로 규정되어 있지만, 실질적 의미와 성격, 나아가 그 기능이 어떤지 별도로 검토를 해보면 위 규정은 본인부담금 전액 보장 실손의료보험상품의 판매를 금지하고자 하는 목적으로 규정되었고, 또 실제로 그러한 기능을 수행하도록 운용되고 있는 것임을 충분히 알 수 있다고 설시하였다.[5]

---

4) 헌법재판소는, 위 규정은 실손의료보험에 대한 기초서류의 제출기준을 정한 것으로서, 보험회사는 위 규정의 기준을 충족하는 상품은 금융위원회에 기초서류를 제출함으로써 판매할 수 있고 충족하지 아니하는 상품은 금융위원회에 기초서류를 신고하여 금융위원회가 이를 심사한 후 신고를 수리하면 판매할 수 있게 된다고 보았다.

5) 보험회사가 보험상품 약관 등의 기초서류를 변경하고자 할 경우에는 미리 금융위원회에 신고하여야 하는바, 그것이 위 규정의 기준을 충족하는 경우에는 그 '제출'만으로써 '신고에 갈음'하게 되는 반면, 위 규정의 기준에 맞지 않는 경우에는 시행령 제71조 제3항, 이 사건 고시 제7-82조 제2항에 의하여 '신고의 수리거부', 기초서류의 '변경권고', 해당 보험상품의 '변경 또는 판매중지 명령'등 조치를 당할 수 있다는 것이다. 한편, 금융위원회 및 금융감독원은 여러 보도자료 및 보험회사들에 대한 공문 등을 통하여, 위 규정의 신설 목적이 이른바 전액보장보험상품의 판매를 금지하는 데 있고, 향후 더 이상 전액보장보험상품의 신고를 수리할 의사가 없음을 명백히 밝힌 바 있으며, 여기에 금융위원회 및 금융감독원의 보험회사에 대한 일반적 감독권 및 현실적 영향력을 감안하면 보험회사가 이에 반하는 전액보장보험상품을 신고, 판매할 수 있는 가능성은 봉쇄되었다고 보지 않을 수 없고, 또 실제로 위 규정의 신설 시행 이후 위 규정을 벗어난 보험상품의기초서류가 신고된 건수는 전혀 없다고 한다. 헌법재판소 결정의

헌법소원의 대상을 기본권 침해의 직접성 요건으로 제한하는 법리에 따라 다수의견이 위 사건 청구를 각하한 것은 법리적으로 수긍할 수 있다. 그런데 다수의견은 보험당국에서 실손의료보험상품의 보험약관을 규제하는 고시를 하여도 보험회사가 그 규제와 다른 내용의 보험상품을 만들어서 보험당국에 신고하여 심사를 받아 수리가 되면 그 보험상품을 판매할 수 있다고 판단하였다. 그러나 이 판단은 반대의견이 지적한 바와 같이 형식적인 것으로 보인다. 이것은 지금까지 보험당국이 실손의료보험을 규제해왔지만 보험회사가 그 규제에 위배되는 보험상품을 판매한 경우를 찾기 어려운 사정을 고려하면 더욱 그러하다. 이론적으로는 보험회사가 보험업법상 보험당국의 규제와 다른 보험상품을 만들 수 있고 그에 대하여 보험당국이 승인을 하지 않으면 보험회사가 그 거부처분에 대한 취소소송을 하는 것이 가능하다. 하지만 보험업법은 보험당국에 상당한 재량을 부여하고 있기 때문에 그러한 취소소송에서 보험회사가 승소할 가능성은 낮다. 지금까지 그런 취소소송 사례를 찾기 어려운 것은 그 승소 가능성이 낮음을 방증한다. 실손의료보험상품의 내용과 운영방식은 대부분 보험약관에 따라 결정되는데 보험당국은 보험업법에 따라 보험약관을 구체적으로 규제할 수 있다. 그러므로 실손의료보험회사는 보험당국이 허용하는 범위 내에서 실손의료보험상품의 내용과 운영방식을 정하게 된다.

2. 공·사보험 연계법

보험업법은 보험당국에 보험회사와 보험상품에 대한 강력한 규

반대의견은 위의 여러 점들을 종합하여 볼 때, 위 규정은 보험회사의 상품 설계시 준수하여야 할 기준으로서, 이를 벗어난 전액보장보험상품의 판매를 금지, 제한하는 것이라고 보았다.

제 권한을 부여하지만 그 입법 취지가 보험회사의 건전성, 보험상품의 소비자(보험계약자, 피보험자) 권익 보호, 보험업의 건전한 육성, 국민경제의 균형 있는 발전에 있다(보험업법 제1조). 여기에서 '보험상품의 소비자 권익 보호'에 주목하면 국민건강보험 제도라는 배경 하에서 실손의료보험이 가급적 기본적 의료 보장과 의료 이용의 효율성 제고에 기여하도록 규제되어야 한다거나 기본적 의료 보장만을 받고자 하는 보험 소비자를 보호하고 비용효과적인 의료 이용으로 실손의료보험의 보험료 인상을 방지할 수 있는 규제가 필요하다는 해석을 할 수 있다. 그렇다면 보험업법에 따른 규제를 통해서도 기본적 의료 보장이나 의료 이용의 효율성 제고를 위한 실손의료보험 규율이 가능할 것이다.

그러나 보험업법에는 기본적 의료 보장이나 의료 이용의 효율성 제고라는 규범 목적이 명시되어 있지 않다. 그리고 보험업법 제1조의 '보험상품의 소비자 권익 보호'[6]를 위와 같이 해석하는 것은 보험 규제에 있어 생소한 해석론의 하나일 뿐이다.[7] 실제로 지금까지 보험당국이 그러한 해석을 해왔다고 보기도 어렵다.[8] 게다가 보험당국은 기본적 의료 보장이나 의료 이용의 효율성 제고라는 전문적이고 복잡한 영역에 대한 전문성을 갖추고 있지 못하다. 무엇보다도 실손의료보험은 국민건강보험과 밀접하게 관련되어 있는데도[9] 보험

---

6) 정찬형(2007), 48면에서는 보험업법 제1조에서 말하는 보험소비자의 보호는 경제적 약자인 보험소비자에 대하여 국가의 보호가 필요하며, 그것은 피보험자의 보험금 지급이 보장되어야 한다는 점과 피보험자가 보험자의 재정적인 지급능력을 평가할 수 없는 점을 2가지 기술적인 이유로 한다고 설명한다.

7) 한기정(2015), 22면. 임수민(2017), 57면.

8) 보험업법의 주석이나 해설서에서도 그러한 해석이나 고려는 찾기 어렵다. 정찬형(2007), 성대규(2004), 이성남·김건(2003) 참조.

9) 장덕조(2016b), 171면은 (실손의료보험이 주를 이루는) 질병보험의 현황과 법률문제를 연구한 후 비교법적 연구는 큰 의미가 없고 국민건강보험 제

업법은 국민건강보험을 염두에 두고 있지 않아서 국민건강보험과 연계한 실손의료보험 규제가 이루어지기 어렵다. 그리고 실손의료보험은 국민의 건강, 의료이용과 관련이 깊어 금융상품으로서의 관리뿐만 아니라 보건의료의 관점에서도 관리될 필요가 있다.[10] 그러므로 국민보건 향상과 사회보장 증진에 이바지함을 목적으로 하는 국민건강보험(국민건강보험법 제1조)의 보충적 보험으로서 의료비를 부보하는 실손의료보험을 규율하는 법률이 보험업법만으로는 부족하다고 생각한다.

정부는 2017. 8. 건강보험 보장성 강화대책[11]에서 국민건강보험과 실손의료보험의 관계를 재정립하고 불필요한 의료비 상승을 억제할 수 있도록 공·사보험 연계법 제정을 추진할 예정이라고 발표하였다. 실손의료보험이 의료의 과도한 이용을 초래할 우려가 있기 때문에 전체 의료비 관점에서 국민건강보험과 실손의료보험을 연계하고 각 의료보험의 보장범위를 조정하는 등의 개선방안을 마련할 계획이라는 것이다. 정부의 발표에 의하면 공·사보험 연계법은 국민들이 건강보험 보장성 강화의 혜택을 누리도록 하기 위한 것으로[12] 기본적 의료 보장과 의료 이용의 효율성 제고가 그 입법 취지인 것으로 보인다. 향후 공·사보험 연계법이 제정되면 국민건강보험과의 관계에서 실손의료보험에 대한 보다 직접적이고 구체적인 규제 등 법적 규율을 할 수 있을 것이다.

도와 관련한 국가정책이 고려해야 할 중요한 요인이라고 한다.
10) 이현복·정홍주(2016), 89면.
11) 보건복지부 보도자료(2017. 8. 9.), 모든 의학적 비급여(미용, 성형 등 제외), 건강보험이 보장한다!
12) 보건복지부, 금융위원회 보도자료(2017. 9. 28.), 건강보험 보장성 강화와 연계한 실손의료보험 개선 추진

3. 상법 보험편

실손의료보험은 상해보험과 질병보험이 혼합된 보험으로 상법 보험법 제1장 통칙과 제3장 인보험의 규정들이 적용된다. 상해보험에 관하여는 과거부터 상법 제737조 내지 제739조가 있었고 2014. 3. 11. 개정 상법에서는 질병보험에 관한 조항을 상법 제739조의2와 제739조의3으로 새로 도입하였다. 이것은 질병보험계약의 보험자의 책임규정과 준용규정으로 질병보험에 관한 법률관계를 상법 보험편 제3장 인보험에 직접 규정한 것이다. 그러나 질병보험에 관하여 신설한 조문 내용이 구체적이지 않아서 여전히 약관과 해석에 의존하여야 한다.13) 사실 상해보험에 관하여는 오래 전부터 상법 제737조 내지 제739조가 있었으나 이 역시 구체적인 규정이라고 보기 어렵고14) 상해보험에 관한 독자적 규정을 두지 않은 채 생명보험에 관한 규정을 준용하는데 그치므로 상해보험의 특색을 잘 반영하지 못한다.15) 현재의 상법은 실손의료보험의 보험가입자와 보험자 사이의 일반적인 보험계약법상의 규율은 할 수 있지만 기본적 의료 보장이나 의료 이용의 효율성 제고를 위한 법적 규율을 할 수는 없다.

물론 상법에 상해보험과 질병보험에 관한 규정을 더욱 구체화하는 입법을 한다면 실손의료보험의 내용과 운영방식을 규율할 수 있

---

13) 양기진(2014), 27면.
14) 상법 제737조는 상해보험계약의 보험자는 신체의 상해에 관한 보험사고가 생길 경우에 보험금액 기타의 급여를 할 책임이 있다고 규정하고 있고 상법 제738조는 상해보험의 경우에 피보험자와 보험계약자가 동일인이 아닐 때에는 그 보험증권기재사항 중 제728조 제2호 기재 사항(피보험자의 주소, 성명 및 생년월일)에 갈음하여 피보험자의 직무 또는 직위만을 기재할 수 있다고 규정하고 있다. 그리고 상법 제739조는 상해보험에 관하여는 제732조(15세 미만자 등에 대한 계약의 금지)를 제외하고 생명보험에 관한 규정을 준용한다고 규정하고 있다.
15) 한기정(2014)., 125면.

다. 상법 제663조에서는 상법 보험편의 규정은 당사자 간의 특약으로 보험계약자 또는 피보험자나 보험수익자의 불이익으로 변경하지 못한다고 규정하고 있으므로 상법 보험편에서 질병보험이나 상해보험의 약관의 내용에 관하여 구체적으로 규정하게 되면 그에 따라 실손의료보험의 약관을 간접적으로 통제할 수도 있다. 그러나 보험계약법인 상법 보험편에 실손의료보험을 규제하는 조항을 두는 것은 부자연스럽다. 상법에 상해보험 규정이 오랫동안 있었지만 지금까지도 상해보험을 규율하는 구체적인 규정이 없는 것을 보아도 이를 알 수 있다. 게다가 의료보험의 특성상 상법에서 질병보험이나 상해보험에 관하여 규정한 내용보다 더 불이익한지 여부가 불분명한 경우가 있을 수 있는데 그런 경우 상법 제663조가 적용되지 않거나 그 적용 여부가 불분명할 수 있다. 또한 상법 제663조는 보험가입자가 소송 절차에서 문제되는 약관 조항이 상법 제663조에 의하여 무효라는 주장을 해야 비로소 규범력이 실현되므로 실손의료보험을 법적으로 규율하는데 한계가 있다. 그러므로 기본적 의료 보장과 의료 이용의 효율성 제고를 위한 실손의료보험 규제 등 법적 규율은 이미 정부가 2017. 8. 건강보험 보장성 강화대책에서 발표한 바와 같이 공·사보험 연계법에서 담당하는 것이 타당하다.

제2절 기본적 의료를 보장하는 실손의료보험상품 분리

1. 기본형 실손의료보험상품의 필요성

가. 현재 실손의료보험상품의 보장 범위의 문제점

현재 실손의료보험에 가입한 의료수요자는, 기본적 의료 보장을 받으려는 의료수요자, 의료 이용의 선택권을 제고하려는 의료수요자, 기본적 의료 보장과 의료 이용의 선택권 제고를 모두 누리려는 의료수요자로 나누어질 것이다. 이것은 2017. 8. 건강보험 보장성 강화대책이 이행되어도 마찬가지일 가능성이 상당하다. 모든 의학적 비급여가 급여화되더라도 본인부담금 비중이 낮아지거나 예비급여의 본인부담금이 본인부담금 상한제의 적용을 받게 되는 등으로 기본적 의료에 대한 본인부담금이 충분히 낮아지지 않는다면 기본적 의료를 이용하기 위하여 실손의료보험에 가입하려는 수요가 남아 있을 것이다. 이때 기본적 의료 외의 의료에 대한 의료비 보장의 필요도 현재와 별 차이가 없을 것이므로 의료 이용의 선택권 제고를 위한 수요도 남아 있게 된다.

그런데 현재의 실손의료보험상품은 기본적 의료와 그렇지 않은 의료를 구분하지 않고 있다. 그래서 기본적 의료 보장을 위하여 실손의료보험에 가입하는 의료수요자가 원하지도 않는 보장내용까지 부보하게 되는 문제가 있다. 그런 경우 그 의료수요자는 자신이 필요로 하지도 않은 보장을 구입하게 되고 그만큼 보험료를 더 많이 내게 된다. 게다가 그렇게 실손의료보험에 가입한 의료수요자는 기본적 의료가 아닌 의료에 대하여도 보험금을 받을 수 있기 때문에 이를 이용할 경제적 유인을 가지게 된다. 그래서 보험금을 받을 수 없다면 이용하지 않을 것인데도 보험금을 받을 수 있기 때문에 해당 의료를 이용하는 경우가 생길 수 있다. 의료공급자는 그러한 의료를 공급하기가 용이해지고 이를 통해 더 많은 수익을 얻을 수도 있으므로 불필요하게 기본적 의료가 아닌 의료의 이용이 늘어날 수 있다. 그렇게 되면 의료비 증가와 보험재정 손실이 발생한다.

나. 금융위원회의 실손의료보험 규제와 그 한계

금융위원회는 2016. 6. 13. 실손의료보험의 상품구조를 기본형과 다양한 특약으로 개편하여 소비자의 편익 및 선택권을 제고하고 일부 의료공급자의 불필요한 의료 공급이나 실손의료보험회사의 손해율 급등 및 보험료 상승 문제, 국민들의 도덕적 해이 비용 분담 문제를 해결하겠다고 밝혔다.[16] 그리고 2017. 4. 1.부터 판매되는 실손의료보험상품은 기본형 + 3개 특약 구조로 개편하도록 규제하였다.[17] 이번에 금융위원회의 규제를 통해 만들어진 기본형 상품은 기존의 실손의료보험상품의 보장내역에서 그 동안 과잉 의료나 도덕적 해이가 빈번한 의료라고 평가된 도수치료, 체외충격파, 증식치료(특약 1), 비급여 주사제(특약 2), 비급여 MRI(특약 3)을 제외한 상품이다. 기본형과 특약을 구분한 접근 자체는 기본적으로 타당하다고 생각하며 본 연구의 입장과 같은 맥락에 있는 것으로 보인다.

그러나 위와 같이 규제된 기본형 상품에서 특약 1, 2, 3에 해당하는 의료가 제외된 이유가 보험금 지출이 많다는 재정적 이유 외에 또 무엇인지, 특약 1, 2, 3에 해당하는 의료 외의 다른 의료는 왜 여전히 기본형 상품의 보장내용에 포함되어 있어야 하는 것인지, 그것이 기본적 의료의 보장이나 의료 이용의 효율성 제고를 위한 것인지, 그렇다면 그러한 결정은 어떤 절차에서 어떠한 전문성과 의사소통, 참여에 기반 해서 이루어졌는지 의문이다.

의료의 특수성을 감안할 때 단순히 보험금이 많이 지출되는 것을 방지하겠다는 수지균등의 재정 위주의 관점[18]에서만 접근하여서는

---

16) 금융위원장 6월 금융개혁 기자간담회, 금융위원회, 2016. 6. 13., 1면 내지 4면.
17) 금융위원회 보도자료(2017. 3. 31.), 4. 1일부터 보험료가 약 35% 저렴한 "착한 실손의료보험"에 가입할 수 있습니다., 2면.
18) 정성희(2016). 6. 16., 15면에서는 실손의료보험을 필수가입의 기본형과 별도의 선택 특약형으로 구분하는 상품구조 개선을 제안하면서, '과잉진료 유발 우려가 큰 비급여 항목'은 특약형으로 분리하여야 한다고 주장한다. 위 발표 자료에 의하면 '과잉진료'의 의미가 불분명하나 단순히 보험금 청

근본적인 문제를 해결할 수 없다고 생각한다. 기회의 공정한 평등을 보장하기 위하여 기본적 의료가 보장되어야 한다는 정의의 요청에 기반을 두고 이를 현실에서 실현하기 위해서는 비용효과적인 의료 이용이 이루어져야 한다는 차원에서 기본형 실손의료보험상품의 설계, 판매가 이루어져야 한다. 이것은 2017. 8. 건강보험 보장성 강화 대책 하에서도 마찬가지이다. 이는 보험약관 규제를 통해 이루어져야 할 것이고 새로이 제정될 공·사보험 연계법에 이를 위한 구체적인 법적 근거가 마련되어야 할 것이다.

다. 기본적 의료를 기준으로 한 기본형과 추가형의 분리

실손의료보험상품을 기본형과 추가형으로 분리하는 규제는 실손의료보험이 기본적 의료의 보편적 보장 역할을 하도록 하는 것은 아니다. 이것은 실손의료보험으로 인한 의료비 증가와 보험재정 손실을 방지함으로써 실손의료보험이 국민건강보험의 기본적 의료 보장 역할을 방해하지 않도록 하기 위하여 필요한 규제이다. 그리고 기본적 의료 보장을 위해 실손의료보험에 가입하는 보험 소비자 보호를 위한 것이기도 하다. 이러한 규제 하에서도 실손의료보험회사는 보험 가입 거절이나 보험료 결정의 자유가 있다. 기본형과 추가형 분리 규제 자체는 기존의 상품을 기본형 상품과 추가형 상품으로 나누어서 판매하는 것일 뿐이고 나누어진 보장 내용에 따라 보험료가 책정될 것이므로 실손의료보험회사가 현재보다 불리해질 것도 없다. 제1장에서 살핀 지금까지의 보험업법에 따른 규제 연혁과 비교해보아도 그 정도의 규제는 수인가능하다고 볼 수 있다.

제3장에서 살핀 바와 같이 미국의 오바마 케어는 실손의료보험이

구액이 많은 의료라는 취지라면 이는 재정 위주의 관점이라고 할 수 있다.

충족해야 하는 최소한의 보장범위(minimal essential health care coverage)
를 규정하여 실손의료보험의 보장내용을 규제한다.[19] 그리고 독일
의 보험감독법은 대체형 실손의료보험회사에게 기본형 상품(PKV
Basistarif)을 판매할 의무를 부담시킴으로써 대체형 실손의료보험을
이용하는 의료수요자가 공적의료보험과 같은 정도의 보험료료로 같은
정도의 보장을 받을 수 있도록 한다.[20] 호주 역시 실손의료보험의
보장범위를 규제한다.[21]

　현재의 실손의료보험상품을 기본적 의료만을 보장하는 기본형
실손의료보험상품과 그 외의 의료를 보장하는 추가형 실손의료보험
상품으로 분리하면 기본형 실손의료보험상품은 기본적 의료 보장
역할에 집중하고 추가형 실손의료보험상품은 영국의 실손의료보험
이나 독일의 보충, 보완형 실손의료보험과 같이 의료수요자의 선택
권 제고 역할을 할 수 있을 것이다. 그러므로 현재의 실손의료보험
상품의 보장범위에 혼재되어 있는 기본적 의료와 그렇지 않은 의료
를 분리하여 기본형 실손의료보험상품과 추가형 실손의료보험상품
을 별도로 판매하도록 보험약관을 규제하는 것이 바람직하다.

2. 기본형 실손의료보험상품의 보장내용 결정 방식

　기본형 실손의료보험상품은 공·사보험 연계법에 따라 정해지는
기본적 의료를 그 보장내용으로 하여야 할 것이다. 현재의 국민건강
보험 체계에서는 급여 의료의 대부분이 기본적 의료에 포함될 것이

19) Barack Obam(2016).
20) Michael E. Porter and Clemens Guth(2012), 90면, 91면. Laura Nistor(2011), § 152
    Versicherungsaufsichtsgesetz Basistarif.
21) The Department of Health(2006). Section 333-20 of the Private Health Insurance Act
    2007. Private Health Insurance (Benefit Requirements) Rules 2011. Division 72 of the
    Private Health Insurance Act 2007.

므로 비급여 의료 중 기본적 의료를 결정해야 기본형 실손의료보험 상품의 보장내용을 정할 수 있다. 그런데 2017. 8. 건강보험 보장성 강화대책이 이행되면 모든 의학적 비급여가 예비급여 등으로 급여화되므로 급여나 예비급여 중에서 기본적 의료를 가려내야 한다. 이는 제2장 제2절 1. 나. (2)에서 살핀 공정한 심의과정을 통해 결정하여야 할 것이다.

가. 공정한 심의과정

실손의료보험을 기본형 실손의료보험상품과 추가형 실손의료보험상품으로 분리하기 위해서는 기본적 의료와 그렇지 않은 의료를 구분하여야 한다. 모든 의료를 기본적 의료로 인정할 수 없는 상황에서 어떤 의료가 기본적 의료인지에 관하여 누구나 동의할 수 있는 일의적인 해결책이 존재하지 않는다.[22] 누구든 주관적으로 자신이 필요하다고 생각하는 의료를 '기본적 의료'라고 생각할 수 있다.[23] 그것은 의료수요자와 실손의료보험회사 사이에서 결정되기 어렵고 정부의 개입이 필요하다.[24] 기본적 의료의 범위를 결정할 때는 한정

---

22) Norman Daniels(2000), 1300면, James S. Cline and Keith A. Rosten(1985), 126면. Douglas K. Martin *et al.*(2002), 281면, 282면.

23) Patricia M. Danzon, Tort Liability: A Minefield for Managed Care?, The Journal of Legal Studies, Vol. 26, No. S2, 1997, 508면에서는 의료 이용의 가치는 의료수요자의 선호에 따라 결정된다는 입장에서 실손의료보험의 보장 내용에 대하여 규제하여서는 안 되고 당사자 간에 자율적으로 효율적인 내용을 형성하도록 시장에 맡겨두어야 한다는 입장이다. 그러나 제2장에서 살핀 바와 같이 의료 이용의 가치가 의료수요자의 주관적 선호에 따라 결정된다는 위 논문의 전제에 동의할 수 없다. 제3장에서 살핀 바와 같이 실제로 위 논문의 입장에 따라 운영되어온 미국의 의료보험의 현실과 그것을 극복하기 위한 미국의 오바마케어 등 노력을 고려하면 더욱 그러하다.

24) Russell Korobkin(1999), 63면 참조. 실손의료보험회사는 영리를 추구하는 사

된 자원의 제약 하에서 누군가에게는 절실하게 필요한 여러 의료들 사이에 일부 의료를 기본적 의료로 정하는 결단을 할 수밖에 없다. 이것은 제2장에서 살핀 바와 같이, 의사결정자들에게 합리성에 관한 해명책임(accountability for reasonableness)을 부담지우는 공정한 심의 과정에 따라 결정되어야 한다.[25] 비록 모든 사람이 동의할 수 있는 기본적 의료의 기준은 설정하기 어렵지만 공정한 심의과정을 통한 숙고(deliberation)와 이를 통한 사회적 학습의 축적을 통해 기회의 공정한 평등을 보장하는 기본적 의료의 범위의 결정에 대한 이해와 합의를 도출할 수 있을 것이다.

나. 공정한 심의과정의 실현을 위해 공·사보험 연계법에 규정되어야 할 원칙들

공정한 심의과정과 그 실현을 위한 원칙들이 법령에 규정되지 않는다면 구체적이고 실효성있는 규범력을 가지기 어렵다. 보험당국 등 기본형 실손의료보험상품의 보장내용에 대한 규제 권한을 부여받

기업이고 개별 의료수요자는 교섭력이 부족하기 때문에 시장에 맡겨두어서는 실손의료보험의 보장범위가 기본적 의료로 결정되기 어렵다. 위 글에서는 이러한 시장실패를 해결하기 위해서 정부가 의료수요자들을 대표하거나 대리하는 지위에서 개입을 할 필요가 있다고 한다. 위 글은 정부가 항상 정확한 판단을 하는 것은 아니기 때문에 정부의 개입이 최선의 해결책은 아니지만 차선의 해결책이라고 한다.

25) Norman Daniels and James E. Sabin(2008), 45면. 즉, 기본형 실손의료보험상품의 보장내용 결정과 그 근거가 공개되어야 하며(투명성의 원칙, Publicity Condition), 의료의 가치에 대한 전문성에 뒷받침을 두고 이해관계자인 의료공급자와 의료수요자, 보험회사 등이 참여하여 의견을 제시할 수 있어야 하며(적합성의 원칙, Relevance Condition), 이미 이루어진 결정에 대하여 새로운 증거나 주장을 제기하여 수정하거나 개선할 수 있는 방법이 마련되어야 하고(수정 가능성의 원칙, Revision and Appeals Condition), 위와 같은 원칙의 이행이 강제될 수 있어야 한다(규제의 원칙, Regulative Condition).

은 규제당국이 그 의사결정 시 공정한 심의과정을 거치도록 공·사보험 연계법에 그 실현을 위한 원칙을 구체적으로 규정할 필요가 있다.

(1) 투명성의 원칙의 중요성

투명성의 원칙은 기본적 의료의 내용을 결정한 근거를 공개함으로써 의사결정자들에게 사전적으로나 사후적으로 의사결정에 대한 합리적인 해명책임을 지우고[26] 이해관계자[27]가 기본형 실손의료보험의 보장내용의 합리성과 타당성을 검토할 수 있는 전제가 된다.[28] 이에 대하여는 수혜를 받지 못하는 자의 불만이나 박탈감이 커질 수 있다거나[29] 이해관계자가 공개된 정보를 이용해서 자신의 이익을 극대화할 위험을 들어[30] 반대하는 견해도 있을 수 있다. 그러나 그 것은 제도 운영에 참고할 사항일 뿐이다. 현행 공공기관의 정보공개에 관한 법률(정보공개법)을 통해[31] 투명성의 원칙이 어느 정도 실현될 수 있으나[32] 그것으로는 부족하다.[33] 공·사보험 연계법에서 기

---

26) Norman Daniels(2000), 1301면.

27) S. M. R. Lauridsen(2007), 705면. 모든 국민은 의료 이용에 관하여 의료수요자의 지위와 사회구성원인 시민으로서의 지위 모두에서 이해관계를 갖고 구체적 또는 추상적 권리를 가지므로 기본적 의료의 내용을 결정한 의사결정의 합리성이나 타당성 여부를 검토하거나 그에 대하여 의견을 제시할 수 있어야 한다.

28) Peter A. Singer *et al.*(2000), 1317면.

29) David Mechanic(1995), 1655면, 1658면.

30) Monique Jonaset *et al.*(2014), 830면.

31) 정보공개법은 공공기관이 보유, 관리하는 정보는 국민의 알권리 보장 등을 위하여 법에서 정하는 바에 따라 적극적으로 공개하도록 하고 있다(제3조). 그리고 다른 법령에서 비밀이나 비공개 사항으로 규정하거나 국가의 중대한 이익을 해칠 우려가 있거나 사생활의 비밀이나 영업상 비밀을 침해하는 등 예외적인 경우를 제외하면(제9조) 모든 국민이 정보의 공개를 청구할 권리를 가진다고 규정하고 있다(제5조).

32) 서울행정법원 2011. 5. 4. 선고 2010구합43914 판결은 심평원의 약제요양급여기준제정에 관한 근거 자료인 피부과분가위원회 회의록에 대한 정보공

본형 실손의료보험의 보장내용을 결정한 구체적인 근거를 누구나
확인할 수 있도록 인터넷 사이트 등에 게시하도록 하여야 한다. 다
만, 그 정보 공개로 인하여 오히려 공정한 심의 업무에 지장이 있을
수 있는 사항은 비공개되도록 하여야 한다.[34] 이것이 마치 법원의
판결례처럼 집적되면 의사결정의 일관성과 합리성을 도모할 수 있
을 것이다.[35]

개를 청구가 인용되어야 한다고 판단하였다.

33) 정보공개법상 정보공개 청구는 해당 청구를 한 자만이 해당 정보를 얻을
수 있고 일반 공중에게 공개되지 않는다. 그리고 공공기관에 정보공개 청
구를 하고 거부당하면 그에 대하여 소송을 제기하는 등의 번거로운 절차
를 거쳐야 한다. 그래서 정보공개법으로는 투명성의 원칙을 실현할 수 없
다. 그리고 공공기관에서 기본적 의료의 내용을 결정한 실질적인 근거나
의사결정 과정에서의 논의를 문서 등으로 제대로 보유, 관리하지 않는다
면 정보공개 청구가 인용되어도 형식적인 내용만 공개될 수 있다. 대법원
2004. 3. 12. 선고 2003두11544 판결, 대법원 2004. 12. 9. 선고 2003두12707 판
결, 대법원 2006. 1. 13. 선고 2003두9459 판결, 대법원 2007. 6. 1. 선고 2007두
2555 판결 등은, 정보공개법에서 말하는 공개대상 정보는 정보 그 자체가
아닌 정보공개법 제2조 제1호에서 예시하고 있는 매체 등에 기록된 사항
을 의미하고, 공개대상 정보는 원칙적으로 그 공개를 청구하는 자가 정보
공개법 제10조 제1항 제2호에 따라 작성한 정보공개청구서의 기재내용에
의하여 특정되며, 만일 공개청구자가 특정한 바와 같은 정보를 공공기관
이 보유·관리하고 있지 아니한 경우라면 특별한 사정이 없는 한 해당 정보
에 대한 공개거부처분에 대하여는 그 취소를 구할 법률상 이익이 없다고
하면서, 이와 관련하여 공개청구자는 그가 공개를 구하는 정보를 공공기
관이 보유·관리하고 있을 상당한 개연성이 있다는 점에 대하여 입증 책
임이 있다는 입장이다.

34) 서울행정법원 2011. 5. 4. 선고 2010구합43914 판결. 서울행정법원은 회의록
에 기재된 발언내용에 대한 해당 발언자의 인적사항부분은 그것이 공개될
경우 심사위원회의 심의 업무의 공정한 수행에 현저한 지장을 초래한다고
인정할 만한 상당한 사유가 인정되므로 비공개 대상 정보에 해당한다고
판단하였다.

35) Douglas K. Martin *et al*.(2002), 286면.

(2) 적합성의 원칙과 국가의 조정 역할

적합성의 원칙은 객관적인 자료에 기초한 의학적, 경제학적 분석에 기초한 판단을 강조하는 전문성의 원칙과 기본적 의료의 내용 결정 시 필연적으로 수반되는 가치관의 충돌 가운데 균형을 찾고 이해당사자들의 필요를 공정하게 반영할 수 있는 정치적 의사소통의 원칙으로 나누어볼 수 있다.[36] 기본적 의료인지 여부를 정하는 근거는 객관적 자료[37]에 기초한 전문성을 토대로 하여야 할 것이다.[38] 여기서 주로 검토되는 것은 추상적, 일반적 의료이다.[39] 이때 객관적 사실에 대한 가치관이나 이해관계[40]의 대립 문제는 정치적 의사소통[41]

---

36) Norman Daniels and James E. Sabin(2008), 51면, 55면 참조.
37) 그런데 현실적으로 설득력 있는 근거를 제시하기 위해서는 상당한 규모의 임상시험이나 경제성 평가 등 연구를 진행하고 그 결과를 통계적으로 정리하는 등의 작업이 필요하다. 그래서 필요한 경우 정부에서 직접 예산을 투입하여 임상시험이나 경제성 평가 등 연구를 추진함으로써 이해관계인이나 이해관계인의 연구비 보조를 받은 학계의 연구에만 의존하지 않도록 하여야 한다.
38) 박병주 외(2009), 5면 내지 13면. 조성욱 외(2006), 975면. Jonathan Ellis *et al.* (1995)., George Chapman *et al.* (2013)., P Gill *et al.* (1996), 819면. 당장리 외(2002), 40면. 김용익 외(2013), 441면 내지 445면.
39) 추상적, 일반적 의료와 개별적, 구체적 의료의 구분에 관하여는 제2장 제1절 2. 참조.
40) Douglas K. Martin et al.(2002), 284면. 심의과정에 참여하거나 의견을 제시하는 자는 직접적이든 간접적이든 해당 심의내용에 대하여 이해관계를 가질 가능성이 높으므로 그것을 분명히 밝히고 심의과정을 진행하는 것이 바람직하다.
41) 적극적으로 그리고 합리성 있게 의견을 개진할 여유나 능력을 갖추지 못한 이해당사자는 심의 과정에 참여하기 어려울 수도 있다. 그래서 심의 절차를 통해 전문성과 정치적 의사소통을 확보하려다 자칫 설득력 있는 근거를 만들거나 합리성 있는 논리를 개발해서 적극적으로 의견을 제시할 수 있는 자의 입장이 심의 과정에 많이 반영될 가능성이 높다. 그러므로 공정한 심의과정을 주관하는 보건당국이나 보험당국은 절차에 적극적으로 참여하는 이해당사자의 의견에 더하여 전문성이 있는 중립적인 제3자

을 통해 해결해야 할 것이다.[42]

(3) 명백한 불합리가 존재하는 경우에 한정한 수정 가능성의 원칙

기본형 실손의료보험상품의 보장범위 축소에 대해서는 반발이 있을 가능성이 높으나[43] 기존 보장내용에 명백한 불합리가 존재하는 경우에는 그것이 수정될 수 있어야 한다. 그러므로 공·사보험 연계법에서 정하는 기본적 의료 내용에 대하여 기존 보장내용이 명백하게 불합리한 경우에 한하여 그 합리성과 타당성에 대하여 법원에 행정소송을 제기하여 규범통제를 받을 수 있도록 하는 조항을 둘 필요가 있다. 그렇게 기본적 의료의 내용이 수정되었을 때 그에 따라 기존의 기본형 실손의료보험상품의 보장내용이 변경되도록 유동적 보장 규정[44]으로 약관이 작성되어야 한다.

또는 이해당사자 중 약자이거나 이해관계가 분산되어 있어서 절차에 적극적으로 참여할 유인이 없는 자 등의 의견이 절차에 반영될 수 있도록 심의를 진행하여야 한다.

42) Ronald Dworkin(1993), 885면, 889면, 893면.

43) Mark Stabile *et al.*(2013), 645면에서는 캐나다, 영국, 프랑스, 독일의 의료보험 제도를 검토한 결과 종래 보험급여 대상이었던 의료를 보험급여에서 제외하는 것은 정치적으로 어렵다는 것을 확인하였다고 한다. 김창엽(2009), 271면 참조. 위의 논의들은 모두 공적의료보험을 전제로 한 것이나 기본형 실손의료보험과 같이 공적의료보험에 준하고 많은 보험가입자에게 일괄적으로 적용되는 보험도 마찬가지일 것이다. 기본형 실손의료보험상품과 같이 상당히 큰 규모의 위험단체에 적용되는 보험급여를 축소하는 수정은 그것이 일부의 축소라고 하더라도 기대하였던 권리나 이익의 침해나 박탈로 이해될 수 있으므로 현실적으로 매우 어렵다.

44) 기존의 기본형 실손의료보험상품은 기존에 체결한 보험계약이 유지되고 있는 것이어서 기본적 의료의 내용이 수정되어도 원칙적으로는 기존의 보험계약이 수정되지는 않을 것이라고 생각할 수 있다. 그러나 현재의 실손의료보험상품의 보험약관은 '국민건강보험에서 정하는 급여 의료'를 보장한다고 규정함으로써 국민건강보험의 급여 의료 내용이 수정되면 그에 따라 실손의료보험의 보장내용이 변경되도록 하는 유동적 보장 규정으로 되

⑷ **규범통제 방식에 의한 규제의 원칙**

기본형 실손의료보험상품의 보장내용을 이루는 기본적 의료의 내용을 정할 때 앞서 살핀 투명성의 원칙, 적합성의 원칙, 수정 가능성의 원칙이 규범적으로 관철될 수 있게 공·사보험 연계법에 구체적인 근거 조항을 두어야 한다. 그러면 보건당국이나 금융당국 등 행정청은 물론이고 심의과정에 참여하는 자들이 해당 법령 조항에 따라야할 의무를 부담하게 된다. 그리고 법령에서 정한 요건에 따른 원칙이 이행되지 못하였을 때, 그에 대한 소송 등을 통해 위 원칙들을 직접적, 간접적으로 강제할 수 있다.

3. 기본적 의료 목록 고시

가. 보험약관 규정 방식

기본형 실손의료보험상품의 보험약관에서 보장내용을 정하는 방식으로는 기본형 실손의료보험상품의 보험약관에 부보하는 기본적 의료의 내용을 구체적으로 기재하는 방식과 기본적 의료 목록을 보험당국이나 보건당국의 고시로 규정하고 기본형 실손의료보험상품의 보험약관에서는 그 고시에 규정된 의료비를 부보한다고 보장내용을 정하는 방식을 생각해볼 수 있다. 후자의 방식은 현재의 실손의료보험상품이 국민건강보험법에 따른 급여 의료 목록을 인용하는 방식과 같이 '공·사보험 연계법에서 정한 기본적 의료 중 본인부담금(의 일부)'과 같이 그 보장내용을 정하는 방식이다.

공정한 심의과정을 통해 모든 사회 구성원이 기회의 공정한 평등

어 있다. 기본형 실손의료보험상품 역시 보험약관에서 '공·사보험 연계법에 따른 기본적 의료'를 보장 내용으로 정하면 그 내용이 수정되는 경우 기본형 실손의료보험의 보장내용이 변경되도록 할 수 있다.

을 누리기 위해 보장받아야 할 의료로 결정된 기본적 의료 목록은 공적인 의미를 가지므로 행정청의 고시의 형식이 사기업의 보험약관의 형식보다 더 적합하다. 그리고 기본적 의료의 사회적 의미를 고려할 때 그 고시 개정에 따라 기존의 기본형 실손의료보험상품의 보장 내용이 변경되도록 할 필요가 있는데 그러려면 보험약관에 보장내용을 구체적으로 기재하는 것보다는 기본적 의료 목록을 정하고 있는 고시를 인용하는 방식이 타당하다. 또한 수정 가능성의 원칙을 시행하기 위해서도 기본적 의료 목록이 고시로 규정되는 것이 바람직하다. 기본적 의료 목록이 고시에 규정되어 있을 경우 그 고시에 대한 행정소송에서 위법성이 인정되면 그 판단 결과가 모든 보험약관에 미쳐서 법률관계가 간명해질 것이다. 그러나 만약 기본적 의료 목록이 고시가 아니라 개별 보험약관에 규정되어 있다면 그에 대한 소송 대상이 개별 보험약관이 될 것이어서 민사소송으로 다투어야 할 것이고 그 목록의 위법성이 인정된다고 하더라도 그 판단 결과가 모든 보험약관에 미치지 않기 때문에 법률관계가 복잡해지는 문제가 있다. 기본적 의료 보장을 염두에 둔 기본형 실손의료보험상품의 보장내용이 실손의료보험상품들에 모두 공통되어야만 하는 것은 아니지만 보험당국이 2009년 실손의료보험을 표준화한 후 지금까지 실손의료보험상품은 표준화되어 판매되어왔으므로 적어도 단기적으로는 기본형 실손의료보험상품도 표준화되는 것이 바람직할 것으로 보인다. 따라서 보험당국이나 보건당국이 기본적 의료 목록을 고시로 정하고 기본형 실손의료보험상품의 보험약관에서 그 고시를 인용하는 방식으로 보장내용을 정하는 것이 타당하다고 생각한다.

나. 문제 제기

공·사보험 연계법에 따라서 결정되는 기본적 의료 목록을 고시로 정하고 보험약관이 그 고시를 인용하여 보장내용을 규정한다면 그 고시의 법적 성격은 무엇인지 규명될 필요가 있다. 이것은 기본형 실손의료보험 약관의 구속력의 법적 근거가 무엇인지의 문제로 이어진다.

다. 기본적 의료 목록 고시의 법규성

(1) 고시의 법적 성격

고시의 법적 성질은 일률적으로 판단될 것이 아니라 고시에 담겨진 내용에 따라 구체적인 경우마다 달리 결정된다고 보아야 한다.[45] 어떠한 고시가 다른 집행행위의 매개 없이 그 자체로서 직접 국민의 구체적인 권리의무나 법률관계를 규율하는 성격을 가질 때에는 행정처분에 해당한다.[46] 그리고 고시가 일반·추상적 성격을 가질 때에는 법규명령 또는 행정규칙에 해당한다.[47] 고시가 법령의 직접적인 위임에 따라 수임행정기관이 그 법령을 시행하는데 필요한 구체적인 사항을 정한 것이면, 그 제정형식은 비록 행정규칙이더라도, 그것이 상위법령의 위임한계를 벗어나지 않는 한 상위법령과 결합하여 대외적 구속력을 갖는 법규명령으로서 기능하게 된다.[48] 법규적 성질을 갖는 법령보충적 행정규칙이라는 입법형식에 대하여 그에 대한 헌법 규정이 없으므로 위헌이라는 견해도 있다.[49] 하지만 대부분의 학설은 그것이 현행 헌법상 가능한 것으로 보고 있다.[50] 판례 역시 마찬가지이다.[51]

---

45) 박균성(2017), 154면, 155면.
46) 대법원 2003. 10. 9.자 2003무23 결정, 대법원 2004. 5. 12.자 2003무41 결정.
47) 헌법재판소 1998. 4. 30. 선고 97헌마141 결정.
48) 헌법재판소 1992. 6. 26. 선고 91헌마25 결정.
49) 류지태·박종수(2017)
50) 김중권(2008), 47면.

(2) 국민건강보험의 요양급여기준의 법적 성격

국민건강보험법 제41조 제3항에서는 요양급여의 방법, 절차, 범위, 상한 등의 기준은 보건복지부령으로 정한다고 규정하고 있고, 국민건강보험 요양급여의 기준에 관한 규칙(보건복지부령)은 위 법률조항의 위임에 따라 요양급여의 방법·절차·범위·상한 및 제외대상 등 요양급여기준에 관하여 필요한 사항을 규정한다. 그리고 위 규칙은 요양급여기준의 세부사항 등을 보건복지부 고시에 위임하고 있다.[52] 그러므로 국민건강보험의 요양급여기준이 고시의 형식으로

---

51) 헌법재판소 2016. 2. 25. 선고 2015헌바191 결정, 헌법재판소 1992. 6. 26. 선고 91헌마25 결정, 헌법재판소 1998. 4. 30. 선고 97헌마141 결정, 대법원 2016. 1. 28. 선고 2015두53121 판결.

52) 위 규칙에서는 요양급여의 절차(제2조), 요양급여의 적용기준 및 방법(제5조), 요양급여대상의 고시(제8조), 비급여대상(제9조), 요양급여의 결정신청이나 결정 등에 관하여 규정하고 있다. 가령 제5조 제1항에서는 '요양기관은 가입자등에 대한 요양급여를 별표 1의 요양급여의 적용기준 및 방법에 의하여 실시하여야 한다'고 하고 제2항에서는 '제1항의 규정에 의한 요양급여의 적용기준 및 방법에 관한 세부사항과 조혈모세포이식 요양급여의 적용기준 및 방법에 관한 세부사항은 의약계·공단 및 건강보험심사평가원의 의견을 들어 보건복지부장관이 정하여 고시한다'고 규정하고 있다. 또한 제8조 제2항에서는 '보건복지부장관은 법 제41조제2항에 따른 요양급여대상(이하 "요양급여대상"이라 한다)을 급여목록표로 정하여 고시하되, 법 제41조제1항 각 호에 규정된 요양급여행위(이하 "행위"라 한다), 약제 및 치료재료(법 제41조제1항제2호에 따라 지급되는 약제 및 치료재료를 말한다. 이하 같다)로 구분하여 고시한다. 다만, 보건복지부장관이 정하여 고시하는 요양기관의 진료에 대하여는 행위·약제 및 치료재료를 묶어 1회 방문에 따른 행위로 정하여 고시할 수 있다'라고 규정하고, 제3항에서는 '보건복지부장관은 제2항에도 불구하고 영 제21조제3항제2호에 따라 보건복지부장관이 정하여 고시하는 질병군에 대한 입원진료의 경우에는 해당 질병군별로 별표 2 제6호에 따른 비급여대상, 규칙 별표 6 제1호다목에 따른 요양급여비용의 본인부담 항목 및 같은 표 제1호사목에 따른 이송처치료를 제외한 모든 행위·약제 및 치료재료를 묶어 하나의 포괄적인 행위로 정하여 고시할 수 있다. 이 경우 하나의 포괄적인 행위에서 제외되는

정해져 있더라도 법률의 위임을 받았으므로 법률보충적 법규명령인 것은 국민건강보험법령의 규정 상 명백하다.[53] 이는 국민건강보험법의 위임에 따라 이를 정한 규정으로서 법령의 위임한계를 벗어나지 아니하는 한 법령의 내용을 보충하는 기능을 하면서 그와 결합하여 대외적으로 구속력이 있는 법규명령으로서의 효력을 가진다.[54]

(3) 법령의 규정 방식에 따른 기본적 의료 목록 고시의 법적 성격

공·사보험 연계법에 따라서 결정되는 기본적 의료 목록 고시의 법적 성격 역시 법령에서 그 고시를 어떻게 규정하는지에 달렸다. 만약 법률에서 기본형 실손의료보험상품의 보장내용을 정하면서 그것을 하위법령에 위임하고 그 위임을 받은 고시에서 기본적 의료 목록을 정하면 그 고시는 법령보충적 행정규칙이다. 하지만 법령의 위임이 없다면 그 고시는 대외적인 구속력이 없는 행정규칙인 행정청 내부의 사무처리준칙[55]이나 실손의료보험회사에 대한 행정지도[56]에 불과할 것이다. 후자의 경우 실손의료보험회사는 법적으로 그 고시에 구속되지 않는다. 그러므로 실손의료보험회사가 그와 다른 내용으로 기본형 실손의료보험 약관을 만들어서 금융위원회에 신고하여[57] 금

항목은 보건복지부장관이 정하여 고시할 수 있다'라고 규정하고 있다.
53) 명순구(2009), 179면.
54) 대법원 1999. 6. 22. 선고 98두17807 판결, 서울고법 2009. 8. 27. 선고 2008나 89189 판결 등.
55) 대법원 2013. 12. 26. 선고 2012두19571 판결.
56) 헌법재판소 2003. 6. 26. 선고 2002헌마337 결정은 행정지도는 행정청이 사인의 임의적인 협력을 통하여 사실상의 효과를 발생시키는 행정작용으로 보고, 대법원 2008. 9. 25. 선고 2006다18228 판결 역시 행정지도는 강제성을 띠지 않은 비권력적 작용으로 파악하고 있다.
57) 보험업법 제127조 제1항은 "보험회사는 취급하려는 보험상품에 관한 기초서류를 작성하여야 한다.", 제2항 전문은 "보험회사는 기초서류를 작성하거나 변경하려는 경우 그 내용이 다음 각 호의 어느 하나에 해당하는 경우에는 미리 금융위원회에 신고하여야 한다."라고 규정하고 있다. 여기서 신고

융위원회가 이를 심사[58]한 후 신고를 수리하면[59] 판매할 수 있다.[60]

(4) 법령보충적 행정규칙으로서의 기본적 의료 목록 고시

기본적 의료 목록 고시가 실손의료보험회사에 대한 대외적인 법적 구속력[61]을 가짐으로써 실손의료보험회사가 위 고시에 위반하여 기본형 실손의료보험상품의 보장내용을 정하지 못하도록 법령보충

해야 하는 경우는 "1. 법령의 제정·개정에 따라 새로운 보험상품이 도입되거나 보험상품 가입이 의무가 되는 경우, 2. 보험회사가 금융기관보험대리점등을 통하여 모집하는 경우, 3. 보험계약자 보호 등을 위하여 대통령령으로 정하는 경우"이다. 동법 시행령 제71조 제1항 전문은 "법 제127조 제2항제3호에 따라 보험회사가 기초서류(법 제5조제3호에 따른 기초서류를 말한다. 이하 같다)를 작성하거나 변경하려는 경우 미리 금융위원회에 신고하여야 하는 사항은 별표 6과 같다."라고 하고 별표 6에서는 기초서류의 신고대상으로 "1. 보험회사가 이미 신고 또는 판매되지 않는 위험을 보장하거나 새로운 위험구분단위 등을 적용하여 설계하는 경우. 다만, 다른 보험회사가 이미 신고 또는 판매하고 있는 보험상품의 경우는 제외한다." 등을 규정하고 있다. 기초서류에는 보험약관이 포함된다(보험업법 제5조 제3호).

58) 보험약관 등의 심사에 관하여는 이성남·김건(2003), 309면 참조.

59) 보험업법 제127조의2 제1항은 "금융위원회는 보험회사가 제127조 제2항에 따라 신고한 기초서류의 내용 및 같은 조 제3항에 따라 제출한 기초서류에 관한 자료의 내용이 제128조의3 및 제129조를 위반하는 경우에는 대통령령으로 정하는 바에 따라 기초서류의 변경을 권고할 수 있다."라고 규정하고 있고, 동법 제128조의3 제1항은 "보험회사는 기초서류를 작성·변경할 때 다음 각 호의 사항을 지켜야 한다."라고 하면서 "1. 이 법 또는 다른 법령에 위반되는 내용을 포함하지 아니할 것, 2. 정당한 사유 없는 보험계약자의 권리 축소 또는 의무 확대 등 보험계약자에게 불리한 내용을 포함하지 아니할 것, 3. 그 밖에 보험계약자 보호, 재무건전성 확보 등을 위하여 대통령령으로 정하는 바에 따라 금융위원회가 정하는 기준에 적합할 것"을 규정하고 있다.

60) 헌법재판소 2012. 3. 29. 선고 2009헌마613 결정 참조.

61) 여기서 대외적이라는 것은 의료공급자나 의료수요자 등의 법률행위를 무효로 할 수 있는 강행규정(효력규정)이라는 의미는 아니다. 이에 대하여는 후술한다.

적 행정규칙으로 규정되어야 한다고 생각한다. 이때 기본형 실손의료보험상품을 표준화하지 않고 다양한 기본형 상품을 판매할 수 있도록 할 수도 있다. 그러면 보험가입자의 선택의 폭이 넓어지는 이점이 있다.

　그러나 실손의료보험의 보장내용이 다양하고 복잡하면 의료수요자가 보험상품을 효율적으로 선택하기 어렵고 그에 비용이 발생하는 단점이 있다.[62] 그리고 소비자가 실손의료보험상품을 이해하기 어려워서 다수 보험에 중복 가입하는 문제가 생길 수 있다.[63] 또한 실손의료보험회사들 중에는 수익을 더 많이 얻기 위하여 젊고 건강한 보험가입자에게 보다 매력적이고 나이가 많거나 질병이나 상해 위험이 높을 것으로 보이는 보험가입자에게 불리한 보험상품을 만들려는 회사가 생길 수 있다. 만약 그런 보험상품을 통해 더 많은 수익을 얻을 수 있다면 보험회사들이 기본적 의료 보장에 기여하기 보다는 젊고 건강한 보험가입자를 가입시키기 위한 경쟁에 집중하게 될 우려가 있다.

　우리나라는 2009년 이전에 실손의료보험상품들의 구성이 복잡하고 보험회사마다 제각각인 것이 문제라고 인식하고 이를 단순화하여 소비자를 보호하기 위하여 실손의료보험상품을 표준화하였다.[64] 당시 보험당국은 상품이 표준화되지 않으면 과당경쟁으로 인하여 소비자가 피해를 입거나 의료 이용이 과도하게 증가할 위험이 있다고 보았다.[65] 이러한 보험당국의 입장은 현재까지도 이어지고 있다. 표준화된 상품은 통일성 있는 보장을 가능하게 하므로 공정한 기회

62) Russell Korobkin(1999), 39면, 72면 참조.
63) 한기정(2014)., 145면. 맹수석(2012), 58면.
64) 이진석(2009), 생명보험협회(2010), 161면, 이용갑(2009), 31면, 금융감독원 외 (2015) 28면 참조.
65) 금융감독원 보도자료(2009. 9. 2.), 실손 의료보험 표준화 방안.

의 평등을 누리기 위한 기본적 의료 보장에 기여하는 수단으로서도
적절하다. 표준화가 되지 않으면 실손의료보험이 국민건강보험에
미치는 영향을 파악하기도 어려우므로[66] 공·사보험을 연계하여 규
율하는 초기 단계에는 표준화의 현실적인 필요성도 있다. 그러므로
적어도 단기적으로는 기본형 실손의료보험의 약관의 보장내용이 기
본적 의료 목록 고시에 기속되도록 규정함으로써 기본형 실손의료
보험상품을 표준화하는 것이 더 나을 것이라고 생각한다.

⑸ 포괄위임금지의 원칙과 기본적 의료 목록 고시

헌법 제75조, 제95조의 입법 취지에 비추어 볼 때, 법률에는 하위
법령에 규정될 내용 및 범위의 기본 사항이 가능한 한 구체적이고도
명확하게 규정되어 있어서 누구라도 당해 법률 그 자체로부터 대통
령령 등에 규정될 내용의 대강을 예측할 수 있어야 한다.[67] 그러나
고도로 복잡다양하고 급속히 변화하는 환경 하에 있는 현대국가로
서는 필연적으로 상황의 변화에 따라 다양한 방식으로 행정수요에
적절히 대처할 필요성이 요구되는 점에 비추어 규율대상이 다양하
거나 수시로 변화하는 성질의 것일 때에는 위임의 구체성·명확성의
요건이 완화되어야 한다.[68] 그래서 국민건강보험법은 요양급여기준
의 구체적인 사항을 정하지 않고 요양급여의 방법, 절차, 범위, 상한
등의 기준을 보건복지부령에 위임하고 있지만(국민건강보험법 제41
조 제3항) 포괄위임금지 원칙에 위배되지 않는다.[69]

---

66) 이규식(2015), 296면.
67) 헌법재판소 1998. 7. 16. 선고 96헌바52 결정, 헌법재판소 2000. 8. 31. 선고
   99헌바104 결정, 헌법재판소 2001. 11. 29. 선고 2000헌바23 결정 등.
68) 헌법재판소 2003. 12. 18. 선고 2001헌마543 전원재판부 결정, 헌법재판소
   2004. 7. 15. 선고 2003헌가2 전원재판부 결정 등.
69) 헌법재판소 2000. 1. 27. 선고 99헌바23 전원재판부 결정, 서울행정법원 2012.
   5. 25. 선고 2011구합30519 판결 참조.

공·사보험 연계법은 기본적 의료 보장과 의료 이용의 효율성 제고를 목적으로 할 것이다. 공정한 기회의 평등을 보장하는 기본적 의료를 결정할 때는 우리나라 의료보험제도에서 한정된 재원이라는 한계 하에서 여러 가지 측면을 고려하여 의료의 우선순위를 정하게 되고, 사회적·경제적 여건에 따라 적절히 대처할 필요성이 있다. 그러므로 기본적 의료의 구체적인 내용을 미리 법률에 상세하게 규정하는 것은 입법기술상 매우 어렵다. 따라서 공·사보험 연계법에서 기본적 의료가 앞서 살핀 공정한 심의과정에서 논의된 기준과 절차에 의하여 결정됨을 명확하게 규정하고 하위법령에 위임하는 내용을 기본적 의료의 방법, 절차, 범위 상한기준 등으로 특정한다면 그 내재적인 위임의 범위나 한계를 예측할 수 있으므로 포괄위임금지의 원칙에 위반하지 않을 것이다.

라. 기본적 의료 목록 고시의 강행규정성

(1) 강행규정의 판단 기준

판례나 학설은 법률에 위반된 법률행위가 무효가 되는지 여부와 관련하여 그 법률을 단속규정과 대비되는 강행규정[70] 또는 효력규정[71]이라고 부른다. 이에 대하여 이론적인 논의가 가능하나 그러한 견해 차이에 따라 실제 결론이 달라지는 것은 아니기 때문에 일반적인 용례에 따라 법률행위의 사법상 효력에 영향을 미치는 규정을 강행규정이라고 하고, 그렇지 않은 규정을 단속규정이라고 하고 강행규정에 대한 논의를 하는 견해[72]가 있는데 타당하다고 생각한다.

---

70) 대법원 2017. 2. 3. 선고 2016다259677 판결 등.
71) 그 법률 위반 시 계약이 무효가 되는 효력규정을 단속규정과 대비되는 개념으로 판시하는 판결로는 대법원 1993. 7. 27. 선고 93다2926 판결, 대법원 2009. 9. 10. 선고 2006다64627 판결, 대법원 1996. 12. 24. 자 96마1302 결정 등.

법률에서 강행규정임을 명시하는 경우도 있지만,[73] 그러한 정함이 없는 경우 법률에 위반된 법률행위가 무효인지 여부를 판단하는 것은 어렵다. 판례들 중에는 어떤 법률 규정이 강행규정이라고 하면서도 그 구체적인 이유를 제시하지 않는 것들도 적지 않다.[74] 대법원은 원래 자유로이 할 수 있어야 할 대외거래를 국민경제의 발전을 도모하기 위하여 과도적으로 제한하는 규정들은 단속법규라고 해석함이 타당하다고 하거나,[75] 개별적 차입행위의 거래상대방인 채권자의 이익보호보다 일반서민거래자의 이익보호가 우선되어야 하는 등의 제반 사정을 들어 일정한 상호신용금고의 차입행위 금지 규정이 강행규정이라고 판단하기도 하였다.[76] 결국 법률에 위반한 법률행위의 효력은 법규정의 목적, 보호법익, 위반의 중대성, 법규정을 위반하려는 의도 유무 등을 고려하여 결국 실질적으로는 이익형량과 가치평가를 통해 결정하여야 한다.[77]

(2) 국민건강보험의 요양급여기준의 강행규정성

국민건강보험의 요양급여기준이 강행규정인지 여부는 국민건강보험법에 명시적으로 규정되어 있지 않기 때문에 해석에 맡겨져 있

---

72) 김재형(2004), 37면.
73) 예를 들어, 독점규제 및 공정거래에 관한 법률 제19조 제4항에서는 '제1항에 규정된 부당한 공동행위를 할 것을 약정하는 계약등은 사업자간에 있어서는 이를 무효로 한다'라고 규정하고 있다.
74) 대법원, 1965. 11. 30. 선고 65다1837 판결, 대법원 1977. 11. 22. 선고 77다1947 판결, 대법원 1980. 11. 11. 선고 80다191 판결, 대법원 1983. 11. 16.자 83마138 결정, 대법원 1984. 11. 13. 선고 84다75 판결, 대법원 1997. 3. 14. 선고 96다55693 판결, 대법원 2002. 2. 26. 선고 2001다64165 판결, 대법원 2002. 2. 8. 선고 2001다68969 판결 등.
75) 대법원 1975. 4. 22. 선고 72다2161 전원합의체 판결.
76) 대법원 1985. 11. 26. 선고 85다카122 전원합의체 판결.
77) 김재형(2004), 61면.

다. 이것은 유상의 임의비급여 금지와 직결되어 있는 문제이다. 국
민건강보험의 요양급여기준을 강행규정으로 인정하면 그에 위반한
의료 공급 계약은 무효가 되는데 이는 부당하다는 견해가 있다.[78]
보건복지부장관의 고시인 국민건강보험의 요양급여기준을 강행규
정으로 인정하면 보건복지부장관이 임의로 강행규정을 제정할 수
있게 허용하여 법치주의의 원칙에 위반되며 의사의 진료권과 환자
의 선택권을 부당하게 침해하고 의료공급자의 최선의 진료의무와
충돌된다는 것이다.

이에 대하여 의료공급자와 의료수요자 간의 계약은 국민건강보
험법에 따라 공법관계의 틀에 편입되므로 요양급여기준을 강행규정
으로 보아야 한다는 견해가 있다.[79] 국민건강보험법은 의료공급자
와 의료수요자 사이의 법률관계에 공법관계의 외관을 입히므로,[80]
진료계약의 법률관계를 평가할 때 의학적 타당성(의료법의 측면)만
이 유일한 기준이 아니라 국민건강보험의 지속가능성과 그것을 위
한 비용효과성(국민건강보험법의 한 측면)도 중요한 준거점이라는
것이다.[81] 또한 국민건강보험법에서 요양급여기준을 위반하면 부당
이득의 징수(제57조), 요양기관현지조사(제97조), 업무정지규정(제98
조), 과징금 규정(제99조) 등의 행정제재처분 규정을 두고 있으므로

---

78) 현두륜, 요양급여기준이 강행법규인가?, 법률신문, 2008. 8. 이 견해는 요양
   급여기준이 강행규정으로 인정되면 그에 반하는 의료 공급은 그 자체로
   불법행위가 되고 법원도 그에 구속되어야 한다고도 설명한다. 그러나 강
   행규정은 임의규정에 대응하는 개념으로 법률행위의 영역에서 통용되는
   개념이다(명순구(2005), 375면 참조). 그래서 강행규정 위반이라고 해서 항
   상 그것이 불법행위로 인정되는 것은 아니다(대법원 1996. 8. 23. 선고 94다
   38199 판결 참조). 또한 법원이 어떤 규정에 구속되는지 여부는 그 규정이
   강행규정인지 여부가 아니라 법규명령인지 여부에 관한 문제이다.
79) 정영철(2013), 174면, 175면.
80) 최규진(2011), 225면.
81) 정영철(2012a), 261면, 262면.

요양급여기준이 강행규정이라는 견해도 있다.[82] 요양기관은 요양급여기준 등에서 정한 바에 따라 요양급여를 시행하고 진료수가를 지급받아야 한다는 판례의 입장을 인용하면서 요양급여기준의 강행규정성을 인정하는 입장도 있다.[83]

대법원은 국민건강보험의 요양급여기준이 강행규정이라고 설시한 바 있지만 그에 대한 상세한 이유를 밝히지는 않았다.[84] 그런데 대법원은 유상의 임의비급여가 원칙적으로 금지된다는 전원합의체 판결을 하면서 그 이유로 국민건강보험제도가 보험재정의 허용한도 내에서 가입자 등에게 비용과 대비하여 효과적이면서도 의학적으로 안전성과 유효성을 갖춘 진료행위를 요양급여로 제공하고, 그 보험혜택을 모든 국민이 보편적으로 누릴 수 있도록 함으로써 공공복리의 증진을 도모하기 위한 제도인 점을 제시하고 있다.[85] 이를 보면 판례는 기본적 의료 보장과 이를 달성하기 위한 의료 이용의 효율성 제고를 위하여 국민건강보험의 요양급여기준을 강행규정으로 인정하는 것으로 보인다.

생각건대, 국민건강보험의 요양급여기준은 판례의 입장과 마찬가지로 원칙적으로 강행규정이라고 새기는 것이 타당하다. 의료법 제12조 제1항과 보건의료기본법 제6조 제2항은 '이 법 또는 다른 법률에 특별한 규정이 있는 경우'에 의료인 또는 보건의료인의 재량권이 제한될 수 있음을 명시하고 있다. 그러므로 국민건강보험법에 따라 의료공급자의 재량에 제한이 가해질 수 있다. 국민건강보험의 요양급여기준은 행위별수가제 하에서 국민의 의료 문제를 전적으로 의료공급자의 재량에 맡길 수 없는 상황에서 의학적 타당성과 국민건

82) 선정원(2011), 26면.
83) 명순구(2009), 180면, 181면.
84) 대법원 2001. 7. 13. 선고 99두12267 판결.
85) 대법원 2012. 6. 18. 선고 2010두27639 전원합의체 판결.

강보험 제도의 유지 사이의 조화점을 제시하는 규범으로 이해될 수 있다.[86] 물론 단순히 국민건강보험법이 공법적인 기준을 제시하였다는 이유만으로는 강행규정성을 인정할 수 없다.[87] 그러나 기본적 의료 보장과 의료 이용의 효율성 제고를 달성하려는 국민건강보험법의 목적, 우리 사회 구성원의 건강과 공정한 기회의 평등이라는 보호법익, 요양급여기준을 위반한 진료계약의 효력을 인정할 경우 현실에서 그러한 진료계약을 막을 수가 없는 중대성, 의료공급자가 경제적 유인으로 인하여 요양급여기준을 위반할 가능성이 있고 의료수요자는 의료공급자와 대등한 지위에 있지 못한 점 등을 고려할 때 국민건강보험의 요양급여기준을 원칙적으로 강행규정으로 인정함이 타당하다. 다만, 그것은 요양급여기준이 합리적이고 요양급여기준에 따른 보장률이 충분히 크다는 전제 하에서 그러하다.

(3) 기본적 의료 목록 고시의 강행규정 여부

(가) 문제 제기

기본적 의료 목록 고시에 국민건강보험의 요양급여기준이 보장하지 않는 기본적 의료가 포함된다면 기본적 의료 목록 고시를 강행규정으로 인정해야 한다는 견해가 있을 수 있다. 그러나 실손의료보험이 기본적 의료의 보편적 보장 역할을 하는 법체계 하에서도 기본적 의료 목록 고시를 강행규정으로 인정하는 것은 타당하지 않다고 생각한다. 이 문제는 우선 국민건강보험 제도와의 관계와 관련하여 2017. 8. 건강보험 보장성 강화대책 이행 이전과 이후를 나누어서 검토하여야 한다. 그리고 기본적 의료 목록 고시가 강행규정일 경우 무효가 될 수 있는 두 가지 계약, 즉, 의료공급자와 의료수요자 사이

86) 명순구(2009), 175면.
87) 대법원 2017. 2. 3. 선고 2016다259677 판결.

의 진료계약 등과 실손의료보험회사와 보험가입자 사이의 보험계약을 나누어서 살펴볼 필요가 있다.

(나) 2017. 8. 건강보험 보장성 강화대책 이행 이전과 이후

2017. 8. 건강보험 보장성 강화대책 이행 이후에는 기본적 의료 목록 고시의 대부분이 국민건강보험의 요양급여기준과 같아서 이를 강행규정으로 인정할 필요가 없다. 2017. 8. 건강보험 보장성 강화대책이 이행되면 의학적 필요성이 있는 모든 의료가 급여나 예비급여 등으로 국민건강보험의 요양급여기준에 포섭되게 된다. 그러면 기본형 실손의료보험은 요양급여기준을 인용하면서 그 본인부담금의 전부 또는 일부를 보장한다. 국민건강보험의 요양급여기준이 이미 강행규정이므로 요양급여기준을 따르는 기본형 의료 목록 고시에 강행규정성을 인정할 필요가 없다.[88]

한편, 기본적 의료 목록 고시가 요양급여기준과 다른 경우에는 이를 강행규정으로 인정하여서는 안 된다. 이때, 기본형 의료 목록 고시에 강행규정성을 인정하면 또 다른 강행규정인 국민건강보험의 요양급여기준과 모순, 저촉되는 문제가 발생한다. 강행규정과 강행규정이 서로 모순, 저촉될 때 그 중 하나의 강행규정에 따르면 다른 강행규정에 의하여 배제하려는 결과를 실현시키는 셈이 되어 그 입법취지를 몰각하게 되고,[89] 반대의 경우도 마찬가지이다. 그러면 법

원이 각 강행규정이 서로 조화되는 입법취지를 찾거나 강행규정들 중 우선적으로 적용되어야 하는 강행규정이 무엇인지 해석하여야 한다. 그것은 어려운 일이며 법적 안정성이 보호되지 않는다.

그러므로 2017. 8. 건강보험 보장성 강화대책 이행 이후의 기본적 의료 목록 고시를 강행규정으로 인정하는 것은 타당하지 않다. 이하 에서는 2017. 8. 건강보험 보장성 강화대책 이행 이전 상황에서 기본적 의료 목록 고시의 목적, 보호법익, 위반의 중대성, 법규정을 위반하려는 의도 유무 등을 고려하여 그 고시에 위반한 의료공급자와 의료수요자의 계약이나 실손의료보험회사와 보험가입자의 계약을 무효로 하는 것이 타당한지 분석한다.

(다) 의료공급자와 의료수요자의 진료계약 등

기본적 의료 목록 고시가 강행규정이라면 의료공급자와 의료수요자가 그에 위반한 진료계약[90] 등을 체결하여도 계약이 무효이다. 기본형 실손의료보험에 가입한 의료수요자이든 아니든 그리고 실손의료보험회사와 계약을 체결한 의료공급자이든 아니든,[91] 그 진료계약 등이 기본적 의료 목록 고시에 위반하면 무효가 되는 것이다. 국민건강보험의 경우 모든 의료공급자와 의료수요자가 법률에 의하여 강제로 또는 당연히 국민건강보험에 가입되지만 실손의료보험은 그렇지 않고 원하는 자만이 실손의료보험에 가입한다. 그런데 실손의

---

90) 예를 들어, 어떠한 약제(허가사항은 병용요법)에 대하여 고시에서는 3가지 약물의 병용 요법으로 사용하도록 정하고 있는데 의료공급지가 2가지 약물의 병용 요법으로 사용하고 그 비용을 환자 본인으로부터 지급받을 경우를 생각해볼 수 있다. 이는 서울행정법원 2009. 10. 19. 선고 2008구합9522, 14807 판결의 사안이다(다만, 이 판결의 사안은 국민건강보험의 요양급여 기준에 위반한 임의비급여가 문제된 사안이었다).
91) 다만, 현재 우리나라에서는 실손의료보험회사와 계약을 체결한 의료공급자는 없다. 이에 대하여는 후술한다.

료보험의 보장내용을 정하는 고시가 실손의료보험과 아무런 법률관계도 없는 의료공급자나 의료수요자의 계약을 무효로 하는 것은 계약자유에 대한 과도한 제한이다.[92] 그것은 실손의료보험에 가입한 의료수요자가 체결하는 진료계약 등에 관하여도 마찬가지이다. 만약 그러한 효력이 있다면 그 고시는 실손의료보험과 무관하게 의료공급이나 이용을 규제하는 법규이다. 이것은 본 연구가 제안한 기본적 의료 목록 고시의 입법취지[93]와 부합하지 않는다. 기본적 의료 목록 고시는 기본형 실손의료보험의 보장내용을 정하기 위한 것일 뿐[94] 의료공급자와 의료수요자가 기본적 의료 목록 고시와 다른 내용의 의료를 공급하거나 이용하는 것을 금지하려는 것은 아니다.[95] 의료수요자가 기본형 실손의료보험의 보장내용이 아닌 의료를 이용

---

92) 대법원 1997. 8. 26. 선고 96다36753 판결 참조.

93) 본 연구에서 제안하는 기본형과 추가형 실손의료보험의 분리는 보험금 지급을 통하여 기본적 의료 보장을 받기 원하는 의료수요자의 수요를 충족하면서도 비용효과적이지 않은 의료 이용 증가를 방지하기 위함이지 의료의 내용과 가격을 직접적으로 통제하기 위함이 아니다.

94) 물론 기본형 실손의료보험에 가입한 의료수요자가 많을 경우에 그 보장내용은 의료 공급이나 이용에 사실상 영향력을 미치게 된다. 그와 같은 사실상 영향력은 본 연구에서 기본형과 추가형을 분리하는 등으로 실손의료보험의 보장내용이나 운영방식을 규제하여야 한다고 주장하는 중요한 근거이다. 하지만 그것은 보험금 지급 여부에 따른 사실상의 영향력일 뿐이다. 그러한 사실상 영향력이 있다고 하여 사보험인 실손의료보험의 보험약관이나 그 보험약관의 내용을 정하는 기본적 의료 목록 고시가 의료공급자와 의료수요자 사이의 사적 계약을 직접 규율하는 법적 효력을 갖는 것은 아니다.

95) 오영준(2011), 280면, 281면에서는 강행규정과 단속규정을 구별하는 일반적 기준으로 고려해야 할 실질적 요소로 당해 법규가 규제하려고 하는 것이 행위 자체를 금지, 제한하려는 것인가 또는 행위의 결과로서 생기는 물건의 이동까지도 억제하려는 것인가를 검토하여야 한다고 하면서, 금지, 제한하려는 요청이 강력한 경우에는 사법상의 효력을 부인하지 않고서는 행위의 금지, 제한을 실현할 수 없기 때문에 강행규정으로 인정될 수 있다고 한다.

한 경우 실손의료보험회사가 보험금을 지급하지 않으면 된다. 이를 넘어 실손의료보험의 보장내용에 부합하지 않는 진료계약을 무효로 함으로써 그 의료 공급이나 이용을 금지하거나 제한하는 것은 타당하지 않다.

　(라) 실손의료보험회사와 보험가입자 사이의 보험계약

　실손의료보험회사와 보험가입자 사이의 보험계약이 기본적 의료 목록 고시에 위반되면 무효로 해야 한다는 생각이 있을 수 있다. 그런데 보험당국은 법규에 위반되는 보험계약을 체결한 실손의료보험회사나 그 임직원에 대하여 제재를 가할 수 있고,[96] 기초서류 변경 명령을 할 수 있다.[97] 그러므로 실손의료보험회사가 그러한 보험계약을 체결할 가능성은 낮다. 실제로 보험회사가 법규에 위반한 보험계약을 체결하는 경우는 찾기 어렵다.[98] 기본적 의료 목록 고시를

---

[96] 금융위원회는 보험회사(그 소속 임직원을 포함한다)가 보험업법 또는 동법에 따른 규정·명령 또는 지시를 위반하여 보험회사의 건전한 경영을 해칠 우려가 있다고 인정되는 경우 등에 대하여 금융감독원장의 건의에 따라 보험회사에 대한 주의, 경고 또는 그 임직원에 대한 주의, 경고, 문책의 요구, 해당 위반행위에 대한 시정명령, 임원의 해임권고, 직무정지, 6개월 이내의 영업의 일부정지의 조치를 할 수 있다(보험업법 제134조 제1항). 그리고 금융위원회는 보험회사가 위 시정명령을 이행하지 아니한 경우 6개월 이내의 기간을 정하여 영업 전부의 정지를 명하거나 청문을 거쳐 보험업의 허가를 취소할 수 있다(보험업법 제134조 제2항 제4호). 뿐만 아니라 위반행위에 대하여 과징금을 부과하거나(보험업법 제196조) 과태료를 부과할 수 있다(보험업법 제209조).

[97] 금융위원회는 보험회사의 기초서류에 법령을 위반하거나 보험계약자에게 불리한 내용이 있다고 인정되는 경우에는 청문을 거쳐 기초서류의 변경 또는 그 사용의 정지를 명할 수 있다(보험업법 제131조 제2항).

[98] 보험업법에 위반된 보험계약 체결에 관하여는 무허가 보험 사업인지 여부가 문제되는 사건들은 다수 존재한다. 대법원 1987. 9. 8. 선고 87도5565 판결, 대법원 1989. 5. 9. 선고 88도1288 판결, 대법원 1989. 9. 26. 선고 88도2111 판결, 대법원 1990. 6. 26. 선고 89도2537 판결, 대법원 2001. 12. 24. 선고 2001

강행규정으로 새기지 않더라도 기본적 의료 보장과 의료 이용의 효율성 제고에 기여하려는 공·사보험 연계법의 목적을 달성하고 우리 사회 구성원의 건강과 공정한 기회의 평등이라는 법익을 보호하는 데에 어려움이 없다. 판례 중에는 문제된 규정이 강행규정이 아니라 단속규정이라는 근거들 중 하나로 위반 행위의 사법상의 효력을 부인하여야만 비로소 입법목적을 달성할 수 있다고 볼 수 없는 사정을 설시한 것이 있다.[99] 이러한 견지에서 볼 때 실손의료보험회사와 보험가입자 사이의 계약이 기본적 의료 목록 고시를 위반하였을 때 그 사법상 효력을 부인해야만 위 고시의 입법목적을 달성할 수 있다고 보기 어려우므로 이를 강행규정이라고 인정하기 어렵다.

마. 기본적 의료 목록 고시에 대한 사법통제

(1) 항고소송의 대상적격

(가) 법령보충적 행정규칙의 처분성

기본적 의료 목록 고시는 법규명령인데도 그것이 항고소송의 대상이 될 수 있는지 여부[100]가 문제될 수 있다.[101] 그러나 법령보충적 행정규칙이라도 처분성[102]을 갖는 경우 직접 항고소송의 대상이 된다.[103] 법규명령은 항고소송의 대상이 되지 않는 것이 원칙이나 법

도205 판결 등. 그러나 보험업법상 허가를 받은 보험회사가 법규에 위반한 보험상품을 판매하는 경우는 찾기 어렵다.

99) 대법원 2003. 11. 27. 선고 2003다5337 판결, 대법원 1989. 9. 12. 선고 88다카 2233, 2240 판결 등.

100) 우리나라에서 행정입법에 대한 사법통제는 구체적 규범통제에 한정된다(헌법 제107조 제1항, 제2항). 최승원(2011), 664면, 665면 참조.

101) 대법원 1987. 3. 24. 선고 86누856 판결.

102) 대법원 2003. 10. 9.자 2003무23 결정, 대법원 2006. 9. 22. 선고 2005두2506 판결. 대법원 1996. 9. 20. 선고 95누8003 판결.

규명령 중에 구체적인 처분을 매개로 하지 아니하고도 직접 국민의
권리, 의무에 변동을 가져오는 처분적 법규명령은 항고소송의 대상
이 되는 것이다.[104] 판례도 법령보충적 행정규칙인 고시의 처분성을
인정할 수 있다는 입장이다.[105]

(나) 기본적 의료 목록 고시의 처분성

공·사보험 연계법에서 기본형 실손의료보험상품의 보장내용이
기본적 의료 목록 고시에 기속되도록 규정하면 위 고시는 다른 집행
행위의 매개 없이 그 자체로 직접 실손의료보험회사와 보험가입자
의 권리의무나 법률관계를 규율하는 성격을 가진다. 그러므로 그 처
분성이 인정될 수 있다고 생각한다. 다만, 이에 대한 불필요한 논란
을 없애고 수정 가능성의 원칙을 관철시키기 위하여 공·사보험 연계
법에서 기본적 의료 목록 고시에 대하여 항고소송으로 다툴 수 있다
는 규정을 두는 것[106]이 타당하다.

---

103) 박균성(2017), 176면.

104) 박해식(2004), 648면.

105) 대법원 2003. 10. 9.자 2003무23 결정. 위 결정에서 문제된 고시는 구 국민
건강보험법 제39조 제1항 제2호, 제2항, 제3항, 구 국민건강보험요양급여
의기준에관한규칙(보건복지부령) 제5조 제1항, 제2항, 구 국민건강보험법
제41조, 동법 시행령 제22조 제1항, [별표 2], 동법 시행규칙 제10조, [별표
5])에 따라 위임을 받은 법규명령적 행정규칙이다. 위 결정은 위 고시의
처분성을 인정하였다. 이는 법규명령적 성질을 가지는 고시의 처분성을
최초로 확인한 대법원 판단이다. 정성태, 법규명령의 처분성, 행정판례연
구 X, 한국행정판례연구회, 2005, 8면 참조.

106) 국민건강보험법 제90조에서는 건보공단 또는 심평원의 처분에 이의가 있
는 자 등은 행정소송법에서 정하는 바에 따라 행정소송을 제기할 수 있
다고 규정하고 있다. 공·사보험 연계법에 그와 같은 규정을 두면 처분성
에 대한 논란 없이 항고소송의 대상적격이 인정될 수 있다.

(2) 항고소송의 원고적격

(가) 행정소송법 제12조 전문의 법률상 이익

항고소송은 처분등의 취소나 무효 확인, 부작위 위법의 확인을 구할 법률상 이익이 있는 자가 제기할 수 있다(행정소송법 제12조 전문, 제35조, 제36조). 여기서 법률상 이익의 의미에 관하여는 크게 실체법상의 권리와 같은 의미로 보는 견해[107]와 법률상 보호되는 이익으로 새기는 견해[108]로 나누어진다.[109] 판례는 처분의 근거법규 및 관련법규 그리고 그 각 법규의 입법취지에 의해 보호되는 직접적이고 구체적인 이익을 법률상 이익으로 보는 입장이다.[110] 법률상 보호되는 이익설이 타당하며, 그 중에서도 우리나라 항고소송의 객관소송적 구조에 주목하여 법률상 이익에서 '법률상'이라는 문구를 유연하게 해석하여 전체 법질서에 비추어 처분의 취소를 구할 수 있는 것으로 판단되는 이익이 있다면 원고적격을 인정하여야 한다는 견해[111]에 동의한다.

(나) 기본적 의료 목록 고시의 취소를 구할 원고적격

만약 본 연구에서 제안하는 바와 같이 공·사보험 연계법에서 기본적 의료 보장과 의료 이용의 효율성 제고를 위하여 기본적 의료 목록 고시를 제정한다면, 기본형 실손의료보험의 보험가입자는 특정한 의료를 이용하기 전이든 이용한 후이든 기본적 의료 목록 고시의 취소를 구할 법률상 이익이 있다고 보아야 할 것이다. 법률상 이익

---

107) 김남진·김연태(2004), 659면.
108) 박균성(2017), 742면, 김동희(2004), 651면.
109) 박정훈(2006), 236면.
110) 대법원 2015. 7. 23. 선고 2012두19496,19502 판결 등 참조.
111) 박정훈, 취소소송의 원고적격(1), 행정소송의 구조와 기능, 박영사, 2006, 211면.

을 전체 법질서에 비추어 처분의 취소를 구할 수 있는 이익으로 보고 항고소송의 객관소송으로서의 기능을 중시하는 입장에서는 보험가입자가 기본적 의료 목록 고시에 의하여 기본적 의료 보장을 위한 개인적 이익을 가진다고 판단하는 것이 타당하기 때문이다. 그러나 현재 판례의 입장 하에서는, 기본적 의료 목록 고시의 항고소송의 원고적격에 대하여 아무런 규정을 하지 않으면 원고적격의 인정 여부에 관하여 논란이 제기될 수 있다.112) 따라서 정보공개법과 같이113) 입법을 통해 원고적격을 분명히 명시할 필요가 있다. 공·사보험 연계법에서 실손의료보험의 보험가입자나 실손의료보험회사가 기본적 의료 목록 고시에 대한 항고소송을 제기할 수 있도록 하여 원고적격 문제를 분명히 할 수 있다.

---

112) 앞서 살핀 바와 같이 현재 판례는 처분의 근거법규 및 관련법규에 대한 해석에 따라 원고적격 여부를 판단한다. 대법원 2004. 12. 9. 선고 2003두12073 판결, 대법원 2008. 4. 10. 선고 2008두402 판결, 대법원 2012. 7. 5. 선고 2011두13187 판결 등. 이를 법률상 보호가치 있는 이익 보호설의 입장에서 선해하더라도 특별한 규정이 없다면 원고적격의 구체적인 기준은 법률의 해석에 의해 기계적으로 도출되지는 않지만 보호가치에 대한 법원의 평가를 거쳐 정립된다. 박정훈(2006), 253면 참조. 현재의 판례의 입장에 의하더라도 공·사보험 연계법에서 기본적 의료 목록 고시가 보험가입자의 기본적 의료 보장을 위한 것임을 명시하는 규정을 두거나 그렇지 않더라도 공·사보험 연계법의 합리적 해석상 그 법규에서 기본적 의료 목록 고시를 만들도록 한 것에 순수한 공익의 보호만이 아닌 보험가입자의 개별적·직접적·구체적 이익을 보호하는 취지가 포함되어 있다고 해석된다면 원고적격이 인정 된다. 그러나 원고적격에 대한 명시적인 규정이 없는 한 그것은 법원의 해석에 맡겨지게 된다.

113) 정보공개법에서는 모든 국민은 정보의 공개를 청구할 수 있도록 하고(제5조, 제10조), 공개가 거부되었을 때 행정심판이나(제19조) 행정소송(제20조)을 제기할 수 있도록 규정함으로써 누구든지 정보공개를 청구할 수 있게 하고 그 거부 처분에 대하여 다툴 수 있도록 한다

⑶ 기본적 의료 목록 고시의 실체적 위법성

기본적 의료의 기준에 관하여 누구나 동의할 수 있는 일의적인 해결책이 존재하지 않는다. 그러므로 공·사보험 연계법에서 기본적 의료 목록 고시가 합리적인 이견이 제시될 수 없을 정도로 명백하게 불합리한 경우에 한하여 그 취소가 가능하다고 규정하여야 한다. 기존 고시에 부당한 사정이 있더라도 그것이 합리성이 있는 선택지들 중에 결정된 것이고 공·사보험 연계법에서 정하는 기준과 절차를 위반하여 명백하게 불합리하다고 평가할 수 없다면 그 소를 기각하도록 하는 것이다. 이를 통해서 기본적 의료 목록 고시에 대한 항고소송의 소송요건을 완화함으로써 발생할 수 있는 남소와 혼란의 문제도 해결할 수 있다.

다만, 법원이 명백하게 불합리하다고 볼 수는 없지만 어느 정도 부당한 사정이 있다고 판단한 경우 그것을 판결문에 설시할 수 있도록 할 필요가 있다. 이를 통해 법원이 판단한 부당한 사정이 공개되어 간접적인 수정 가능성을 높일 수 있다. 그러나 이러한 법원의 판시에 기속력은 없다는 규정을 둘 필요가 있다. 그러한 판시의 기속력이 인정될 경우 그러한 판단이 행정청을 구속하여 기본적 의료 목록 고시의 내용을 취소하거나 수정하는 등의 직접적인 효력이 생기는데 그것은 명백하게 불합리한 경우에 한하여 실체적 위법사유로 인정하는 법리와 모순되는 측면이 있기 때문이다.

4. 기본형 실손의료보험상품의 보장내용을 규정하는 보험약관의 구속력의 법적 근거

가. 현행 실손의료보험상품 보험약관의 구속력의 법적 근거

현재의 실손의료보험 표준약관은 국민건강보험법에서 정한 요양급여 등의 본인부담금과 비급여 의료비를 보장내용으로 한다. 법령 보충적 행정규칙인 국민건강보험의 요양급여기준을 인용하는 방식 으로 보장내용을 정하고 있는 것이다. 하지만 그렇다고 하여 그 보 험약관 규정에 공법적 효력이 있다고 보기는 어렵다. 실손의료보험 의 약관에 법적 구속력이 있는 것은 보험가입자와 실손의료보험회 사가 그 계약 내용에 합의했기 때문이지[114] 국민건강보험법에 의한 것이 아니기 때문이다.[115] 국민건강보험의 요양급여기준은 실손의료 보험 약관의 인용 대상일 뿐이다. 요양급여기준이 법령보충적 행정 규칙이라고 할 때 그 법규명령으로서의 공법적 효력은 국민건강보 험법령에 따라 국민건강보험의 보험자와 요양기관 사이[116] 또는 요 양기관과 의료수요자 사이[117]의 법률관계를 구속하지만 실손의료보 험회사와 보험가입자 사이의 법률관계를 규율하는 것은 아니다.[118]

나. 기본형 실손의료보험상품 보험약관의 구속력의 법적 근거

공·사보험 연계법에 따라 기본형 실손의료보험상품의 보장내용

---

114) 대법원 1989. 11. 14. 선고 88다카29177 판결 참조.

115) 이에 대한 학설의 논의는 개정된 보험약관을 기존 보험계약에 적용할 수 있는지 여부를 검토하는 다음 부분에서 후술한다.

116) 대법원 2013. 3. 28. 선고 2009다78214 판결, 대법원 2013. 3. 28. 선고 2009다 104526 판결, 대법원 2014. 2. 27. 선고 2013다66911 판결은 의료공급자가 국 민건강보험법령에 위반하여 원외 처방을 한 경우 그것이 환자에게는 위 법하지 않지만 건보공단에게는 위법하여 건보공단에 대하여 민법 제750 조 손해배상책임을 부담한다고 판시하였다.

117) 대법원 2012.06.18. 선고 2010두27639 전원합의체 판결.

118) 대법원 2016. 12. 15. 선고 2016다237264 판결. 의료공급자가 국민건강보험 의 요양급여기준을 위반하여 실손의료보험회사가 피보험자들에게 보험 금을 추가로 지급하게 되었어도 국민건강보험법 관련 법령에서 요양기관 이 환자 또는 그 보호자에게 요양급여에 해당하는 진료비를 청구할 수 없도록 한 규정이 그 환자와 보험계약을 체결한 실손의료보험회사를 보 호하기 위한 규정이라고 보기도 어렵다고 판단하였다.

이 결정된다고 하더라도 공·사보험 연계법은 약관의 내용을 규제할 뿐이고 약관의 법적 효력은 현재의 실손의료보험상품과 마찬가지로 보험가입자와 실손의료보험회사의 계약에 따라 발생한다.119) 우리나라에서 의료공급자와 의료수요자 사이의 진료계약 중 급여 의료에 대한 진료계약은 국민건강보험의 요양급여기준에 따라 그 내용이 결정되지만120) 그 진료계약이 사법관계라는 점에 대하여는 이견을 찾기 어렵다. 현행 실손의료보험상품 역시 국민건강보험의 요양급여기준을 인용하고 있지만 그 보험계약이 사법관계라는데 이론이 제기되기 어려울 것이다. 이와 마찬가지로 기본형 실손의료보험상품의 보장내용을 규정하는 보험약관 역시 보험가입자와 실손의료보험회사 사이의 계약에 의한 사법적인 효력이 있을 뿐이고 공법적 효력이 있다고 할 수 없다. 약관규제법에서 명시의무를 면제하고 있는 업종121)의 약관의 경우 계약을 체결할 때에 그 약관을 계약에 편입시키는 행위가 없어도 당연히 계약에 편입되므로 그 구속력이 법률상 수권에 있다고 보는 견해122)가 있으나 받아들이기 어렵다.123) 그

---

119) 대법원 1993. 11. 23. 선고 93누1664 판결 참조.
120) 대법원 1999. 6. 22. 선고 98두17807 판결, 대법원 2012.06.18. 선고 2010두27639 전원합의체 판결, 대법원 2013. 3. 28. 선고 2009다104526 판결, 대법원 2008.07.10. 선고 2008두3975 판결, 대법원 2016. 3. 10. 선고 2015두50351 판결, 대법원 2008. 7. 10. 선고 2008두3975 판결, 대법원 2004. 9. 24. 선고 2004두5874 판결, 이상돈(2009).
121) 현행 약관규제법 제3조 제2항에서는 '사업자는 계약을 체결할 때에는 고객에게 약관의 내용을 계약의 종류에 따라 일반적으로 예상되는 방법으로 분명하게 밝히고, 고객이 요구할 경우 그 약관의 사본을 고객에게 내주어 고객이 약관의 내용을 알 수 있게 하여야 한다. 다만, 다음 각 호의 어느 하나에 해당하는 업종의 약관에 대하여는 그러하지 아니하다'고 규정하면서, '1. 여객운송업, 2. 전기·가스 및 수도사업, 3. 우편업, 4. 공중전화 서비스 제공 통신업'을 그러한 업종으로 열거하고 있다.
122) 곽윤직(2000), 25면, 26면.
123) 대법원 2010. 3. 25. 선고 2009다91316,91323 판결, 대법원 2007. 4. 27. 선고

리고 이를 인정한다고 하더라도 실손의료보험에 대하여 적용되지도 않는다.[124] 설령 기본형 실손의료보험상품의 보험약관이 법률에 의하여 규제된다고 하더라도 실손의료보험은 여전히 사적 계약에 의한 사법적 효력이 있는 사보험이고 법률에 따라 공법적 효력을 갖는 국민건강보험과 구별된다.

5. 기존에 이미 판매된 실손의료보험상품의 경우

가. 문제 제기

본 연구에서 제안하는 바와 같이 실손의료보험상품을 기본형과 추가형으로 분리하는 것은 법적으로는 기존의 실손의료보험상품의 판매를 중단하고 보험약관을 개정하여 새로운 기본형과 추가형 보험약관의 실손의료보험상품을 판매하도록 규제한다는 의미이다. 그렇다면 기존에 이미 판매된 실손의료보험상품의 보험약관의 내용이 개정된 보험약관에 따라 변경될 수 있는가 하는 의문이 제기될 수 있다. 그리고 만약 개정된 보험약관이 기존 보험계약에 적용되지 않

2006다87453 판결 참조.

124) 약관규제법 제정 시 보험약관에 대해서는 위험단체성, 급부와 반대급부의 비등가성, 사행성, 상품의 무형성 등 보험제도의 특수성을 고려해서 약관규제법의 적용대상에서 제외시켜야 한다는 주장이 있었으나(양승규, 약관규제법의 제정에 부쳐, 보험조사월보, 1986. 7.) 받아들여지지 않았다. 장경환, 보험약관과 약관규제법, 보험법연구 2, 삼지원, 1998, 136면 참조. 구 약관규제법이든 현행 약관규제법이든 명시의무를 면제하는 업종에 실손의료보험은 해당되지 않기 때문에 실손의료보험의 약관의 명시의무가 약관규제법에 의하여 면제되는 것도 아니다. 그러므로 약관규제법상 명시의무에 관한 규정을 근거로 약관의 공법적 성질을 인정하는 견해에 의하더라도 기본형 실손의료보험의 보장내용을 정하는 보험약관이 법률에 근거하여 구속력을 갖는다고 할 수 없다.

는다면 이미 국민 대다수가 실손의료보험상품에 가입하고 있음을 고려할 때 본 연구의 제안에 현실적인 실효성이 없다는 생각이 가능하다. 이에 대하여 살핀다.

나. 당사자의 의사에 따른 개정 보험약관 적용

약관의 구속력의 근거에 관하여는 크게 규범설[125]과 계약설[126]이 있다. 보험계약이 기본적으로 보험자와 보험계약자 사이의 개별적 채권계약이며 계약설이 소비자 보호에 적합한 점 등을 고려할 때 계약설이 타당하다.[127] 약관규제법이 제정되면서 약관을 계약에 편입하는 방법으로 약관의 명시 및 설명이 규정되었기 때문에 약관은 당사자가 그 내용을 이해하고 그것을 계약내용으로 하는데 동의한 때에 비로소 구속력을 가진다는 계약설이 우리 법의 입장임이 더욱 분명해졌다.[128] 판례 역시 약관규제법 제정 이전에도[129] 이후에도 계약설의 입장이다.[130] 이에 의하면 보험약관이 개정된 경우에도 그것이 기존 계약에 적용되려면 당사자 사이에 개정된 보험약관을 계약의 내용에 편입하려는 합의가 존재해야 한다.

---

125) 장덕조(1999), 20면. 양승규(2004), 70면, 71면. 판례는 약관규제법 제3조와 상법 제638조의3이 서로 모순되거나 저촉되지 않는다는 입장이며(대법원 1996. 4. 12. 선고 96다4893 판결, 대법원 1998. 11. 27. 선고 98다32564 판결, 대법원 1999. 3. 9. 선고 98다43342 판결 등), 판례의 입장이 타당하다고 생각된다. 한기정(2017), 139면 참조.

126) 한기정(2017), 124면. 정찬형(2010), 502면 등. 곽윤직(2000), 24면, 김동훈(2000), 495면, 박세민(2017), 61면 등.

127) 한기정(2017), 125면 참조.

128) 곽윤직(2000), 25면 참조.

129) 대법원 1985. 11. 26. 선고 84다카2543 판결, 대법원 1989. 11. 14. 선고 88다카29177 판결.

130) 대법원 1990. 4. 27. 선고 89다카24070 판결.

그러므로 만약 보험계약 체결 당시에 향후 보험약관이 개정되면 개정된 약관을 적용하자고 합의한다면 그리고 그러한 합의가 불공정약관조항이 아니라면[131] 그에 따라 개정된 보험약관이 적용될 수 있을 것이다. 그러나 보험약관에서 그렇게 개정된 약관으로 계약 내용을 수정하기로 하는 조항을 두는 경우는 드물다.[132] 위와 같은 합의가 없을 때에도 변경된 약관 내용이 보험계약자 측에 불리하게 변경된 것이 아니라면 보험계약자가 그 소급적용에 대해 동의할 것이라고 기대할 수 있으므로 변경된 약관 조항을 이미 체결된 보험계약에 소급하여 적용할 수 있는지가 문제된다.[133]

대전지방법원 2008. 10. 22. 선고 2007나14351, 14368 판결은 약관규제법 제5조의 취지에 근거하여[134] 보험가입자가 보험회사에게 새로운 약관에 기하여 보험금의 지급을 구하는 행위는 묵시적으로 개정된 약관의 적용에 동의한 것이라고 볼 수 있으므로 기존에 체결되어 있던 보험계약에 개정된 약관이 적용된다고 판단한 바 있다.[135] 그

---

131) 이병주(2008), 33면 이하 참조.

132) 김선정(2015), 59면.

133) 박세민(2017), 64면.

134) 대전지방법원은 약관의 구속력의 근거를 계약에 두는 판례의 입장을 취하면서도 '당사자가 약관 개정에 동의하였다면 개정 후의 약관이 적용된다고 할 것이며, 약관은 신의성실의 원칙에 따라 공정하게 해석되어야 하고 고객에 따라 다르게 해석되어서는 아니되며 그 의미가 명확하지 아니한 경우에는 고객에게 유리하게 해석되어야 한다는 약관의 규제에 관한 법률 제5조의 취지에 비추어 보면, 보험계약 체결 후 약관이 보험계약자에게 유리한 내용으로 변경되고 그 후 보험계약자가 자신에게 유리하게 변경된 약관에 기초하여 보험금을 지급하여 줄 것을 요구하는 것은 묵시적으로 개저오딘 약관의 적용에 동의한 것으로 볼 수 있으므로 보험계약자에게 유리하게 변경된 개정 후의 약관에 따라야 할 것'이라고 판시하였다.

135) 대전지법 2008. 10. 22. 선고 2007나14351, 14368 판결. 위 판결 사안은 소외인이 2000. 4. 4. 원고(보험회사)와 사이에 이 사건 보험계약을 체결하였는데, 그 당시의 약관에는 피보험자가 사고로 상해를 입고 그 직접 결과로써 사고일로부터 180일 이내에 사망하였을 경우 사망보험금을 지급하는

러나 대법원은 이를 파기환송하였다. 보험계약이 일단 그 계약 당시의 보통보험약관에 의하여 유효하게 체결된 이상 그 보험계약 관계에는 계약 당시의 약관이 적용되는 것이고, 그 후 보험자가 그 보험약관을 개정하여 그 약관의 내용이 상대방에게 불리하게 변경된 경우는 물론 유리하게 변경된 경우라고 하더라도, 당사자가 그 개정 약관에 의하여 보험계약의 내용을 변경하기로 하는 취지로 합의하거나 보험자가 구 약관에 의한 권리를 주장할 이익을 포기하는 취지의 의사를 표시하는 등의 특별한 사정이 없는 한 개정 약관의 효력이 개정 전에 체결된 보험계약에 미친다고 할 수 없다고 본 것이다.[136]

보험약관의 법적 효력의 근거를 당사자의 의사합치에서 찾는 계약설을 취하고 있는 판례의 입장에 의하면 보험약관이 개정되었을 때 당사자가 기존의 보험계약에 대하여 새로운 약관을 적용할 것을 합의하지 않는 한 기존 계약에 대하여 개정된 약관을 적용할 수 없

─────────

것으로 규정되어 있었으나, 원고가 2000. 5. 1. 보험약관을 개정함에 따라 피보험자가 사고로 상해를 입고 그 직접 결과로써 사고일로부터 1년 이내에 사망하였을 경우 사망보험금을 지급하는 것으로 그 약관의 내용이 변경된 사안이었다. 소외인은 2003. 7. 29. 서울 우이동 소재 도선사에 갔다가 빗길에 미끄러져 추락하는 사고로 두개골 골절 등의 상해를 입고 치료를 받던 중 환청, 두통, 수면장애 등 기질성 정신장애 증세가 나타나 정신과 치료를 받다가 2004. 6. 8. 아파트에서 뛰어내려 자살하였는데 이 경우 개정된 보험약관에 따라 사망보험금을 지급하여야 하는지가 문제되었다.

136) 대법원 2010. 1. 14. 선고 2008다89514, 89521 판결. 원고와 소외인 사이에 개정 약관에 의하여 보험계약의 내용을 변경하기로 하는 취지로 합의하였다거나 원고가 구 약관에 의한 권리를 주장할 이익을 포기하는 취지의 의사를 표시하였다는 등의 사정을 인정할 만한 자료가 없어 보이는 이 사건에서의 보험계약의 내용이 되는 약관은 계약 체결 당시의 약관인 개정 전 약관이라고 봄이 상당하고, 나아가 소외인은 이 사건 사고일인 2003. 7. 29.로부터 180일이 경과하였음이 명백한 2004. 6. 8. 사망하였으므로, 개정 전 약관에서 정하고 있는 사망보험금 지급사유가 발생하였다고 볼 수 없다고 판단하였다. 위 판결과 같은 법리는 대법원 2015. 10. 15. 선고 2015다34956, 2015다34963 판결에서도 재확인되었다.

다.137) 그리고 그 의사합치는 일방 당사자의 의사표시만으로 성립되는 것이 아니라 양 당사자의 의사표시가 합치되어야 한다. 그러므로 개정된 보험약관이 불리하게 변경된 것이든 유리하게 변경된 것이든 명시적 묵시적으로 기존 보험계약의 내용을 변경하기로 하는 당사자 사이의 합의가 있어야 개정 보험약관이 기존 보험계약에 적용될 수 있다는 대법원의 입장이 타당하다.

그러므로 기존 실손의료보험상품에 가입하고 있는 보험가입자와 실손의료보험회사가 합의하여 개정된 기본형과 추가형 실손의료보험약관을 기존 계약에 적용하기로 한다면 기존 보험계약에 개정된 약관이 적용될 수 있다. 그러나 그러한 합의가 이루어지지 않는다면 개정 약관이 적용되지 않는다.

다. 보험업법상 기초서류 변경명령에 따른 개정 보험약관 적용

금융위원회는 보험회사의 업무 및 자산상황, 그 밖의 사정의 변경으로 공익 또는 보험계약자의 보호와 보험회사의 건전한 경영을 크게 해칠 우려가 있거나 보험회사의 기초서류에 법령을 위반하거나 보험계약자에게 불리한 내용이 있다고 인정되는 경우에는 청문을 거쳐 기초서류의 변경 또는 그 사용의 정지를 명할 수 있다(보험업법 제131조 제2항). 여기서 사정변경은 보험회사 내부적인 것과 외부적인 것으로 구분할 수 있다.138) 그리고 '보험계약자의 보호와 보험회사의 건전한 경영을 크게 해칠 우려가 있는 경우'의 예로는 보

---

137) 한기정(2017), 131면, 정찬형(2010), 510면, 장덕조(2016a), 76면, 양승규(2004), 72면.

138) 정찬형(2007), 379면. 보험회사의 업무 및 자산상황의 변경은 보험업경영의 내부적인 것으로서 예컨대 예정위험률과 실제위험률의 격차가 현저한 경우이고, 그 밖의 사정변경이란 시중금리의 변동이나 허가 이후의 부수, 겸영 업무의 변화 등 외부요인에 의해 발생한 경우라고 한다.

험회사의 재무구조가 나빠져 보험계약자 보호를 위해서는 보험료의 인상이 불가피함에도 불구하고 보험회사가 이를 하지 않는 경우를 들 수 있고, '공익을 해칠 우려가 있는 경우'의 예로는 기초서류를 작성할 때 예상치 못한 보험환경의 개선을 들 수 있다.[139]

그리고 금융위원회가 기초서류의 변경을 명하는 경우 보험계약자·피보험자 또는 보험금을 취득할 자의 이익을 보호하기 위하여 특히 필요하다고 인정하면 이미 체결된 보험계약에 대하여도 장래에 향하여 그 변경의 효력이 미치게 할 수 있다(보험업법 제131조 제3항). 이는 보험의 공익성을 감안하여 감독명령권에 의하여 사법상의 원칙에 수정을 가하여 예외적으로 특히 필요성이 있을 경우에 기초서류의 변경명령 전에 체결한 보험계약자 등에게도 장래에 그 변경의 효력이 미치게 한 것이다.[140] 이것은 기초서류가 정당한 근거 없는 통계자료에 기초하는 등으로 보험계약자에게 불리하게 작성, 판매된 경우 이를 시정하지 않는 것이 법 감정적으로나 보험의 원리에 비추어볼 때 타당하지 않기 때문이다.[141]

---

139) 성대규(2004), 414면, 415면에서는 기초서류를 작성할 때 예상치 못한 보험환경의 개선의 예로 자동차 보험사고의 급감 덕택에 보험회사의 보험료 수입이 보험금에 비하여 현저하게 많음에도 불구하고 보험회사가 보험료를 인하하지 않아 보험가입자가 적정한 보험료 이상의 보험료를 납부하는 경우를 들고 있다.

140) 정찬형(2007), 381면. 기초서류의 변경명령은 원칙적으로 변경된 기초서류의 감독기관에 변경신고 후에 체결된 보험계약자에 대하여 효력이 있으나 보험계약은 장기계약인 경우가 많고 보험사업은 계속사업인 점을 감안할 때 동일, 유사한 보험계약임에도 불구하고 이러한 원칙을 적용하는 것은 신구 보험계약자 간에 계약자 평등의 원칙에 반하는 결과를 초래하므로 예외적으로 소급처분을 허용한 것이라고 하며, 소급처분은 보험계약자 등의 이익을 위한 것임이 객관적으로 명백하고 최후, 최소한의 필요 불가결한 조치이어야 하므로 감독기관이 소급처분의 행사요건을 벗어난 경우에는 행정명령의 취소사유가 될 수 있다고 한다.

141) 성대규(2004), 418면.

그러므로 금융위원회는 기초서류인 보험약관[142]이 보험업법 제131조 제2항의 사유에 해당하면 그 변경을 명할 수 있고 그때 보험업법 제131조 제3항 요건이 충족되면 이미 체결된 보험계약에 대하여도 장래를 향하여 그 변경된 보험약관이 적용되도록 할 수 있다.

보험업법 제131조의 기초서류 변경명령 조항은 1962년 법 제정 때부터 존재하였지만[143] 지금까지도 금융위원회가 이에 근거한 기초서류 변경명령을 내린 적이 없다. 실손의료보험상품의 경우에도 제1장에서 살핀 바와 같이 지금까지 보험약관에 대한 규제에 따라 보험약관 개정이 여러 차례 이루어져왔는데 기초서류 변경명령이 내려진 적은 없었음은 물론이다. 그래서 보험업법 제131조의 해석에 참고할 수 있는 선례가 없다.

보험업법 제131조 제2항과 제3항의 문언상 기본형과 추가형을 분리하는 사정의 변경이 있는데도 기존 실손의료보험 계약을 그대로 두면 공익 또는 보험계약자의 보호를 크게 해칠 우려가 있고 보험계약자·피보험자 또는 보험금을 취득할 자의 이익을 보호하기 위하여 특히 필요하다고 인정하여 이미 체결된 보험계약에 대하여도 장래에 향하여 보험약관이 변경되는 효력이 미치게 할 수 있다는 해석이 가능할 것으로 보인다.

위와 같은 해석에 대하여는 현재의 실손의료보험의 문제의 심각

---

142) 보험업법 제5조 제3호에서는 기초서류의 한 종류로 보험약관이 열거되어 있다.

143) 성대규(2004), 414면. 1962년 법 제정 때부터 보험업법 제131조 제2항 및 제3항의 규정이 있었고 2000. 1. 법 개정으로 종전의 기초서류 변경명령의 요건이었던 "업무 또는 재산상황 기타 사정의 변경에 의하여 필요하다고 인정되는 경우"가 "공익 또는 보험계약자의 보호와 보험사업자의 건전한 경영을 크게 해할 우려가 있다고 인정되는 경우"로 강화되었으며, 2003년에 청문을 거치도록 의무화되었고 제4항이 신설되어 변경명령의 효과가 이미 체결된 보험계약에 대하여 장래에 향해서 뿐만 아니라 소급적으로도 미칠 수 있게 되었다고 한다.

성에 대한 평가와 우리나라 의료보험 법체계에서 실손의료보험이 어떠한 역할을 하여야 할 것인지에 대한 가치관이나 정책적 판단에 따라 얼마든지 이견이 제기될 수 있을 것이다. 우리나라 국민 중 상당수가 실손의료보험에 가입하고 있는 점, 지난 10여 년 동안 실손의료보험으로 인한 과잉 의료 이용 문제가 꾸준히 제기되었고 심화되어 온 점, 실손의료보험은 그 보장내용이 국민건강보험의 보험급여 범위에 따라 달라지므로 국민건강보험과의 관계에서 규율되어야 하는 점, 우리 정부는 2017. 8. 건강보험 보장성 강화대책을 통해 보장성 강화라는 정책적 결단을 내린 점, 건강보험 보장성 강화대책을 이행하는 과정에서 국민건강보험과 실손의료보험이 상호 중요한 영향을 주고받게 되는 점, 위와 같은 공익들이 침해되면 의료비 증가와 보험재정 손실로 결국 보험가입자의 이익이 해하여지는 점, 보험가입자 중에는 나이가 많거나 건강에 문제가 발생하는 등으로 기존 상품을 해지하거나 그 갱신을 거절하고 새로운 기본형 또는 추가형 상품에 가입하고자 할 때 그 가입이 거절되는 자가 있을 수 있는 점 등을 고려할 때 보험업법 제131조 제2항과 제3항이 적용될 수 있다는 해석이 타당하다고 생각한다.

라. 기초서류 변경명령이 내려지지 않는 경우 기존 실손의료보험의 보험가입자가 기본형 실손의료보험으로의 전환을 원할 때 보험회사가 이를 거절하지 못하도록 하는 규제의 필요성

본 연구의 입장에 따르자면 보험업법 제131조 제2항, 제3항에 따라 기초서류 변경명령을 통하여 기존의 실손의료보험상품을 기본형과 추가형 상품으로 모두 전환시키는 것이 타당하다. 그러나 이와 달리 기초서류 변경명령을 하지 않을 경우에는 기존 실손의료보험의 보험가입자가 개정된 보험약관인 기본형 및 추가형 실손의료보험으로의 전환을 원할 때 보험회사가 이를 거절하지 못하도록 하는 규제가 필요하다.

젊고 건강한 보험가입자의 경우 기존 실손의료보험을 해지하거나 갱신하지 않고 새로운 기본형 또는 추가형 상품에 가입하는 데에 문제가 없을 것이다. 실손의료보험의 보험가입자는 언제든지 보험계약을 해지할 수 있는데다가(상법 제649조) 현재의 실손의료보험상품은 1년마다 갱신하도록 하고 있기 때문이다. 그러나 기존의 실손의료보험의 보험가입자 중에 나이가 많거나 건강상에 문제가 생긴 보험가입자의 경우 기존 상품을 해지하거나 갱신하지 않고 새로운 기본형 또는 추가형 상품에 가입하고자 하여도 그 가입이 거절될 수 있다. 기본형과 추가형 실손의료보험은 기존 상품을 분리하는 것이므로 기존 상품 가입자가 기본형이나 추가형 실손의료보험으로 전환하여도 보험회사가 인수한 위험과 보험료의 등가성이 달라지는 것은 아니다. 그러므로 위와 같은 규제가 합리성을 결여한 과도한 규제라고 보기 어렵다.

마. 소결

본 연구에서 제안하는 바와 같이 기본형과 추가형 실손의료보험 상품을 분리하였을 때 실손의료보험회사와 보험가입자의 의사가 합치하지 않는 한 당사자의 의사에 따라 개정 보험약관을 적용할 수는 없을 것이다. 그러나 보험업법 제131조 제2항, 제3항에 따라 기초서류 변경명령을 함으로써 기존의 실손의료보험계약을 개정된 보험약관으로 변경할 수 있다. 그런데 만약 기초서류 변경명령을 하지 않는다면 기존 실손의료보험의 보험가입자가 개정된 보험약관인 기본형 및 추가형 실손의료보험으로의 전환을 원할 때 보험회사가 이를 거절하지 못하도록 하는 규제가 필요하다. 그러면 기존 상품에서 새로운 기본형이나 추가형 상품으로의 비가역적인 전환이 이루어지므로 시간이 갈수록 개정된 보험약관의 실손의료보험에 가입한 보험가입자가 많아지고 기존 상품은 줄어들게 된다.

제3절 기본형 실손의료보험상품의 위험 인수 규제

1. 실손의료보험의 역할과 위험 인수 규제

정부는 2017. 8. 건강보험 보장성 강화대책을 통해 국민건강보험과 실손의료보험의 관계를 재정립하기 위하여 공·사보험 연계법을 제정하겠다고 발표하였다. 하지만 그 관계의 재정립이 구체적으로 어떤 의미인지는 밝히지 않았다. 만약 우리나라가 영국과 같이 국민건강보험만으로 기본적 의료의 보편적 보장을 달성하면 실손의료보험은 의료수요자의 선택권을 제고하는 역할을 하면 된다. 우리나라의 1948년 제헌국회에서 당시 사회부 장관은 사회보험 제도를 통하여 국민들이 지불능력과 무관하게 필요한 의료를 이용할 수 있게 하겠다고 공언한 바 있다.[144] 국민건강보험법은 기본적 의료의 보편적 보장을 그 입법목적으로 한다(국민건강보험법 제1조). 그러므로 국민건강보험만으로 기본적 의료의 보편적 보장을 달성하는 것이 바람직할 것이다.

그러나 국민건강보험만으로 기본적 의료의 보편적 보장을 달성한다는 것은 국민건강보험의 보장성 강화라는 구호를 외치는 수준이 아니라[145] 실제 보장성 강화를 통해 기본적 의료가 보편적으로

---

144) 대한민국국회, 제헌국회속기록 제2권(1999), 502면 이하.
145) 정부는 지난 30년의 노력에도 불구하고 목표로 한 보장성 강화에 성공을 거두지 못하였다. 이용갑(2009), 18면. 김남순(2015), 44면. 김상우(2016), 60면. 강길원(2016). 김창엽 외(2015), 109면. 이규식(2002), 234면, 마크 브릿넬

보장되는 것을 의미한다. 만약 구호가 제시될 뿐 실질적인 보장성 강화가 이행되지 않아서 국민의 상당수가 기본적 의료의 상당 부분의 의료비 위험을 부보할 방법이 실손의료보험 밖에 없다면 실손의료보험이[146) 기본적 의료의 보편적 보장 역할을 하도록[147) 하는 규제나 법적 장치가 필요하다.[148)

향후 국민건강보험의 보장성이 충분하지 못하여 실손의료보험이 더욱 활성화된다면[149) 단순히 실손의료보험이 국민건강보험의 보편적 의료 보장 역할을 방해하지 않도록 하거나 일부 보험가입자를 보호하기 위한 수준의 규제가 아니라[150) 적극적으로 기본적 의료의 보

(2016), 60면. 부르스 제이 프리드·로라 엠 게이도스(2002), 110면. 허순임·이상이(2007), 이정찬 외(2014). OECD(2010), 26면, 118면.

146) Ronald Dworkin(2001), 318면에서는 만약 평균적인 재산 수준에 있는 사람들 대부분이 기본적으로 보장되는 보험에서 부보하지 않는 부분에 대하여 추가적으로 보험료를 지급하고 보험에 가입한다면 그 기본적인 보장 범위가 확대되어야 한다고 주장한다. 기본적 보장 범위가 확대되는 방법으로 국민건강보험의 보장성 강화가 이루어지지 못한다면 실손의료보험을 통한 기본적 보장 확대가 또 다른 하나의 방법이라고 생각한다.

147) Sarah Thomson and Elias Mossialos(2007), 117면.

148) 유럽연합의 Council Directive 92/49/EEC(third non-life insurance Directive)는 유럽연합 내에서 의료보험 분야에 경쟁이 작동할 수 있도록 각 회원국의 정부 규제에 제한을 두면서도, Article 54에서 사회보장 제도를 일부 또는 전부 대체하는 경우 일반적인 선(general good)을 보호하기 위하여 회원국이 규제를 할 수 있도록 하고 있다. Laura Nistor(2011), 312면 참조.

149) 이진석(2009), 6면에서는 '소극적인' 건강보험 보장성 강화 정책은 가장 '적극적인' 민간의료보험 활성화 지원 정책이라고 한다.

150) 제4장 제2절에서 제안한 기본적 의료를 보장하는 실손의료보험상품 분리 규제는 그 자체로는 실손의료보험이 적극적으로 보편적으로 기본적 의료 보장을 하도록 하는 규제는 아니다. 왜냐하면 기본형 상품이 분리된다고 하여도 실손의료보험회사는 여전히 보험가입 신청자의 위험을 평가하여 보험료를 책정하거나 보험가입을 거절할 수 있기 때문에 기본적 의료를 보편적으로 보장한다고 할 수는 없기 때문이다. 위와 같은 상품 분리는 실손의료보험이 의료비 증가와 보험재정 손실을 야기함으로써 일부 보험

편적 보장 역할을 하도록 규제하여야 한다. 이를 위해서는 기왕증의 보장이나 보험 가입 거절 여부, 보험료에 관한 보다 강한 규제가 필요하다. 그러나 그 규제는 의료수요자들이 건강할 때는 보험에 가입을 하지 않다가 질병이나 상해 위험이 높아졌을 때 보험에 가입하는 기회주의적 보험 가입 현상이 나타나지 않는 범위 내에서만 이루어져야 한다. 이때 실손의료보험회사는 그 규제로 인하여 자기책임이 아닌데도 보험료에 비하여 과도한 보험금을 지출하게 될 위험에 놓임으로써 기본권을 침해당할 수 있다. 따라서 위험 인수 규제가 헌법에 위반되지 않도록 위험 조정 제도를 도입하여야 한다. 그럴 경우 기본형 실손의료보험상품이 과연 사보험인가 하는 의문이 제기될 수 있다. 이것은 사보험에 대한 법적 정의에 관한 것인데 이에 대하여도 살핀다.

2. 위험 인수 규제

가. 필요성과 문제점

(1) 위험에 따른 보장범위와 보험료, 보험가입 거절

위험과 보험료의 일치는 보험 제도의 합리적 존립 기반을 위태롭게 할 수 있는 역선택(reverse selection)을 방지하기 위해 사용하는 보험의 기술이다.[151] 개별 의료수요자와 보험계약을 하는 실손의료보험회사는 개별 위험과 보험료를 일치시키기 위하여[152] 기왕증이나 기왕증이 발생이나 정도에 기여한 보험사고에 대하여 보장을 하지 않거나[153] 위험이 높은 의료수요자의 보험 가입을 거절하거나 높은

가입자에게 피해를 주고 국민건강보험의 보편적 의료 보장 역할을 방해하는 현상을 방지하기 위한 규제이다.
151) 한기정(2017), 10면, 11면.
152) 대법원 1991. 12. 24. 선고 90다카23899 전원합의체 판결 참조.

보험료를 책정하려 할 것이다.[154] 이를 통해 실손의료보험회사는 자신이 부보하는 전체 위험과 보험료 수입의 일치를 도모할 수 있다. 만약 실손의료보험회사가 그렇게 하지 않는다면 역선택을 막지 못하여 다른 실손의료보험회사와의 경쟁에서 열위에 처하거나 금전적인 손실을 입을 수 있다.[155] 후술하는 바와 같이 위험 조정 제도를 도입하면 개별 위험과 보험료를 일치시키지 않아도 전체 위험과 보험료를 일치시키는 것이 가능하다. 하지만 우리나라에서 위험 조정 제도는 생소한 제도이다. 일반적으로 보험자는 개별 위험에 따라 보장범위나 보험료를 결정하거나 보험가입을 거절함으로써 전체 위험과 보험료의 균형을 맞춘다.

(2) 위험 인수 규제의 필요성

(가) 질병이나 상해 위험이 높거나 소득 수준이 낮은 의료수요자의 실손의료보험 이용의 어려움

사적 경제주체인 실손의료보험회사가 스스로 경제적 이익보다

---

153) 후술하겠으나 실손의료보험에서 기왕증이나 기왕증이 발생이나 정도에 기여한 보험사고를 부보하지 않기로 하는 약정은 유효할 것이다. 대법원 2007. 4. 13. 선고 2006다49703 판결. 대법원 2014. 4. 10. 선고 2013다18929 판결. 최병규(2017) 참조.

154) 사인에게 보험계약체결을 강제하는 것은 계약자유의 원칙에 대한 제약인 동시에 헌법상의 일반적 행동자유권 내지 경제활동의 자유의 제한이므로 (헌법재판소 1991. 6. 3. 선고 89헌마204 결정) 일부 자동차 책임보험과 같이 법률에 의하여 일정한 위험 인수 의무를 부담하는 경우(자동차손해배상 보장법 제24조)가 아니라면 보험회사는 보험 가입을 거절하거나 높은 보험료를 책정할 권리가 있다. 현재 실손의료보험회사는 피보험자가 계약에 적합하지 않은 경우에 승낙을 거절하거나 별도의 조건(보험가입금액 제한, 일부보장 제외, 보험금 삭감, 보험료 할증 등)을 붙여 승낙할 수 있다(표준약관 제15조 제2항).

155) Henry Aaron(1991), 32면 참조.

기본적 의료 보장이란 가치를 우선시 할 것을 기대할 수는 없다.156) 실손의료보험회사는 보험계약 체결 시 질병이나 상해 위험에 따라 보장범위를 제한하거나 보험료를 산정할 것이다. 소득 수준이 낮은 의료수요자는 실손의료보험을 이용하기 어려울 수 있다. 특히 질병이나 상해 위험이 높은 경우 그러하다. 현실적으로 질병이나 상해 위험을 정확하게 평가하기는 어렵기 때문에 그 위험이 상당히 높다고 판단되면 보험자가 아예 보험가입을 거절하는 경우도 있을 수 있다. 그러므로 위험 인수 규제를 하지 않으면 질병이나 상해 위험이 높거나 소득 수준이 낮은 의료수요자가 실손의료보험을 이용하기 어렵다.

(나) 위험 선택(risk selection) 문제

위험 선택(risk selection)이란 실손의료보험회사가 질병이나 상해 위험이 낮은 의료수요자로 위험단체를 구성하려는 현상을 의미한다. 실손의료보험회사는 위험 선택을 하기 위하여 보험상품을 설계할 때 질병이나 상해 위험이 높은 의료수요자에게 불리하도록 보장범위를 설정하거나 아예 그 보험가입을 거절할 수도 있다. 그리고 그와 반대로 젊고 건강하여 질병이나 상해 위험이 낮은 의료수요자에게 유리하도록 보장범위나 보험료를 결정할 수도 있다.157)

---

156) Allen Buchanan(2009), 80면, 81면. 미국의 의료 보장이 실패한 것에 대하여 미국 의료보험의 주축인 실손의료보험회사를 비난하는 의견도 있을 수 있지만 실손의료보험회사는 보험료 수입과 보험금 지출 간의 차액에서 관리비나 이윤을 얻어야 했기 때문에, 기본적 의료의 보장이라는 가치를 우선순위에 두고 실손의료보험상품을 판매할 수는 없었다고 한다. 제3장에서 살핀 바와 같이 미국의 실손의료보험은 초기에 종교적인 목적이나 상호부조를 위한 목적으로 만들어 진 경우가 많으나 의료보험이 점차 산업화되면서 영리를 추구할 수밖에 없게 되었고 비영리 목적으로 운영되는 실손의료보험의 보험자도 영리 기업인 보험회사와 그 운영에 있어 크게 다르지 않게 되었다.

실손의료보험회사가 위험 선택을 하면 선택받지 못한 의료수요자들로 인하여 회사의 명성(reputation)이 낮아질 수 있다. 하지만 실손의료보험회사는 위험이 낮은 보험가입자에게 더 좋은 서비스를 제공하여 보험금 지출이 작은 보험가입자를 더 많이 확보함으로써 더 많은 수익을 얻을 수 있다.[158] 그래서 실손의료보험에 대하여 위험 인수 규제를 하지 않으면 병약자의 실손의료보험 가입이 어려워지고 실손의료보험회사가 젊고 건강한 자를 가입시켜 이윤을 확보하려는 현상이 발생할 수 있다.[159]

위험 선택이 허용되면 실손의료보험회사는 보험가입자에게 더 좋은 상품과 서비스를 제공하는 경쟁보다는 더 젊거나 건강한 의료수요자를 보험에 가입시키려는 경쟁을 하게 되어 비효율이 발생한다.[160] 만약 그러한 경쟁이 심화되면 실손의료보험상품은 질병과 상해로 인한 의료비 위험을 분산시키려는 의료수요자들 중 그러한 위험이 작은 의료수요자들만을 위한 보험상품이 된다. 그렇게 되면 의료보험의 필요성이 낮은 일부 의료수요자들만이 실손의료보험의 효용을 누리게 되어 그 사회적 효용이 줄어든다. 우리나라의 실손의료보험에 많은 국민이 가입하고 있지만 그에 비하여 실손의료보험이 실질적으로 국민의 의료비 부담을 경감시키는 정도가 낮은데, 그것은 실손의료보험의 위험 선택 때문이라는 의견도 제시된다.[161] 실손

---

157) Cynthia Cox *et al.*(2016).

158) Timothy S. Jost(2009), 3면.

159) 보건복지부 민간의료보험 활성화 Task Force(2001), 7면. 당시 Task force에 참여한 구성원들 중 건보공단과 시민단체, 노동단체의 의견이다.

160) Cynthia Cox *et al.*(2016).

161) 김종명(2017). 2014년 실손의료보험 가입자가 전체 국민의 60% 정도였는데 환자 본인부담금 24.7조 원 중 실손의료보험에서 지급된 보험금은 5.3조 원 정도로 21.5%만을 보장하고 있는데 이는 가입규모에 비하여 작다고 평가하면서, 실손의료보험을 허용하게 된 이유는 취약한 국민건강보험의 보장을 실손의료보험이 보충하는 역할을 맡기는 취지였지만 실손의료보

의료보험회사의 위험 선택은 실손의료보험이 기본적 의료를 보편적으로 보장하는 데에 장애가 된다. 위험 인수 규제는 위험 선택 문제를 해결하는 방안이 될 수 있다.

(3) 위험 인수 규제의 문제점

(가) 위험 인수 규제의 위헌성

위험 인수 규제는 실손의료보험회사의 계약의 자유와 재산권을 제한한다. 국민의 자유와 권리는 공공복리 등을 위하여 필요한 경우에 법률로써 제한될 수 있다(헌법 제37조 제2항). 그러나 그러한 규제는 필요 최소한에 그쳐야 하며 사적 자치권의 본질적인 내용을 침해할 수는 없다.[162] 위험 인수 규제로 인하여 실손의료보험회사의 계약의 자유나 재산권의 본질적인 내용이 침해되고 실손의료보험회사가 자신의 책임과 무관하게 위험 인수 규제로 인하여 수지균등을 이루지 못하고 손실을 강제당한다면 그것은 위헌에 해당할 수 있다. 그 위헌성은 후술하는 위험 조정 제도를 통하여 해소할 수 있을 것으로 보인다.

(나) 기회주의적인 보험 가입 현상 유발 우려

실손의료보험에 위험 인수 규제를 하면, 의료수요자들이 건강 상태가 나빠질 때까지 기다렸다가 실손의료보험에 가입하여 실질적으로 위험단체를 구성하지는 않으면서 보장만 받으려는 행동을 할 수 있다.[163] 이것은 역선택 현상이다. 본 연구에서는 그러한 행동을 하

험이 국민의 의료비 부담을 해결해주지 못하고 있다고 한다.

162) 헌법재판소 2003. 5. 15. 선고 2001헌바98 결정. 헌법재판소 2009. 6. 25. 선고 2007헌바39 결정.

163) David King *et al.*, v. Sylvia Burwell, Secretary of Health and Human Services et al.,

는 의료수요자의 수가 많아져서 모든 실손의료보험의 전체 위험단
체에서 수지균등을 이루지 못하는 상태에까지 이르는 것[164]을 기회
주의적인 보험 가입 현상이라고 부르기로 한다. 미국의 오바마 케어
가 의료수요자의 실손의료보험 가입을 간접적으로라도 강제하거
나[165] 호주에서 실손의료보험에 가입하는 의료수요자에게 세금 혜
택과 같은 재정적 지원[166]을 하는 것은 기회주의적인 보험 가입 현
상을 방지하기 위한 것이다.

　기회주의적인 보험 가입은 위험단체 구성을 통한 위험의 분산이
라는 보험계약의 기본법리[167]에 부합하지 않는다.[168] 그리고 기회주
의적인 보험 가입 현상이 발생하면 보험료 수입에 비하여 보험금 지
급이 더 많아져서 실손의료보험이 유지될 수 없다.[169] 후술하는 위
험 조정 제도는 모든 기본형 실손의료보험의 전체 위험단체가 대수
의 법칙에 따라 수지균등을 달성함을 전제로 개별 위험과 보험료의

---

　　576 U.S. (2015),(No. 14-114)(2015. 6. 25. 결정) 참조. 의료수요자들이 건강상
　　태가 나빠질 때까지 기다렸다가 실손의료보험에 가입하게 되면 보험료는
　　상승하고 보험에 가입하는 사람의 수가 줄어들고 보험회사들이 보험상품
　　을 더 이상 판매하지 않는 'death spiral'이라는 현상이 발생할 수 있다고 하
　　면서, 오바마케어는 이를 방지하기 위하여 평균기준 보험료 부과 방식을
　　적용하는 보험료 규제를 하고 보험 가입자에게 세금 혜택을 주거나 가입
　　을 강제하였다고 설시하고 있다.
164) 전체 위험단체에서 수지균등을 이룰 수 있다면 위험조정을 통해서 개별
　　보험자의 위험단체도 수지균등을 이루도록 할 수 있기 때문이다.
165) 26 U. S. C. § 5000A.
166) Private Health Insurance Administration Council (2015), 2면. Ardel Shamsullah
　　(2011), 23면 참조.
167) 양승규(2000), 106면.
168) 비록 위험단체 구성을 통한 위험의 분산이라는 원리가 보험에 있어 엄밀
　　하게 적용되어야만 하는 것은 아니다(대법원 1989. 1. 31. 선고 87도2172 판
　　결, 대법원 1989. 9. 26. 선고 99도2111 판결 참조). 하지만 그 원리가 형해
　　화 되는 것은 보험법상 허용되기 어렵다고 생각한다.
169) Cynthia Cox et al.(2016).

불일치 문제를 위험 조정으로 해결하려는 것인데, 위험 인수 규제로 인하여 전체 위험단체의 수지균등 조차 이루지 못하면 위험 조정 제도도 무용하게 된다. 그러므로 실손의료보험에의 가입을 강제하거나 높은 위험을 가진 의료수요자의 보험 가입 시 국가에서 재정적인 지원을 하지 않는 이상 위험 인수 규제는 기회주의적인 보험 가입 현상을 유발하지 않는 선에서 제한적으로 이루어져야 한다.

나. 기왕증에 대한 보장 규제

(1) 문제 제기 – 소급보험과 기왕증의 기여도

보험사고의 불확정성은 보험을 정의할 때 반드시 포함되는 보험의 요소이다.[170] 보험계약 체결 당시 이미 기왕증이 있는 경우 보험사고가 이미 확정적으로 발생하였다고 볼 수 있다. 그에 대한 보장 가능 여부는 소급보험의 문제이다. 또한 보험계약 체결 당시의 기왕증으로 인하여 추후 다른 질병이나 상해가 발생하거나 그 정도가 심해졌다고 평가할 수 있다면 이미 확정되어 있었던 기왕증이 추후 발생한 보험사고에 기여한 정도가 보험금 산정 시 반영될 수 있는지 여부가 문제될 수 있다. 이하에서는 보험계약 체결 당시에 존재한 기왕증에 대한 소급보험과 기왕증 기여도에 관하여 살핀다.

(2) 기왕증에 대한 소급보험 규제

(가) 상법 제644조 단서의 적용범위

상법 제638조는 보험계약이 재산 또는 생명이나 신체에 불확정한 사고가 발생한 경우를 전제로 한다고 규정하고 있다. 그리고 보험업

---

170) 한기정(2017), 266면.

법 제2조 제1호는 보험상품이란 위험보장을 목적으로 우연한 사건 발생을 대비한 것이라고 정하고 있다. 보험은 위험에 대비하는 것인 바[171] 상법에서는 이를 불확정이라고 하고 보험업법은 우연이라는 용어로 표현한 것이다.[172] 보험사고의 불확정성은 보험사고의 발생 여부 또는 발생 시기 등이 확정되지 않은 것을 가리킨다.[173] 그래서 보험계약 체결 당시 보험사고가 객관적으로 확정되면 그 계약은 무효이다(상법 제644조 본문). 그러나 객관적 불확정성이 없어도 주관적 불확정성이 인정되면 예외적으로 그 보험계약은 유효이다(상법 제644조 단서). 불확정성은 보험의 핵심적인 요소이다.[174]

그런데 상법 제644조 단서가 소급보험에만 적용되고 장래보험[175]에는 적용되지 않는지 여부가 문제될 수 있다. 춘천지방법원 2002. 3. 21. 선고 2001나1048 판결은 상법 제644조는 소급보험에서 보험계약에서 정한 책임개시시기 이후 보험계약 체결 전에 발생한 보험사고에만 적용되는 규정이지 장래보험이나 소급보험에서 보험계약에서 정한 책임개시시기 전에 발생한 보험사고에 적용되는 규정은 아니라는 입장을 취하였다.[176] 하지만 대법원은 그 상고심[177]에서 상법

---

171) 양승규(2004), 176면.

172) 장덕조(2011), 9면.

173) 한기정(2017), 40면.

174) 판례도 보험업의 실질을, 같은 위험에 놓여 있는 다수의 보험가입자로부터 위험을 인수하여 그 대가로서 위험율에 따른 보험료를 받아 이를 관리·운영하고, 그 가입자에게 불확정한 사고가 생길 때에는 일정한 보험금액 기타의 급여를 지급하는 것을 내용으로 하는 사업으로 파악한다. 대법원 2001. 12. 24. 선고 2001도205 판결, 대법원 1989.5.9. 선고 88도1288 판결, 대법원 1989.9.26. 선고 88도2111 판결, 대법원1990.10.10. 선고89감도117 판결, 대법원1990.6.26. 선고89도2537 판결, 대법원1993.3.9. 선고92도3417 판결, 대법원1993.12.24. 선고93도2540 판결, 대법원 1989.1.31. 선고 87도2172 판결 등.

175) 보험계약상 보험자의 책임개시시점이 보험계약의 성립시점 이전인 경우를 소급보험이라고 하고(상법 제643조), 계약체결 이후의 시점을 보험기간의 시작시기로 하는 보험을 장래보험이라고 한다. 한기정(2017), 269면 참조.

제644조가 장래보험에도 적용된다고 보았다.[178] 다만, 비록 상법 제644조 단서가 적용되는 경우라 할지라도 그 보험계약에서 정한 책임개시시기 이후 발생한 보험사고에 대하여 보험자에게 보험금지급의무가 인정될 수 있을 뿐이고, 보험계약에서 정한 책임개시시기 이전에 보험사고가 발생한 경우 이는 그 보험자가 인수하지 아니한 위험에 해당하므로 보험금지급의무가 인정될 여지는 없다고 판시함으로써 결론에 있어서는 위 춘천지방법원 2001나1048 판결을 지지하였다.

이러한 대법원의 입장은 타당하다. 보험사고가 주관적으로 불확정하다는 요건이 충족되더라도 보험사고가 보험기간 중에 발생해야만 보험자가 보험금지급책임을 지는 것이며 소급보험으로 약정하지 않으면 계약체결 이전으로 보험기간이 소급되지 않기 때문이다.[179] 보험자의 책임이 시작되어 종료될 때까지의 책임기간인 보험기간은 당사자의 약정에 의하여 결정된다.[180] 위 대법원의 결론에 동의한다고 하면서도 상법 제644조 단서를 근거로 보험계약이 유효하다고 판단하면서 동시에 위와 같은 결론을 도출하는 것은 논리적으로 모순이라는 견해[181]가 있는데 의문이다. 대법원은 상법 제644조 단서에

---

176) 춘천지방법원 2002. 3. 21. 선고 2001나1048 판결. 이 판결에서 원고의 전처는 1997. 3. 피고 보험회사에 대하여 피보험자가 보험기간 중 장해분류표의 제1급 장해상태가 되었을 때 보험금을 지급하기로 하는 보험계약을 체결하였다. 원고의 전처와 원고는 1997. 6.경 피보험자에 대하여 정밀진단을 실시한 결과 뇌성마비라는 사실을 알게 되었고 1999. 2. 피보험자는 장해분류표의 제1급 제6호 판정을 받았다. 원고는 1999. 3. 피고에게 보험계약에 따른 보험금 지급을 청구하였으나 피고는 거절하였다. 이에 원고는 상법 제644조 단서를 주장하였으나 춘천지방법원은 위와 같이 설시하며 원고 청구를 기각하였다.

177) 대법원 2004. 8. 20. 선고 2002다20889 판결.

178) 위 대법원 2002다20889 판결에 대한 해설로 강대섭, 2004년도 보험판례의 회고와 전망, 상사판례연구 제18집 제2권, 2005, 380면 참조.

179) 한기정(2017), 270면.

180) 박세민(2017), 124면.

따라 보험계약이 유효하지만 그 보험계약의 해석상 문제되는 보험
사고가 보험자가 인수한 위험이 아니라고 판단한 것인데 이는 서로
모순되지 않기 때문이다.

(나) 보험계약 체결 당시 알지 못한 기왕증의 경우

[보험계약 체결 당시 알지 못한 기왕증에 대한 보장]
실손의료보험에서 당사자가 보험계약 체결 당시 알지 못한 기왕
증을 보장하는 소급보험을 체결할 수 있을까? 제주지방법원 2011. 7.
20. 선고 2010나1135 판결은 대법원 2004. 8. 20. 선고 2002다20889 판결
을 인용하면서, 보험약관에서 '피보험자가 이 특별약관의 보험 기간
중에 질병으로 인하여 보험금 지급사유가 발생한 경우'에 질병입원
의료비 또는 질병통원의료비를 보상한다고 규정되어 있는 경우, 질
병의 발병시기가 보험계약의 책임개시시기인 2009. 3. 30. 이전인지
이후인지 여부에 따라 보험금지급의무가 존재하는지 여부가 결정된
다고 판단한 바 있다.[182]
그러나 대법원은 위 제주지방법원 판결과 달리 보험약관을 해석
하여 이를 파기환송하였다.[183] 대법원은, 보험약관에서 보험기간 중
에 질병으로 인하여 입원 또는 통원 치료를 받은 경우 원고가 그 입
원의료비 또는 통원의료비를 보상한다고 정하고 있을 뿐, 입원 또는
통원 치료의 원인이 되는 질병이 보험기간 중에 발생한 것이어야 한

---

181) 김이수(2007), 204면.
182) 제주지방법원 2011. 7. 20. 선고 2010나1135 판결. 제주지방법원은 이 사건
　　　보험계약상의 보험사고란 '보험기간 중의 질병 발생'이고, 보험금 지급사
　　　유란 피보험자가 그로 인하여 입원을 한 때는 질병입원의료비담보 특별
　　　약관에 따라, 통원 치료를 받는 때에는 질병통원의료비담보 특별약관에
　　　따라 각 정해진 보험금을 지급받는 것이라고 해석하였다.
183) 대법원 2013. 7. 26. 선고 2011다70794 판결.

다는 취지로 규정하고 있지 않으며, 다만 피보험자가 보험계약 청약일로부터 과거 5년 이내에 그 질병으로 인하여 진단 또는 치료를 받은 경우에는 보험계약의 보상대상에서 제외한다고 정하고 있으므로, 입원 또는 통원 치료의 원인이 되는 질병이 보험기간 중에 발생하였는지 여부와 관계없이 피보험자가 그 질병으로 인하여 입원 또는 통원치료를 받은 경우에는 보험계약 청약일로부터 과거 5년 이내에 그 질병으로 인하여 진단 또는 치료를 받은 경우를 제외하고는 질병입원 의료비 또는 질병통원의료비의 보상대상이 된다고 보는 것이 합리적이고 보험약관의 취지에도 부합한다고 설시하였다. 보험약관의 뜻이 명확하지 않은 경우에 고객에게 유리하게 해석하는 보험약관 해석의 원칙[184])을 따른 것이다. 이것은 앞서 살핀 대법원 2002다20889 판결과 모순되지 않는다.[185])

따라서 보험계약의 당사자와 피보험자가 보험 가입 전에 기왕증이 있었는지 여부를 알지 못한 경우 보험약관에 따라 기왕증에 대하여 보장하는 것이 보험법상 가능하다. 이때 보험약관에서 정하는 보장내용이 중요하다.

만약 위 대법원 2002다20889 판결 사안과 같이 '피보험자가 보험기간 중 질병이나 상해 상태가 되었을 때'를 보험금 지급사유로 한다면 기왕증에 대하여는 보장이 되지 않는다고 판단될 가능성이 높다. 보험사고(질병, 상해)가 보험기간 중에 발생할 것을 보험금 지급 요건으로 하기 때문이다. 그러나 위 대법원 2011다70794 판결 사안과 유사하게 '피보험자가 보험기간 중에 질병이나 상해로 인하여 의료

---

184) 대법원 2009. 5. 28. 선고 2008다81633 판결 등 참조.
185) 대법원 2004. 8. 20. 선고 2002다20889 판결은 보험기간과 보장내용을 정하는 약관에 따라 보험자가 인수하지 아니한 위험에 대하여 보험금 지급 의무를 인정하지 않았을 뿐이다. 그러므로 약관의 해석에 따라 보험자가 인수한 위험에 대하여는 보험금 지급 의무가 인정될 수 있다.

비를 지급한 경우(피보험자가 보험계약 청약일로부터 과거 5년 이내에 그 질병으로 인하여 진단 또는 치료를 받은 경우에는 보험계약의 보상대상에서 제외)' 또는 더욱 명확하게 '보험기간 이전에 피보험자가 알지 못하였던 기왕증을 포함하여 질병으로 인하여 보험기간 중에 의료비를 지급한 경우'를 보험금 지급사유로 하면 보험계약 체결 당시 알지 못한 기왕증에 대한 보장이 가능하다. 이때는 보험사고가 보험기간 전에 발생하더라도 보험기간 중에 의료비가 발생하면 그것이 보험금 지급 요건을 충족하기 때문이다.

[기본형 실손의료보험 규제]
기본형 실손의료보험에 대하여는 보험계약 체결 당시 알지 못한 기왕증으로 인하여 보험계약 체결 후 발생한 의료비에 대하여 보험금을 지급하도록 규제할 필요가 있다. 이를 통해 기본형 실손의료보험의 효용을 높일 수 있다. 또한 실손의료보험회사가 보험계약 체결 전에 피보험자의 건강 상태를 보다 면밀하게 확인하도록 유도할 수 있다. 그러면 보다 정확한 위험 평가를 할 수 있어서 합리적인 위험단체 형성에 도움이 된다. 보험가입자가 기왕증을 알지 못한 경우에는 이를 보장하더라도 보험가입자가 위험단체를 형성하지도 않으면서 보장만 받으려는 부정적인 현상이 유발되지 않는다. 이러한 보장은 현행 상법상 허용되므로 이와 같은 보험약관 규제는 특별한 입법이 없이도 가능하다.

(다) 보험계약 체결 당시 알고 있었던 기왕증의 경우

[보험계약 체결 당시 알고 있었던 기왕증에 대한 보장]
보험계약자나 피보험자가 보험계약 체결 당시 피보험자의 기왕증을 알고 있었는데 실손의료보험계약 체결 후 바로 그 기왕증으로

인한 의료비를 보장하기로 하는 보험계약은 상법 제644조 본문에 해당하고 그 단서의 적용을 받지 못하므로 무효이다.[186] 그러므로 기본형 실손의료보험이 기본적 의료의 보편적 보장 역할을 하기 위하여 보험계약 체결 당시에 알고 있었던 기왕증을 보장하려면 상법 제644조에도 불구하고 그것이 가능하다는 특별한 입법이 필요하다. 이를 공·사보험 연계법에 규정할 수 있을 것이다.

[기왕증 보장 규제의 한계]

그러나 보험계약 체결 당시에 알고 있었던 기왕증에 대하여도 보장을 하게 되면 기회주의적 보험 가입 현상이 유발될 수 있다. 그러므로 기회주의적 보험 가입 현상을 방지하기 위한 한도에서 기왕증에 대한 보장을 하지 않을 수 있게 허용하거나 보험 가입 후 일정한 대기 기간(waiting period)이 지나야 보험금을 받을 수 있도록 해야 할 것이다. 일부 상해보험 약관이 보험계약 체결 당시의 기왕증이 보험계약 체결 이후의 보험사고에 미친 기여도에 따라 감면조항을 두는 것처럼,[187] 보험계약 체결 후 도과한 기간에 따라 보험금 지급 비율을 달리하는 방안도 생각해볼 수 있다.[188] 기왕증 보장 규제의 한계를 설정하는 기준에 관하여는 후술하는 위험 인수 규제의 한계 부분에서 보다 구체적으로 논의한다.

---

186) 대법원은, 상법 제644조의 규정은, 보험사고는 불확정한 것이어야 한다는 보험의 본질에 따른 강행규정으로, 당사자 사이의 합의에 의해 이 규정에 반하는 보험계약을 체결하더라도 그 계약은 무효임을 면할 수 없다는 입장이다. 대법원 2002. 6. 28. 선고 2001다59064 판결 참조.

187) 대법원 2005. 10. 27. 선고 2004다52033 판결 참조.

188) 예를 들어, 보험계약 체결 후 3개월 동안은 기왕증으로 인한 의료비에 대하여 보험금을 지급하지 않지만 3개월부터 6개월까지는 기왕증이 없었던 경우의 보험금의 20%를 6개월부터 9개월까지는 50%를, 9개월부터 12개월까지는 80%를, 12개월 이후에는 100%를 지급하는 방식 등을 생각해볼 수 있다.

⑶ 기왕증의 기여도에 따른 보험금 산정 규제

(가) 기왕증으로 인하여 필연적으로 발생한 보험사고에 대한 보장

보험계약 체결 당시 예상할 수 있었던 질병이나 상해의 경우 그 보험사고가 상법 제644조의 본문에 해당하여 그에 대한 보장 약정이 무효가 되는지 여부가 문제될 수 있다. 보험사고의 불확정성은 보험계약을 체결할 당시에 실제로 보험사고가 발생했는지 여부를 기준으로만 엄격하게 판단하는 것이 상법 제644조의 문리, 취지, 효과에 비추어 타당하다.[189]

그러나 창원지방법원 2010. 7. 23. 선고 2010나2521 판결은 상법 제644조에 정한 '보험사고가 이미 발생'한 경우에는 시간의 경과에 따라 필연적으로 보험사고의 발생이 예견되는 경우를 포함하고 이를 보장하기로 하는 보험계약은 보험집단 구성원 사이에 있어서 위험의 동질성에 반하는 것이므로 그것은 상법 제644조에 의하여 무효라고 판단하였다.[190]

하지만 대법원은, 상법 제644조는 보험계약 당시 보험사고가 이미 발생한 때에 그 계약을 무효로 한다고 규정하고 있으므로, 설사 시간의 경과에 따라 보험사고의 발생이 필연적으로 예견된다고 하더라도 보험계약 체결 당시 이미 보험사고가 발생하지 않은 이상 상법 제644조를 적용하여 보험계약을 무효로 할 것은 아니라고 판단하고 위 창원지방법원 판결을 파기환송하였다.[191]

---

189) 한기정(2017), 267면.
190) 창원지방법원 2010. 7. 23. 선고 2010나2521 판결. 보험계약 체결 당시에 피보험자가 근이양증이라는 진단을 받았는데 근이양증이 발병한 이상 보험사고인 제1급 장해의 발생을 피할 수 없고, 근이양증으로 인하여 건강상태가 일반적인 자연속도 이상으로 급격히 악화되어 사망에 이를 개연성이 매우 높은 사안이었다.
191) 대법원 2010. 12. 9. 선고 2010다66835 판결. 비록 보험계약 체결 이전에 근

보험계약의 체결 시에 보험사고 자체가 발생한 경우에만 그 계약이 무효이고, 보험사고의 발생이 필연적으로 예상되는 사정은 고지의무의 대상일 뿐이라고 본 것이다. 보험사고가 이미 발생한 경우와 보험사고가 시간의 경과에 따라 필연적으로 발생이 예견되는 경우는 엄연히 구분되므로 대법원의 입장이 타당하다.[192] 그러므로 보험계약 체결 당시 예상할 수 있었던 질병이나 상해에 대한 의료비를 보장하는 것 역시 현행 보험법 하에서 허용된다.

(나) 기왕증의 기여도와 보험금 산정

[기왕증의 기여도와 책임보험의 보험금 산정]
피해자의 기왕증이 손해에 기여한 정도를 불법행위 손해배상책임에 고려할 것인지에 관하여 부정설로 이해될 수 있는 견해도 있지만 다수설은 긍정설을 취하고 있다.[193] 긍정설은 부분적 인과관계를 인정하는 견해[194], 과실상계를 유추할 수 있다는 견해[195], 민법 제765조의 배상액 경감 청구를 적용하자는 견해[196], 손해액 산정을 손해액 평가와 손해액 공제로 나누고 기왕증 기여도는 손해액 평가에서 고려하여야 한다는 견해[197] 등이 있다.

이양증 진단을 받았다고 하더라도 보험사고(사망 또는 제1급 장해 발생)가 보험계약 체결 이전에 발생하지 않은 이상 보험계약이 무효라고 할 수 없다고 판시하였다.
192) 책임개시 이전에 질병이 있다 하더라도 책임개시 당시에 그것이 어떻게 진행될 것인지 하는 점은 불확정한 것으로서 보험사고로서의 요건을 충족하는 것이다. 장덕조(2011), 135면 참조.
193) 김천수(2004), 32면.
194) 김훈(1985), 손해배상소송에 있어서의 비율적 인정, 재판자료 제26집, 351면.
195) 최진수(1998), 173면.
196) 오종근(1997), 한국비교사법학회, 273면.

판례는 피해자의 기왕증이 그 사고와 경합하여 악화됨으로써 피해자에게 특정 상해의 발현 또는 그 치료기간의 장기화, 나아가 치료 종결 후의 후유장해의 확대라는 결과 발생에 기여한 경우에는 기왕증이 그 특정 상해를 포함한 상해 전체의 결과 발생에 대하여 기여하였다고 인정되는 정도에 따라 피해자의 전 손해 중 그에 상응한 배상액을 부담케 하는 것이 손해의 공평부담이라는 견지에서 타당하다는 입장이다.[198] 판례 중에는 과실상계의 법리를 유추하였다고 볼 수 있는 판시를 한 것도 있으나 판례가 기왕증의 기여도와 손해배상책임에 관하여 과실상계의 법리를 유추적용하고 있는지는 의문이다.[199]

이렇듯 판례는 피해자의 기왕증이 손해에 기여한 정도를 불법행위 손해배상책임에 고려하므로 책임보험에서의 보험금 산정 시에도 기왕증의 기여도에 따라 보험금을 감액하게 된다.[200]

[기왕증의 기여도와 상해보험의 보험금 산정]

피보험자의 기왕증이 상해의 발생이나 정도에 기여하였을 때 상해보험의 보험금을 감액할 것인지에 대한 문제가 있다. 이를 허용하게 되면 약정된 보험금액에서 감액된 액수를 지급하게 되는 것이 되

---

197) 김천수(2004), 44면.
198) 대법원 1999. 6. 11. 선고 99다7091 판결, 대법원 2002. 4. 26. 선고 2000다 16237 판결, 대법원 2000. 5. 12. 선고 99다68577 판결.
199) 대법원 1998. 9. 4. 선고 96다11440 판결은 의사의 문진에 대하여 임신 중임을 고지하지 않은 환자의 임신 중이라는 신체적 소인이 질병의 발생에 기여하였다고 보아서 이에 대하여 과실상계의 법리를 유추적용한 원심판결을 정당하다고 판단하였다. 그런데 이 판결 사안에서는 환자가 임신 중임을 고지하지 않은 과실이 있다는 점에서 대법원이 기왕증의 기여도 자체에 대하여 과실상계의 법리를 유추적용한 것은 아니라고 볼 여지가 있다.
200) 대법원 2000. 5. 12. 선고 99다68577 판결.

어 실손해액을 산정하는 것과 다름없게 된다. 그러므로 원칙적으로
는 상해보험의 경우 기왕증의 기여도를 이유로 보험금을 감액할 수
없다고 봄이 타당하다.[201] 인보험인 상해보험은 사람의 생명 또는
신체에 관한 보험이라는 점에서 이에 대한 금전적 평가인 보험가액
이 있을 수 없고 따라서 보험계약의 당사자는 보험금액을 자유로이
정할 수 있기 때문이다.[202] 기왕증이 기여했다고 해도 우연하고 급
격하며 외래의 사고가 상해의 발생 또는 확대에 상당한 인과관계를
갖는다면 그것으로 보험자의 보상책임을 인정하기에 충분하다.[203]
판례 역시 약관에서 정한 바가 없다면 기왕증의 기여도에 따라 상해
보험의 보험금 감액을 할 수 없다는 입장이다.[204]

　그렇다면 상해보험 계약 체결 당시의 기왕증에 따라 상해가 중하
게 된 경우 그 영향이 없었을 때에 상당하는 금액을 결정하여 지급
하기로 하는 기왕증 기여도 감액약관의 효력은 인정될 수 있을까?
기왕증 감액약관은 손해의 전보를 목적으로 하는 것이 아닌 정액보
험을 손해보험화하는 것으로 정액보험의 본질에 반하며, 감액약관이
없는 때에는 상해보험의 보험금 감액이 허용되지 않는데 감액약관
이 있으면 상해보험이 정액보험인지 여부와 무관하게 이를 적용하
는 것은 기이하므로 이를 허용할 수 없다는 무효설이 있다.[205] 이에
대하여 기왕증으로 악화된 부분은 상해보험이 담보할 수 없는 위험
이므로 이 부분을 제외하는 기왕증 기여도 감액약관은 당연히 유효
하다는 견해가 있다.[206] 상해보험에 있어서 기왕증에 관한 보장은
보험회사가 그로 인한 보험금 지급 위험의 전부 또는 일부를 인수하

201) 박세민(2017), 879면.
202) 김광태(2003), 22면.
203) 한기정(2017), 701면, 767면 참조.
204) 대법원 2007. 4. 13. 선고 2006다49703 판결.
205) 박기억(2003), 137면 내지 140면. 같은 취지의 견해로 장덕조(2011), 146면.
206) 양승규(2003).

는지 여부의 측면에서 다루어져야 하므로[207] 유효설이 타당하다. 기왕증의 기여도를 고려하여 보험금을 감액하는 약관 조항이 보험료의 인하, 도덕적 위험의 억제 등의 효과를 기대할 수 있어서 보험계약자 등에게 부당하게 불리하다고 볼 수 없으므로 사적 자치에 맡겨도 무방하다는 점에서도 그러하다.[208] 판례도 기왕증 기여도 감액약관의 유효성을 인정한다.[209]

(다) 기왕증 기여도에 대한 규제

[실손의료보험의 기왕증 기여도 감액약관 법리]

종래 인보험에 관한 법리는 정액보험이라는 전제에서 형성되어 왔기 때문에[210] 손해보험의 성격이 강한 인보험인 실손의료보험에 관하여는 손해보험의 법리가 적용될 필요가 있는 측면이 있다.[211] 이에 의하면 실손의료보험의 경우 보험약관에 정함이 없어도 보험금 산정 시 기왕증 기여도를 고려해야 한다는 주장이 제기될 수 있다.

그러나 실손의료보험은 의료비 지출이 아닌 질병과 상해를 보험사고로 하는 인보험이다. 비록 실제 지출한 의료비를 보험금으로 지급하지만 그것은 법률적으로 볼 때 질병과 상해의 실손해 보상이 아니다. 실손의료보험도 사람의 생명 또는 신체에 관한 보험이라는 점에서 이에 대한 금전적 평가인 보험가액이 있을 수 없고 보험계약의 당사자는 보험금액을 자유로이 정할 수 있다. 그러므로 기왕증이 기

207) 김광태(2003), 22면.
208) 한기정(2017), 701면, 767면 참조.
209) 대법원 2005. 10. 27. 선고 2004다52033 판결.
210) 가령, 대법원 1999. 8. 24. 선고 99다24263 판결이나 대법원 1998. 4. 28. 선고 98다4330 판결 등은 인보험이 정액보험이라고 설시하고 있다.
211) 박기억(2003), 122면에서는 손해보험적 성질을 가진 인보험을 정액보험인 인보험과 구분하여 달리 취급할 필요가 있다는 입장이다.

여했다고 하여도 상해나 질병에 대하여 보험자의 보상책임을 인정하기에 충분하다. 따라서 상해보험에서 기왕증 기여도 감액약관이 있으면 그에 따라 감액이 가능하지만[212] 그러한 약관이 없으면 기왕증 기여도를 고려하지 않는[213] 판례의 입장은 실손의료보험에도 그대로 적용될 것이다.

[기왕증 기여도 감액 약관 규제]

실손의료보험이 기본적 의료를 보편적으로 보장하도록 하려면 기왕증 기여도에 따라 보험금을 감액하지 못하도록 규제할 필요가 있다. 이러한 보장은 현행 상법상 허용되므로 이와 같은 보험약관 규제는 특별한 입법이 없이도 가능하다. 그러나 그러한 규제에 의하여 기회주의적 보험 가입 현상이 허용되어서는 안 된다. 그러므로 원칙적으로는 기왕증의 기여도에 따라 보험금을 감액하지 못하도록 하더라도, 기왕증으로 인하여 발생할 가능성이 높은 보험사고에 대하여는 대기 기간을 두거나 보험금 감면을 허용하여야 한다.

(4) 소결

생각건대, 기본형 실손의료보험이 기본적 의료를 보편적으로 보장하도록 하려면 보험계약 체결 당시 알지 못하였던 기왕증에 대하여 실손의료보험에서 보장하도록 규제하는 것이 타당하다. 그리고 보험계약 체결 당시 알고 있었던 기왕증에 대하여도 기회주의적 보험 가입 현상이 발생하지 않는 한도에서 전부 또는 일부를 보장하도록 규제하는 것이 바람직하다. 보험계약 체결 당시 알고 있었던 기왕증에 대한 보장을 하기 위해서는 공·사보험 연계법에 상법 제644조에도 불구하고 그와 같은 보장을 할 수 있다는 특별한 조항을 입

---

212) 대법원 2005. 10. 27. 선고 2004다52033 판결.
213) 대법원 2007. 4. 13. 선고 2006다49703 판결.

법하여야 한다. 그리고 기왕증으로 인하여 발생할 가능성이 높은 보험사고에 대하여도 원칙적으로는 기왕증의 기여도에 따라 보험금을 감면하지 못하도록 규제하되, 기회주의적 보험 가입 현상을 방지하기 위하여 대기 기간을 두거나 보험금 감면을 허용해야 한다.

다. 보험료와 보험 가입 거절 규제

(1) 평균기준 보험료 부과 방식의 보험료 규제

(가) 규제의 필요성
기본형 실손의료보험상품의 보험료가 높다면 소득이나 재산 수준이 낮거나 질병이나 상해 위험이 높은 의료수요자가 실손의료보험에 가입하기 어렵다.[214] 그러므로 실손의료보험이 기본적 의료를 보편적으로 보장하도록 하려면 기본형 실손의료보험의 보험료를 규제할 필요가 있다.

(나) 소득이나 재산에 비례한 보험료 산정
기본적 의료의 보편적 보장의 실현을 위해서 소득이나 재산에 비례하여 보험료를 산정하도록 규제하는 것을 생각해볼 수 있다. 그러나 사보험인 실손의료보험의 보험료를 소득이나 재산에 따라 산정하도록 하는 것은 과도하다. 보험료를 소득이나 재산에 비례하여 산정하는 것은 국민건강보험의 보험료 산정 방식과 같다. 그래서 실손의료보험을 그렇게 규제하는 것은 보험료의 측면에서 보면 또 다른 국민건강보험을 하나 더 만드는 셈이 된다. 그것이 필요한지 의문이며 그럴 것이면 국민건강보험 재정을 늘려서 보장률을 높이는 것이 더 나을 것으로 보인다. 게다가 국민건강보험과 같이 보험가입이 강

---

214) 정영호(2011), 5면.

제되지 않는데 소득이나 재산에 비례한 보험료를 산정한다면 소득이나 재산이 낮은 의료수요자만이 보험에 가입할 것이어서 위험단체가 제대로 형성될 수 없어서,[215] 현실적으로 그러한 보험이 유지될 수도 없다.

(다) 국가가 보험료를 재정적으로 지원하는 방안

개별 위험에 따라 보험료를 산정하도록 하되 소득이나 재산 수준이 낮은 자가 보험 가입을 하였을 때 국가가 보험료를 재정적으로 지원하는 방식도 생각해볼 수 있다. 이것은 일종의 공적부조 또는 그에 준하는 것으로 복지 정책적으로 도입 가능한 방안이다. 그러나 이는 실손의료보험의 보험료 산정 방식이 결정된 후에 그 보험료를 지불하기 어려운 취약계층에 대한 지원 문제이다. 이는 본 연구의 연구 대상이 아니다.

(라) 평균기준 보험료 부과 방식 보험료 산정

제3장에서 살핀 바와 같이 미국의 오바마케어[216]나 호주[217]에서는 실손의료보험의 보험료를 평균기준 보험료(Community rating)로 규제하고 있다. 가장 기본적인 평균기준 보험료 부과 방식은 일정한 지역 범위 내에서 보험료를 질병이나 상해 위험과 무관하게 동일하

---

215) 헌법재판소 2000. 6. 29. 선고 99헌마289 결정, 헌법재판소 2001. 8. 30. 선고 2000헌마668 결정, 헌법재판소 2003. 10. 30. 선고 2000헌마801 결정, 헌법재판소 2013. 7. 25. 선고 2010헌바51 결정 참조.

216) U. S. C. § § 300gg. 300gg-1. Mark O. Dietrich and Gregory D Anderson(2012), 60면 내지 62면. Leiyu Shi and Douglas A. Singh(2015), 146면. H.R.3590 – Patient Protection and Affordable Care Act

217) Division 66 of Private Health Insurance Act 2007에서는 실손의료보험약관은 원칙적으로 법률에서 정하는 평균기준 보험료 부과(community rating) 요건을 충족하여야 하고(66-1), 보험료의 요건을 규정하고(66-5), 행정청의 허가를 받도록 하고 있다(66-10).

게 책정하는 것이다. 이를 조금 변형하여 나이나 흡연 여부 등의 최소한의 기준만 반영하여 보험료를 정할 수도 있다(adjusted community rating).218) 이러한 평균기준 보험료 부과 방식과 같은 보험료 규제를 하면 개별 보험가입자의 질병이나 상해 위험에 따른 보험료 차이를 줄일 수 있다.219) 만약 기본형 실손의료보험상품 중에 개별 위험에 따라 보험료를 산정하는 상품이 있다면 평균기준 보험료 부과 방식의 상품은 시장에서 살아남기 어렵다.220) 하지만 기본형 실손의료보험상품이 모두 평균기준 보험료 부과 방식으로 규제되면 적어도 상품 간 경쟁에 따라 평균기준 보험료 부과 방식의 상품이 도태될 염려는 없다.

이러한 보험료 규제는 보험금 지급 이전 시점에서 볼 때 질병이나 상해 위험이 작은 보험가입자가 위험이 큰 보험가입자를 재정적으로 도와주는 효과를 발생시킨다.221) 그리고 보험금이 지급된 이후 시점에서 보면 질병이나 상해가 발생하지 않은 보험가입자가 질병

---

218) 이러한 보험료 책정 방식을 adjusted community rating이라고 한다. Thomas Buchmueller and John Dinardo(2002), 282면.

219) 가령, 미국의 오바마케어에서 보험자는 피보험자의 건강상태를 보험료에 반영하지 못하지만 4가지 요소, 즉, 나이(age), 흡연 여부(tobacco use), 가족의 규모(family size), 지리적인 요건(geographic rating area)를 보험료 산정에 반영할 수 있다. John Kautter et al.(2014), E5. 미국의 사보험 중에서 Medicare를 보충하는 사보험인 Medicare Advantage and Part D는 위와 같은 요소들도 반영하지 않고 모든 보험가입자에게 동일한 보험료를 책정하고, MedicarePart B는 소득이 많은 보험가입자에게 더 많은 보험료를 책정한다고 한다. 위의 글 같은 면 참조.

220) Henry Aaron(1991), 32면. R Town et al.(2004), 327면. 위험이 작은 의료수요자 입장에서는 평균기준 보험료 부과 방식보다 개별 위험에 따른 보험료 산정 방식에 의할 때 보다 저렴한 보험료로 더 좋은 혜택을 얻을 수 있다. 그래서 위험이 작은 의료수요자가 개별 위험에 따라 보험료를 산정하는 상품을 선택하게 되면 평균기준 보험료 부과 방식의 상품에는 위험이 큰 의료수요자만 가입하여 보험재정의 수지균등을 맞출 수 없게 된다.

221) Kenneth J. Arrow(1963), 147면.

에 걸리거나 상해를 입은 보험가입자를 재정적으로 도와주는 효과가 발생한다. 이것은 보험료가 규제되지 않는 일반적인 보험의 효용[222]과 본질적으로 다르지 않다. 보험회사가 개별 위험과 보험료를 일치시키려고 노력하지만 엄밀하게 보면 동일한 보험료가 책정되는 피보험자들의 개별 위험에는 차이가 있을 수밖에 없다. 평균기준 보험료 부과 방식은 그러한 차이를 더 크게 하는 것이다.

평균기준 보험료 부과 방식과 같이 보험료를 산정하면 질병이나 상해 위험이 작은 의료수요자가 보험에 가입할 유인이 낮아지는 것은 사실이다.[223] 하지만 위험은 확률적인 것이고 질병이나 상해 위험은 정확하게 측정되기 어렵다.[224] 그리고 질병이나 상해는 누구에게나 언제든 일어날 수 있는 일이다. 그러므로 질병이나 상해 위험이 낮은 의료수요자도 그 위험을 분산시킬 필요가 있다. 그리고 보험료에 비하여 지급받을 수 있는 보험금의 기댓값이 낮은 경우에도 위험기피적인 의료수요자는 위험을 실손의료보험회사에게 이전할 유인이 있다.[225] 따라서 평균기준 보험료 부과 방식과 같이 질병이나 상해 위험과 무관하게 보험료를 동일하게 산정하거나 이를 조금 변형하여 나이나 흡연 등 최소한의 기준만 반영하여 보험료를 산정하더라도 같은 보험료를 내는 위험단체에 속한 의료수요자 사이의 위험 차이가 일정한 범위 내에 있으면[226] 질병이나 상해 위험이 낮은 의료수요자도 보험의 효용을 누릴 수 있다.[227] 그러므로 실손의

---

222) 양승규(2004), 27면 내지 29면.
223) 질병이나 상해 위험이 작은 보험가입자는 개별 위험에 따른 보험료보다 더 많은 보험료를 부담하고 위험이 큰 보험가입자는 개별 위험에 따른 보험료보다 더 적은 보험료를 부담하게 되기 때문이다.
224) Patricia Seliger Keenan *et al.*(2001), 245면.
225) 송옥렬(2012), 225면, 226면. Ronald Dworkin(2001), 95면.
226) 위 '일정한 범위'에 대하여는 위험 인수 규제의 한계 부분에서 후술한다.
227) 다만, 여기서 말하는 평균기준 보험료 부과 방식과 유사한 방식은 지역별로 보험료를 달리 책정한다는 의미는 아니다. 연혁적으로는 지역별로 보

료보험에 기본적 의료의 보편적 보장 역할을 부여한다면 위와 같이
보험료를 규제하는 것이 타당할 것이다.

(2) 보험료 상한 규제와 보험료 인하 또는 할인 경쟁 유도

기본형 실손의료보험상품의 보험료 규제는 보험료 상한금액 규
제이어야 한다.[228] 보험료가 상한금액보다 낮아지는 것은 기본적 의
료의 보편적 보장에 도움이 된다. 그리고 기본형 실손의료보험상품
과 같이 그 보장내용이 규제되는 보험상품의 경우 보험회사들이 보
장내용을 통해 경쟁할 수 없어서 효율성 증대를 통해 경쟁할 수 있
는 요소는 보험료이다. 제3장에서 살핀 바와 같이 피보험자들이 다
수의 보험자들 중에서 보험자를 선택하는 독일의 공적의료보험의
보험자들은 보장내용을 통해 경쟁하기 어렵기 때문에 보험료를 통
해 경쟁한다.[229] 우리나라 실손의료보험회사들 사이에도 그러한 경
쟁이 필요하다고 생각한다. 독일의 공적의료보험의 보험자들은 수
익이 생기면 그것을 피보험자들에게 돌려주어야 하는 공적 지위에
있지만 우리나라 실손의료보험회사들은 영리기업이기 때문에 독일
의 공적의료보험보다 우리나라 실손의료보험이 보다 경쟁적일 것이
다. 기본형 실손의료보험상품을 판매하는 보험회사들은 보험료 인
하 또는 후술하는 보험료 할인을 통하여 효율성에 기한 경쟁을 할
수 있을 것이다.

험료를 달리 책정하는 것이 의미가 있었지만 교통이 발전하고 인구의 이
동이 많아진 현대에 있어서는 지역에 따른 보험료 산정은 별 의미가 없
어진 것으로 보인다. 게다가 미국이나 호주와 같이 국토가 넓고 지역별
로 경제적으로나 사회적으로 큰 차이가 있을 때는 지역별 보험료 산정이
합리적인 측면이 있지만, 우리나라의 경우 그렇지 않다.

228) 보험료가 너무 낮아서 보험회사가 재정난에 처하면 안 되므로 그에 대한
건전성 규제가 수반되어야 하는 것은 물론이다.

229) Michael E. Porter and Clemens Guth(2012), 87면, 96면.

⑶ 보험 가입 거절 규제

만약 기본형 실손의료보험이 기왕증 보장 규제나 보험료 규제를 받게 되면 실손의료보험회사들은 위험이 높은 피보험자에 대한 보험 가입을 거절하는 방식으로 대응할 가능성이 있다. 그러므로 우리나라 의료보험 법체계가 기본형 실손의료보험상품에 기본적 의료의 보편적 보장이라는 규범적 역할을 부여하고 기왕증 보장 규제나 보험료 규제의 실효성을 확보하기 위해서는 실손의료보험회사의 보험 가입 거절의 자유를 제한할 필요가 있다.

라. 위험 인수 규제의 한계

⑴ 수지균등 달성을 위한 위험 조정

기왕증 보장이나 보험료가 규제되고 보험 가입 거절을 할 수 없으면 실손의료보험회사가 개별 위험과 보험료를 일치시킬 수 없다. 이때 보험료를 평균적인 위험에 상응하도록 결정하고 위험단체가 상당한 규모로 형성되면[230] 대수의 법칙에 따라 위험단체를 이루는 위험의 합이 보험료 수입과 균형을 이룰 수 있다. 그러나 위험이 큰 의료수요자가 많이 가입한 실손의료보험의 경우 개별 위험단체의 수지균등을 달성할 수 없고 반대로 위험이 작은 의료수요자가 많이 가입한 실손의료보험의 경우 망외의 이익을 얻게 된다. 그러므로 기왕증 보장이나 보험료 규제를 한다면 모든 기본형 실손의료보험의 전체 위험단체가 수지균등을 달성하도록 하고 그 전체 위험단체 내

---

230) 본 연구에서 제안하는 위험 인수 규제는 국민건강보험만으로 기본적 의료의 보편적 보장을 달성할 수 없어서 의료수요자가 기본적 의료 보장을 위한 위험 분산 방법으로 실손의료보험을 이용할 수밖에 없는 상황을 염두에 둔 것이므로 기본형 실손의료보험의 전체 위험단체는 상당히 큰 규모로 유지될 수 있을 것이라고 예상한다.

부에서 개별 실손의료보험 간의 위험을 조정하는 제도의 도입이 필요하다. 이에 대하여는 위험 인수 규제의 위헌 여부 부분에서 보다 상세하게 서술한다.

(2) 기회주의적 보험 가입 현상 방지

기회주의적 보험 가입 현상이 발생하면 모든 기본형 실손의료보험의 전체 위험단체의 수지균등도 맞출 수 없으므로 위험 조정 제도를 통해서도 수지균등을 달성할 수 없고 실손의료보험은 붕괴하게 된다. 그러므로 기회주의적 보험 가입 현상이 발생하지 않는 한도에서 보험료를 규제하여야 한다.

앞서 논의하였듯 보장내용을 규제하고 평균기준 보험료 부과 방식과 같이 보험료를 산정하더라도 같은 보험료를 내는 의료수요자 사이의 위험 차이가 '일정한 범위' 내에 있으면 질병이나 상해 위험이 낮은 의료수요자도 보험의 효용을 누릴 수 있다. 그렇다면 위험이 작은 의료수요자도 실손의료보험에 가입할 유인이 있다. 그리고 '일정한 범위'를 초과하는 높은 위험을 가진 의료수요자가 보험에 가입할 때 보장내용을 축소하거나 높은 보험료를 책정하거나 그 가입을 거절하면, 건강 상태가 좋을 때 보험에 가입할 유인이 커지고 위험단체를 형성하지 않으면서 보험금을 받아가는 기회주의적인 행동을 막을 수 있다.[231] 그 '일정한 범위'는 위험이 낮은 의료수요자들 중 상당 수가 보험 가입을 하고 보험을 유지하는 수인 한도에 따라 결정될 것이다.

보장범위나 보험료, 보험 가입 거절 규제를 하더라도 질병이나

---

231) 미국의 오바마케어처럼 의료수요자의 보험 가입을 간접적으로라도 강제하거나 호주처럼 보험 가입에 대한 재정적 지원을 한다면 보다 엄격한 보험료 규제나 보험 가입 거절 규제가 가능할 것이나 본 연구는 그러한 방안은 검토하지 않는다.

상해 위험과 보험료를 고려할 때 보험가입이 실질적으로는 위험단체를 구성하지 않으면서 보장만 받도록 한다고 평가되는 경우에 대해서는 실손의료보험회사가 보험료를 높게 책정하거나 보장내용 중일부를 제외할 수 있도록 하거나 보험 가입을 거절할 수 있도록 허용해야 한다. 문제는 '실질적으로는 위험단체를 구성하지 않으면서 보장만 받도록 한다고 평가되는 경우'가 구체적으로 어떤 경우이고 '질병이나 상해 위험이 낮은 의료수요자도 보험의 효용을 누릴 수 있는 의료수요자 사이의 위험 차이의 일정한 범위'를 어떻게 결정하는가 하는 것이다.

　이에 대하여 본 연구에서는 다음과 같은 대략적인 기준을 제안한다. 먼저 실손의료보험이 기본적 의료의 보편적 보장 역할을 담당하는 경우에는 대수의 법칙이 작동할 수 있을 정도로 충분히 많은 의료수요자가 기본형 실손의료보험에 가입할 것이라고 전제한다. 그러면 질병이나 상해 위험의 정도에 따른 (보험금 - 보험료) 값과 그에 해당하는 피보험자의 수가 일정한 분포를 나타낼 것이다. 전체적으로 수지균등을 맞추기 위해서는 (보험금 - 보험료) 값이 음의 영역에 있는 모든 피보험자에 대한 보험료 초과분과 그 값이 양의 영역에 있는 모든 피보험자에 대한 보험금 초과분이 같아야 한다. 이때 위험이 작은 의료수요자 집단의 수인 한도는 (보험금 - 보험료)의 값이 음의 영역에 있는 보험료 초과분이 유지되다가 그 값이 급격히 낮아지기 직전의 상황에 이른 것을 의미한다. 위험 인수 규제를 할 때는 위 보험료 초과분이 유지되는 범위에서 위험 인수 규제를 하여야 한다. 이를 위하여 의료수요자 별 위험 점수(risk score)나 보험금 지급 액수에 근거하여 위험을 측정하고 통계적으로 일정 기간 동안 보험 가입이나 유지의 추이를 파악하여야 한다. 그리고 이에 기초하여 위험단체의 평균 위험 수준을 결정하고, (보험금 - 보험료)의 값이 음의 영역에 있는 보험료 초과분이 그 값이 양의 영역에 있는 보험금 초과분과 같거나 큰 수준으로 유지되는 정도까지 위험 인수 규제를 하도록 기준을 설정하여야 한다.

3. 위험 인수 규제의 위헌 여부

가. 위험 인수 규제로 인한 실손의료보험회사의 기본권 제한

실손의료보험에 대한 위험 인수 규제는 실손의료보험회사에게 계약 체결 여부나 계약 조건을 강제함으로써 헌법 제10조의 일반적 행동자유권의 한 내용인 사적 자치권(계약체결의 자유)을 제한한다.[232] 그리고 경우에 따라 실손의료보험회사에게 보험료에 비하여 과도한 위험을 인수하여 보험금을 지급할 계약상 의무를 부담하도록 하므로 헌법 제23조 제1항의 재산권도 제한한다. 수지균등의 원칙[233]이 법률상 보험의 필수적인 개념 요소는 아니라고 생각한다.[234][235] 하지만 수지균등의 원칙은 영리추구 또는 상호부조가 목적인 보험자의 경영의 성패를 좌우한다.[236] 수지균등을 이루지 못하는 보험회사는 사업을 할수록 손실을 입게 된다. 스스로 선택하지 않은 위험 인수로 인하여 보험료 수입에 비하여 과도한 보험금을 지출하게 된다면 그것은 재산권 침해에 해당할 수 있다. 이하에서는 위험 인수 규제가

---

232) 실손의료보험에 대한 것은 아니나 헌법재판소 2011. 9. 29.자 2010헌마85 결정 참조.

233) 양승규(2004), 24면.

234) 한기정(2017), 12면. 대수의 법칙을 통한 위험의 분산이 보험의 일반적 특징이라고 말할 수는 있으나 그것이 반드시 보험의 요소이고 그것이 결여되면 보험성이 부정된다고 할 수는 없다.

235) 대법원 1989. 9. 26. 선고 88도2111 판결 역시 대수의 법칙을 응용한 확률계산에 의하지 아니하였다는 사정이 있어도 보험이 아니라고 할 수 없다는 입장이다.

236) 한기정(2017), 10면.

과잉금지의 원칙에 위배되는지 여부를 검토하고 그 위헌성을 해소
하기 위한 방안으로 위험 조정 제도의 도입을 제안한다.

나. 과잉금지의 원칙 위배 여부

(1) 입법 목적의 정당성 및 수단의 적합성

기본형 실손의료보험에 대한 위험 인수 규제의 목적의 정당성과
수단의 적합성은 인정될 수 있다고 생각한다. 제2장에서 살핀 바와
같이 사회계약론의 입장에서 보면 법과 제도는 사회구성원에게 기
회의 공정한 평등을 위한 기본적 의료를 보장하도록 구성되어야 한
다.237) 국민건강보험의 보장률이 낮아서 현실에서 의료수요자가 기
본적 의료의 상당 부분의 의료비 위험을 부보할 방법이 실손의료보
험 밖에 없다면 기왕증 등으로 질병이나 상해 위험이 높은 의료수요
자나 소득이나 재산 수준이 낮은 의료수요자가 실손의료보험에 가
입할 수 있도록 할 필요가 있다. 그리고 기본형 실손의료보험에 대
한 위험 인수 규제는 그 목표를 달성하기 위한 적절한 수단이다.

(2) 피해의 최소성

(가) 국민건강보험과의 역할 분담에 있어 피해의 최소성

우리나라는 기본적 의료의 보편적 보장을 원칙적으로 국민건강
보험에서 담당하고 있다. 국가는 국민건강보험의 보장률을 높임으
로 기본적 의료 보장을 달성할 수 있다. 그런데도 영리를 추구하는

---

237) John Rawls(1993), 184면. Norman Daniels(1985), 17면, 33면, 39면, 56면 58면.
Norman Daniels(1982) 71면, 72면. Thomas C. Shevory(1986), 751면, Anne Donchin
(1989), 697면, Ian Henneberger(2011), 17면, Elizabeth H. Coogan(2007), 34면,
Allen Buchanan(2009), 4면, 27면.

사기업인 실손의료보험회사에 기본적 의료의 보편적 보장 역할을
분담시키면서 위험 인수 규제를 하는 것이 피해의 최소성 원칙에 위
배된다는 견해가 있을 수 있다. 그러나 우리나라 헌법이 기본적 의
료의 보편적 보장을 국민건강보험이 전담하도록 규정하고 있지 않
기 때문에(헌법 제36조 제3항[238]), 위와 같은 견해는 타당하지 않다고
생각한다. 제3장에서 살핀 바와 같이 미국, 독일, 호주에서는 실손의
료보험이 기본적 의료 보장을 위한 역할을 하고 그것을 위한 규제를
받고 있다.

　국민건강보험은 소득과 재산에 비례하여 보험료를 책정하기 때
문에 국민건강보험의 보장률을 높이기 위하여 보험료를 올리면 소
득과 재산이 많은 사회구성원의 보험료가 상대적으로 더 많이 증가
하여 소득재분배 효과가 있다.[239] 그에 비해 실손의료보험의 경우
위험 인수 규제를 하더라도 소득과 재산에 따라 보험료가 결정되지
는 않기 때문에 국민건강보험과 같은 소득재분배 효과가 없다.[240]
국민건강보험의 소득재분배 효과는 긍정적인 것으로 평가될 수 있
다.[241] 그러나 보험료 부과 체계가 정치하지 못하여[242] 제대로 된 소

---

238) 헌법 제36조 제3항에서는 '모든 국민은 보건에 관하여 국가의 보호를 받
　　는다.'라고 규정하여 국민의 보건권 보호를 국가의 의무로 정하고 있을
　　뿐이어서 헌법이 기본적 의료 보장 역할을 국민건강보험에만 부여하였다
　　고 할 수도 없다. 보험업법 제1조는 보험계약자나 피보험자의 권익을 보
　　호하는 것을 보험업법의 목적 중 하나로 삼고 있는데 헌법 제36조 제3항
　　의 국민의 보건권 보호가 보험업법 제1조를 통하여 의료수요자인 실손의
　　료보험의 보험계약자나 피보험자의 권익으로 이어진다고 해석하는 것도
　　가능하다.
239) 헌법재판소 2003. 10. 30. 선고 2000헌마801 결정.
240) 다만, 실손의료보험의 위험단체 내에서도 (국민건강보험과는 다른) 소득
　　재분배 효과가 있다(Kenneth J. Arrow(1963), 147면). 이것을 연대성의 실현
　　이라고 보는 관점도 있을 수 있다(김나경(2012), 49면 내지 51면 참조). 그
　　러나 여기서 말하는 소득재분배는 소득에 비례하여 보험료를 내고 필요
　　에 따라 의료를 이용한다는 개념이 아니다.

득재분배가 어려운 현실적 문제가 있다. 그리고 소득재분배 효과가 일정 수준을 넘어설 경우에는 그것을 부정적으로 보는 견해가 있을 수 있다.

그러므로 입법자는 국민건강보험과 실손의료보험의 역할을 분담함으로써 기본적 의료의 보편적 보장을 도모하면서도 국민건강보험으로 인한 소득재분배 효과의 수위를 조절할 수 있다. 국민건강보험의 보장률을 높여서 기본적 의료 보장을 할 수도 있지만 국민건강보험의 보장률을 어느 정도의 수준에 둔 채 실손의료보험을 적절히 규제함으로써 기본적 의료 보장을 달성하면서도 국민건강보험의 소득재분배 효과가 일정 수준을 초과하지 않도록 할 수도 있는 것이다. 헌법이 그에 대하여 입법권을 제한하고 있지 않기 때문에 이것은 입법자의 입법 재량 내에 있다고 생각한다.

(나) 강제된 보험계약을 통해 부보한 위험으로 인한 피해의 최소성

위험 인수 규제를 하면 개별 위험과 보험료를 일치시키기 위한 실손의료보험회사의 계약 체결의 자유가 제한된다. 그렇다고 하여 반드시 실손의료보험회사가 손실을 입는 것은 아니다. 보험료를 규제할 때 모든 기본형 실손의료보험의 피보험자의 질병이나 상해 위험을 집단적으로 평가하여 전체적으로 수지균등을 맞출 수 있게 보험료를 책정할 수 있기 때문이다. 그렇게 되면 개별 실손의료보험회사 중에는 보험료에 비하여 과소한 위험을 부보하게 되는 회사도 생길 수 있다. 그러나 과소한 위험을 부보하는 회사가 생긴다는 것은 과도한 위험을 부보하는 회사도 생긴다는 의미이다. 이런 상황에서

---

241) 이진석(2000), 10면.
242) 윤희숙(2008), 10면, 11면 참조. 국민건강보험법상 보험료 산정의 위법성 여부가 쟁점이 된 사건으로 대법원 2007. 5. 31. 선고 2005두15472 판결, 대법원 2015. 11. 26. 선고 2014두46294 판결 참조.

실손의료보험회사는 수익을 내기 위해서 질병이나 상해 위험이 적은 의료수요자에게 적극적으로 보험 가입을 권하여 보험에 가입시키려고 하는 위험 선택(risk selection) 또는 선별 가입(cream skimming) 경쟁[243]을 하도록 내몰리게 된다. 실손의료보험에 대하여 위험 인수 규제를 하면서도 그로 인하여 실손의료보험회사가 강제된 거래에 의하여 과도하게 많은 위험을 부담하고 손실을 입는 것이 방치된다면 그것은 피해의 최소성 원칙에 위배된 기본권 제한에 해당하여 헌법에 위배될 수 있다. 이 문제를 해결하기 위하여 위험 조정 제도의 도입이 필요하다.

다. 위험 조정 제도의 도입

(1) 위험 조정(risk adjustment 또는 risk equalization) 제도 개관

미국의 오바마 케어 하에서의 실손의료보험이나 독일의 공적의료보험, 호주의 실손의료보험과 같이 다수의 보험자가 존재하는 상황에서 보험료와 보장내용을 규제하고 보험자가 보험가입 신청을 거절하지 못하게 하면, 전체적으로는 수지균등을 이룰 수 있게 하더라도 보험자들 중에는 위험을 너무 많이 인수하거나 반대로 위험은 너무 적게 인수하는 보험자가 생길 수 있다. 위험 조정 제도(risk adjustment 또는 risk equalization[244])는 위험이 낮은 의료수요자가 가입한 보험상품의 보험료 수입의 일부를 위험이 높은 의료수요자가 가입한 보험상품으로 이전하도록 하여 위험 인수 규제로 인하여 발생

---

243) 이진이(2014), 62면. Martina Grunow and Robert Nuscheler(2014), 672면. 이주선·권순만(2006), 68면, 69면. 홍석표 외(2007), 30면. 49면.

244) 미국에서는 risk adjustment라는 용어를 주로 사용하고 유럽에서는 risk equalizaion 또는 risk equalisation이라는 용어를 많이 사용한다. John Kautter et al.(2014), E3 참조.

한 과도하거나 과소한 위험 인수를 조정한다.[245] 이를 통하여 보험자가 인수한 위험에 대한 공정한 보험료 수입을 보장하고 위험 선택(risk selsection)을 방지하여 보험료 등 보험상품의 장점에 기반한 경쟁을 촉진하고 의료보험 재정의 건전성을 확보하려는 것이다.

제3장에서 살핀 바와 같이 미국의 오바마 케어[246]와 독일의 공적의료보험[247]은 사전적으로 평가된 질병이나 상해 위험에 따라 보험료를 조정하여 해결하고 있다. 가령 미국의 오바마 케어는 피보험자의 진단 정보에 기초하여 위험 점수(HCC, Hierarchical Condition Categories)를 산정하고(risk adjustment model), 평균 위험 점수와 질병이나 상해 위험 외의 다른 요소들(보장범위, 유발 수요, 평균 보험료 등)을 고려하여 보험상품 간의 보험료 수입을 조정한다(risk tranfer formula).[248] 호주에서는 사전적으로 평가된 위험이 아니라 사후적으로 지급된 보험금 액수에 따라 보험회사들 간에 이해관계를 조정하는 재보험 방식으로 위험을 조정한다.[249] 미국, 독일, 호주 외에도 네델란드, 스위스, 아일랜드, 남아프리카공화국 등이 위험 조정 제도를 실시하고 있다.[250]

---

245) American Academy of Actuaries(2010), 3면.

246) Section 1343 of the Affordable Care Act(ACA) of 2010. 45 CFR § § 153.300 – 153.365, § § 153.600 – 153.630. Michelle Li and Donald Richards(2017), 2면. ohn Kautter et al.(2014), E8.

247) § 271 SGB V. § 266 SGB V. Zuweisungen aus dem Gesundheitsfonds (Risikostrukturausgleich). Reinhard Busse and Miriam Blüme(2014), 128면, Matthew Gaskins and Reinhard Busse(2014), 128면, OECD(2004), 125면. 김나경(2012), 74면.

248) John Kautter et al.(2014), E3.

249) Private Health Insurance (Risk Equalisation Policy) Rules 2015. Luke B. Connelly et al.(2010), 4면, 5면. Paul Collins(2008). 6., 20면, John Armstrong et al.(2010), 42면, 45면,

250) John Armstrong et al.(2010) 참조.

(2) 법률유보의 원칙과 위험 조정

위험 조정 제도는 낮은 위험을 인수하였다고 판단되는 실손의료보험회사가 받은 보험료의 일부를 높은 위험을 인수하였다고 판단되는 실손의료보험회사에게 지급하도록 하는 강제하는 제도이다. 이는 실손의료보험회사들 사이에서 협의 또는 민사소송을 통해 사법적으로 운영될 수도 있다. 특히 구체적인 위험 조정의 방법은 실손의료보험회사들 사이의 이익 조정 문제이므로 실손의료보험회사들의 의견과 그들의 협의가 중요하다.

하지만 이를 사법 관계에 맡겨두면 현실적으로 협의가 이루어질 것을 기대하기 어렵다. 위험 조정의 방법을 결정하여 집행할 때 행정작용을 통해 공법적으로 운영되는 것이 다수의 실손의료보험회사들 사이의 이해관계를 중립적, 객관적으로 신속하게 조율할 수 있다. 보험당국이 낮은 위험을 인수하였다고 판단된 실손의료보험회사가 높은 위험을 인수한 실손의료보험회사에게 보험료의 일부를 지급하도록 행정처분을 내리고 불응할 경우 행정작용으로써 이를 집행하는 것이 바람직하다.

이와 관련하여 아일랜드의 위험 조정 제도를 정하는 관련 법률조항에서 위험 조정의 대상이 되는 보험상품의 범위를 좁게 해석될 수 있게 규정되어 있었기 때문에 이를 벗어나서 전체 보험가입자에 대하여 위험 조정을 시행하는 것은 법률의 위임범위를 벗어나서 위법하다는 아일랜드 대법원 판결이 선고된 것은 참고할만한 사례이다.[251] 미국에서도 일부 보험자가 오바마 케어의 위험 조정 기준(risk

---

251) 아일랜드가 민간의료보험의 보험료를 평균기준 보험료 부과 방식으로 규제하면서 2003년에 위험 조정 제도를 도입하였는데 아일랜드 정부가 2006년 전체 보험가입자에 대하여 평균기준 보험료 부과 방식이 적용됨을 전제로 한 위험 조정 프로그램을 운영하자 BUPA Ireland가 그것이 Health Insurance Act 1994의 Section 7 위반이라고 주장하며 소를 제기하였다. 아일랜드의 고등법원은 Health Insurance Act 1994의 Section 12의 해석상 전체 보

adjustment transfer formula)이 각 주의 평균 보험료를 기준으로 하여 보험료가 낮은 보험상품이 불합리하게 손실을 입고 1년 이내의 기간 동안 보험에 가입한 의료수요자의 위험 평가에 오류가 있으며 보험 상품의 보장 범위에 따른 위험 조정 요소 평가에도 오류가 있는 등으로 법률의 위임 범위를 벗어났고 그 기준 적용에 오류가 있다고 주장하며 소송을 제기하였고 현재 그 소송이 진행 중에 있다.252)

위험 조정 제도를 도입한다면 공·사보험 연계법에 위험 조정의 근거가 되는 위험 평가 방법, 위험 조정의 요건, 절차 등에 대한 명확한 법적 근거를 마련해야 한다.

(3) 위험 조정 방식 – 사후적 위험 조정

(가) 사전적 위험 조정과 사후적 위험 조정의 장단점

[사전적 위험 조정의 장단점]
위험 조정 제도는 기왕증 보장 규제나 보험료와 보험 가입 거절 규제와 같은 위험 인수 규제를 하지 않았을 때의 개별 보험가입자의

험가입자에 대하여 평균기준 보험료 부과 방식이 적용됨을 전제로 위험 조정 제도를 운영할 수 있다고 판단하였으나 아일랜드 대법원은 Health Insurance Act 1994의 Section 7 문언 상 그렇게 볼 수 없고 Health Insurance Act 1994의 Section 12의 해석은 분명하지 않기 때문에 Section 7에 따라 법률에서 규정한 평균기준 보험료는 같은 보험상품에 가입하는 피보험자들을 전제로 한 것이고 따라서 당시 위험 조정 프로그램은 법률의 위임 범위를 벗어나서 만들어진 것이라고 판단하였다. Brian Turner and Edward Shinnick(2013) 참조. 슬로베니아에서도 2005년에 평균기준 보험료 부과 방식과 위험 조정 제도가 도입되자 보험회사가 그에 대하여 소를 제기하였는데 슬로베니아 법원은 보험회사의 주장을 받아들이지 않았다. Sarah Thomson and Elias Mossialos(2007), 121면 참조.

252) Marc C. Hewitt(2016). 참조.

보험료와 위험 인수 규제를 하였을 때의 개별 보험가입자의 보험료 차이를 보정하는 제도이다.[253] 그러므로 미국의 오바마 케어와 같이 사전적으로 위험을 조정하는 것이 이론적으로 합리적인 위험 조정 방식이다. 그러나 사전적인 위험 평가는 기술적으로 용이하지 않다는 단점이 있다.[254] 예를 들어, 네델란드에서는 위험 조정 제도를 시행하였지만 여전히 보험자들이 위험이 낮은 의료수요자를 가입시켰을 때 수익을 높일 수 있는 현상이 나타났다고 한다.[255] 미국에서는 위험 조정을 위한 평가의 기초 자료 제출이 잘못되어 위험 조정에 오류가 발생하거나[256] 위험 조정 시 이미 얻은 보험료의 일부를 내놓아야 하는 보험자가 위험 조정 기준 등에 대하여 문제를 제기하며 소송을 제기하는 등으로[257] 분쟁이 발생하기도 하였다.

[사후적 위험 조정의 장단점]

호주와 같이 사후적으로 지급된 보험금 액수에 따라 보험자들 간에 이해관계를 조정하는 재보험 방식으로 위험을 조정할 경우에는 위와 같은 위험 평가의 문제는 없다. 지급된 보험금의 액수에 관한 자료 제출이 잘못될 가능성도 낮다. 그러나 보험자들이 보험금 지급

---

253) John Kautter *et al.*(2014), E3.

254) Frank A. Sloan and Mark A. Hall(2002), 177면 내지 179면.

255) Andre P. Den Exter and Mary J. Guyl(2014), 266면, 267면.

256) Untied States of America, *et al.* -v- Scan Health Plan, *et al.*, United States District Court Central District of California, October 5, 2017 참조. 이 사건은 미국 정부 등이 제기한 소송인데, 미국 정부 등은, 미국의 실손의료보험회사가 메디케어 프로그램에서 HCC(Hierarchial Condition Categories, 의료공급자가 부여한 의료수요자의 진단 코드별로 그룹핑을 하는 방식)에 따른 의료비 예측 및 위험 조정(risk adjust)을 하는데 자신에게 유리한 자료는 제출하고 자신에게 불리한 자료는 제출하지 않아서 결과적으로 위험 조정 결과 더 많은 보험료를 할당받았다고 주장하였다.

257) Marc C. Hewitt(2016). 참조.

사유를 심사, 평가하여 효율적으로 보험금 지급을 관리할 유인이 줄
어들고[258] 혁신적인 보험상품의 개발이 저해되는[259] 문제점이 있다.
사후적 위험 조정 제도 하에서는 보험금을 더 많이 지급하여 보험자
가 경제적으로 손실을 입어도 그것을 보전받을 수 있고 보험금 지급
이 감소하면 오히려 보험료 수입을 다른 보험자에게 지급해야 할 수
있기 때문이다. 이것은 의료보험의 비효율성을 야기한다. 그리고 개
별 보험자가 보험금 지급 심사, 평가를 제대로 하였는지 여부에 대
한 분쟁이 발생할 소지가 있다.

(나) 우리나라의 경우
  우리나라의 경우 다음과 같이 사전적 위험 조정 방식보다는 사후
적 위험 조정 방식을 택하는 것이 바람직할 것으로 보인다.

[사전적 위험 조정을 위한 위험 평가의 어려움]
  위험 조정을 위한 위험 평가를 상당히 정확하게 할 수 있고 위험
조정에 대하여 불만을 제기하는 실손의료보험회사에 대하여 위험
조정의 근거를 합리적으로 제시할 수 있다면 사전적 위험 조정이 위
험 조정의 원래 취지에 부합한다. 그러나 우리나라 실손의료보험회
사들은 자신들이 만든 실손의료보험상품을 10년이 넘게 열심히 판매
해놓고는 손해율이 높다는 이유로 보험료를 크게 인상하고 있다. 이
를 보면 우리나라 실손의료보험회사들이 보험가입자들의 질병이나
상해 위험을 평가하는 기술이 아직 부족한 것으로 보인다. 미국은
오바마 케어 이전에도 메디케어[260]나 메디케이드[261]에서 위험 조정

---

258) OECD(2004), 126면.
259) Neil Parkin and Heather Mcleod(2001), 9., 9면.
260) GC Pope *et al.*(2004), John Kautter *et al.*(2012) 참조.
261) Rob Damler and Ross Winkelman(2008) 참조.

제도를 시행하면서 20년 넘게 다양한 위험 조정 모델을 개발해왔는
데도[262] 오바마 케어 후 위험 조정에 대한 분쟁이 발생하였고 그에
대한 논란이 제기되고 있다.[263] 우리나라는 위험 조정 제도를 시행
해본 적도 없기 때문에 당장 사전적 위험 조정을 하는 것은 더욱 어
려울 것이라고 생각한다.

[사후적 위험 조정의 단점을 보완할 수 있는 우리나라의 국민건강
보험]

현재 비급여 의료에 대한 보험금 지급 심사는 개별 실손의료보험
회사가 하고 있다. 그래서 사후적 위험 조정 제도가 시행되면 개별
실손의료보험회사는 심사, 평가를 소홀히 해도 위험 조정을 통해 비
효율적으로 지급된 보험금을 회수할 수 있어서 비효율이 야기될 수
있다. 그러나 향후 2017. 8. 건강보험 보장성 강화대책이 이행되면 기
본적 의료의 대부분에 대하여 심평원의 심사, 평가가 이루어질 것이
다. 그렇게 되면 개별 실손의료보험회사의 심사, 평가가 심평원의
심사, 평가와 병존적으로 이루어진다. 국민건강보험은 위험 조정 제
도와 무관하므로 심평원은 사후적 위험 조정 제도가 도입되어도 심
사, 평가를 소홀히 할 유인이 없다. 객관적인 입장에 있는 심평원의
심사, 평가 결과가 존재하므로 개별 보험자가 보험금 지급 심사, 평
가를 제대로 하였는지 여부에 대한 분쟁이 발생할 가능성도 낮다.
그러므로 우리나라의 경우 호주와 같은 사후적 위험 조정[264]이 기술

---

262) Christin Juhnke *et al.*(2016), 1면.
263) Marc C. Hewitt(2016). 참조.
264) 다만, 우리나라와 호주의 의료전달체계와 인구 구성이나 지역적 범위에
 분포된 의료자원 등 의료 환경이 다르기 때문에 호주의 제도를 그대로
 도입하는 것은 타당하지 않을 것으로 보인다. 호주는 2001년 당시 65세 이
 상의 의료수요자이거나 1년에 35일 이상 입원한 의료수요자에 대하여 위
 험 조정을 시행하였다고 한다. Neil Parkin and Heather Mcleod(2001). 9., 7면

적으로 보다 간명하고 분쟁의 소지도 적을 것이어서 보다 바람직할
것이라고 생각한다.

⑷ 하자있는 위험 조정에 대한 재조정

(가) 국민건강보험과 연계한 위험 조정 제도 운영
위험 조정 제도 하에서 위험 조정의 근거가 되는 사실을 실손의
료보험회사가 제출하는 자료로 파악한다면, 실손의료보험회사가 고
의 또는 과실로 위험 평가의 기초 사실을 잘못 보고하여 분쟁이 발
생할 가능성이 있다.[265] 그러므로 위험을 평가하기 위한 기초 사실
을 표준화하고 가급적 국민건강보험에서 확인할 수 있는 사실에 기
초하여 위험을 평가할 필요가 있다. 우리나라는 전국민이 국민건강
보험에 가입되어 있고 요양급여비용 청구 시 의료수요자의 급여 의
료 이용 정보가 국민건강보험에 전달된다. 2017. 8. 건강보험 보장성
강화대책이 이행되면 현재의 비급여 의료도 모두 급여 또는 예비급
여가 되어 그 의료 이용 정보도 국민건강보험에 전달된다. 그러므로
위험 조정 시 사실관계 파악을 실손의료보험회사의 보고에만 의존
하기보다는 국민건강보험과 연계한다면 객관적인 제도 운영이 가능
할 것이다. 법률의 정함이 없다면 국민건강보험과 연계하여 제도를
운영하기 어려울 것이므로 공·사보험 연계법에서 이를 규정할 필요
가 있다.

(나) 위험 조정에 하자가 있는 경우의 재조정
위험 조정에 하자가 있는 경우 그것이 재조정될 필요가 있다. 본

참조.
265) Untied States of America, *et al.* -v- Scan Health Plan, *et al.*, United States District
Court Central District of California, October 5, 2017 참조.

연구의 제안대로 위험 조정이 행정처분으로 이루어진다면 실손의료
보험회사는 그 위험 조정에 대하여 항고소송을 제기할 수 있다. 위
험 조정에 중대명백하지 않은 하자가 있을 경우에는 제소기간 도과
시 불가쟁력이 발생함으로써 법적 안정성을 도모할 수 있다.

한편, 실손의료보험회사가 속임수 기타 그 밖의 부당한 방법으
로 보고를 하는 등으로 위험 조정 제도를 활용하여 더 많은 보험료
를 할당받는 경우가 있을 수 있다. 그런 경우 사후적으로[266] 그 할당
받은 보험료 초과분을 환수하고 실손의료보험회사의 고의, 과실의
정도에 따라 가산금이나 과징금 처분 등을 할 수 있도록 하여 잘못
된 위험 조정을 바로잡고 허위 또는 부실 보고에 대하여 제재를 가
할 수 있는 입법이 필요하다.

4. 위험 인수 규제 시 기본형 실손의료보험의 법적 성격

가. 문제 제기

기본형 실손의료보험에 대하여 위험 인수 규제를 하면 그것이 사
보험인지 공보험인지 여부가 문제될 수 있다. 이것은 기본형 실손의
료보험에 대하여 상법과 보험업법이 적용될 수 있는지 여부에 대한
법적인 문제이다.

나. 사보험의 법적 정의와 기본형 실손의료보험

보험계약법(상법 보험편)이나 보험규제법(보험업법)을 적용하려

---

266) 제소기간 도과에 따른 불가쟁력은 처분의 상대방인 실손의료보험회사 등
　　그 처분에 대한 법률상 이익이 있는 자가 소를 제기할 수 없는 것일 뿐
　　사후적인 재조정에까지 미치지는 않는다.

면 사보험의 정의가 필요하지만 아직 그에 대한 완전한 개념 정의가
이루어지지 못하였다.[267] 이것은 유럽연합[268]이나 영국[269], 미국[270],
독일[271]도 마찬가지이다. 사보험의 정의는 불완전할 수밖에 없지만
현재까지 합의되어 있는 사보험의 요소(불확정한 사고, 손해성, 보험
료, 보험금 등 보험급여, 보험의 기술 등)를 중심으로 사보험을 부분
적으로 정의하는 것에 만족할 수밖에 없는 상황이다.[272] 이는 현행
법상으로는 해당 계약이 상법 제638조 소정의 보험계약인지 여부와

---

267) 양승규(1983), 119면 이하에서는 손해보험과 생명보험을 모두 포함하는 보
   험의 개념을 정립하려는 시도를 소개한 후, 그것이 불가능하며 추상적으
   로 보험 개념을 정의하고 그 기본 구조를 소개하고 있다. 최병규(2010),
   306면 이하에서는 보험의 개념에 대한 전통적인 학설들과 독일에서의 새
   로운 주장으로 제기된 사무처리계약설과 정보이론(위험공동체 개념에서
   탈피)을 소개하고 보험업법상 감독적 측면에서 문제된 우리나라 판례에
   서의 보험 개념에 대한 입장을 살펴본 후, 보험에 대한 개념에 대하여 일
   반적으로 통용되는 내용을 토대로 하여 사안마다 상법이나 보험업법 등
   해당 법률의 목적으로 고려하여 보험 개념 포함 여부를 개별적, 구체적으
   로 판단하는 수밖에 없다고 결론짓고 있다.
268) 유럽연합의 규정에서도 보험을 정의하고 있지 않다. EC Council Directive
   73/329. 그리고 유럽연합의 법원도 보험의 개념을 정의하지 않는다. Card
   Protection Plan Ltd v Customs and Excise Commissioners (ECJ Case C-349/ 96)
   [1999].
269) Medical Defence Union v Department of Trade (1980) 1 Ch 82. 영국의 보험법에
   보험계약의 정의가 없었는데, 영국 법원 역시 그에 대한 정의를 하지 않
   았고 보험계약은 정의되기보다는 설명되는 것이 적절하다고 하였다.
270) 임수민(2017), 208면 이하에서는 미국에서는 주보험법에서 보험정의를 하
   지 않거나 정의를 하더라도 광의로 정의할 뿐이고 보험의 개념을 정의한
   판결은 없다고 하면서 미국 법원이 보험인지 여부를 판단하는 기준으로
   제시한 여러 가지 기준들을 소개하고 있다.
271) 최병규(2010)에서는 독일에서 2007년 보험계약법 개정 시 보험의 개념 정
   의를 의도적으로 포기하고 보험계약의 전형(보험계약자는 보험료를 지급
   하고 보험자는 보험사고 발생 시 급부를 통해 위험을 안전하게함)만을
   규정한 사정을 소개하고 있다.
272) 한기정(2017), 4면 내지 18면.

보험업법 제2조 제1호는 보험상품인지 여부의 문제이다. 전자는 보험계약법의 적용 여부이고 후자는 보험규제법의 적용 여부이다.

생각건대 위험 인수 규제가 없는 경우는 물론 위험 인수 규제가 있어도 기본형 실손의료보험은 사보험에 해당한다. 우선 이는 문언상 상법 제638조 소정의 보험계약과 보험업법 제2조 제1호 소정의 보험상품에 해당한다. 그리고 위험 인수 규제를 받는 기본형 실손의료보험이 해석상 사보험이 아니라고 볼 수 있는 부분은 보험의 요소인 보험의 기술 중 개별 위험과 보험료의 일치 외에는 없다. 그러나 사보험의 요소 중 개별 위험과 보험료의 일치라는 요소가 사보험의 법적 정의 시 필수적으로 요구되는 개념은 아니라고 생각한다.[273] 판례 역시 마찬가지이다.[274] 게다가 설령 개별 위험과 보험료의 일치라는 요소가 중요한 개념 요소라고 하더라도 위험 조정 제도를 도입하면 보험료가 개별 위험에 따라 조정된다. 그래서 그 조정 후에는 개별 보험회사와 보험가입자 사이의 보험계약에서도 개별 위험과 보험료의 일치라는 요소가 충족된다.

다. 위험 인수 규제를 받는 기본형 실손의료보험에 대하여 상법과 보험업법의 적용을 배제하여야 하는지 여부

위험 인수 규제를 받는 기본형 실손의료보험이 사보험에 해당된

---

273) 한기정(2017), 12면. 많은 경우 보험업이 보험의 기술을 사용하여 영위되고 있는 것은 사실이지만 보험자가 인수하는 위험이 보험의 기술에 엄격하게 부합하지는 않는 경우 보험이 아니라고 하는 것은 보험의 역사적 발전과정이나 현재의 보험실무에 맞지 않는다. 영국에서도 보험의 기술이 엄격하게 적용되어야 보험이 된다는 취지의 판례는 발견하기 어렵다고 한다.

274) 대법원 1989. 9. 26. 선고 88도2111 판결. 대법원 1989. 1. 31. 선고 87도2172 판결.

다고 하더라도 법률에서 기본형 실손의료보험에 상법 보험편이나 보험업법이 적용되지 않는다고 규정하면 그 적용이 배제된다. 국민 건강보험은 보험계약이 존재하지 않기 때문에 상법이 직접 적용될 수는 없다.[275] 그러나 보험업법의 적용에 관하여는 논란이 가능한데, 보험업법 제2조 제1호에서 국민건강보험을 보험업법의 규율 대상에 서 제외하고 있다. 위험 인수 규제를 받는 기본형 실손의료보험은 공보험의 성격[276]을 가지게 되므로 국민건강보험처럼 상법이나 보 험업법의 적용의 규율 대상에서 제외되도록 입법을 해야 할까.

그렇지 않다. 위험 인수 규제를 받는 기본형 실손의료보험은 공 보험의 성격을 가지게 되지만 그것은 기본적 의료 보장을 위하여 사 적 자치를 일부 제한했을 뿐 여전히 사보험이고 그 보험자는 영리를 목적으로 하는 사적주체인 보험회사이다. 그러므로 사법적 관점에 서 보험자와 보험계약자나 피보험자의 법률관계를 합리적으로 조정 하는 보험계약법과 보험업을 경영하는 자의 건전한 경영을 도모하 고 보험계약자, 피보험자, 그 밖의 이해관계인의 권익을 보호하는 보 험규제법의 적용이 필요하다. 이것은 공보험의 성격이 나타나고 사 적자치가 제한되는 자동차책임보험[277]도 사보험과 같은 방식으로

---

275) 국민건강보험은 국민건강보험법 제5조 제2항에 따라 보험자와 보험가입 자 사이의 법률관계가 형성되기 때문에 보험계약이 존재하지 않는다. 그 러므로 보험계약(상법 제638조)을 규율하는 상법 보험편이 직접 적용될 수 없다고 생각한다. 다만 성질이 상반되지 않는 범위 내에서 유추적용 은 가능할 것이다(한기정(2017), 2017, 25면 참조). 대법원은 청구권 대위에 관한 상법 제682조 단서가 국민건강보험에 유추적용되지 않는다고 판단 하였다(대법원 2002. 12. 26. 선고 2002다50149 판결).

276) 양승규(2004), 30면에서는 국가 그 밖의 공동단체가 사회정책 또는 경제정 책의 실현수단으로서 영위하는 보험이 공보험이라고 설명한다. 이에 의 하면 위험 인수 규제를 받는 실손의료보험은 기본적 의료 보장이라는 국 가 정책의 실현수단이 되므로 공보험의 성격을 갖는다.

277) 자동차손해배상 보장법 제5조(보험 등의 가입 의무), 동법 제8조(운행의

운영되기 때문에 보험업법 및 상법 보험편이 적용되고 사보험으로 분류되는 것[278])과 같다.

제4절 의료의 내용과 가격 정보 제공과 심사, 평가

현재 비급여 의료의 내용과 가격은 시장에 맡겨져 있는데 그 정보가 제대로 제공되지 못하여 실손의료보험회사가 비급여 의료에 대한 통상적인 가격을 파악하기 어렵고 특정 질병이나 상해에 대하여 어떤 의료를 이용하는 것이 적정한지 기준이 없는 상황이다.[279] 그래서 비급여 의료에 대한 보험금이 적정한지 여부도 판단하기 어렵다.[280] 의료 이용의 효율성을 제고하기 위하여 실손의료보험이 보장하는 의료 중 적어도 기본적 의료에 해당하는 비급여 의료의 내용과 가격 정보가 제공되고 심평원이 실손의료보험의 보험금 지급 사유 심사, 평가 업무를 수행할 필요가 있다. 이것은 2017. 8. 건강보험 보장성 강화대책이 적용되면 상당 부분 해결이 될 것으로 기대된다.

금지), 동법 제24조(계약의 체결 의무) 등.

278) 한기정(2017), 24면, 644면 참조.

279) 정형선(2012), 23면. 최영순(2007), 165면, 김남순(2015), 42면. 조용운 외(2014), 66면, 보험개발원(2016), 감사원(2015), 97면, 감사원 통보(2016b), 11면.

280) 가령, 자동차 대물배상 보험에서는 보험금 지급 사유인 대차료를 산정할 때 통상요금 산정 기준으로 전국적인 영업망을 가진 3개의 대형 대여업체의 인터넷 고시가를 기준으로 한다. 하지만 통상요금 산정이 가능하고 어느 정도의 대차를 하는 것이 타당한지 비교적 쉽게 결정할 수 있는 대차료의 경우에도 과도한 보험금 청구가 이루어지므로 그 기준을 명확히 해야 한다는 비판이 있다(박세민(2015b), 239면 참조). 실손의료보험에는 위와 같은 기준조차 없으므로 그 문제가 더욱 심각하다.

1. 비급여 의료의 내용과 가격 정보 제공

가. 비급여 의료 중 기본적 의료의 내용과 가격 정보 제공

(1) 2017. 8. 건강보험 보장성 강화대책 이행 이전

(가) 기본적 의료 목록 고시를 통한 정보 제공

국민건강보험이 비급여 의료 중 적어도 기본적 의료에 관하여는 그 내용과 가격을 정하고 이를 국민건강보험의 급여 항목이나 독일의 민간 의료 수가 표, 호주의 메디케어 MBS와 같이 구체적으로 정하여 제공하는 방안을 고려해볼 수 있다. 이때, 비급여 의료의 내용과 가격을 모두 현재의 급여 항목과 같이 특정하여 정하는 것이 의료공급자의 의료 전문가로서의 권한을 지나치게 축소하는 것이라면 일정한 범위로 정하여 융통성있게 운영되도록 하는 것도 생각해볼 수 있을 것이다.

그러나 비급여 의료에 대하여 보험급여를 하지 않는 국민건강보험에서 비급여 의료의 내용이나 가격을 정하거나 그 기준을 정하는 것은 자연스럽지 못하다. 본 연구에서 제안한 바와 같이 기본적 의료 목록 고시를 제정하면 그 고시를 통하여 기본적 의료에 해당하는 비급여 의료의 내용과 가격 정보가 제공된다. 앞서 검토한 바와 같이 기본적 의료 목록 고시는 강행규정이 아니고 실손의료보험이 보험가입자에게 보험금을 지급하는 사유와 보험금 산정 방식을 정하는 기준이 될 뿐이다.

그래서 기본적 의료 목록 고시가 기본적 해당 비급여 의료의 내용이나 가격을 정하는 기준은 아니다. 의료공급자와 의료수요자는 기본적 의료 목록 고시와 달리 비급여 의료의 내용과 가격을 결정할 수 있다. 하지만 기본적 의료 목록 고시에서 정하는 비급여 의료에

대한 보험금 지급 사유와 보험금 산정 기준은 의료공급자와 의료수
요자에게 해당 의료의 내용과 가격에 대한 정보를 제공한다. 그리고
기본형 실손의료보험상품의 위험집단이 충분히 크다면 시장에서 해
당 의료의 내용과 가격이 기본적 의료 목록 고시를 기준으로 설정될
가능성이 높다.

　(나) 개별 의료공급자가 공급하는 비급여 의료의 내용과 가격 정보
　개별 의료공급자가 공급하는 비급여 의료의 내용과 가격 정보가
시장에서 의료수요자가 활용할 수 있는 형태로 공개되어야 한다. 이
를 위하여 의료법상 비급여 진료비용 고지 제도[281]가 실효성 있게 운
영될 수 있게 비급여 의료의 명칭이나 코드를 표준화할 필요가 있
다.[282] 그리고 의료공급자들이 고지한 비급여 진료비용의 내용과 가격
정보가 취합되고 정리되어 의료수요자가 여러 의료공급자들의 비급여
의료 내용과 가격을 쉽게 비교할 수 있도록 정보가 제공되어야 한다.

---

281) 비급여 의료를 시장에 맡기더라도 의료수요자가 비급여 의료의 내용이나
　　가격을 파악하여 비교할 수 있도록 정보가 공개되어야 한다는 지적은 오
　　래 전부터 있어왔다. 그래서 2009. 1. 30. 의료법 개정(2010. 1. 31. 시행) 시
　　의료법 제45조가 입법되어 의료기관 개설자가 비급여 진료비용 등을 환
　　자 또는 환자의 보호자가 쉽게 알 수 있도록 고지하여야 할 의무가 도입
　　되었다. 환자에게 비급여 진료비용에 대한 정보를 제공하도록 함으로써
　　환자의 의료기관 선택권을 강화하고 진료비용에 대한 예측가능성을 확보
　　하기 위한 것이었다. 그러나 현행 비급여 진료비용 고지 제도에는 공개
　　된 정보를 모니터링 하는 절차가 없고 정보 공개 의무를 위반하여도 제
　　재가 가볍다(의료법 제63조). 그리고 의료공급자마다 비급여 의료의 가격,
　　명칭, 코드를 임의로 정하기 때문에 비급여 의료를 평가하기 위한 기준이
　　나 근거가 될 자료 체계 자체가 없다. 그래서 의료수요자가 그 내용을 파
　　악할 수 없고 그에 따라 의료공급자 사이에 경쟁이 활성화되지도 않는다.
　　최영순 외(2007), 182면, 183면. 민제하(2016), 23면, 24면, 68면. 정성희·이태
　　열(2016), 8면. 감사원 통보(2016c), 5면, 6면.
282) 최영순(2007), 163면 내지 167면 참조. 한편, 감사원 통보(2016b), 19면, 20면.

(2) 2017. 8. 건강보험 보장성 강화대책 이행 이후

2017. 8. 건강보험 보장성 강화대책이 이행되면 모든 의학적 비급여가 예비급여 등으로 급여화된다. 그러면 모든 기본적 의료가 급여 또는 예비급여가 될 것이다. 그런데 급여 또는 예비급여는 급여 항목에서 의료의 내용과 가격을 구체적으로 정하고 심평원의 심사, 평가를 받는다. 그래서 2017. 8. 건강보험 보장성 강화대책이 이행되면 앞에서 제안한 비급여 의료의 내용과 가격 정보 제공 문제가 해소될 것으로 보인다. 현재의 비급여 의료 중 기본적 의료에 해당하는 의료가 급여화되어 그 내용과 가격 정보가 제공될 것이고 심평원이 기본적 의료에 대한 심사, 평가를 수행할 것이기 때문이다.

나. 비급여 의료 중 기본적 의료가 아닌 의료의 내용과 가격 정보 제공

비급여 의료 중 기본적 의료가 아닌 의료의 경우에도 의료공급자와 의료수요자에게 해당 의료의 내용과 가격 정보가 제공될 필요가 있다. 하지만 실손의료보험의 기본적 의료 목록 고시나 현재의 국민건강보험 급여 기준에서는 이러한 의료의 내용과 가격 정보를 제공하지 않는다. 그리고 2017. 8. 건강보험 보장성 강화대책 이행 이후에 예비급여 등으로 급여화되지 않는 비급여 의료가 있을 수도 있는데 그런 의료에 대해서는 위 대책 이후에도 내용이나 가격 정보가 제공되지 않는다. 이러한 의료는 기본형 실손의료보험상품이 아니라 추가형 실손의료보험상품에서 부보할 것이므로 추가형 상품의 약관에서 그 내용이나 가격 정보를 일정한 수준 또는 범위로 정하거나 보건당국이나 보험당국이 그러한 정보를 공개하여 의료공급자나 의료수요자 등이 참고할 수 있도록 하는 것이 바람직하다.

2. 기본형 실손의료보험상품의 보험금 지급사유 심사, 평가

가. 심평원의 위탁 심사, 평가 방안

(1) 2017. 8. 건강보험 보장성 강화대책 이행 이전

(가) 일관성 있고 체계적인 심사, 평가의 필요성

현재는 실손의료보험회사들이 제각각 나름대로 보험금 청구에 대한 심사를 하고 있다. 그런데 기본형 실손의료보험상품은 기본적 의료 보장을 목적으로 하므로 일관성 있고 체계적인 심사, 평가가 요구된다. 기본적 의료에 해당하는 의료 이용에 대한 심사, 평가 결과가 어떤 실손의료보험상품에 가입했는지 여부에 따라 달라지는 것은 바람직하지 않다.

(나) 심사, 평가 방식 개선 방안

이를 위해서는 1) 실손의료보험회사들이 또는 실손의료보험회사들과 의료공급자들이 공동으로 별도의 새로운 시스템(예를 들어, 실손의료보험심사평가원)을 구축하는 방안[283]과 2) 국민건강보험과 실손의료보험의 합리적 역할 설정과 비급여 관리를 위한 통합적 관리운영체계의 구축을 위한 새로운 독립기구를 설립하는 방안[284] 3) 현재 국민건강보험에서 심사, 평가 업무를 담당하고 있는 심평원에서 실손의료보험을 위한 심사, 평가 업무를 수행하는 방안[285]이 있다.

---

283) 조용운·김세환(2005) 12., 49면. 박홍민·김경환(2011) 98면, 99면. 오영수 (2006), 130면.
284) 김남순(2015), 42면.
285) 김대환·오영수(2016), 134면.

(다) 심평원의 위탁 심사, 평가

국민건강보험의 보장성이 강화될 것임을 고려하면 급여 의료와 비급여 의료의 심사, 평가 업무가 심평원을 통하여 일원적으로 이루어지는 것이 타당하다. 비급여 의료와 급여 의료의 심사, 평가 주체가 다르면 어떤 비급여가 급여화되기 전의 심사, 평가와 급여화 이후의 심사, 평가가 절연되고 모순, 저촉될 수 있어서 비효율적이고 혼란이 야기될 수 있다. 심평원이, 실손의료보험의 보험금 지급 심사, 평가 업무를 위탁받아서 의료비 심사와 적정성 평가의 전문 조직으로서 경험과 전문성을 축적하면 효율적이며 일관성 있는 의료보험 제도 운영을 기할 수 있다.[286] 이미 오랫동안 우리나라에서 급여 의료에 대한 심사, 평가 업무를 해온 심평원이 존재하는데 막대한 물적, 인적 투자를 하여 별도의 시스템을 만드는 것은 비효율적이기도 하다. 심평원이 이미 자동차보험회사들로부터 진료비 심사, 평가 업무를 위탁받아서 수행하고 있다는 점도[287] 고려할 필요가 있다.

(2) 2017. 8. 건강보험 보장성 강화대책 이행 이후

2017. 8. 건강보험 보장성 강화대책이 이행되면 기본형 실손의료보험이 심평원에 별도로 심사, 평가 업무를 위탁할 필요가 없다. 심평원은 국민건강보험 제도 하에서 예비급여 등으로 급여화된 의료

---

286) 최병호 외(2006), 24면. 위 연구에서 학회, 의료단체 중심으로 169명에서 설문조사를 한 결과 심평원의 바람직한 업무 영역으로 자동차보험 심사는 46.75%가 찬성하였는데 민간의료보험 심사는 53.25%가 찬성하였다(위의 글 18면).

287) 자동차보험의 경우 일부 의료공급자와 의료수요자의 도덕적 해이가 발생하고 그에 대한 보험회사의 자체 심사 능력(전문성, 객관성) 미흡을 이유로 2012. 2. 자동차손해배상보장법 제12조의2를 도입하여 보험회사 등이 자동차보험진료수가의 심사, 조정 업무 등을 심평원에 위탁할 수 있게 되었다.

에 대한 심사, 평가 업무를 수행할 것이기 때문이다. 그것은 현재 실손의료보험이 보장하는 의료 중 급여 의료에 대해 심평원이 실손의료보험과 무관하게 국민건강보험 제도 하에서의 심사, 평가 업무를 하고 있는 것과 동일하다.

나. 심평원의 심사, 평가의 법적 성격

(1) 계약에 의한 위탁과 법률에 의한 위탁

심평원이 실손의료보험회사들에게 보험금 지급사유 심사, 평가 업무를 제공할 때 그 법률관계를 계약에 의하여 형성하는 방안과 법률에 따라서 형성하는 방안이 있다.

(가) 계약에 의한 심사, 평가 업무 위탁

계약에 의할 경우 심평원과 실손의료보험회사들이 보험금 지급사유 심사, 평가 업무 위탁 계약을 체결하고 실손의료보험상품의 약관에서 보험금 지급사유 심사, 평가 업무를 심평원에서 수행한다고 규정하면 될 것이다. 그러나 그렇게 할 경우 심평원과 계약을 체결하지 않거나 계약을 체결했다가 계약을 해지하는 실손의료보험회사가 생길 수 있다. 그리고 실손의료보험회사들마다 심평원과의 계약 내용이 다르게 될 수도 있다.

(나) 법률에 의한 심사, 평가 업무 위탁

기본형 실손의료보험상품의 경우 급여 의료와 비급여 의료의 심사, 평가 업무가 일원적으로 이루어지는 것이 바람직하다. 따라서 실손의료보험회사 별로 달라질 수 있는 계약에 의한 방식보다는 법률에 의하여 실손의료보험회사와 심평원 사이의 법률관계를 형성하는 것이 더 나을 것이다. 현실적으로는 국민건강보험법 제62조에 따라 설립된 공법인인 심평원이 법률의 규정이 없는데도 스스로 사적인 계약을 통해 실손의료보험회사들의 심사, 평가 업무를 대행하는 것이 쉽지 않다.[288]

공·사보험 연계법에서 자동차손해배상보장법과 유사하게[289] 실손의료보험회사가 기본형 실손의료보험상품의 보험금 지급사유 심사, 평가 업무를 심평원에 위탁하도록 하여 심평원이 실손의료보험회사의 보험금 지급사유 심사, 평가 업무를 수행하도록 할 수 있다.

(2) 공법적 효력이 없는 사법(私法)관계

(가) 2017. 8. 건강보험 보장성 강화대책 이행 이전

심평원이 실손의료보험회사로부터 위탁받아서 수행한 심사, 평가가 공법상 효력을 갖는지 사법상 효력을 갖는지 여부가 문제될 수 있다. 계약에 의하여 위탁받은 경우 그 심사, 평가가 사법상 효력을 갖는다는 점에 대하여는 이견이 없을 것이다. 그런데 법률에 따라 위탁받은 경우에는 그 심사, 평가가 공법상 효력을 갖는다는 의견이

---

288) 국민건강보험법 제63조에서는 심평원이 관장하는 업무를 정하고 있다. 이에 의하면 심평원이 실손의료보험의 심사, 평가 업무를 위탁받으려면 보건복지부장관이 그 업무 위탁을 인정하거나 그것을 대통령에 규정하여야 한다. 그런데 자동차손해배상보장법이나 공·사보험 연계법 등 법률의 정함이 없는데도 그리 하는 것은 현실적으로 쉽지 않다.

289) 자동차보험의 경우 자동차손해배상보장법 제12조의2 제1항에서 보험회사가 의료기관이 청구하는 자동차보험진료수가의 심사, 조정 업무 등을 대통령령으로 정하는 전문심사기관(자동차손해배상보장법 시행령 제11조의2에서는 그 전문심사기관이 심평원이라고 정하고 있다)에 위탁할 수 있도록 하고, 제2항에서 전문심사기관이 의료기관이 청구한 자동차보험진료수가가 동법 제15조에 따른 자동차보험진료수가에 관한 기준에 적합한지를 심사한다고 하며, 제3항에서 전문심사기관에 위탁한 경우 청구, 심사, 이의제기 등의 방법 및 절차 등을 국토교통부령으로 정하도록 규정하고 있다.

제시될 수 있다. 실제로 법률에 따라 심평원에 자동차보험진료수가 심사, 조정 업무를 위탁하고 있는 자동차보험에서는 심평원의 심사, 조정을 행정처분이라고 보고 그 심사, 조정에 대한 취소소송이 제기 되기도 하였다.

이에 대하여 서울행정법원은 자동차보험의 진료수가는 본질적으로 사법 영역에 해당하고, 자동차손해배상보장법에서 심평원이 행정 권한을 위임 받았다거나 그 심사 결과에 대하여 행정심판이나 행정 소송으로 다툴 수 있는 방법을 규정하고 있지 않은 점 등을 들어 자동차보험에서의 심평원의 심사 결과는 행정처분이 아니라고 판결하였다.290) 타당하다고 생각한다. 자동차보험 계약의 법적성격이 사법 관계인 이상 그 계약에 따른 이행을 위한 심사, 조정 업무를 법률에서 심평원에 위탁할 수 있도록 정했다고 하여 그것이 공법적 효력을 갖게 되는 것은 아니기 때문이다.

이것은 실손의료보험의 경우에도 마찬가지이다. 그러므로 계약에 의한 경우는 물론 법률에 따라 실손의료보험의 심사, 평가 업무가 심평원에 위탁되더라도 심평원의 심사, 평가는 사법적 효력을 가질 뿐 공법적 효력이 있다고 할 수 없다. 그래서 실손의료보험회사나 보험가입자가 심평원의 보험금 지급사유 심사, 평가 결과에 불복할 경우에는 행정소송이 아니라 민사소송으로 다투어야 할 것이다. 실손의료보험계약은 기본적으로 사법상 계약이고 개별적, 구체적 의료에 대한 심사, 평가는 기본형 실손의료보험의 보장내용과 달리 해당 사안의 개별 보험가입자의 보험금 청구권과 실손의료보험회사의

---

290) 서울행정법원 2015. 4. 9. 선고 2014구합17104 판결. 위 판결의 원고들(의료
    공급자)은 심평원이 자동차손해배상 보장법 제12조의2 제1항, 동법 시행
    령 제11조의2에 따라 보험회사로부터 자동차보험진료수가의 심사를 하여
    원고들이 공급한 의료가 자동차보험에서 부보하는 의료가 아니라는 판단
    을 하자 그것을 행정처분으로 보고 그에 대한 취소소송을 제기하였으나
    서울행정법원은 이를 각하하였다.

구체적인 보험금 지급 의무에 관한 것이므로 이를 민사소송으로 다투는 것이 타당하다.

(나) 2017. 8. 건강보험 보장성 강화대책 이행 이후

심평원의 심사, 평가는 국민건강보험의 요양급여비용 지급에 있어 공법적 효력을 갖는다.[291] 그러나 실손의료보험의 보험금 지급에 있어 위 심평원 심사, 평가는 보험약관의 정함에 따라 보험금 지급사유를 심사할 때 원용하는 기준이거나 참고하는 사항에 불과하다. 그러므로 2017. 8. 건강보험 보장성 강화대책 이행 이후에도 심평원의 심사, 평가가 실손의료보험에 있어 공법적 효력이 있다고 할 수는 없다.

---

[291] 국민건강보험법 제47조에서는 국민건강보험에서의 요양급여비용 청구와 지급 시 심평원이 심사, 평가를 하도록 하고 동법 제90조에서는 건보공단 또는 심평원의 처분에 이의가 있는 자와 동법 제87조에 따른 이의신청 또는 동법 제88조에 따른 심판청구에 대한 결정에 불복하는 자는 「행정소송법」에서 정하는 바에 따라 행정소송을 제기할 수 있다고 규정하고 있다.

제5장 의료 이용의 효율성 제고를 위한
실손의료보험 규율

　본장에서는 의료 이용의 효율성 제고를 위한 실손의료보험 규율 방안을 살펴본다. 먼저 국민건강보험과의 관계에서 실손의료보험의 본인부담금에 대한 보험금 지급을 규제하여야 한다. 국민건강보험의 본인부담금은 비용효과적이지 않은 의료 이용 자제를 위한 부분과 보험재정 부족으로 인한 부분이 있는데 전자에 대해서는 실손의료보험이 보험금을 지급하지 않도록 규제할 필요가 있다. 그리고 의료공급자가 비용효과적이지 않은 의료를 공급할 유인을 감소시키기 위하여 실손의료보험회사가 보험가입자의 의료공급자에 대한 진료비 반환 청구권 등 채권을 대위하여 행사하는 방안과 실손의료보험회사가 의료공급자와 계약을 체결하여 보험급여를 제공하는 실손의료보험상품을 만드는 방안을 검토하였다. 또한 실손의료보험에 가입한 의료수요자가 비용효과적이지 않은 의료를 이용할 유인을 감소시키기 위하여 실손의료보험이 보장하는 본인부담금의 비율을 조정하거나 보험금 청구액에 따라 보험료를 할인하거나 할증하는 방안을 살펴보았다.

제1절 국민건강보험과의 관계에서
본인부담금 보장 규제

1. 국민건강보험의 본인부담금의 기능적 성격

가. 국민건강보험의 본인부담금의 기능

의료보험에서 본인부담금은 넓은 의미의 공제금액(deductible)으로 의료수요자가 스스로 과도하거나 불필요한 의료 이용 등 비용효과적이지 않은 의료 이용을 자제하도록 하려는 목적으로 설정된다.[1] 의료보험에서 도덕적 해이에 대한 논의는 사후적 도덕적 해이(ex post moral hazard)에 대해 집중되어 있는데[2] 이를 해결하기 위한 방법으로 가장 대표적인 방법이 본인부담금이다. 우리나라 국민건강보험의 본인부담금도 기본적으로는 비용효과적이지 않은 의료 이용을 억제하기 위한 것이지만 그와 별개로 국민건강보험의 보험재정 부담을 경감하고자 하는 성격도 가지고 있다.[3] 국민건강보험의 본인부담금은 요양기관의 종류나 급여 의료 항목에 따라 통상 각 의료비의 20% 내지 50% 정도로 책정되어 있다.[4] 2017. 8. 건강보험 보장성

---

1) Mark Stabile et al.(2013), 644면, 645면. Karl-Michael Ortmann(2011), 39면. Patrick Hullegie and Tobias J. Klein(2010), 7면, 23면.
2) Liran Einave and Amy Finkelstein(2017), 3면 내지 5면. 지금까지의 실증적 연구에 의하면 실손의료보험에 가입하는지 여부에 따라 보험가입자가 건강상태 유지를 위해 노력하지 않는 사전적 도덕적 해이(ex ante moral hazard)가 존재한다는 연구는 거의 없는데, 그 이유는 보험가입자가 건강 상태가 나빠져서 입는 불이익에는 의료비 부담 외에 다른 불이익들이 있고 그 중에 의료비 부담이 가장 중요한 의미를 갖지 않기 때문이라고 한다.
3) 건강보험심사평가원(2016), 45면 참조.
4) 국민건강보험법 제44조, 동법 시행령 제19조 제1항, 별표 2 참조. 가령, 일반 환자가 입원진료를 받는 경우 의료기관의 종류별, 지역별 차이 없이 요

강화대책이 이행되면 본인부담금 비율은 더욱 다양해질 것이다.

일반적으로 어떠한 의료든 보험급여가 제공되어 본인부담금이 줄어들면 그로 인하여 의료 이용이 증가한다.[5] 문제는 그렇게 증가한 의료가 비용효과적인지 여부이다. 어떤 의료의 본인부담금이 0원인 상황(보험급여가 100% 제공되는 경우)에서 해당 의료 이용은 비용효과적인 이용과 그렇지 않은 이용으로 나누어질 것이다. 그 의료의 본인부담금을 차차 늘려나가면 의료 이용이 감소할 것이고 본인부담금이 작을 때는 비용효과적이지 않은 의료 이용이 더 많이 감소할 것이다. 이때 비용효과적이지 않은 의료 이용이 0이 되거나 비용효과적이지 않은 의료 이용이 더 이상 감소되지 않는 때의 본인부담

양급여비용 총액의 20%(상급종합병원에서 요양기관 현황에 대해 신고한 입원 병실 중 일반 입원실 및 정신과 폐쇄 병실의 4인실을 이용한 경우에는 그 입원료에 한하여 30%)와 입원기간 중 식대의 50%를 본인이 부담하고, 요양시설 또는 외래진료가 적합한 환자로서 보건복지부장관이 정하여 고시하는 환자군에 해당하는 경우 입원진료비의 40%와 입원기간 중 시대의 50%를 본인이 부담한다. 그리고 진료를 담당한 의사나 치과의사가 발행한 처방전에 따라 의약품을 조제받은 경우에는 요양급여비용 총액의 30%를 본인이 부담하고 상급종합병원 또는 종합병원의 의사가 발행한 처방전에 따라 질병의 중증도를 고려하여 보건복지부장관이 정하여 고시하는 질병에 대한 의약품을 조제받은 경우에는 상급종합병원의 의사가 발행한 처방전에 따라 의약품을 조제받은 경우 요양급여비용 총액의 50%, 종합병원의 의사가 발행한 처방전에 따라 의약품을 조제받은 경우 요양급여비용 총액의 40%가 본인부담이다.

5) John Kautter *et al.*(2014), E8. 그래서 미국의 오바마케어는 본인부담금 비율이 작은 보험상품은 그로 인하여 의료 이용이 늘어나는 것(induced demand)을 위험 조정 시 고려하도록 하고 있다. 그리고 미국의 Medicare Advantage program은 메디케어와 메디케이드를 둘 다 적용받는 의료수요자가 본인부담이 적음으로 인하여 의료 이용이 증가하는 것을 위험 조정에 반영하고, 미국의 Medicare Part D program 역시 소득이 낮은 의료수요자가 본인부담을 적게 하여 발생하는 의료 이용 증가를 소득이 낮은 의료수요자들을 위한 별도의 보정 모델에 따른 위험 조정에 고려하고 있다.

금이 비용효과적이지 않은 의료를 자제하도록 하기 위한 본인부담금이라고 할 수 있다. 그리고 그것을 초과하는 부분의 본인부담금은 보험재정 부족으로 인한 부분이라고 할 것이다. 그러나 국민건강보험은 본인부담금 중에 얼마까지가 비용효과적이지 않은 의료 이용을 자제하도록 설정한 부분이고 얼마만큼이 보험재정 부족으로 인한 부분인지를 구분하지 않고 있고, 실손의료보험 역시 이를 구분하여 보장하지 않고 있다.

현재의 국민건강보험에서 급여 의료에 대하여 정하고 있는 본인부담금은 모두 비용효과적이지 않은 의료 이용을 자제하도록 하기 위한 부분이라는 견해도 있을 수 있다. 그러나 우리나라 국민건강보험의 보장률이 충분히 높지 못하다는 점이 널리 인정되는 상황에서 국민건강보험의 본인부담금에 보험 재정 부족으로 인한 부분이 없다는 생각은 선뜻 받아들이기 어렵다.[6] 현재 국민건강보험의 본인부담금 비율이 의료마다 차이가 있지만 그 이유가 명확하다고 보기 어려운 점을 보아도 그 본인부담금이 모두 비용효과적이지 않은 의료 이용 방지를 위한 부분이라고 인정하기 어렵다. 향후 2017. 8. 건강보험 보장성 강화대책이 충분한 보험재정의 확보 없이 이행되면 본인부담금 중 보험 재정 부족으로 인한 부분이 더 늘어날 것으로 예상된다.

나. 비용효과적이지 않은 의료 이용 자제를 위한 부분과 보험재정 부족으로 인한 부분

(1) 예비급여나 고가의 의료의 경우

경우에 따라 다르겠지만 예비급여나 고가의 의료는 본인부담금

---

6) 김창엽 외(2015), 109면 참조.

중 비용효과적이지 않은 의료 이용을 방지하기 위한 부분보다 보험
재정 부담을 경감하기 위한 부분의 비율이 상대적으로 더 높을 것이
라고 추측해볼 수 있다. 예비급여의 경우 본인부담금 비율이 높게
설정되기 때문이고 고가의 의료의 경우 본인부담 비율이 동일하여
도 의료수요자가 부담하는 본인부담금의 액수가 더 크기 때문이다.
그러나 그것은 본인부담 비율이나 액수가 크므로 그 중에 보험재정
부족으로 인한 부분도 클 것이라는 막연한 추측일 뿐이다.

(2) 일정한 금액(정액)을 기준으로 한 구분의 경우

통상의 의료수요자가 의료 이용 시 일정한 금액(정액)을 직접 부
담해야 한다면 불필요한 의료를 이용하지 않을 것이라고 가정할 수
있다면 그 일정한 금액을 넘는 본인부담금은 모두 보험재정 부담 경
감을 위한 부분이라고 볼 여지가 있다. 현재 국민건강보험의 본인부
담금 상한제에는 이와 유사한 고려가 전제되어 있는 것으로 보인다.
불필요한 의료 이용을 방지하는 것이 목적이라면 위와 같은 구분도
의미가 있다고 생각한다. 그리고 의료비가 다른 의료에 비하여 저렴
한 의료의 경우 일정한 금액을 기준으로 본인부담금의 성격을 구분
하는 것이 적절할 수 있다.

그러나 비용효과적이지 않은 의료 이용을 스스로 자제하도록 하
는 것은 불필요한 의료의 이용을 방지하려는 목적에 더하여 대체 가
능한 여러 의료 중 보다 비용효과적인 의료를 이용하도록 하려는 목
적도 있다. 위와 같이 일정한 금액을 본인부담금으로 하고 그것을
초과하는 금액에 대하여 보험급여를 하면 불필요하게 해당 의료를
이용하는 것을 방지할 수 있을 것이다. 그러나 해당 의료를 포함하
여 이를 대체할 수 있는 여러 의료들 중 비용효과적인 의료를 이용
하도록 하는 효과가 나타나기는 어려울 수 있다. 그러므로 모든 경
우에 단순히 일정한 금액만을 기준으로 본인부담금의 기능적 성격

을 규정짓는 것은 타당하지 않다고 생각한다.

(3) 실증적 연구를 통한 구분의 필요성

이렇듯 복잡한 의료 현실에서 국민건강보험의 본인부담금 중 어디까지가 비용효과적이지 않은 의료 이용을 스스로 자제하도록 하기 위한 부분이고 어디까지가 보험 재정 부족으로 인한 부분인지 구분하는 것은 일의적으로 단순하게 결정할 수 있는 것은 아니다. 하지만 분명한 것은 국민건강보험의 본인부담금의 기능적 성격이 위와 같이 두 부분으로 나누어진다는 것이다. 그리고 그것을 완벽하게 구분하는 것은 어렵다고 하더라도 구체적인 의료의 내용에 따라 일정한 정액 또는 일정한 비율을 기준으로 하여 어느 정도의 구분을 하는 것은 가능하다. 실증적인 연구를 한다면 적어도 추상적, 일반적 의료에 관하여는 보다 구체적인 구분이 가능할 것이다.[7] 그래서 실손의료보험에서 국민건강보험의 본인부담금 중 비용효과적이지 않은 의료 이용을 방지하기 위한 본인부담금과 보험재정 부족으로 인한 본인부담금에 대한 보험금 지급을 달리하도록 보험약관을 작성하는데 필요한 수준의 구분은 가능할 것이라고 생각한다.

---

7) 위험단체를 구성하는 보험가입자 모두에게 보장내용이 표준화되어 적용되는 실손의료보험상품의 경우 추상적, 일반적 의료에 대한 본인부담금의 기능적 성격을 구분하고 그에 대한 실손의료보험의 보험금 지급을 달리하는 것으로 충분하고, 개별적, 구체적 의료에 대하여까지 그리하기는 어렵다고 생각한다. 아직까지는 개별적, 구체적 의료에 대한 평가가 어렵기 때문에 의료보험에서 개별적, 구체적 의료 이용의 결과나 가치에 따라 보험금을 지급하는 방식(pay for performance)은 이론적으로 논의되고 있고 실무에서는 실험적으로 적용되고 있을 뿐이다. 이에 대하여는 OECD(2010), 105면 내지 120면. Cheryl Cashin et al.(2014) 참조. 앞으로 그에 진전이 이루어지면 개별적, 구체적 의료에 대한 평가에 기초한 본인부담금 구분을 통해 보험금 지급을 달리하는 방식에 대한 논의가 가능할 수도 있을 것이나 현재로서는 어렵다.

2. 현재 실손의료보험상품의 본인부담금 – 국민건강보험의 본인부담금의 기능적 성격을 고려하지 않음

가. 현재 실손의료보험상품의 본인부담 비율

현재의 실손의료보험상품에도 본인부담금이 존재한다. 현재의 실손의료보험상품의 표준약관에서는 입원하여 치료를 받은 경우 급여와 비급여 의료비의 80%(표준형) 또는 90%(선택형)를 보장한다. 그리고 통원 치료를 받는 경우 급여와 비급여 의료비에서 항목별 공제금액을 뺀 금액을 일정 한도 내에서 보장한다.[8] 2009년 이전에는 본인부담금을 전액 보장하는 실손의료보험상품도 있었지만 2009년에 보험당국이 실손의료보험의 보험금 지급 시 본인부담금을 전액 보장하지 못하도록 규제를 하여 이제는 더 이상 그런 상품은 판매되지 않는다.[9]

나. 국민건강보험의 본인부담금의 기능적 성격을 고려하지 않음

살펴건대, 현재의 실손의료보험상품은 보장하는 의료비 중 일정한 비율로 보험금을 지급하고 공제항목과 보험금 상한금액을 두어 본인부담금을 정하고 있다. 그리고 국민건강보험 제도 하에서의 본인부담금의 기능적 성격에 따라 실손의료보험의 보장 여부나 보장 수준을 달리하고 있지 않다.

---

8) 상해통원형의 경우 외래 및 처방조제비는 회(건)당 합산하여 30만 원 이내 (1년간 방문 또는 처방전 180건을 한도로 함)로 하고 1만 원 내지 2만 원 정도를 공제금액으로 정해서 1만 원 내지 2만 원 이상의 의료비를 지급하여야 보험금을 지급한다.

9) 헌법재판소 2012. 3. 29. 선고 2009헌마613 결정 참조.

3. 실손의료보험이 보장하는 본인부담금 규제

가. 본인부담금의 기능적 성격에 따라
그에 대한 보험금 지급의 효과가 다름

(1) 비용효과적이지 않은 의료 이용을 자제하도록 하기 위한
국민건강보험의 본인부담금의 효과를 소멸시키는 문제

실손의료보험이 국민건강보험의 본인부담금 중 비용효과적이지 않은 의료 이용을 스스로 자제하도록 하는 부분에 대하여 보험금을 지급한다면, 그 효과가 감소될 것이다. 만약 국민건강보험의 본인부담금인 20% 내지 50% 중 10%가 의료 남용 방지를 위한 부분이라면 본인이 직접 부담하는 금액이 10% 미만이 되도록 보험금을 지급하는 실손의료보험은 본인부담금을 10% 미만으로 줄이는 차액만큼 국민건강보험의 본인부담금 제도의 정책적 효과를 소멸시키게 된다. 이렇듯 국민건강보험 제도에서 본인부담금을 설정한 정책적 효과가 실손의료보험에 의하여 소멸될 수 있다. 그러면 국민건강보험 재정이 그만큼 불안정해지고 국가 재정과 국민 부담으로 이어진다.

(2) 보험재정 부족으로 인하여 설정된 본인부담금 부분에 대한
보험금 지급으로 국민건강보험을 보충하는 긍정적 효과

실손의료보험이 국민건강보험의 본인부담금 중 보험재정의 부족으로 인한 부분에 대하여 보험금을 지급한다면 이를 국민건강보험을 보충하는 보험으로서의 효용이라고 긍정적으로 평가할 수 있다. 만약 국민건강보험의 본인부담금인 20% 내지 50% 중 10%가 의료 남용 방지를 위한 부분이라면, 실손의료보험에서 본인이 직접 부담하는 금액이 10%가 되도록 보험금을 지급하면 의료 남용 방지 효과를

거두면서도 국민건강보험이 보험재정 부족으로 인하여 보장하지 못한
의료비를 실손의료보험이 보장하는 긍정적인 효과가 있는 것이다.

나. 국민건강보험의 본인부담금의 기능적 성격에 따른 실손의료보험의 보장 여부와 수준 결정

(1) 비용효과적이지 않은 의료 이용을 자제하도록 하는 본인부담금에 대하여 실손의료보험이 보험금을 지급하지 않도록 하는 규제

현재의 실손의료보험상품은 국민건강보험의 본인부담금의 기능
적 성격을 고려하지 않고 그에 대하여 보험금을 지급한다. 그러나
국민건강보험의 본인부담금의 기능적 성격을 구분하고 그에 따라
실손의료보험의 보장 범위를 달리함으로써 의료수요자가 비용효과
적이지 않은 의료 이용을 스스로 자제하도록 하는 효과를 높일 필요
가 있다고 생각한다. 국민건강보험만으로 기본적 의료의 보편적 보
장을 하는 경우이든 실손의료보험이 그 역할을 분담하는 경우이든
실손의료보험이 위와 같은 본인부담금에 대하여는 보험금을 지급하
지 않도록 규제해야 한다.

　　정부의 2017. 8. 건강보험 보장성 강화대책에서 예비급여는 통상
의 급여보다 본인부담금 비율을 높이도록 하고 있다. 이와 마찬가지
로 실손의료보험의 본인부담금 비율도 의료의 내용이나 성격, 구체
적인 의료수요자의 필요 등에 따라 차등적으로 설정할 수 있다.[10]

---

10) 이현복·정홍주(2016)에서는 보험당국이 2009. 9. 국민건강보험의 본인부담
　　금을 전액 보장하지 못하도록 하는 등으로 실손의료보험의 보장범위를 축
　　소한 것이 의료이용 감소에 미친 영향을 2009년부터 2012년까지의 한국의
　　료패널 데이터를 이용하여 분석하였는데, 그 결과 2009년 이전 상품 가입
　　집단에 비하여 2010년 이후 가입 집단이 외래의료 이용량이 유의하게 적었
　　으나 입원의료 이용량에는 차이가 없었다고 한다. 이렇듯 의료의 내용에
　　따라 본인부담금이 의료 이용량에 미치는 영향에 차이가 있고 본인부담금

국민건강보험의 본인부담금이 모두 비용효과적이지 않은 의료 이용을 자제하도록 하는 부분인 경우 그 본인부담금에 대하여 실손의료보험이 보험금을 지급하지 않도록 규제한다. 그리고 국민건강보험의 본인부담금 중 보험재정 부족으로 인한 부분이 있으면 그 부분에 한하여 실손의료보험이 보험금을 지급할 수 있도록 한다. 그렇게 하면 비용효과적이지 않은 의료의 이용을 방지하는 범위에서는 실손의료보험의 보험금 지출을 줄여서 보험가입자가 직접 부담해야 하는 본인부담금을 높이고 국민건강보험의 보험 재정 부족으로 본인부담금이 높게 설정된 부분에 대하여는 실손의료보험의 보험금 지출을 늘릴 수 있다. 그러면 실손의료보험의 보험으로서의 효용이 커지고 우리나라 보건의료 전반에서의 의료 이용의 효율성 제고에도 도움이 될 수 있다.

이를 위하여 공·사보험 연계법에서 보건당국과 보험당국이 실증적 연구에 기반하여 실손의료보험회사나 의료공급자, 의료수요자 등 이해관계자들과 논의함으로써 실손의료보험에서 부보하는 본인부담금의 비율의 범위 등을 정하도록 할 필요가 있다. 그에 따라 사안에 따라 엄격한 통제가 필요한 부분은 규제를 통하여 완화된 통제가 필요한 부분은 행정지도를 통하여 실손의료보험상품의 약관에 반영될 수 있도록 할 수 있을 것이다.

⑵ 비용효과적이지 않은 의료 이용 자제를 위한 본인부담금을 경제적으로 감당하기 어려운 의료수요자의 경우

국민건강보험의 본인부담금 중 비용효과적이지 않은 의료 이용 자제를 위한 부분의 금액이 큰 경우가 있을 수 있다. 그리고 이를 경제적으로 감당하기 어려운 의료수요자가 있을 수 있다. 그런 경우

이 갖는 기능적 성격도 다르므로 이를 분류하여 차등적으로 본인부담금 비율을 책정할 수 있을 것이다.

의료수요자가 실손의료보험으로 그 본인부담금을 부보하도록 할 필요가 있다는 반문이 제기될 수 있다. 그러나 그런 부분은 공공부조[11]에 의하여 해결할 일이다. 2017. 8. 건강보험 보장성 강화대책에서도 국민건강보험의 보장률이 높아져도 의료비 부담을 하기 어려운 계층에 대하여는 재난적 의료비 지원 등 의료 안전망을 통해 지원하겠다는 입장을 밝힌 바 있다.[12]

제2절 의료공급자와의 법률 관계

제2장에서 검토한 바와 같이 의료의 내용이나 가격에 대한 정보나 사후적 평가가 제공된다고 하더라도 비전문가인 의료수요자가 의료공급자와 대등한 지위에 서기 어렵고 의료공급자가 고의로 비용효과적이지 않은 의료를 공급할 가능성이 있다. 그러므로 의료 이용의 효율성을 제고하기 위해서는 이를 방지할 수 있는 개입이 필요하다. 우리나라의 국민건강보험을 비롯하여 미국, 영국, 독일, 호주의 의료보험은 그러한 개입을 해왔다. 그러나 우리나라의 실손의료보험은 상당히 큰 위험단체를 구성하고 있음에도 불구하고 그러한 개입을 제대로 하지 못하고 있다. 이하에서는 의료공급자와 직접 법률관계를 형성하지 않는 실손의료보험회사가 의료공급자의 부당한 의료 공급에 대하여 법률적으로 책임을 물을 수 있는 방안을 분석한

---

11) 사회보장기본법은 사회보장을 사회보험, 공공부조, 사회서비스로 분류한다(사회보장기본법 제3조 제1호). 그 중 사회보험이란 국민에게 발생하는 사회적 위험을 보험의 방식으로 대처함으로써 국민의 건강과 소득을 보장하는 제도를 말하며, 공공부조(公共扶助)란 국가와 지방자치단체의 책임하에 생활 유지 능력이 없거나 생활이 어려운 국민의 최저생활을 보장하고 자립을 지원하는 제도를 말한다(사회보장기본법 제3조 제2호, 제3호).
12) 보건복지부 보도자료(2017. 9. 8.), 모든 의학적 비급여(미용, 성형 등 제외), 건강보험이 보장한다!

다. 그리고 실손의료보험회사가 의료공급자와의 계약을 통해 직접
적인 법률관계를 형성하여 의료공급자의 행동 유인을 조정하는 방
안의 법률문제를 검토한다.

1. 실손의료보험회사에 대한 의료공급자의 책임

가. 보험의 선의성에 기한 청구권 부재

(1) 보험의 선의성

보험계약은 장래의 불확정한 사고발생에 의존하는 것이어서 도
덕적 위험이 발생할 수 있으므로 이를 방지하기 위하여 보험계약자
나 피보험자, 보험수익자에게 고도의 선의(윤리)를 요구한다.[13] 보험
계약이 사행계약이기 때문에 정직성, 윤리성과 같은 선의성(good
faith)이 요구되는 것이다.[14] 보험의 선의성은 위험에 대한 정보를 상
대적으로 많이 보유하고 있고 보험사고 발생 등 보험금 지급 사유
에 관하여 비교적 통제 또는 관리 능력이 큰 보험계약자 측이 자신
이 가진 정보나 통제 및 관리 능력을 악용하지 못하도록 일정한 의
무를 부담지우고[15] 이를 위반하였을 경우 보험계약을 무효 또는 취
소로 하거나 보험금 지급을 하지 않는 등 일정한 제재를 가하는 것
을 요체로 한다. 이는 보험계약의 당사자 관계가 계약법상 일반적
주의의무를 넘는 고도의 의무가 요구되는 신뢰관계인 것[16]에서 도
출된다.

---

13) 양승규(2004), 53면.
14) 한기정(2017), 48면, 54면.
15) 장덕조(2016a), 51면, 52면.
16) 박세민(2004), 44면.

(2) 국민건강보험에서 의료공급자의 선의성

의료보험에서도 마찬가지로 선의성이 요구된다. 그런데 의료보험은 일반적인 보험과 달리 동일한 보험사고에 대해서도 어떤 의료를 이용하는지에 따라서 보험금의 차이가 크게 날 수 있다. 그런데 어떤 의료를 이용하는지에 대하여는 보험회사나 보험가입자보다 의료공급자가 더 큰 영향력을 갖는 경우가 많다. 그래서 국민건강보험법은 의료공급자에게 선의성을 요구한다고 생각한다. 즉, 국민건강보험법 제57조 환수 처분이나[17] 의료공급자의 국민건강보험법 위반 시 업무정지, 과징금 등 제재들[18] 그리고 의사가 국민건강보험법령에 위반하여 원외 처방을 한 경우 그것이 환자에게는 위법하지 않지만 건보공단에게는 위법하여 민법 제750조 손해배상책임을 인정하는 판례의 입장[19]은 의료보험의 선의성에 기초를 두고 있는 것으로 보인다. 국민건강보험법이 없다면 위와 같은 의료공급자의 주의의무는 존재하지 않는다.

(3) 실손의료보험에서 의료공급자의 선의성

현재의 실손의료보험은 국민건강보험과 달리 의료공급자에게 선의성을 요구할 수 있다고 보기 어렵다. 국민건강보험에서는 법률에 의하여 의료공급자가 건보공단과 법률관계를 형성하고 있고 국민건강보험법에서 의료공급자에게 선의성을 요구하는 조항을 두고 있지만, 실손의료보험은 그렇지 않다. 또한 우리나라의 실손의료보험은 보험자와 보험계약자 사이에서만 계약이 체결되고 보험자와 의료공

---

17) 대법원 2016. 3. 10. 선고 2015두50351 판결, 대법원 2010. 11. 25. 선고 2010두18109 판결, 대법원 2010. 9. 9. 선고 2010두13258 판결, 대법원 2008. 7. 10. 선고 2008두3975 판결, 대법원 2004. 9. 24. 선고 2004두5874 판결.

18) 국민건강보험법 제98조, 제99조, 제100조

19) 대법원 2013. 3. 28. 선고 2009다78214 판결, 대법원 2013. 3. 28. 선고 2009다104526 판결, 대법원 2014. 2. 27. 선고 2013다66911 판결 참조.

급자 사이에는 계약 등 법률관계가 존재하지 않는다. 그러므로 현재의 실손의료보험회사가 의료공급자에게 선의성을 요구할 수 있는 법적 근거가 없다.

그래서 의료공급자가 실손의료보험에서 부보하지 않는 의료를 공급하였다고 해서 실손의료보험회사가 의료공급자에게 책임을 물을 수는 없다. 물론 의료공급자의 의료 과오로 실손의료보험의 피보험자가 질병이나 상해를 입고 의료비를 지출하게 되어 실손의료보험회사가 보험금을 지급하는 경우에 실손의료보험회사는 의료공급자에 대하여 보험약관에 의한 보험자대위[20] 또는 구상권[21]에 의하여 손해배상청구를 할 수 있다. 그리고 의료공급자가 보험사기에 가담한 경우에도 실손의료보험회사는 의료공급자에 대하여 민법상 불법행위에 기한 손해배상청구를 할 수 있다. 그러나 이는 의료공급자가 실손의료보험의 피보험자나 실손의료보험회사에 대하여 불법행위를 하였고 그것이 증명된 예외적인 경우일 뿐이다. 이것은 의료보험의 선의성에 기초한 것은 아니다.

나. 의료수요자의 의료공급자에 대한 부당이득반환청구권

현재와 같이 실손의료보험회사와 의료공급자가 법령이나 계약에 따른 법률관계를 형성하지 않는 구조에서 실손의료보험회사가 의료공급자에 대하여 보험계약의 선의성 등에 기초하여 책임을 물을 수는 없다. 하지만 의료수요자는 국민건강보험법이나 의료법에 따라

---

20) 한기정(2014), 136면 내지 141면 참조.
21) 서울고등법원 2013. 5. 23. 선고 2012나69441 판결(쌍방 미상고로 확정)에서는 의료공급자(피고들)가 교통사고 환자에 대하여 의료 공급 중 의료 과실로 손해를 입힌 것에 대하여 환자에게 그 손해배상금을 지급한 공제사업자(원고)가 구상금 청구를 한 것을 인용하였다.

의료공급자에 대하여 지급한 의료비에 대하여 일정한 경우 부당이득반환청구권을 가질 수 있다. 이때 실손의료보험회사가 의료공급자에 대하여 직접 채권을 갖지는 않지만[22] 보험가입자인 의료수요자의 의료공급자에 대한 부당이득반환채권을 채권자대위하는 방식으로 의료공급자에게 책임을 물을 수 있는지에 대한 검토가 필요하다.

(1) 국민건강보험법을 위반한 경우의 부당이득반환청구권

건보공단은 속임수나 그 밖의 부당한 방법으로 보험급여를 받은 사람이나 보험급여 비용을 받은 요양기관에 대하여 그 보험급여나 보험급여 비용에 상당하는 금액의 전부 또는 일부를 징수한다(국민건강보험법 제57조 제1항). 그리고 요양기관이 가입자나 피부양자로부터 속임수나 그 밖의 부당한 방법으로 요양급여비용을 받은 경우 공단은 해당 요양기관으로부터 이를 징수하여 가입자나 피부양자에게 지체 없이 지급하여야 한다(국민건강보험법 제57조 제5항). 대법원은 요양기관이 법정 비급여 진료행위가 아닌 한 원칙적으로 요양급여의 인정기준에 관한 법령에서 정한 기준과 절차에 따라 요양급여를 제공하고, 보험자와 가입자 등으로부터 요양급여비용을 받을 때에도 그 산정기준에 관한 법령에서 정한 기준과 절차에 따라야 한다는 입장이다. 그래서 요양기관이 그러한 기준과 절차를 위반하거나 초과하여 가입자 등으로부터 요양급여비용을 받은 경우뿐 아니라(부당한 요양급여비용 징수), 그 기준과 절차에 따르지 아니하고 임의로 비급여 진료행위를 하고 가입자와 요양 비급여로 하기로 합의하여 진료비용 등을 가입자 등으로부터 지급받은 경우도(임의비급여) 위 기준을 위반하는 것으로서 설령 의료수요자가 사전에 이에 동의하였다고 하더라도 원칙적으로 국민건강보험법 제57조 제1항,

---

22) 대법원 2016. 12. 15. 선고 2016다237264 판결.

제5항 위반이라고 본다.[23]

(가) 부당한 요양급여비용 징수 시의 부당이득반환청구권

요양기관이 해당 의료가 급여 항목에 해당한다고 잘못 판단하고 요양급여비용을 청구한 경우[24], 신고 및 검사·측정 의무를 이행하지 않은 장비를 사용하여 실시한 요양급여 비용을 받는 경우[25], 법령상 자격이 없는 자에 의한 요양급여 행위에 대하여 요양급여비용을 청구하여 받은 경우[26], 명의를 대여하여 요양기관을 개설한 경우[27] 등 건보공단이 요양급여비용을 환수할 때 의료수요자가 그 요양기관에 지급한 본인부담금도 환수하여 의료수요자에게 지급하게 된다.[28] 국민건강보험법 제57조 제5항에서 의료수요자가 그 비용을 직접 청구할 수 있다고 명시하지는 않으나 의료수요자에게 그러한 권리가 있다고 할 것이며[29] 그것은 국민건강보험법에 의하여 발생하는 부당이득반환청구권이다.[30] 이는 건보공단이 요양급여비용 환수 처분

23) 대법원 2012. 6. 18. 선고 2010두27639 전원합의체 판결 참조.

24) 대법원 2016. 3. 10. 선고 2015두50351 판결 참조.

25) 대법원 2008. 7. 10. 선고 2008두3975 판결.

26) 대법원 2004. 9. 24. 선고 2004두5874 판결.

27) 대법원 2010. 11. 25. 선고 2010두18109 판결, 대법원 2010. 9. 9. 선고 2010두 13258 판결.

28) 다만, 요양급여기준을 벗어난 원외 처방은 건보공단에 대한 관계에서는 민법 제750조의 위법행위에 해당하지만 건강보험 가입자 등에 대한 관계에서 위법한 행위로 볼 수 없으므로(대법원 2013. 3. 28. 선고 2009다78214 판결, 대법원 2013. 3. 28. 선고 2009다104526 판결, 대법원 2014. 2. 27. 선고 2013다66911 판결 참조) 그에 대하여는 의료수요자가 의료공급자에게 부당이득반환채권을 가지지 않을 것이다.

29) 이에 대한 논의는 찾아보기 어렵다. 그러나 건보공단이 환수해서 의료수요자에게 지급하여야 하므로 이를 지급받을 의료수요자가 적극적으로 청구하는 것이 안 될 이유는 없다고 여겨진다.

30) 헌법재판소 2011. 6. 30. 선고 2010헌바375 결정은 현행 국민건강보험법 제57조 제5항에 관한 것인데 의료수요자가 그에 대하여 부당이득반환청구권을

을 내리지 않았다고 하더라도 성립하는 권리이다.

  (나) 임의비급여 등 부당한 진료비 징수 시의 부당이득반환청구권
  현재의 유상의 임의비급여 금지 제도[31]에 대하여는 찬성하는 견
해[32]와 반대하는 견해[33]가 나누어져 있다. 유상의 임의 비급여를 허
용하여야 한다는 입장은 의료수요자에게 필수적이거나 그 필요성이
큰데도 국민건강보험법령에서 급여 항목이나 비급여 항목으로 지정
하지 않은 경우를 강조하고, 반대로 임의 비급여를 허용하지 말아야
한다는 입장은 사이비 의료이거나 대체할 수 있는 다른 급여나 비급
여 의료에 비하여 그다지 필요성이 크지 않은 경우를 강조한다. 그
러므로 현행 국민건강보험 체계 하에서 유상의 임의비급여의 원칙
적 불허용 제도가 타당한지 여부를 평가할 때 중요한 것은 급여 항
목과 비급여 항목이 제대로 지정되어 있는지 여부라고 생각한다. 임
의 비급여를 허용하지 않더라도 급여 항목과 비급여 항목이 공정한
심의 과정에 의하여 정의와 도덕, 효율성의 요청에 따라 결정되어
실체적으로 적합하다면, 임의 비급여의 원칙적 불허용 제도는 기본
적 의료의 보편적 공급과 불필요한 의료의 이용 방지를 위한 효율적
인 제도일 수 있다. 하지만 만약 그렇지 않다면 국민건강보험 재정
중심의 제도 수성(守城)을 위한 권위주의적인 정부의 행정 편의주의
의 발현이 될 수도 있다.
  현행 국민건강보험 체계에서 급여 항목과 비급여 항목을 합친 의
료의 범위가 상당히 넓고 대부분의 국민들의 의료 수요를 충족시키

    가지고 개별적으로 이를 행사할 수 있음을 전제로 판단하고 있다.
31) 대법원 2012. 6. 18. 선고 2010두27639 전원합의체 판결 참조.
32) 헌법재판소 2007. 8. 30. 선고 2006헌마417 결정의 보건복지부장관의 의견요
    지 참조. 정철(2011), 317면, 333면. 최호영(2012), 188면.
33) 박지용 (2013), 이동진(2014), 22면, 29면. 정규원(2002), 238면.

고 있다는 점을 고려하면 의료수요자에게 필수적이거나 그 필요성
이 큰 임의 비급여의 경우에는 급여나 비급여 항목으로 지정하여 이
용하도록 하는 것을 원칙으로 하면서도 당장 그것이 어려울 경우 예
외적으로 임의 비급여를 허용하는 대법원의 전원합의체 판결34)의
입장에 기본적으로는 수긍이 간다.

　하지만 현재 판례 하에서 의료공급자는 필요하다고 생각하는 임
의비급여 의료가 예외적으로 허용되는지 여부를 스스로 판단해서
그 판단이 잘못될 위험을 부담해야 한다. 의료공급자는 자신의 판단
이 행정청이나 법원에서 인정을 받을지 여부를 확인할 수 없기 때문
에 그러한 위험을 부담하지 않기 위하여 의료수요자에게 필요한 의
료인데도 불구하고 그 공급을 하지 않을 수 있다. 그러면 의료수요
자는 그 의료를 이용하지 못한다. 그러므로 예외적으로 허용되는 임
의 비급여인지 여부에 대하여 사전에 신속히 확인할 수 있는 절차가
필요하다고 생각한다. 국민건강보험의 보험자나 심평원 등이 그에
대한 사전 심사를 하는 것이 바람직하다. 이는 현행 국민건강보험
제도에서 약사법령에 따른 허가 범위를 벗어나 처방, 투여하고자 하
는 약제의 비급여 사용 승인에 관한 기준 및 절차35)나 미국의 민간

---

34) 대법원 2012. 6. 18. 선고 2010두27639 전원합의체 판결 참조.
35) 보건복지부 고시인 「허가 또는 신고범위 초과 약제 비급여 사용승인에 관
　　한 기준 및 절차」에서는 「국민건강보험 요양급여 기준에 관한 규칙」 별표 2
　　제8호에 따른 약사법령에 따라 허가를 받거나 신고한 범위를 벗어나 처방,
　　투여하고자 하는 약제의 비급여 사용 승인에 관한 기준 및 절차를 정하고
　　있다. 허가초과 사용약제의 대체가능한 약제가 없거나 대체가능한 약제가
　　있으나 투여금기 등으로 투여를 할 수 없는 경우 또는 대체가능한 약제의
　　투여나 대체치료법보다 비용효과적이거나 부작용이 적고 임상적으로 치
　　료효과가 높을 것으로 기대되는 경우에(위 고시 제2조) 약사법령에 따라
　　지정된 의약품임상시험 실시기관인 요양기관은(위 고시 제3조) 심평원으
　　로부터 당해 약제에 대해 비급여 사용 승인을 받아서 그 허가 범위를 벗어
　　나더라도 비급여로 사용할 수 있다(위 고시 제4조).

의료보험회사가 관리 의료에서 사용하는 사전 심사 방식[36]과 유사하게 운영될 수 있을 것이다.

실손의료보험과의 관계에 있어서는, 실손의료보험회사가 후견인적 지위에서 임의비급여 의료의 적정성에 대하여 판단을 할 수 있고 그에 대하여 보험금도 지급하므로, 의료공급자가 실손의료보험의 보험가입자에게는 실손의료보험회사의 사전 승인 하에 임의비급여 의료를 유상으로 공급할 수 있도록 허용하는 입법도 생각해볼 수 있다. 이에 대하여는, 실손의료보험에 가입하지 않은 의료수요자 중에는 실손의료보험회사보다 임의비급여 의료의 의학적 필요성을 더 잘 판단할 수 있는 의료수요자가 있을 수 있고, 의료수요자의 자기결정권 행사의 범위가 사기업인 실손의료보험회사의 판단에 따라 제한되거나 확장될 수 있는 것은 불합리하다는 비판이 가능할 것으로 보인다.

국민건강보험법의 임의비급여 제도에 대한 수정 여부나 그 방안 등은 본 연구의 연구범위를 벗어나므로 더 깊이 다루지 않는다. 현재의 유상의 임의비급여의 원칙적 금지 제도에 의하면 의료공급자가 급여 의료나 임의비급여 의료를 공급하고 그 의료비를 비급여 의료비로 처리하는 경우에 의료수요자는 설령 자신이 그 비용 처리에 동의하였다고 하더라도 의료공급자에게서 비급여 의료비로 처리하여 지급한 비용을 돌려받을 수 있다.[37] 이는 강행법규 위반으로 진

---

36) 미국의 민간의료보험회사의 사전 심사는 보험금 지급 여부를 사전에 심사하는 것이어서 국민건강보험의 보험자가 보험급여 비용을 지급하지 않는 유상의 임의 비급여와는 차이가 있지만 사전에 심사를 해서 해당 의료가 보험 체계 내에서 허용되는지 여부를 판단한다는 점에서는 유사하다.

37) 이에 대한 논의는 찾아보기 어렵다. 국민건강보험법 제48조 제3항의 법문상 의료수요자가 그 비용을 적극적으로 청구하여 받을 수 있다고 규정되어 있지는 않지만 국민건강보험법에서 의료수요자에게 그 비용을 돌려주도록 한 이상 의료공급자는 그 비용을 보유할 권리가 없다. 따라서 의료수

료계약의 효력이 부정됨으로 발생하는 민법상 부당이득반환청구권
이다.[38] 이는 심평원 등 행정청의 처분 유무와 무관하게 성립한다.

(2) 의료법 제45조 제3항을 위반하여 스스로 고시한 비급여 의료비보다 높은 비용을 받은 경우

의료법 제45조 제3항에서는 의료공급자가 스스로 고지, 게시한 금
액을 초과해서는 비급여 의료비를 징수할 수 없다고 규정하고 있다.
이를 위반한 경우에 대하여 의료법 제65조에서 시정명령을 할 수 있
도록 정하고 있는 외에 다른 규정이 없다. 그래서 그 위반 시 효과가
불분명하다. 그러나 의료법 제45조 제3항에서는 '징수할 수 없다'고
명시하고 있다. 그리고 의료공급자가 고시, 게시한 금액은 스스로
결정한 것이고 그에 대하여 다른 규제가 없다. 만약 의료법에 따라
스스로 정한 금액을 고시해놓고 그보다 높은 금액을 받는 것을 허용
하면 의료법 제45조는 형해화된다. 그러므로 고시한 비급여 의료비
보다 높은 비용에 대하여는 그것을 정당화할 수 있는 특별한 사정[39]
이 없는 한 그 의료계약이 무효이고 의료공급자는 그 초과 비용을

요자가 그에 대하여 부당이득반환청구를 할 수 있다고 보아야 할 것이다.
38) 명순구(2009), 181면.
39) 의료공급자와 의료수요자가 고시한 비급여 의료비보다 높은 금액에 대하
여 별도로 합의를 한 경우 그것이 정당화 된다고 보는 견해도 있을 수 있
다. 그러나 의료법에서 비급여 의료비의 내용과 가격을 고시하도록 한 것
은 의료수요자가 의료공급자에게서 진료를 받기 전에 여러 의료공급자가
공급하는 비급여 의료비의 내용과 가격을 비교해보도록 한 것이고 통상
의료공급자는 의료수요자에 비하여 우월한 지위에 있으므로 단순히 의료
공급자와 의료수요자가 합의를 한 사정만으로는 그것이 정당하다고 보기
어렵다. 이것이 정당화되려면 해당 의료수요자에 대하여는 일반적인 경우
와 달리 고시한 비급여 의료비보다 높은 비용이 필요하다는 객관적인 사
정과 함께 이를 그 의료수요자에게 충분히 설명하였다는 증명이 있어야
할 것이다.

보유할 권리가 없다고 해석함이 타당하다. 그렇다면 의료수요자는 그 초과 비용에 관하여 부당이득반환청구권을 가진다.

현재까지는 의료법 제45조 제3항에 따른 비급여 의료 내용 및 가격 고지 제도가 실효성 없이 운영되어 왔다. 그러나 만약 본 연구의 제안대로 의료법에서 개별 의료공급자의 비급여 의료 내용과 가격 정보를 실효성 있게 고지하도록 하고 제대로 정리해서 의료수요자에게 그 정보를 제공한다면, 스스로 고시한 비급여 의료비보다 높은 비용을 받는 경우에 대하여 의료공급자에게 책임을 물을 수 있는 경우가 생길 수 있다. 다만, 2017. 8. 건강보험 보장성 강화대책이 이행되어 모든 의학적 비급여가 급여화 되면 미용, 성형 등 예외적인 경우를 제외하면 의학적 필요성이 인정되는 의료가 모두 급여 또는 예비급여가 될 것이다. 이것이 실현되면 고시한 비급여 의료 가격보다 높은 비용을 받는 경우는 앞서 살핀 임의비급여나 요양급여비용 환수의 경우로 흡수될 것이다.

다. 실손의료보험회사의 채권자대위권

(1) 채권자대위권 행사 가능 여부

앞서 살핀 바와 같이 의료수요자가 의료공급자에게 부당이득반환청구권을 가지는 경우 그 의료수요자에게 보험금을 지급한 실손의료보험회사는 채권자대위권을 행사하여 의료공급자에 대하여 부당하게 지급받은 의료비 중 실손의료보험의 보험금에 상당하는 금액을 청구할 수 있다. 실손의료보험회사는 채무자인 보험가입자에 대하여 보험금 반환청구권을 가지므로 피보전채권이 존재한다. 또한 채무자인 보험가입자가 무자력이 아니라도 실손의료보험의 보험금 지급은 의료계약상 의료비 채권, 채무를 전제로 하는 것이므로 피보전권리(보험금 반환청구권)와 피대위권리(의료비 부당이득반환

청구권) 사이의 관계상[40] 보전의 필요성도 인정될 것이다.

(2) 판례의 입장

서울중앙지방법원 2016. 11. 25. 선고 2016가단5025914 판결은, 실손의료보험회사가 임의 비급여 의료를 공급한 의료공급자에 대하여 피보험자에 대한 보험금 상당 부당이득반환청구권을 피보전 채권으로 하여 피보험자의 진료비 상당 부당이득반환청구권을 대위하여 채권자대위권을 주장하며 제기한 소에 대하여, 원고인 실손의료보험회사의 청구를 인용한 바 있다. 서울중앙지방법원은 위 판결에서, 실손의료보험회사가 채권자 대위에 의하여 보전하려는 피보험자들에 대한 보험금 상당 부당이득반환청구권은 피보험자들이 의료공급자에 대하여 가지는 진료비 상당 부당이득반환청구권과 서로 밀접하게 관련되어 있고, 실손의료보험회사가 수십 명의 피보험자들을 상대로 일일이 반환청구를 한다면 그 보험금의 회수가 제대로 이루어지지 않을 수 있으므로 실손의료보험회사가 피보험자들을 대위하여 의료공급자가 부당하게 수취한 진료비 상당의 부당이득금 반환을 구하는 것이 실손의료보험회사 채권의 현실적 이행을 유효, 적절하게 확보하기 위하여 필요하다고 보이며, 이와 같은 실손의료보험회사의 채권 행사가 피보험자들의 자유로운 재산관리행위에 부당한 간섭이 된다는 등의 특별한 사정이 없으므로, 실손의료보험회사는 피보험자들의 의료공급자에 대한 진료비 상당 부당이득반환청구권을 대위하여 행사할 수 있다고 판시하였다. 서울중앙지방법원 2017. 3. 30. 선고 2016나81057 판결은 위 사건과 유사한 사건에서도 같은 취지로 판결하였고 그 판결은 대법원에서 심리불속행 기각[41]으로 확정되었다. 타당한 판단이라고 생각한다.

---

40) 대법원 2014. 12. 11. 선고 2013다71784 판결 등 참조.
41) 대법원 2017. 7. 27. 선고 2017다222450 판결.

(3) 채권자대위권 행사의 실익

실손의료보험회사로서는 채권자대위권을 행사하기보다는 심평원에 부당한 진료비 확인 요청을 하거나 건보공단에 요양급여비용 환수 처분을 촉구하여, 심평원이나 건보공단이 의료수요자의 권리 구제를 대신해주도록 하는 방법도 취할 수 있을 것이다. 그럴 경우 실손의료보험회사는 소를 제기하는 등의 집행 비용을 아낄 수도 있다. 그래서 실손의료보험회사가 채권자대위권을 행사할 실익이 없다는 생각도 있을 수 있다. 그러나 다음과 같은 사정들을 고려하면 실손의료보험회사가 채권자대위권을 행사할 실익이 있는 경우가 있다고 여겨진다.

첫째, 현행법 하에서는 실손의료보험회사가 부당한 진료비 확인 요청을 직접 할 수 없다.[42] 그리고 실손의료보험회사는 심평원이나 건보공단에 정보를 제공하는 등으로 그 처분을 사실상 촉구할 수 있을 뿐이다. 그래서 심평원이나 건보공단이 처분에 나아가지 않으면 실손의료보험회사가 별 다른 조치를 취할 수 없다.

둘째, 설령 심평원이나 건보공단이 처분을 한다고 하더라도 실손의료보험회사는 당사자가 아니므로 그 진행 경과를 알 수 없다. 그래서 실손의료보험회사는 의료수요자가 해당 비용을 돌려받았는지 여부나 그 액수를 확인할 수도 없다.

셋째, 실손의료보험회사가 보험가입자가 해당 비용을 돌려받았음을 알게 된다고 하여도 보험가입자가 자발적으로 그에 상응하는 보험금을 반환하지 않으면 실손의료보험회사는 보험가입자에 대한 다음 보험금 지급에서 그것을 상계하거나 아니면 별도로 보험가입자에게 소를 제기하여야 한다. 실손의료보험회사 입장에서는 고객인 보험가입자에 대하여 법적 대응을 하는 것보다 의료공급자에 대하

---

42) 다만, 실손의료보험회사가 피보험자로부터 부당한 진료비 확인 요청에 대한 위임을 받아서 요청을 할 수는 있다(표준약관 제7조 제9항 참조).

여 법적 대응을 하는 것을 더 선호하는 경우가 있을 수 있다.

넷째, 국민건강보험법령에 위반한 의료 공급을 하는 의료공급자 중에는 다수의 의료수요자에게 상당 기간 동안 그러한 의료를 공급하는 경우가 있다 이런 경우 실손의료보험회사가 채권자 대위권을 행사하면 여러 의료수요자의 부당이득반환청구권을 한 번의 소송으로 대위행사할 수 있다.[43]

라. 국민건강보험과 실손의료보험의 정보 교환

실손의료보험회사가 보험가입자의 의료공급자에 대한 부당이득 반환채권을 채권자대위하는 것은 실손의료보험회사가 자신의 권리를 행사하는 것이기 때문에 실손의료보험 규제를 통해서 강제하기보다는 개별 실손의료보험회사의 자율에 맡겨야 할 것이다. 다만, 실손의료보험회사가 그러한 권리를 행사해서 승소하거나 의료공급자와 합의한 경우 그 사실을 건보공단에 알리도록 해서[44] 국민건강보험도 그 사실을 파악하여 조치를 취할 수 있도록 규제하는 것이 타당하다고 생각한다.

보험가입자가 의료공급자에 대하여 본인부담금 상당의 부당이득 반환채권을 가지는 경우 건보공단 역시 의료공급자에 대하여 공단부담금 상당의 채권을 보유하는 경우가 많을 것이다. 실손의료보험회사가 의료공급자의 위법행위를 파악하여 이에 대하여 책임을 물은 경우에 그것을 건보공단도 알 수 있도록 한다면 국민건강보험법

---

43) 가령, 서울중앙지방법원 2017. 3. 30. 선고 2016나81057 판결에서 실손의료보험회사가 대위 행사한 부당이득반환청구권은 30개 정도(의료수요자가 중복되는 경우도 있을 수 있음)였다.
44) 위 사안에 대한 것은 아니지만 합의 보고 의무의 입법 예로 약사법 제69조의3이 있다.

에서 목적으로 하는 의료 이용의 효율성 제고에 도움이 될 것이다. 마찬가지 이유에서 국민건강보험이 의료공급자에 대하여 환수처분을 한 경우 해당 의료수요자가 실손의료보험에 가입하였다면 이를 실손의료보험회사에 알려서 실손의료보험회사가 그에 대하여 대응을 할 수 있도록 하는 것이 바람직할 것이다. 이렇게 서로 정보를 교환하도록 공·사보험 연계법에 근거 조항을 두는 것이 필요하다.

2. 실손의료보험회사와 의료공급자의 계약

가. 계약을 통한 관리 의료

실손의료보험이 제3장에서 살핀 미국의 관리 의료와 같이 의료공급자와의 계약에 따라 구체적으로 의료공급자의 의료 공급을 관리하는 방안을 생각해볼 수 있다. 이를 통해 실손의료보험은 의료공급자의 경제적 유인을 조정할 수 있고 의료의 질, 가치, 결과에 따른 지불 방식을 운영할 수 있으며 직불 현물급여 방식의 보험급여를 할 수 있고 다양한 서비스를 제공하는 보험상품을 개발할 수 있게 된다. 그러나 실손의료보험 가입 여부에 따라서 의료수요자가 차별을 받거나 의료 공급 체계가 왜곡되고 비영리성을 전제로 하는 의료공급자의 독립성이 침해되거나 의료비와 보험료가 증가할 가능성이 있다고 우려하는 견해도 있다. 현재로서는 의료법 제27조 제3항에 의하여 실손의료보험이 의료공급자와 계약을 체결하는 것이 허용되지 않을 것으로 보이는데, 그러한 계약으로 인하여 발생할 수 있는 부정적인 결과를 최소화할 수 있도록 보건당국의 승인 하에 계약을 체결하는 등의 입법적 고려에 대하여 살펴본다.

나. 계약 체결 시 장점

(1) 의료공급자의 경제적 유인 조정 가능

실손의료보험회사가 의료공급자와 계약을 통해 구체적인 법률관계를 형성하면 그 계약 내용에 따라 의료공급자에게 선의성을 요구할 수 있다. 그리고 이를 통해 실손의료보험회사가 비용효과적이지 않다고 판단하는 의료의 공급을 효과적으로 방지할 수 있다. 예를 들어, 의약품 비용 등 의료비를 절감한 의료공급자에게 인센티브를 지급하는 계약45) 등을 생각해볼 수 있다.

(2) 의료의 질, 가치, 결과에 따른 지불 방식 가능

(가) 의료의 질, 가치, 결과에 기반한 지불 방식

의료의 목적은 의료수요자의 건강 유지 또는 개선이고 의료의 가치는 투입되는 의료비 당 의료수요자가 얻는 편익으로 평가할 수 있다. 그래서 의료에 대한 대가도 개별적, 구체적 의료의 가치에 따라 책정되는 것이 합리적이다. 그러나 현실적으로 그것을 측정하기 어렵기 때문에 지금까지 의료에 대한 대가는 의료 공급량에 따라 책정되었다. 그리고 비용효과성의 판단이나 의료의 가치에 대한 평가도 추상적, 일반적 의료에 대하여 이루어졌을 뿐이다. 그러나 최근 OECD나 선진국들을 중심으로 개별적, 구체적 의료의 질, 가치, 결과에 기반한 지불 방식에 대한 논의나 연구가 진행되고 있다. 이에 대하여는 제2장에서 살펴보았다.

---

45) 예를 들어, 약품비를 절감한 의사에 대해 인센티브를 지급하는 계약을 생각해볼 수 있다. 채정미 외(2013), 80면 참조.

(나) 실손의료보험회사와 의료공급자의 계약을 통한 지불 방식

실손의료보험회사가 의료공급자와 계약을 체결하면 보험가입자에 대한 개별적, 구체적 의료의 질, 가치, 결과에 따라 의료공급자에게 의료비를 지불하는 방식이 가능하다. 예를 들어, 동일한 의료를 공급했어도 치료가 잘 된 경우 더 많은 의료비를 지급하거나 동일한 치료 효과를 보였어도 치료가 어려웠던 경우에 더 많은 의료비를 지급할 수도 있을 것이다. 또는 입원 환자가 입원 중에 병원 내에서 감염되는 경우에 그 의료비를 감액하는 등의 계약이 있을 수 있다. 그러면 의료공급자가 공급한 의료의 양(volume)이 아니라 의료수요자가 의료 이용을 통하여 얻은 가치에 기반하여 의료비를 지불하는 방식을 통해 의료수요자가 얻는 가치 중심의 의료 공급과 그 경쟁을 촉진할 수도 있다.46) 이것은 개별적, 구체적 의료에 대한 평가에 기초한 의료비 지불 방식을 가능하도록 하여 유상의 임의비급여의 원칙적 금지와 같이 추상적, 일반적 의료에 기반한 통제 방식의 단점을 극복할 수 있는 대안이 될 수도 있다.

---

46) Michael E. Porter and Robert S. Kaplan(2015)에서는 의료공급자와 의료보험의 보험자가 각 직병이나 상해 별로 의료 이용의 결과(outcomes)를 평가할 수 있는 메트릭스를 만들어서 의료공급자가 공급한 구체적인 개별 의료와 무관하게 의료수요자의 질병이나 상해에 대하여 공급한 전체 의료에 대하여 의료 이용의 결과에 기반해서 의료비를 지불하되 해당 질병, 상해와 무관한 다른 건강상의 문제나 재난적인 상황 등 의료공급자의 책임이 아닌 사유로 인하여 추가로 공급하게 되는 의료에 대해서는 의료공급자에게 보상을 하도록 하는 value-based bundle payment 계약을 제안하고 있다. 이러한 방식은 기존의 DRG(Diagnosis Related Group) 방식과 유사해보이지만, 기존의 DRG 방식은 일군의 의료에 대한 지불방식이라는 점에서 fee-for-service와 다르지만 의료 이용의 결과나 가치가 아니라 공급되는 의료의 양에 초점을 둔다는 점에서 fee-for-service와 같아서, 의료 이용의 결과나 가치에 초점을 두는 value-based bundle payment 계약은 DRG 등 기존 방식과 구별된다.

(다) 한계

아직까지 개별적, 구체적 의료의 질, 가치, 결과에 대한 평가가 쉽지 않다. 게다가 이미 오랫동안 운영되어 온 의료비 지불체계 하에서 형성된 의료공급자나 의료수요자, 보험자의 인식이나 관행, 구조 등을 바꾸는 것 역시 어려운 일이다.[47] 개별적, 구체적 의료의 질, 가치, 결과에 대한 평가 기법과 객관적인 자료 등 인프라가 구축되지 않은 상태에서 그러한 계약을 한다면 불필요한 분쟁과 갈등을 야기할 수 있고 오히려 의료공급자의 적절한 의료행위를 방해할 수도 있다. 그러므로 당장은 이러한 계약이 시기상조인 것으로 보인다.

(라) 전망

앞으로 국민건강보험에서 요양급여 적정성 평가 등 개별적, 구체적 의료의 질, 가치, 결과에 대한 평가 및 그에 기한 지불방식에 대한 연구를 축적하고, 미국, 영국, 호주 등 외국에서 그에 대하여 연구된 것이나 실제로 시행하고 있는 방식을 적극적으로 습득하고, 실제로 그러한 평가를 시행하고 의료공급자들의 의견을 반영함으로써 발전시켜 나간다면 장래에는 그러한 지불방식이 안정적으로 실무에 적용되는 영역이 확대될 것으로 기대된다. 실손의료보험에서도 그러한 지불방식을 도입하는 것을 향후 과제로 할 수 있다.

국민건강보험은 모든 국민과 모든 요양기관을 규율하는데 비해

---

47) Michael E. Porter and Robert S. Kaplan(2015), 13면에서는 value-based bundled payment가 가장 효율적이고 이상적인 지불방식임에도 그것이 현실에서 적용되지 못하는 이유로, 비효율적인 의료공급자 조직(inefficient organization of providers), 의료 공급이 분절화 된 구조(fragmented services with low volume by condition), 의료 이용의 결과에 대한 정보가 부재하거나 부족함(inadequate or absent information on outcomes by medical-condition), 의료의 비용에 대한 부정확한 평가(inaccurate measurements of cost by medical condition), 기존의 fee-for-service 계약 하에서 이익을 얻고 있는 보험회사들의 저항을 들고 있다.

실손의료보험은 보험에 가입한 일부 의료수요자와 실손의료보험회사와 계약을 체결한 일부 의료공급자만 대상으로 하고 보험계약 기간도 단기간으로 설정할 수 있으므로 개별적, 구체적 의료의 질, 가치, 결과에 기반한 지불방식을 시도하고 개발하는 데에 보다 적합할 수 있다.

(3) 직불 현물급여 방식의 보험급여 가능

실손의료보험회사가 실손의료보험에 관하여 요양기관과 계약을 체결하면 그 계약의 내용에 따라 보험가입자가 의료비를 지출하고 보험금으로 상환받는 방식(상환급여)이 아니라 의료공급자가 직접 보험금을 받는 방식(직불 현물급여)으로 가입자의 편의를 증진시키고 의료공급자의 의료 공급에 대한 직접적인 관리가 가능하다.[48] 피보험자가 의료비를 지불한 후 영수증을 발급받아 상환을 청구하는 절차를 생략할 수 있다면 피보험자에게 편리하고 소액청구의 경우 피보험자가 상환을 포기하거나 실수로 보험금 청구를 하지 않아서 피보험자가 보험금을 받지 못하는 문제를 해결할 수 있다.[49] 그리고 실손의료보험회사가 보험금 지급 거절을 할 때 그 경제적 부담을 일차적으로 의료공급자가 부담하게 되므로 의료공급자의 행위를 보다 효율적으로 관리할 수 있는 법적 장치가 될 수도 있다.

(4) 다양한 서비스를 제공하는 상품 개발 가능

실손의료보험회사는 의료공급자들과의 여러 가지 계약을 통하여 보험가입자에게 다양한 서비스를 제공하는 실손의료보험상품을 개발할 수 있다.[50]

---

48) 조용운·김세환(2005) 12., 45면.
49) 이경학 외(2016).
50) 이기효 외(2006), 4면, 74면. 위 글에서는 국민건강보험 비급여 진료비에 대

다. 계약 체결 시 단점

(1) 실손의료보험 가입 여부에 따른 차별 가능성

실손의료보험회사가 의료공급자와 계약을 체결할 경우 실손의료보험에 가입한 의료수요자와 그렇지 않은 의료수요자 사이에 공급되는 의료의 차이가 더 커지고 그것이 소득 불평등과 연계될 가능성이 있다. 현재도 실손의료보험에 가입한 의료수요자가 지불능력이나 지불의사가 커서 실손의료보험에 가입하였는지 여부가 의료 이용의 차이를 초래할 수 있지만 특정 의료공급자가 특정 실손의료보험회사와 계약을 체결해서 그 계약에 따라 의료를 공급하게 되면 그 의료 이용의 차이가 더욱 구체화되고 더 커질 수 있다.

의료공급자가 의료 공급을 거절하거나 의료수요자를 차별하면 안 된다. 하지만 현실에서는 그 거절이나 차별이 위법함이 증명될 수 있는 경우에 한하여 거절당하거나 차별당한 의료수요자가 자신의 시간과 노력을 들여서 법적인 조치를 해야 비로소 의료공급자가 법적인 제재를 받는다. 의료공급자는 의료수요자의 대기 시간이나 예약 날짜 등을 조정하거나 진료에 사용하는 시간을 달리하여 자신이 진료하고 싶지 않은 의료수요자에게 사용하는 시간을 최소화하고 자신이 진료하고 싶은 의료수요자에게 많은 시간을 할애할 수 있다. 또한 치료하고 싶지 않은 질병이나 상해에 대해서는 자신이 그에 관한 지식이나 경험이 부족하다고 하면서 의료 공급을 명시적으로 거절하지는 않으면서도 의료수요자가 다른 의료공급자를 찾아가

한 면제 또는 가격할인에 대하여는 의료법 제27조 제3항(구 의료법 제25조 제3항)의 적용을 제외하는 제도 개선이 필요하다고 제안한다. 의료법 제27조 제3항이 포괄적으로 규정되어 있어 의료기간과 민간의료보험회사 사이의 계약에 의한 민간의료보험 피보험자에 대한 진료비 할인 등 의료서비스 산업과 소비자 후생을 증진할 수 있는 행위도 제한되는 것은 문제라는 것이다.

도록 할 수도 있다.

실손의료보험회사와 의료공급자 사이의 선별 계약 시 그 계약의 내용에 따라 의료공급자가 실손의료보험에 가입한 의료수요자에 대한 의료 공급을 선호하게 됨으로써 실손의료보험에 가입하지 않은 국민의 의료기관 선택권이 제한되는 결과를 초래할 수 있다.[51] 고가의 실손의료보험상품에 가입하지 않은 의료수요자가 실손의료보험회사와 계약을 체결하고 있는 일부 의료공급자의 의료를 이용하기 어렵게 되거나[52] 의료공급자로부터 실손의료보험에 가입한 의료수요자와 다른 취급을 받는다면 그것은 부당하다고 평가될 수 있다.[53]

(2) 의료 공급 체계의 왜곡 발생 가능성

실손의료보험회사가 일부 요양기관과 계약을 체결하여 의료 서비스를 제공하면 실손의료보험회사와 계약하지 않은 의료공급자의 시장 진입을 가로막아[54] 의료공급자 간 경쟁을 제한하게 될 수 있다. 그리고 실손의료보험회사가 보험료 수입에 비하여 보험금 지출이 많을 것으로 예상되는 의료를 공급하는 의료공급자와는 계약을 하지 않을 수도 있다.[55] 다소 막연해보이긴 하지만 실손의료보험회

---

51) 이진석(2008), 23면.
52) 우리나라 국민들은 일부 대형병원에 대한 선호도가 높은데 실손의료보험회사가 그러한 대형병원들과 계약을 체결한다면 국민들이 선호하는 의료자원이 실손의료보험의 가입자에게 집중될 우려도 있다.
53) 오랫동안 요양기관 당연지정제와 급여 의료 통제를 통해 적어도 급여 의료에 대하여 차별적인 대우를 받은 적이 없는 우리나라 국민 정서상 받아들여지기 어려울 수 있다.
54) 김창엽(2009), 540면.
55) 미국에서는 실손의료보험회사가 의료공급자와 계약을 하는 것이 일반적인데, 실손의료보험이 장기 이식이나 전이된 암, 저체중 신생아 등 의료비가 발생하는 영역의 의료 공급자들과 계약을 체결하지 않을 유인이 있다. John Kautter *et al.*(2014), E7 참조.

사가 의료공급자와 계약을 체결하게 되면 실손의료보험회사를 정점
으로 한 의료 공급체계가 구축되는 계기가 된다거나[56] 국민건강보
험과 경쟁적 지위에서 이를 대체하는 보험으로 나아갈 수 있다는 우
려[57]도 제기된다.

(3) 의료공급자의 독립성이 침해될 가능성

실손의료보험회사는 제3장에서 살핀 미국의 관리 의료 사례[58]에
서 나타난 바와 같이 의료공급자를 통하여 단기간에 보험금 지출을
줄이려는 시도를 할 수 있다. 그래서 의료 공급이 과소하게 왜곡될
수 있다. 제3장에서 보았듯이 호주에서는 그러한 우려 때문에 실손
의료보험회사가 의료공급자와 계약을 체결하더라도 의료공급자의
전문가로서의 독립성이 침해되어서는 안 된다는 입법을 하였음[59]을
고려할 필요가 있다. 우리나라 의료법은 비영리성을 전제로 하고 윤
리성과 전문성을 갖춘 독립적인 의료공급자를 상정하고 있는데, 실
손의료보험회사가 의료공급자와 의료의 내용이나 가격에 대한 계약
을 해서 의료공급자를 관리하게 되면 의료공급자의 비영리성이나
윤리성, 독립성이 유지되기 어려울 수 있다.

(4) 의료비와 보험료가 증가할 가능성

실손의료보험회사와 의료공급자 사이의 분쟁의 증가로 인하여
또는 반대로 실손의료보험회사와 의료공급자 사이의 합의로 인하여
의료비와 보험료가 모두 상승할 우려가 있다. 실손의료보험회사가

---

56) 이진석(2008), 23면.
57) 이상이 외(2008), 159면.
58) Pegram v. Herdrich 530 U.S. 211 (2000), Aetna Health Inc. v. Juan Davila, Cigna
    Healthcare of Texas v. Ruby R. Calad, 124 S. Ct. 2488 (2004).
59) The Royal Australian College of Surgeons(2005), 4면, 2면. Section 172-5 of Private
    Health Insurance Act 2007.

가입자에 대한 의료비를 적절히 관리하면 의료공급자가 실손의료보험에 가입하지 않은 의료수요자를 통해 수익을 늘리려는 풍선 효과가 발생할 위험도 있다.[60]

라. 현행법상 계약 체결 가능 여부

(1) 의료법 제27조 제3항

의료법 제27조 제3항에서는 '누구든지 국민건강보험법이나 의료급여법에 따른 본인부담금을 면제하거나 할인하는 행위, 금품 등을 제공하거나 불특정 다수인에게 교통편의를 제공하는 행위 등 영리를 목적으로 환자를 의료기관이나 의료인에게 소개, 알선, 유인하는 행위 및 이를 사주하는 행위를 하여서는 아니된다'고 규정하여 환자유인행위 등을 금지하고 있다. 위 조항의 수범자는 '누구든지'이기 때문에 의료인 또는 의료기관 개설자가 아닌 자는 물론 의료인 또는 의료기관 개설자도 포함된다.[61] 이 조항은 의료법이 1981. 12. 31. 법률 제3504호로 개정될 당시 신설되었고 신설 당시에는 본인부담금 할인행위가 조문에 적시되어 있지는 않았는데 일부 의료기관에서 노인들을 유인한 뒤 건강검진 정도의 저급한 진료행위를 무료로 제공하면서 그에 따른 요양급여비용을 대거 청구하여 건강보험재정의 부실화를 불러왔다는 지적이 있어서 2002. 3. 30. 개정 시 본인부담금 할인행위가 추가되었다.[62] 그리고 위 조항에서 금지하는 행위에는 진료비를 할인, 면제하는 행위, 환자에게 마일리지제도를 통하여 진료비의 일정액을 적립하는 행위, 진료비 할인권을 부여하는 행위, 일

---

60) 김대환 외(2012), 165면.
61) 대법원 1996. 2. 9. 선고 95도1765 판결. 그러므로 실손의료보험회사 역시 위 법에서 금지하는 행위의 주체가 된다.
62) 헌법재판소 2017. 12. 28.자 2016헌바311 결정 참조.

정한 환자에게 본인부담금을 감면하는 행위 등이 포함된다.[63] 위 조항에서 '소개, 알선'이라 함은 특정 의료기관 또는 의료인 사이에서 치료위임계약의 성립을 중개하거나 편의를 도모하는 행위를 말하고[64], '유인'이라 함은 기망 또는 유혹을 수단으로 환자로 하여금 특정 의료기관 또는 의료인과 치료위임계약을 체결하도록 유도하는 행위를 말한다.[65] 그리고 '영리의 목적'은 널리 경제적인 이익을 취득할 목적을 말하는 것으로서 영리목적으로 환자를 유인하는 사람이 반드시 경제적인 이익의 귀속자나 경영의 주체와 일치하여야 할 필요는 없고, '불특정'은 행위 시에 상대방이 구체적으로 특정되어 있지 않다는 의미가 아니라 상대방이 특수한 관계로 한정된 범위에 속하는 사람이 아니라는 것을 의미한다.[66]

(2) 의료법 제27조 제3항 위반 여부

실손의료보험회사가 의료공급자와 계약을 체결하고 보험급여를 제공하더라도 실손의료보험회사가 보험가입자에게 해당 의료공급자를 지정하여 안내하는 등으로 적극적으로 소개, 알선, 유인하지 않는다면, 그 자체만으로 의료법 제27조 제3항에 위반되지는 않는다고 해

---

63) 보건복지부는 의료기관에서 진료비를 할인, 면제하는 경우(2006. 8. 17. 보건복지부 의료정책팀 인터넷민원회신), 환자에게 마일리지 제도를 통하여 진료비의 일정액을 적립하는 경우(2003. 5. 7. 보건복지부 보건의료정책과 인터넷민원회신), 인터넷 사이트에서 광고하고 방문자에게 특정 의료기관이나 의료인에게 진료를 받을 경우 진료비 할인권을 부여하는 행위(2001. 10. 22. 보건복지부 인터넷민원회신 보건의료정책과), 환자의 경제적 능력을 고려하지 않고 노인 환자에게 본인부담금만을 감면하여 주는 행위(2000. 1. 20. 의정 65507-68) 등이 의료법 제27조 제3항에서 금지하는 본인부담금 면제, 할인 행위라는 입장이다. 대한의사협회, 의료법원론, 법문사, 2008, 140면, 141면 참조.
64) 대법원 2004. 10. 27. 선고 2004도5724 판결.
65) 대법원 2005. 4. 15. 선고 2003도2780 판결.
66) 대법원 2017. 8. 18. 선고 2017도7134 판결.

석하는 견해도 있을 수 있다. 실손의료보험에 가입한 의료수요자는
부보한 위험에 상응하는 보험료를 지급하기 때문에 그의 본인부담금
에 대하여 보험금이 지급되더라도 그것이 본인부담금을 면제하거나
할인하는 행위, 금품 등을 제공하는 행위가 아니라고 볼 여지도 있다.

그러나 실손의료보험이 일부 의료공급자와 계약을 체결하여 그
의료공급자가 공급하는 의료에 대하여만 보험급여를 하는 것은 의
료법 제27조 제3항 위반에 해당할 것으로 보인다.[67] 판례는 의료법
제27조 제3항의 '소개, 알선, 유인'은 환자로 하여금 특정 의료기관
또는 의료인 사이에서 치료위임계약의 성립을 중개하거나 편의를
도모하는 행위 또는 이를 유도하는 행위라는 입장이다.[68] 실손의료
보험회사가 특정 의료공급자와 계약을 체결하고 보험급여를 제공하
면 보험가입자가 특정 의료공급자에게서 의료를 공급받을 때 부담
하는 의료비에 대하여 보험금을 지급함으로써 영리를 목적으로 보
험가입자를 그 특정 의료공급자에게 소개, 알선, 유인하는 행위로 볼
수 있다.[69] 이때 실손의료보험회사와 계약을 체결한 의료공급자는
의료법 제27조 제3항에서 금지하는 소개, 알선, 유인하는 행위를 사
주한 것으로 인정될 가능성도 있다.[70] 그러므로 현행법 하에서는 실
손의료보험회사가 의료공급자와 직접 계약을 체결하는 실손의료보
험상품을 판매할 수는 없을 것으로 보인다.

---

67) 김대환, 외(2012), 165면, 이기효 외(2006), 4면, 74면.
68) 대법원 2004. 10. 27. 선고 2004도5724 판결, 대법원 2005. 4. 15. 선고 2003도
    2780 판결.
69) 그러나 실손의료보험이 특정 의료공급자가 공급하는 의료에 대해서만 아
    니라 모든 의료공급자가 공급하는 의료에 대하여 보험급여를 하는 것은
    의료법 제27조 제3항 위반이라고 보기 어렵다. 그런 경우 실손의료보험이
    보험가입자를 특정 의료공급자에게 소개, 알선, 유인한다고 인정하기 어렵
    기 때문이다.
70) 대법원 1998. 5. 29. 선고 97도1126 판결 참조.

마. 의료법 제27조 제3항의 예외 조항 입법 검토

(1) 계약 체결을 허용하여야 하는지 여부

현행 의료법 제27조 제3항의 타당성이나 실손의료보험회사와 의료공급자 사이의 계약 체결이 우리나라 의료법에서 갖는 의료 정책적 의미와 타당성은 본 연구의 범위를 벗어난다. 그래서 그러한 계약을 허용할 것인지 여부나 그 계약의 내용에 대하여는 본 연구에서 결론을 내기 어렵다. 그러나 앞서 살핀 계약 체결 시 장점을 고려할 때 실손의료보험과 의료공급자 간의 계약을 완전히 봉쇄하는 것이 타당한지 여부에 대하여는 재고해볼 필요가 있다. 미국이나 영국, 호주에서는 실손의료보험회사가 의료공급자와 계약을 체결하여 보험급여를 할 수 있다.

(2) 보건당국의 규제의 필요성

다만, 의료법에서 그러한 계약을 허용하지 않은 데에는 국민건강보험 재정이나 의료급여기금 재정의 악화를 방지하고[71] 의료기관 주위에서 환자 유치를 둘러싸고 금품수수 등의 비리가 발생하는 것을 방지하고 나아가 의료기관 사이의 불합리한 과당경쟁을 방지하며[72] 의료시장의 질서를 유지하는[73] 등의 의료 정책적 이유가 있다. 그러므로 만약 그런 계약을 허용한다면 그에 대하여 보건의료 당국의 규제를 받도록 해야 한다고 생각한다.[74] 따라서 의료법 제27조 제3항의 예외를 인정하더라도 실손의료보험회사가 의료공급자와 계약을 체결하는 것을 모두 허용하기보다는 그러한 계약에 대한 보건당국의 허가를 요건으로 해야 할 것이다. 그리고 그 규제의 수준은 계

---

71) 헌법재판소 2017. 12. 28.자 2016헌바311 결정.
72) 대법원 2004. 10. 27 2004도5724 판결.
73) 대법원 2005. 4. 15. 선고 2003도2780 판결.
74) 김창엽(2009), 549면.

약 체결 전은 물론 계약 기간 동안에도 엄격하게 유지되어야 할 것으로 보인다. 이는 단순히 실손의료보험회사와 의료공급자 사이의 사적 계약이나 보험법적인 문제가 아니라 우리나라 의료 공급 체계를 변경하는 등 의료법과 국민건강보험법 등 우리나라 보건의료 제도의 운영에 영향을 줄 수 있는 문제이기 때문이다.

⑶ 의료법 제27조 제3항의 예외 조항 입법

실손의료보험회사가 의료공급자와 계약을 체결할 수 있게 하려면 의료법 제27조 제3항을 개정하거나 공·사보험 연계법에 의료법 제27조 제3항에 대한 예외 조항을 두어야 한다. 의료법이나 공·사보험 연계법에 실손의료보험회사가 보험당국의 허가를 받으면 의료공급자와 계약을 통해 보험급여를 제공할 수 있다고 정하는 것을 생각해볼 수 있다. 의료법은 모든 국민이 수준 높은 의료 혜택을 받을 수 있도록 국민의료에 필요한 사항을 규정함으로써 국민의 건강을 보호하고 증진하는 데에 목적이 있는(의료법 제1조) 의료에 관한 일반법이고 공·사보험 연계법은 국민건강보험과 실손의료보험을 연계함으로써 보다 구체적으로 실손의료보험을 규율하는 법임을 감안하면 그 법적근거는 공·사보험 연계법에 두는 것이 타당할 것으로 보인다.

제3절 의료수요자의 유인 조절

1. 의료수요자가 고의로 비용효과적이지 않은 의료를 이용한 경우에 대한 규율

가. 의료수요자가 보험금을 부정하게 취득하려는 경우

의료공급자가 고의로 비용효과적이지 않은 의료를 공급한 경우에 법적 대응을 하는 것과 같이 의료수요자에 대하여도 법적 대응이 필요한 경우가 있을 수 있다. 가장 전형적인 경우가 실손의료보험에 가입한 의료수요자가 보험사기 범행을 저지르거나 보험사고를 빙자하여 보험금을 부정하게 취득할 목적으로 실손의료보험에 가입한 경우이다. 가령, 입원치료의 필요성이 없거나 단기간의 입원만이 필요한데도 장기간의 입원을 하여 과도한 요양급여를 받은 의료수요자에 대하여 그 전체 요양급여비용에 대하여 사기죄가 성립한다.[75] 또한 보험가입자가 다수의 보험계약을 체결함으로써 보험사고를 빙자하여 보험금을 부정하게 취득할 목적으로 보험계약을 체결한 것으로 판단되면 민법 제103조에 따라 보험계약이 무효로 된다.[76] 다만, 중복보상이 되지 않는 실손의료보험에 가입한 의료수요자는 다수의 실손의료보험에 가입하여도 실제 지출한 의료비에 대한 보험금만을 받을 수 있기 때문에 민법 제103조 위반으로 보험계약이 무효로 되는 경우가 현실적으로 존재하기 어려울 것으로 보인다.

나. 부정한 보험금 취득은 아니지만 비용효과적이지 않은 의료를 이용하는 경우

(1) 원칙적으로 의료수요자가 아닌 의료공급자가 책임을 부담하여야 함

보험사기 등 보험금을 부정하게 취득한 경우가 아니라면 의료수요자가 고의로 비용효과적이지 않은 의료를 이용하였을 때 원칙적으로는 보험자가 의료공급자에게 그 책임을 묻는 것이 타당하다고 생각한다. 제2장에서 살핀 바와 같이 의료수요자는 의료 이용에 있

---

75) 대법원 2006. 1. 12. 선고 2004도6557 판결. 대법원 2009. 5. 28. 선고 2008도 4665 판결. 그리고 의사가 이를 돕기 위하여 허위 입원 확인서를 작성, 교부한 경우 사기방조죄가 성립한다.
76) 대법원 2015. 2. 12. 선고 2014다73237 판결 참조.

어 의료공급자에게 의존하여야 한다. 의료수요자가 의료 이용에서 자기결정권을 행사하기는 하지만 그것은 의료공급자의 설명에 기반한 것이다.[77] 또한 의료공급자는 더 많은 또는 더 비싼 의료 이용을 유발(supplier-induced demand)할 경제적 유인이 있지만[78] 의료수요자는 그렇지 않다. 의료수요자는 의료의 양이나 가격이 어떻든 의료를 이용해서 건강 상태를 호전시키는 것이 중요하므로 실제 지급한 의료비에 대해서만 보험금을 받는 경우에 의료의 양이나 가격 자체에 대한 경제적 유인은 없기 때문이다. 그리고 통상의 경우 의료공급자는 의료수요자가 고의로 비용효과적이지 않은 의료의 이용을 요청하여도 그에 응할 의무가 없다.[79] 의료공급자는 의료수요자가 이용할 의료의 선택에 있어 사실적으로나 법적으로 주도권을 가지고 있다. 그러므로 비용효과적이지 않은 의료 공급에 대하여 보험자가 의료공급자에게 책임을 묻는 것이 타당하다.

---

77) 의사의 설명의무는 대법원 1979. 8. 14. 선고 78다488 판결, 대법원 2007. 5. 31. 선고 2005다5867 판결 등, 약사의 경우 대법원 2002. 1. 11. 선고 2001다 27449 판결, 한약업사의 경우 대법원 2002. 12. 10. 선고 2001다56904 판결.

78) 양봉민 외(2013), 27면. 신현웅 외(2014), 14면. Paul J. Feldstein(2006), 253면. 조병희(2006), 453면. 정영호 외(2004), 69면, 70면. Shain and Roemer(1959), 71면 내지 73면. Roemer(1961), 988면 내지 993면.

79) 다만, 임의비급여의 경우 국민건강보험법상의 의료의 규격화와 의료과오 책임법상의 의료의 재량성 사이에 충돌로 예외적으로 의료공급자에게 임의비급여 의료의 공급 의무가 인정되는 경우가 있을 수 있다. 대법원 2003. 1. 24. 선고 2002다3822 판결은 피고(의사)가 원고를 분만시키던 중 의료사고가 발생한 사안에서 "의료보험의 급여대상이 아니어서 일부 의료기관에 따라 부분적으로 시행되었다고 하여"도 그 의료를 공급하지 않은 것을 과실로 인정하였다. 위 판결은 임의비급여에 대하여 의료공급자가 비용보상을 받을 수 없음을 고려하지 않은 것으로 보이나 요양급여기준에 따랐다고 하여 의료과오책임의 성립을 저지할 수 없음을 밝힌 것으로 국민건강보험법의 기준과 의료과오책임법의 기준이 충돌하는 사안을 잘 보여준다. 이에 대하여는 이동진(2014), 22면 참조. 하지만 이러한 경우는 예외적으로 드물게 발생하는 것으로 보인다.

(2) 국민건강보험의 경우 의료공급자에게 책임을 물음

그래서 국민건강보험은 의료수요자가 국민건강보험법령에 위배되는 의료를 이용하였을 때 의료공급자에게 그 책임을 묻는다.[80] 즉, 그 의료 이용으로 인하여 국민건강보험의 보험자인 건보공단이 지급한 요양급여비용을 의료공급자로부터 환수한다. 이론적으로는 의료공급자가 국민건강보험에서 요양급여비용을 환수당한 후에 그 전부 또는 일부를 의료수요자에게 부당이득반환 등으로 구하는 것이 가능한 경우도 있다. 그러나 임의비급여의 경우 법적으로 그것이 불가능하다. 그리고 임의비급여가 아니라서 의료공급자가 의료수요자에게 부당이득반환 청구가 가능한 경우라고 하더라도 현실적으로 의료공급자가 다수의 의료수요자들에게 그 비용을 청구해서 받는 것은 용이하지 않고 사실상 불가능한 경우가 많다. 이것은 국민건강보험이 요양기관과도 법률관계를 형성해서 의료수요자를 통해서가 아니라 직접 요양기관에게 요양급여비용을 지급하고 환수하기 때문이다. 이것이 가능한 것은 국민건강보험법에 의하여 모든 의료공급자가 국민건강보험에 편입되어 건보공단과 의료공급자가 직접적인 법률관계를 형성하고 있고 국민건강보험법에서 법령에 위반한 의료 이용 시 의료공급자에게 환수 처분을 하도록 규정하고 있기 때문이다.

(3) 실손의료보험의 경우 직접 의료공급자에게 책임을 묻기는 어려움

현재 실손의료보험은 의료공급자와 법률관계를 형성하고 있지 않다. 그래서 실손의료보험회사가 의료공급자와 직접 계약을 체결

---

80) 대법원 2016. 3. 10. 선고 2015두50351 판결, 대법원 2010. 11. 25. 선고 2010두18109 판결, 대법원 2010. 9. 9. 선고 2010두13258 판결, 대법원 2008. 7. 10. 선고 2008두3975 판결, 대법원 2004. 9. 24. 선고 2004두5874 판결, 대법원 2013. 3. 28. 선고 2009다78214 판결, 대법원 2013. 3. 28. 선고 2009다104526 판결, 대법원 2014. 2. 27. 선고 2013다66911 판결 참조.

하지 않는 한 비용효과적이지 않은 의료 공급에 대하여 직접 의료공급자에게 책임을 물을 수 있는 경우는 드물다. 다만, 앞서 살핀 바와 같이 의료공급자가 국민건강보험법이나 의료법을 위반한 때에 실손의료보험회사가 의료수요자를 매개로 하는 채권자대위로 의료공급자에게 이미 지급한 보험금 상당액을 청구할 수 있는 경우가 있다. 이런 경우를 제외하면 실손의료보험은 보험약관에 위배되는 의료 이용에 관하여 의료수요자에게 보험금을 지급하지 않거나 이미 지급한 보험금을 반환청구할 수 있을 뿐이다.

다. 실손의료보험 보험금의 본인부담 비율 조절을 통한 의료수요자의 의료 이용의 경제적 유인 조정

의료수요자가 실손의료보험의 보험약관에서 보장하지 않는 의료를 이용한 경우에는 실손의료보험회사는 의료수요자에게 보험금을 지급하지 않거나 지급한 보험금을 부당이득 반환 청구로 돌려받을 수 있다. 따라서 보험약관에서 비용효과성에 따라 보장 여부나 보장 수준을 정하면 의료수요자는 비용효과적이지 않은 의료 이용에 대한 '책임'을 지게 된다. 즉, 보험금을 받지 못하거나 본인부담 비율이 높은 등으로 그만큼 본인이 직접 부담하는 의료비가 많아지게 되는 것이다. 보험약관에서 비용효과적인 의료를 보장 내용으로 정하고 비용효과성이 높을수록 보험금을 많이 지급하고 비용효과성이 낮을수록 보험금을 적게 지급하는 방식으로 보험약관을 정하면 간접적으로 의료수요자가 비용효과적인 의료를 이용하도록 유도할 수 있다.[81]

---

81) Timothy S. Jost and Mark A. Hall(2005), 395면 내지 397면에서는 미국에서 2003년 Medicare Modernization Act(MMA)가 Consumer-driven health care를 촉진하는 법개정을 한 상황에서, 보험가입자의 본인부담금을 통해 의료비나 의료

2. 보험료 할인이나 할증을 통한 의료수요자의 유인 조절

의료보험에 가입한 의료수요자는 의료의 내용과 가격에 대한 정보나 평가를 통해 효율적인 의료 이용 결정을 할 수 있어도 왜곡된 의료 이용을 하게 될 가능성이 있다.[82) 보험금을 통해 의료비의 상당 부분을 조달할 수 있다면 의료수요자 개인에게 합리적인 선택이 효율적인 자원배분을 담보하지는 않기 때문이다. 이를 근본적으로 해결하기는 어려우나 실손의료보험에 가입한 의료수요자의 보험금 청구액에 따라 실손의료보험의 보험료를 할인하거나 할증하는 방식으로 의료수요자가 의료를 적게 이용할 유인을 제공하는 것을 검토해볼 수 있다.[83)

실손의료보험에 기본적 의료를 보편적으로 보장하는 규범적 역할을 맡길 경우에는 기본형 실손의료보험의 보험료 할증은 규제할 필요가 있으나, 그 외에는 보험료 할인이나 할증을 실손의료보험회사의 자율에 맡기는 것이 바람직하다고 생각한다. 이는 실손의료보험상품들 사이의 경쟁 수단이 될 수 있다.

이용의 효과에 대한 보험가입자의 민감성을 높임으로써 의료 이용의 효율성을 제고하려는 Consumer-driven health care에 대한 찬반 의견을 소개하고 있다. 찬성하는 의견은 본인부담금을 높이면 보험가입자가 의료 이용을 스스로 자제할 것이라는 점에 초점을 두고 반대하는 의견은 그로 인하여 필요한 의료 이용도 못하게 될 수 있는 점에 초점을 두고 있다.

82) 예를 들어, 가벼운 증상에 대하여는 효과의 차이가 없는 A라는 의료(본인부담금 60원)와 B라는 의료(본인부담금 500원)이 있을 때, 가벼운 증상만 가지고 있는 의료수요자가 A라는 의료를 60원에 이용하는 것이 비용효과적이다. 그러나 의료보험에서 B라는 의료 이용 시 450원의 보험금이 지급된다면 보험에 가입한 의료수요자는 B라는 의료를 500원에 이용하는 것이 합리적이다.

83) 정성희(2016). 6. 16., 16면.

가. 보험금 청구액이 일정 금액 이하인 경우의 보험료 할인

(1) 가입자의 손해방지 노력에 대한 보상으로서의 보험료 할인

(가) 상법 제680조 소정의 손해방지의무 비용 보상

상법 제680조는 보험계약자와 피보험자는 손해의 방지와 경감을 위하여 노력하여야 하고, 이를 위하여 필요 또는 유익하였던 비용과 보상액이 보험금액을 초과한 경우라도 보험자가 이를 부담한다고 규정하고 있다. 상법이 피보험자 등에게 손해방지의무를 부담시킨 것은 손해를 방지하기에 가장 적합한 지위에 있는 피보험자 등에게 그러한 의무를 부담시키는 것이 신의성실의 원칙이나 보험의 선의성, 우연성에 부합하고 공익적으로도 바람직하기 때문이다.[84] 그리고 피보험자 등이 손해방지의무 이행을 위해 필요 또는 유익하였던 비용을 보험자가 부담하도록 한 것은 손해방지의무 이행을 장려하기 위함이기도 하고 그 비용은 결국 보험자의 이익을 위한 것이기 때문이기도 하다.[85]

(나) 실손의료보험에서 손해방지의무 비용 보상

실손의료보험은 보험사고가 질병이나 상해인[86] 인보험이다. 하지만 실손의료보험의 보험금은 질병과 상해를 치료하는데 실제 소요된 의료비이어서 손해보험의 성격을 갖는다. 실손의료보험이 손해보험의 성격을 갖기 때문에 상법 제680조가 직접 적용되지는 않지만 준용된다고 해석할 여지가 있다.[87] 그리고 상법 제680조가 준용되지

---

84) 강희갑(1987), 84면.
85) 양승규(2004), 235면.
86) 한기정(2017), 33면.
87) 한기정(2014) 참조.

않는다고 하더라도 보험약관에서 그와 같은 취지의 규정을 두는 것이 가능하다. 상법 제680조가 손해보험에서 일반적으로 적용된다는 점을 감안하면 손해보험의 성격을 갖는 실손의료보험에도 그와 같은 취지의 약관 조항이 필요하다. 실손의료보험에서의 손해 방지 및 경감 노력에는 건강 상태를 유지, 개선하기 위한 노력[88]과 이미 발생한 질병이나 상해를 치료할 의료비를 가급적 적게 사용할 노력이 모두 포함된다.

실손의료보험의 보험금 청구가 일정 금액 이하인 경우 중에는 1) 보험가입자가 손해방지 노력을 한 경우(건강 상태를 유지, 개선하기 위한 노력을 하거나 이미 발생한 질병이나 상해를 치료할 의료비를 가급적 적게 사용하려는 노력을 한 경우), 2) 보험가입자의 손해방지 노력이 없었으나 건강 상태가 유지, 개선되었거나 질병이나 상해에 대한 의료비가 적게 소요된 경우로 나누어 볼 수 있다. 보험약관의 정함에 따라 보험가입자가 손해방지 노력을 한 경우에는 손해방지 비용의 법리와 같은 논리로 보험료를 일부 할인하는 방식으로 실손의료보험회사가 건강상태 유지나 의료비 절감을 위해 필요 또는 유익하였던 비용과 보상액을 지급할 수 있다. 이것은 손해방지 노력에 대한 보상의 성격을 가지므로 보험료를 소급적으로 할인하는 것이 타당하나 상법 제680조가 적용되거나 준용되는 것이 아니라 보험약관에 의한 것이라면 장래를 향하여 보험료를 할인하는 것도 가능하다.

---

88) 상법 제680조의 손해방지의무는 보험사고가 발생한 이후 그로 인한 손해의 방지 또는 경감을 목적으로 하는 것이지 보험사고 자체의 발생을 방지하기 위한 의무는 아니다(한기정(2017), 487면). 그래서 보험사고인 질병이나 상해 자체의 발생을 방지하려는 노력은 상법 제680조 소정의 손해방지의무 이행이라고 보기 어렵다. 그러나 상법 제680조의 적용 또는 준용이 아니라 보험약관에 의하여 보상을 할 때는 보험약관에서 건강 상태를 유지, 개선하려는 노력을 손해 방지 노력이라고 정하는 데에 문제가 없다.

⑵ 의료비 감소를 통한 보험금 지출 절감을 위한 보험료 할인

(1) 손해방지 노력 여부 확인의 어려움과 보험료 할인

보험가입자가 손해방지 노력을 하지 않은 경우 손해방지비용 법리와 같은 논리로는 보험료를 할인할 수 없다. 그런데 실손의료보험의 보험금 청구가 일정 금액 이하인 경우에 보험가입자가 손해방지 노력을 하였는지 여부를 확인하기는 어렵다. 그래서 이를 구별하고 보험가입자의 노력을 평가하여 그것을 보험료 할인에 반영하는 것은 많은 경우에 현실적으로 불가능하고 그에 소요되는 조사비용이나 행정비용을 고려하면 바람직하지도 않다.

그래서 보험가입자의 손해방지 노력에 대한 보상으로 보험료 할인을 하려면 보험금 청구 여부에 따라 보험료 할인을 할 수밖에 없다. 그런데 단순히 보험금 청구가 일정 금액 이하라고 하여 보험료를 할인하면 손해방지 노력을 하지도 않은 보험가입자가 망외의 이익을 얻고 그것은 다른 가입자들이 납부한 보험료 재정에 손실이 되며 그 가입자가 이익을 본만큼 전체 보험료가 올라갈 수 있어서 타당하지 않다고 볼 여지가 있다.

(나) 보험금 지출 절감을 위한 보험료 할인

그러나 보험료 할인을 함으로써 보험재정의 손실을 방지하여 다른 보험가입자들에게도 도움이 된다면 보험료 할인이 정당화될 수 있다. 보험금 청구액이 일정 금액 이하인 경우에 보험료를 할인해준다면 가입자들이 건강 상태를 유지, 개선하려고 노력하거나 비용효과적이지 않은 의료를 이용하지 않을 경제적 유인이 생긴다. 물론 피보험자에게 의학적 필요 외의 다른 상당한 편익을 제공하는 의료[89]는 보험료 할인으로 방지되기 어려울 수 있다. 그러나 그렇지 않은 경우에 대하여는 보험료 할인이 비용효과적이지 않은 의료 이

용 방지에 도움이 될 것이다. 그래서 보험금 지출이 줄어들면 실손
의료보험회사에게나 다른 가입자들에게도 이익이 된다.

　제3장에서 살폈듯이 영국의 민간의료보험도 보험금 미청구 시 보
험료 할인 방식을 활용하고,[90] 독일의 공적의료보험에서도 유사한
보험료 할인 상품을 제공한다.[91] 이러한 유인을 활용하여 도덕적 해
이나 과도한 보험금 청구를 방지하는 것은 자동차보험에서도 논의
되고[92] 실제로 활용되고 있다.[93] 또한, 행동경제학적으로 볼 때 보험
소비자들이 보험료 일부 환급과 같은 보험료 할인 조건을 선호하는
경향이 있다는 점[94]도 참고할만하다.

---

89) 예를 들어, 어떤 특정 피보험자에게 도수치료는 질병 치료에 있어서는 아
　무런 의미를 갖지 못하는 불필요한 의료이지만 도수치료가 사실상 안마와
　같아서 그 피보험자가 도수치료를 받으면서 누리는 편익이 상당히 큰 경
　우를 가정해볼 수 있다.

90) Bupa(2015), 12면, 13면. 예를 들어, 보험료 할인 레벨을 1부터 14까지 설정하
　고 일정 기간 내의 보험료 청구액이 전혀 없으면 레벨이 하나 올라가고 보
　험료 청구액이 £250 이하이면 레벨이 하나 내려가고 보험료 청구액이
　£250.01에서 £500 사이이면 레벨이 둘 내려가고 보험료 청구액이 £500.01 이
　상이면 레벨이 셋 내려가는 식으로 하여, 보험료 할인 레벨이 14이면 70%
　를 할인하고 그 아래 레벨은 좀 더 낮은 할인율을 적용하고(예를 들어 레
　벨 10이면 58%, 레벨 2이면 10%), 레벨이 1이면 할인율을 적용하지 않는 방
　식이다.

91) § 53 SGB V. 보험자는 일정 금액을 피보험자의 본인부담금으로 하거나
　(Selbstbehalt) 피보험자가 보험급여를 받지 않을 경우 보험료를 일부 환급하
　는(Beitragsrückerstattung) 등의 선택적인 보험료 책정(Wahltarife)을 할 수 있다.
　예를 들어, 피보험자가 1년 동안 의료를 일정 수준 이상으로 이용하지 않
　으면 보험료의 1/12까지 환급받을 수 있다. Stefanie Thönnes(2015), 4면, 5면.

92) 양채열(2016), 145면.

93) 삼성화재 홈페이지. 자동차보험료 할인할증에 대한 이해.
　　http://www.samsungfire.com/CnLc_Contents.do?method=getDetail&lifecareType=01&idx
　　=00000317 [최종방문일 : 2018. 3. 12.]

94) Howard C. Kunreuther et al.(2013), 118면, 119면.

(3) 기본적 의료 보장과 보험료 할인

피보험자가 보험료 할인으로 인하여 의학적으로 필요한 기본적 의료의 이용까지도 스스로 자제하게 되어서는 안 되므로 그러한 위험이 있는지 검토할 필요가 있다. 만약 보험료 액수가 많고 보험료 할인으로 얻을 수 있는 경제적 이익이 크다면 그러한 우려에 현실성이 있다.

그러나 현재 실손의료보험상품은 보험료가 그렇게 높지는 않다. 따라서 보험료 할인으로 인하여 피보험자가 필요한 기본적 의료를 이용하지 않기로 선택할 가능성은 낮다. 이것은 의료수요자가 기본적 의료 이용을 통해 얻는 편익과 보험료 할인을 통해 얻는 이익을 비교해보아도 마찬가지이다. 기본적 의료 이용이 필요할 때 그 이용의 편익이 보험료 할인으로 얻는 이익보다 클 것이므로 피보험자는 보험료 할인을 받지 못하더라도 기본적 의료를 이용할 것이다.

그리고 제1장에서 살핀 바와 같이 현재 실손의료보험상품은 통원 의료비에 대하여 일정한 공제금액(일정액 전액 본인부담, deductible)을 설정하고 있는데,[95] 그러한 공제금액에 해당하는 기본적 의료는 보험료 할인에 의하여 영향을 받지도 않는다. 따라서 보험료 할인으로 인하여 기본적 의료 이용이 저해되는 일은 발생하기 어렵다고 생각한다.

(4) 소결

실손의료보험의 보험금 청구액이 일정 금액 이하인 경우에 보험

---

95) 금융감독원 외(2015), 8면. 현재 실손의료보험상품 중 선택형의 경우 의원급은 1만 원, 병원급은 1.5만 원, 종합전문요양기관이나 상급종합병원은 2만 원, 처방조제비는 8천 원의 공제금액을 두고 있고, 표준형은 위 각 금액 또는 보상대상 의료비의 20% 중 더 큰 금액으로 공제금액을 두고 있다. 그래서 통원 의료비의 경우 (급여 본인부담금 + 비급여)에서 위 공제금액을 제하고 보험금을 지급한다.

료를 할인하는 것은 손해보험에서의 손해방지비용의 법리와 같은 논리로 정당화될 수 있고 의료비 감소를 통한 보험금 지출 절감을 위해서도 합리적이다. 또한 기본적 의료의 보편적 공급과 불필요한 의료 이용 방지라는 측면에서도 긍정적인 효과가 있을 것으로 보인 다. 그러므로 실손의료보험에 소급적 또는 장래를 향한 보험료 할인 방식을 적용하는 것이 타당하다.

그러나 규제로서 보험료 할인을 강제할 필요는 없을 것이라고 생 각한다. 왜냐하면 보험료 할인을 실손의료보험회사의 자율에 맡겨 두어도 실손의료보험회사는 의료수요자의 불필요한 의료 이용을 자 제하도록 하기 위해서 또는 다른 보험상품과의 가격 경쟁 때문에 필 요 시 보험료 할인을 활용할 수 있을 것이기 때문이다.

나. 보험금 청구액이 많은 경우 보험료 할증 제도 도입 검토

(1) 보험금 청구액이 일정 금액 이상인 경우의 보험료 할증

(가) 2007년 보험계약법 개정안 제739조의3과 보험료 할증

법무부의 2007년 보험계약법 전면개정안에서는 제739조의3(고의 에 의한 질병의 악화)을 두고 있었다. 이는 '피보험자가 통상적으로 받아야 할 치료를 받지 않음으로 질병이 악화된 경우 보험자는 그 악화된 부분에 대하여는 보험금액을 지급할 책임이 없다.'고 규정하 고 있었다. 이에 대하여 '통상적으로 받아야 할 치료'에 해당하는 치 료를 받았는지에 대한 분쟁이 발발할 것이 우려되었고,[96] 결국 입법 되지는 않았다.

위 개정안 제739조의3과 같은 맥락에서 실손의료보험의 피보험자

---

96) 김선정(2007), 16면은 개정안 제739조의3의 취지에는 찬성하면서도 분쟁이 발발할 것을 우려하는 입장이다.

가 건강 상태의 유지, 개선을 위해 기울여야할 통상적인 노력을 않아서 보험금 청구액이 일정 수준을 초과하면 보험료를 할증하는 약정을 보험약관에 두는 것을 생각해볼 수 있다. 즉, 보험금 청구를 많이 하는 가입자는 건강 상태의 유지, 개선이나 의료비 절감을 위하여 필요한 노력을 기울이지 않은 것으로 보아 보험료를 할증하는 것이다. 이는 앞서 살핀 보험료 할인과 유사한 취지라고 볼 수도 있고 도덕적 해이를 방지하기 위한 것으로 설명할 수도 있다.

그러나 위 개정안이 입법되지 못한 이유와 같이 가입자가 손해방지 노력을 하지 않았음을 확인하기는 매우 어렵다. 그래서 손해방지 노력을 제대로 했는지 여부를 구별하여 보험료를 할증할 수는 없을 것이고 보험금 청구액을 기준으로 보험료 할증을 하게 될 것이다. 그러면 손해방지 노력을 제대로 한 가입자에게 부당하다. 또한 단순히 실손의료보험의 보험금 청구액이 많다고 하여 그것을 도덕적 해이라고 할 수도 없다.[97] 실손의료보험에 가입하는 이유가 의료비 부담이라는 위험을 대비하기 위한 것임을 고려하면 단순히 보험금 청구가 많다고 하여 그에 대하여 보험료 할증과 같이 제재적인 조치를 가능하도록 하는 것은 실손의료보험의 효용을 부인하는 것이 될 수 있다. 그러므로 손해방지 노력을 하지 않았다는 이유로 보험료를 할증하는 것은 타당하지 않다.

(나) 의료비 지출 성향 반영을 통한 보험료 할증

개별 의료수요자의 질병이나 상해 위험을 정확하게 측정하기는 어렵고 현재 여러 가지 위험 측정 기법에는 어느 정도의 한계가 있다.[98] 그리고 동일한 의료수요자의 질병이나 상해 위험도 시간에 따라 변화하기 마련이다. 한편, 현실적으로 동일한 건강 손상에 대하

---

97) 오영수(2003), 52면.
98) Patricia Seliger Keenan *et al.*(2001), 245면.

여도 의료수요자에 따라 사용하는 의료비의 액수에 차이가 있을 수 있다. 의료비를 많이 사용하는 성향은 실손의료보험의 보험사고 발생 위험은 아니지만 보험금 지급에 있어서는 중요한 위험 요소이다. 그런데 그러한 성향은 실손의료보험 가입 당시에는 반영되지 못할 수 있다.

실손의료보험계약 체결 당시에는 실손의료보험회사가 확인하지 못한 질병이나 상해 위험이나 의료비 지출 성향을 그 계약 기간이 종료하고 계약을 다시 할 시점에 반영하는 것은 가능하다. 보험금 청구액이 많았던 가입자는 의료를 많이 이용하였으므로 질병이나 상해 위험이 높거나 의료비를 비교적 많이 사용하는 성향이 있을 수 있다. 그래서 이를 제대로 반영한다면 보험료를 할증하는 것이 정당화될 수 있다. 이때, 소급적으로 보험료를 할증하는 것은 허용될 수 없다.

(2) 기본형 실손의료보험의 경우 보험료 할증 도입 여부

기본적 의료 보장 기능을 하도록 위험 인수 규제 등 규제를 받는 기본형 실손의료보험의 보험료 할증은 적절하지 않다. 그러한 기본형 실손의료보험에 대하여는 원칙적으로 보험료 할증을 하지 못하도록 하거나 이를 제한하는 규제를 하는 것이 바람직하다. 이러한 규제는 앞서 살핀 위험 인수 규제와 같은 취지이며 공·사보험 연계법에 그 법적 근거를 두어야 할 것이다.

제6장 국민건강보험 보장성 강화와
실손의료보험 보험료

마지막으로 국민건강보험의 보장성 강화로 인하여 실손의료보험 회사가 반사이익을 얻었을 때 그것을 피보험자에게 반환해야 하는지 여부에 대한 법률문제를 살폈다. 이것은 기본적 의료 보장이나 의료 이용의 효율성 제고에 관한 문제는 아니다. 하지만 국민건강보험과 실손의료보험의 관계에서 발생하는 법률문제이고 2017. 8. 건강보험 보장성 강화대책이 이행되면 중요한 법적 쟁점이 될 것으로 예상되므로 본 연구에서 검토하였다.

제1절 문제 제기

1. 보장성 강화와 실손의료보험회사의 반사이익의 관계

국민건강보험의 보장성이 강화되면 보장성이 강화된 의료에 대한 의료수요자의 본인부담금이 감소한다. 그래서 보장성이 강화된 의료에 대하여 실손의료보험이 지급하는 보험금이 줄어든다. 그러므로 보장성 강화로 인하여 실손의료보험의 보험료가 감액되지 않는다면 실손의료보험회사가 반사이익을 얻을 가능성이 있다. 그러나 반드시 그런 것은 아니다. 의료의 특성과 우리나라 국민건강보험 제도의 특수성 때문이다.

만약 우리나라 의료수요자가 이용하는 의료비의 총액이 정해져 있다면 보장성 강화로 본인부담금이 감소하였을 때 그 일부가 실손의료보험회사의 반사이익으로 돌아갈 것이다. 그러나 국민건강보험의 보장성이 강화되면 의료수요자가 직접 부담하는 의료비가 감소하는 등의 이유로 의료 이용량이 증가할 수 있다. 또한 보장성 강화로 인하여 급여 의료에서 '충분한' 수익을 얻기 어려워진 의료공급자 중에는 비급여 의료의 공급을 늘리려는 경제적 유인을 갖는 의료공급자가 있을 수 있다. 그러면 고가의 비급여 의료의 이용이 증가할 가능성이 있다.

이렇듯 보장성이 강화되었을 때 실손의료보험이 지급하는 보험금이 감소되는 부분도 있지만 오히려 증가하는 부분도 있을 수 있다. 그러므로 보장성이 강화되었다는 사실만으로 실손의료보험이 반사이익을 얻었을 것이라고 단정할 수 없다. 특히 현재의 실손의료보험상품은 네거티브 방식의 개방적 구조로 비급여 의료를 보장하고 비급여 의료 중에는 고가의 의료가 많아서 비급여 의료 이용량이 늘어나면 지급해야 하는 보험금이 크게 증가할 수 있다. 보장성 강화로 인하여 실손의료보험이 오히려 더 큰 위험을 부담하게 될 수 있는 것이다. 현행 의료보험 제도 하에서는 보장성 강화로 인하여 실손의료보험이 반사이익을 얻는지 여부가 불분명하고 그것을 확인하기 위해서는 실증적인 연구가 필요하다.

2. 보장성 강화로 인한 실손의료보험회사의 반사이익에 관한 실증적 연구

보건사회연구원의 연구에 의하면 설문조사 결과와 의료패널 통계 등을 토대로 2013년부터의 국민건강보험 보장성 강화 정책에 따른 실손의료보험의 반사이익을 산정하였더니 그것이 1조 5000억 원에 상당하다고 한다.[1] 이에 대하여는 그 연구가 실제 보험 통계가 아닌 설문조사 결과를 토대로 하고 있고 보장성 강화 정책에 따른 진료 행태 변화를 제대로 반영하지 않아서 신뢰하기 어렵다는 반박이 제기되었다.[2] 보험회사의 실제 지급통계상 오히려 국민건강보험 보장성 강화 영역에 대한 실손의료보험의 보험금 지급액이 증가하였으며 의료수요자는 수익을 유지하기 위하여 비급여로 남아 있는 부분의 진료를 증가시킬 수 있기 때문에 보장성 강화가 실손의료보험의 반사이익으로 돌아가지 않을 수 있다는 것이다.

보건사회연구원의 위 연구 결과를 무시할 수는 없다. 그러나 연구의 토대가 된 자료에 한계가 있다. 그리고 보장성 강화로 인하여 실손의료보험의 보험금이 감소하는 부분뿐만 아니라 증가하는 부분도 있을 수 있는데 주로 전자에 대하여 초점을 두고 분석이 이루어진 것으로 보인다. 그래서 그 연구 결과만으로는 보장성 강화로 인하여 실손의료보험회사가 반사이익을 얻었는지 여부 및 그 반사이익이 얼마인지가 확인되었다고 하기는 어려워 보인다.

3. 보장성 강화에 따른 실손의료보험의 보험료 인하나 반환 가능성에 대한 검토의 필요성

비록 현재까지는 보장성 강화에 따라 실손의료보험회사가 반사이익을 얻었는지 여부가 불분명하지만 향후 면밀한 실증적 연구에 의하여 그것이 판명될 수도 있다. 그리고 2017. 8. 건강보험 보장성 강화대책이 시행되면 실손의료보험회사가 반사이익을 얻을 가능성이 상당히 높아진다. 2017. 8. 건강보험 보장성 강화대책은 지금까지의 비급여의 점진적 축소 정책과는 달리 의학적으로 필요한 비급여

---

1) 신현웅(2015).
2) 정성희(2016).

를 완전히 급여화하고 새로운 비급여를 차단하는 획기적인 전환을
추진하기 때문이다. 이것이 시행되면 비급여 의료의 증가나 새로운
비급여 발생으로 인한 실손의료보험의 보험금 지출 증가가 없어지
거나 줄어들게 된다.

그리고 본 연구에서 제안한 바와 같이 실손의료보험상품을 기본
형과 추가형으로 나누면 적어도 기본형 실손의료보험상품은 현재의
실손의료보험상품과 달리 포지티브 방식으로 보장내용이 결정된다.
그러면 국민건강보험의 보장성 강화가 기본형 실손의료보험의 보험
금 지급 감소로 이어질 가능성이 높다. 포지티브 방식을 취하는 실
손의료보험의 경우 네거티브 방식[3]과 달리 보험약관에서 보험급여
대상 의료가 한정적으로 열거되므로 기존에 없었던 새로운 비급여
의료 이용으로 인해서는 지급하는 보험금이 늘어나지 않는다.[4]

그러므로 향후 국민건강보험의 보장성이 강화됨에 따라 실손의
료보험회사가 반사이익을 얻게 됨이 확인될 가능성이 있다. 실손의
료보험 계약 체결 당시에 당사자가 부보 대상으로 삼은 위험이 보장
성 강화로 인하여 낮아지게 되는 것이다. 이때 실손의료보험 계약
체결 당시에 평가한 위험에 따라 산정된 보험료를 인하하거나 실손
의료보험회사가 보장성 강화 이후에 지급받은 보험료의 일부를 의
료수요자에게 반환하는 것이 가능한지 여부가 문제될 수 있다.

---

[3] 비급여 의료에 대하여 네거티브 방식을 취하고 있는 현재 실손의료보험상
품은 보장성이 강화되었을 때 새로운 비급여 의료가 이용됨으로 인한 보
험금 지급 증가가 있을 수 있다.

[4] 보험약관이 국민건강보험 급여 기준을 인용하는 방식으로 규정된 경우 보
장성 강화로 새로이 급여 대상이 된 의료는 실손의료보험에서도 새로운
보험급여 대상이 될 수 있으나 기본형 실손의료보험은 기본적 의료를 보
험급여 대상으로 하므로 새로이 급여 대상이 된 의료는 기존에는 기본형
실손의료보험에서 부보하는 비급여 의료였을 가능성이 상당하다. 물론 포
지티브 방식의 실손의료보험의 경우에도 기존에 보장하고 있던 의료의 이
용량이 늘어남으로 인한 보험금 지급 증가는 있을 수 있다.

제2절 현행 보험법에 의하여
보험료의 인하나 반환이 가능한지 여부

1. 장래를 향한 보험료 인하 가능 여부

가. 행정지도를 통한 장래의 보험료 인하

보건복지부와 금융위원회는 2017. 9. 28. 공·사보험 정책협의체 Kick-off 회의를 개최하여 건강보험 보장성 강화에 따른 실손의료보험 손해율 하락 효과(반사이익)를 통계적으로 분석하여 보험업법상 보험요율 산출 원칙에 따라 실손의료보험의 보험료 인하를 유도하기로 하였다.5) 보험당국은 보험업법에 따라 부보된 위험이 증감함에 따라 보험료에 관하여 행정지도를 할 수 있다.6) 그러므로 국민건

---

5) 보건복지부, 금융위원회 보도자료(2017. 9. 28.), 건강보험 보장성 강화와 연계한 실손의료보험 개선 추진
6) 보험업법 제129조에서는 보험회사는 보험요율을 산출할 때 객관적이고 합리적인 통계자료를 기초로 대수의 법칙 및 통계신뢰도를 바탕으로 하여야 하며, 보험요율이 보험금과 그 밖의 급부에 비하여 지나치게 높지 아니하도록 하는 등의 사항을 지켜야 한다고 규정하고 있다. 그리고 보험업법 제131조 제1항에서는 금융위원회는 보험회사의 업무운영이 적정하지 아니하다고 인정되는 경우에 업무집행방법의 변경 등의 조치를 명할 수 있고 동조 제2항에서는 금융위원회는 보험회사의 업무 및 자산상황, 그 밖의 사정의 변경으로 공익 또는 보험계약자의 보호와 보험회사의 건전한 경영을 크게 해칠 우려가 있다는 등의 사정이 인정되는 경우 청문을 거쳐 기초서류의 변경 또는 그 사용의 정지를 명할 수 있다고 규정하고 있다. 또한 보험업법 제133조에서는 금융위원회가 공익 또는 보험계약자 등을 보호하기 위하여 보험회사에 이 법에서 정하는 감독업무의 수행과 관련된 주주 현황, 그밖에 사업에 관한 보고 또는 자료 제출을 명할 수 있도록 하는 등 자료 제출 및 검사 등에 관하여 규정하고 있다. 그리고 보험업법 제134조에서는 금융위원회가 보험회사나 그 소속 임직원이 이 법 또는 이 법에 따

강보험의 보장성이 강화되어 실손의료보험상품이 부보하는 위험이 감소되었음이 확인된 경우 보험당국은 행정지도를 통해 실손의료보험의 보험료 인하를 유도할 수 있다.

나. 보험당국의 기초서류 변경명령을 통한 장래의 보험료 인하

보험업법 제131조의 기초서류 변경명령이 내려진 선례가 없다. 하지만 보험업법 제131조 제2항과 제3항의 문언상 보장성 강화로 인하여 실손의료보험의 보험료를 인하하도록 기초서류 변경명령을 하고 이미 체결된 실손의료보험계약에 대하여도 장래에 향하여 보험료 인하의 효력이 미치게 할 수 있을 것으로 보인다. 물론 그러한 변경명령을 하려면 보장성이 강화된 사정 변경에도 불구하고 기존의 실손의료보험 계약을 그대로 두면 공익 또는 보험계약자의 보호를 크게 해칠 우려가 있고 보험계약자·피보험자 또는 보험금을 취득할 자의 이익을 보호하기 위하여 특히 필요하다고 인정되어야 할 것이다.

보험업법상 기초서류 변경명령이 내려질 수 있는 예로 자동차 보험사고의 급감 덕택에 보험회사의 보험료 수입이 보험금에 비하여 현저하게 많음에도 불구하고 보험회사가 보험료를 인하하지 않아 보험가입자가 적정한 보험료 이상의 보험료를 납부하는 경우가 제시되기도 한다.[7] 이것은 국민건강보험의 보장성이 크게 강화된 경우와 유사하다.

른 규정, 명령 또는 지시를 위반하여 보험회사의 건전한 경영을 해칠 우려가 있다고 인정되는 경우 여러 가지 제재를 가할 수 있도록 규정하고 있다. 보험당국은 보험업법상에 따른 명령이나 처분도 할 수 있지만 그 전 단계에서 비권력적 작용으로 행정지도를 할 수도 있다.

7) 성대규(2004), 414면, 415면.

2. 이미 지급한 보험료 반환 가능 여부

가. 보험약관이나 상법에 따른 보험료 반환

국민건강보험의 보장성 강화로 인하여 실손의료보험이 반사이익을 얻었음이 확인된다고 하더라도 보험약관이나 상법에 따라 그 반사이익을 보험가입자에게 돌려줄 수는 없는 것으로 보인다. 현재 실손의료보험상품에는 그런 경우 보험료를 반환해준다는 조항이 없다. 그리고 상법 제647조[8]나 제669조 제3항[9]이 적용되기도 어렵다.

나. 보험업법에 따른 보험료 반환

보험업법 제131조 제4항에서는, 동법 제131조 제2항에 따라 변경명령을 받은 기초서류 때문에 보험계약자·피보험자 또는 보험금을 취득할 자가 부당한 불이익을 받을 것이 명백하다고 인정되는 경우

---

8) 상법 보험편 제1장 통칙에 있는 제647조에서는 보험계약의 당사자가 특별한 위험을 예기하여 보험료의 액을 정한 경우에 보험기간 중 그 예기한 위험이 소멸한 때에는 보험계약자는 그 후의 보험료의 감액을 청구할 수 있다고 규정하고 있다. 그러나 이 조항은 특별한 위험, 즉 보험단체의 평균 위험율 보다 높은 위험율을 전제로 하는 보험사고에 관한 보험계약을 체결하는 경우에 그 특별한 위험율을 고려하여 보다 많은 보험료의 액을 정한 경우에 관한 것이다. 한기정(2017), 333면 참조.

9) 상법 보험편 제2장 손해보험에 있는 제669조 제3항에서는 보험가액이 보험기간 중에 현저하게 감소된 때에 초과보험과 마찬가지로 보험자 또는 보험계약자가 보험료와 보험금액의 감액을 청구할 수 있도록 하고 있다. 그러나 인보험인 실손의료보험에 대하여 상법 보험편 제2장 손해보험 규정인 제669조가 적용된다고 보기 어렵다. 무엇보다도 인보험인 실손의료보험에서 보험가액을 인정하기 어렵다(박세민(2017), 410면 참조). 보험가액은 피보험이익의 평가액, 즉 보험목적의 시장 가격인데 신체에 대한 시장 가격은 평가하기 어렵기 때문이다.

에는 이미 체결된 보험계약에 따라 납입된 보험료의 일부를 되돌려 주거나 보험금을 증액하도록 할 수 있다고 규정하고 있다. 앞서 살 핀 바와 같이 보장성 강화로 인하여 보험업법 제131조 제2항에 따라 기초서류 변경명령이 내려진다면 동법 제131조 제4항에 따라 이미 납입된 보험료의 일부 반환이 가능할 것이다. 문제는 그렇게 반환해 야할 보험료를 산정할 수 있는지 여부이다. 이에 대하여는 사정변경 의 원칙에 따른 보험료 반환의 경우와 함께 후술한다.

제3절 사정변경의 원칙에 의하여 보험료의 인하나 반환이 가능한지 여부

1. 사정변경의 원칙

사정변경의 원칙은 법률행위 성립의 기초가 계약 체결 후 당사자 가 예견할 수 없었던 변경을 받게 되어 원래 계약의 효력을 그대로 유지, 강제한다면 부당한 결과가 생길 때 그 계약의 내용을 적당히 변경하거나 계약을 해제, 해지할 수 있다는 원칙이다.[10] 이것은 계약 법의 기본전제인 "계약은 지켜져야 한다"는 계약준수의 원칙[11]의 예 외이다. 이는 계약 체결 당시 예견하지 못한 현저한 상황 변화로 발 생하는 이익 상황을 신의칙에 맞게 해결하기 위하여 계약 체결 이전 의 위험배분과 이후의 위험배분을 조정한다.[12] 사정변경의 원칙을 적용하였을 때 법률효과는 크게 계약 해제 또는 해지와 계약 수정으 로 나누어 볼 수 있다.[13]

---

10) 곽윤직·김재형(2013), 78면, 79면.
11) 양창수·김재형(2010), 513면.
12) 권영준(2010).
13) 그 외에 계약 교섭 의무 부여도 생각해볼 수 있으나(유럽계약법원칙 제

가. 사정변경의 원칙에 의한 계약 해제 또는 해지

(1) 학설

우리나라 학설은 대체로 사정변경의 원칙에 따른 계약 해제 또는 해지를 인정한다.[14] 다수설은 사정변경의 원칙이 적용되기 위한 요건으로 첫째, 계약 당시 그 기초로 되었던 사정이 현저히 변경되었고, 둘째 그 사정을 당사자들이 예견하지 않았고 예견할 수 없었으며, 셋째 그 사정변경이 당사자들에게 책임 없는 사유로 발생하였고 넷째 당초의 계약내용에 당사자를 구속시키는 것이 신의칙상 현저히 부당할 때를 들고 있다.[15]

(2) 판례

초기의 판례는 사정변경의 원칙에 대하여 부정적이었다.[16] 그러나 대법원은 그후 '시가가 올랐다 하더라도 그것만으로는 피고가 이 사건 매매계약을 해제할 만한 사정변경이 있었다고 볼 수 없다'고 설시하여[17] 사정변경의 원칙이 적용될 여지를 남겼다. 그리고 판례는, 대법원 2007. 3. 29. 선고 2004다31302 판결 이후 예외적으로 사정변경으로 인한 계약 해제가 가능하다는 입장을 견지하고 있다.[18] 이에 의하면 계약 성립 당시 당사자가 예견할 수 없었던 현저한 사정

6:111조 제2항에서는 사정변경으로 인하여 계약 이행이 큰 부담일 때 다시 교섭할 의무를 부여하고 있다), 일반적으로도 실익이 없을뿐더러(권영준(2010), 242면 참조), 특히 약관에 의하여 계약을 체결하는 보험계약에서는 더욱 그러하므로 그에 대하여는 다루지 않는다.

14) 박규용(2010), 87면.
15) 양창수·곽윤직(1992), 151면.
16) 대법원 1963. 9. 12. 선고 63다452 판결 참조.
17) 대법원 1991. 2. 26. 선고 90다19664 판결.
18) 대법원 2007. 3. 29. 선고 2004다31302 판결. 대법원 2013. 9. 26. 선고 2013다26746 전원합의체 판결.

의 변경이 발생하였고 그러한 사정의 변경이 해제권을 취득하는 당
사자에게 책임 없는 사유로 생긴 것으로서, 계약내용대로의 구속력
을 인정한다면 신의칙에 현저히 반하는 결과가 생기는 경우에 계약
준수 원칙의 예외로서 사정변경으로 인한 계약 해제가 인정된다. 이
것은 다수설의 입장과 같다.

판례는 사정변경의 원칙 적용에 소극적이라는 평가를 받는다.[19]
재판실무상 사정변경의 원칙에 기초한 당사자의 주장이 거의 받아
들여지지 않기 때문이다.[20] 계약 체결 후 화폐가치가 극심하게 변동
한 경우,[21] 매매계약 체결 후 부동산의 시가가 등귀한 경우,[22] 지방
자치단체로부터 매수한 토지가 공공공지에 편입되어 매수인이 의도
한 음식점 등의 건축이 불가능하게 된 경우[23], 통화옵션계약 성립
이후 환율의 내재변동성이 급격히 증가한 경우[24] 등 대부분의 사안
에서 사정변경의 원칙의 적용을 인정하지 않았다. 판례는 일반론으
로서 사정변경의 원칙에 따른 계약 해제가 예외적으로 가능하다고
설시하고 있을 뿐 실제로 그 적용을 인정하는 경우를 찾기 어렵다.
그래서 '사정변경의 원칙'이 우리나라 계약법의 일반 원칙으로 인정
할 수도 없으므로 이를 사정변경의 법리라고 부르는 것이 적당하다
는 주장[25]이 제시되기도 한다.

나. 사정변경의 원칙에 의한 계약 수정

독일 민법을 비롯하여 유럽계약법원칙, 유럽사법원칙 등에서는

---

19) 박규용(2010), 87면.
20) 권영준(2010), 203면.
21) 대법원 1963. 9. 12. 선고 63다452 판결.
22) 대법원 1992. 6. 12. 선고 92다12384, 92다912391 (반소) 판결.
23) 대법원 2007. 3. 29. 선고 2004다31302 판결.
24) 대법원 2013. 9. 26. 선고 2013다26746 전원합의체 판결.
25) 정상현(2008), 197면.

사정변경의 효과의 하나로 계약수정을 들고 있다.[26] 우리나라에서도 2001년 민법 개정을 위한 공청회에서 법원이 제반사정을 참작하여 사정변경에 맞게 계약내용을 수정할 수 있도록 민법을 개정하는 것이 구체적 타당성 있는 결론을 내리는 데에 적당하다는 견해[27]가 제시된 바 있다. 그러나 우리나라에서는 사정변경의 원칙을 적용한 사례도 드물지만 그나마 계약의 해제나 해지를 인정하였을 뿐이어서 사정변경의 원칙에 대한 법원의 계약수정권은 매우 생소한 쟁점이다.[28] 판례가 신의칙과 민법 제103조(반사회적 법률행위)나 제137조(일부무효의 법리) 등의 조항을 적용하거나 계약의 보충적 해석을 통하여 계약을 수정한 경우는 있으나[29] 사정변경의 원칙에 따라 계약 수정이 가능한지 여부에 대하여는 일반론조차도 설시한 바 없다.

2. 사정변경의 원칙에 따른 보험계약 해지와 보험료 반환

가. 사정변경의 원칙에 따른 보험계약 해지

국민건강보험 보장성이 크게 강화되어 보험계약 체결 시점에서 당사자가 예견할 수 있었던 보장범위에 비하여 보장범위가 현저하게 축소되는 사정의 변경이 발생하였고, 보험계약 내용대로의 구속력을 인정하면 보험사고 시 보험가입자가 받을 수 있는 보험금이 보험료에 비하여 과소해져서 신의칙에 현저히 반하는 결과가 야기된

---

26) 박정기(2011).
27) 허만(2001), 210면.
28) 권영준(2010), 244면.
29) 대법원 1990. 2. 27. 선고 89다카1381 판결, 대법원 1995. 4. 25. 선고 94다57626 판결, 대법원 1998. 2. 10. 선고 97다44737 판결, 대법원 2006. 6. 9. 선고 2004다24557 판결, 대법원 2006. 11. 23. 선고 2005다13288 판결, 대법원 2010. 7. 15. 선고 2009다50308 판결 등 참조.

다면, 현재 판례[30]에 따라 보험가입자에게 계약 해지권이 주어진다.

하지만 현재의 실손의료보험 약관은 1년마다 계약을 갱신하도록 하고 있어서 보험계약자는 사정변경의 원칙에 따른 해지권이 없어도 최소한 1년 내로 계약 갱신을 거절할 수 있다. 또한 보험계약자는 언제든지 보험계약을 해지할 수 있다.[31] 그리고 보험계약의 해지에는 장래효가 있을 뿐이어서 해지권 행사 이전에 보장성 강화로 인하여 실손의료보험회사가 얻은 반사이익에 해당하는 보험료를 반환받을 수도 없다. 그러므로 사정변경의 원칙에 따라 보험계약을 해지할 수 있는지 여부는 실익이 없다.

나. 보험계약을 유지하고 싶은 보험가입자의 경우

보험가입자 중에는 나이가 많거나 건강 상태가 나빠져서 실손의료보험을 해지하고 나면 다시 실손의료보험에 가입하기 어려운 보험가입자가 있다. 그러한 보험가입자는 보장성 강화로 인하여 보험료를 상대적으로 더 많이 내고 있다고 하더라도 실손의료보험을 유지하는 것을 원할 수 있다. 이러한 보험가입자의 경우 사정변경의 원칙에 따른 보험계약 해지는 사정변경에 대한 적절한 조정으로서 기능하기 어렵다. 이런 경우 보험가입자는 보험계약을 수정하여 실손의료보험을 유지하면서도 보험료를 인하하는 것을 원할 것이다.

---

30) 대법원 2007. 3. 29. 선고 2004다31302 판결.
31) 보험사고가 발생하기 전에는 보험계약자는 언제든지 계약의 전부 또는 일부를 해지할 수 있고(상법 제649조 제1항), 보험사고의 발생으로 보험자가 보험금액을 지급한 때에도 보험금액이 감액되지 아니하는 보험의 경우에는 보험계약자는 그 사고발생 후에도 보험계약을 해지할 수 있다(상법 제649조 제2항).

3. 사정변경의 원칙에 따른 계약 수정과 보험료 반환

우리나라 민법에는 사정변경에 따라 법원이 계약을 수정할 수 있도록 하는 조항이 없다. 그러므로 입법론은 별론으로 하더라도 해석론으로서는 단순히 일반조항에 기대어 사정변경에 의한 계약수정을 인정하는 것은 무리이다.[32] 특히 보험계약의 경우 보험약관에 따라 체결되는데 보험가입자 중 일부가 사정변경으로 인한 계약 수정을 주장하며 소를 제기한 것을 인용하는 판결이 내려지더라도 그 판결은 당사자에 대하여서만 기판력이 있어서(민사소송법 제218조)[33] 보험약관의 단체성[34]과 부합하지 않는다. 그러므로 현행법 하에서는 사정변경의 원칙에 따라 법원이 기존의 실손의료보험 계약을 수정하여 보험료를 인하할 수는 없을 것이다.

다만, 본 연구의 견해와 달리 법원에서 사정변경의 원칙에 따라 계약 수정이 가능하다고 판단하는 것이 이론적으로 가능하다.[35] 그렇다면 법원의 계약 수정권 행사에 따라 보험계약상 보험료가 변경되고 이미 지급한 보험료의 일부를 반환받는 것이 불가능하지 않다.

---

32) 권영준(2010), 243면 내지 245면.
33) 기판력의 주관적 범위가 제3자에게로 확장되는 경우가 있으나 새로이 입법을 하지 않는 이상 위와 같은 판결의 효력이 실손의료보험의 다른 가입자들에까지 미치지는 않는다. 이시윤(2009), 박영사, 585면 참조.
34) 비록 판례가 보험약관이 법규범 또는 법규범적 성질을 가진 약관이 아니라 계약으로 보고 있고(대법원 1989. 11. 14. 선고 88다카29177 판결), 그것이 타당하다고 생각하지만, 다수계약인 보험약관이 사실인 관습 또는 상관습으로서 단체적 구조를 규율하는 객관적인 법과 같은 성격을 가지고(양승규(2004), 71면), 실질적으로 규범적 성격을 갖고 있다는 것(김동훈(2000), 495면)도 부인할 수 없다.
35) 곽윤직(2000), 113면. 김형배(2006), 35면. 민법개정위원회의 2011년/2012년 개정안에서는 사정변경으로 인한 수정, 해제, 해지가 가능하다는 개정안이 제시되기도 하였다. 김재형(2014), 49면, 59면.

제4절 공·사보험 연계법을 통한 보험료 인하 또는 반환

1. 보험료 인하 또는 반환의 법적 근거

앞서 살핀 바와 같이 보장성이 강화되어 실손의료보험회사가 반사이익을 얻더라도 실손의료보험의 보험료를 인하하거나 보험가입자들이 그에 상응하는 보험료를 돌려받을 법적 근거가 불분명하다. 그리고 설령 보험업법이나 사정변경의 원칙에 따라 법적 근거가 있다고 해석하더라도 현실적으로 그 보험료를 산정하기도 어렵다. 게다가 개별 보험가입자 입장에서는 보험료 인하 또는 반환 금액이 소액이므로 보험가입자들이 이를 위해 소송비용이나 행정적인 비용 등을 부담할 것을 기대할 수도 없다.

그러므로 정부가 보장성 강화로 인하여 실손의료보험회사가 얻는 반사이익을 산정하고 그에 상응하는 보험료가 인하되거나 실손의료보험 가입자에게 반환되도록 조치를 취할 수 있는 법적 근거를 마련하여야 한다. 우리나라 현행 민법 등이 사정변경의 원칙을 일반적으로 인정하는 명문규정을 두지 않고 각 개별규정에서 사정변경의 원칙을 반영하고 있는 것과 같이[36] 사정변경으로 인한 보험료 조정이나 반환에 대한 구체적인 개별규정을 입법해야 한다. 이것은 국민건강보험과 실손의료보험을 연계하여 해결해야할 문제이므로 향후 제정될 공·사보험 연계법에 그 법적 근거를 두면 될 것이다.

2. 인하 또는 반환해야 할 보험료 산정 방식

문제는 실손의료보험회사가 얻은 반사이익과 그에 따라 인하 또

---

36) 김선욱(2014), 122면.

는 반환해야할 보험료를 얼마로 산정할 것인가 하는 것이다. 그것이 공·사보험 연계법에 근거를 둔 행정처분으로서 내려진다면 민사상의 엄밀한 부당이득 산정보다는 다소 완화된 산정이 허용된다고 볼 여지도 있다. 그러나 합리적 근거 없이 반환할 보험료를 산정하는 것은 위헌, 위법에 해당할 가능성이 높다. 특히 이 문제는 보험계약에 따른 보험가입자의 보험료 지급 의무와 실손의료보험회사의 보험금 지급 의무 사이의 이해관계 조정의 문제이기 때문에 더욱 그러하다.[37)]

가. 보장성 강화에 따른 위험 감소분을 사전적으로 평가하여 인하 또는 반환해야 할 보험료를 산정하는 것이 가능한지 여부

(1) 현재 실손의료보험상품의 경우

현재 실손의료보험상품은 비급여 의료에 대하여 네거티브 방식으로 보장내용을 정하고 있다. 그래서 보장성 강화에 따라 기존 비급여 의료가 급여화 되어 가더라도 여전히 남아 있는 비급여 의료가 남아 있을 수 있다. 그리고 의료 기술의 발전 등으로 인하여 새로운 비급여 의료가 생길 수도 있다. 그러면 급여화 이후에도 남아 있는 비급여 의료량이 증가하거나 새로운 비급여가 발생할 가능성이 있다. 게다가 현재 비급여 의료는 가격이나 의료의 내용이 의료공급자마다 제각각이며 유동적이다. 그래서 보장성 강화로 인하여 급여화되는 비급여 의료의 의료비 변화를 예상하기도 어렵다. 또한 비급여 의료가 급여화되면 의료공급자나 의료수요자의 경제적 유인이 달라져서 해당 의료 이용량이 증가하거나 감소되며 그 의료 이용량 변화

---

37) 특히 현재의 실손의료보험상품은 비급여 의료에 대하여 네거티브 방식으로 보장내용을 정하고 있고 현재까지 비급여 의료의 가격과 내용에 대한 정보가 없어서 그 금액 산정이 더욱 어렵다.

는 다른 대체 가능한 여러 의료들의 이용량 변화로 이어질 수 있다. 그러한 의료 이용량의 증감 역시 예상하기 어렵다. 따라서 보장성 강화에 따라 현재 실손의료보험상품이 부보하는 위험 감소분을 사전적으로 평가하여 보험료를 얼마나 인하하거나 반환해야 하는지 산정하기 어렵다고 생각한다.

(2) 본 연구에서 제안하는 기본형 실손의료보험상품의 경우

본 연구에서 제안하는 기본형 실손의료보험상품은 포지티브 방식으로 보장내용을 정한다. 그래서 급여화 이후 남아 있는 비급여 의료가 특정되지 않는 어려움은 상대적으로 작을 것이다. 그러나 2017. 8. 건강보험 보장성 강화대책이 완전히 이행되기 전까지는 기본형 실손의료보험상품이 보장하는 비급여 의료의 가격이나 내용이 구체적으로 파악되지 않는다. 보장성 강화로 인한 의료 이용량 변화도 마찬가지이다. 그래서 그로 인하여 비급여 의료의 의료비 위험 감소분 산정이 어려운 사정은 현재 실손의료보험상품과 같다. 2017. 8. 건강보험 보장성 강화대책이 이행된 이후에는 비급여 의료[38]의 가격이나 내용 파악이 어려운 문제는 해결될 수 있다. 그러나 이때에도 국민건강보험 보장성 강화로 인한 의료 이용량 변화를 파악하기 어려운 것은 마찬가지일 것이다.

(3) 소결

국민건강보험의 보장성이 강화되어 실손의료보험이 보장하는 의료비 위험이 감소하더라도 사전적으로 그것을 파악하여 보험료 인하 또는 반환 금액을 산정하기 어려울 것으로 보인다.

---

38) 현재의 비급여 의료를 의미한다. 2017. 8. 건강보험 보장성 강화대책이 이행되면 현재의 비급여 의료는 급여나 예비급여로 급여화 될 것이다.

나. 보장성 강화 전후에 실제로 지급된 보험금을 비교하여 사후적으로 인하하거나 반환해야 할 보험료 산정이 가능한지 여부

사정변경 이후 상당한 기간 동안 지급된 보험금을 사정변경 이전에 같은 기간 동안 지급된 보험금과 비교하여 사후적으로 실제 실손의료보험회사가 지출한 보험금 감소분을 파악한 후에 그에 기초하여 반환해야할 보험료 액수를 결정하는 것은 가능할 것으로 보인다. 실손의료보험회사가 지출한 보험금에는 의료의 가격이나 내용, 의료 이용량 변화까지 모두 반영되어 있다고 볼 수 있기 때문이다. 물론, 보장성 강화로 인하여 실손의료보험회사가 지급할 보험금이 감소하더라도 실손의료보험회사가 보험금 지급 사유 심사를 제대로 하지 않아서 보험금 지출이 늘어나면 그만큼 보험금 감소액이 줄어들 수 있으므로 위와 같은 방식은 불완전하다. 하지만 특별한 사정이 없다면 실손의료보험회사의 보험금 지급 사유 심사가 사정변경 전후에 달라지지 않았을 것이라고 추정할 수 있다. 또한 2017. 8. 건강보험 보장성 강화대책이 이행되면 기본적 의료의 대부분에 대하여 심평원의 심사, 평가가 이루어질 것이므로 그와 같은 문제는 상당히 해소될 것이다.

다. 사후적 산정 방식

보장성 강화로 인하여 실손의료보험이 얻는 반사이익을 사전적으로 산정하는 것이 어렵다. 그러므로 사후적으로 실제 실손의료보험회사가 지출한 보험금 감소분을 파악한 후에 그에 기초하여 반환해야할 보험료 액수를 결정하여야 할 것이다. 보장성 강화로 인하여 실손의료보험회사가 지급할 보험금이 감소하더라도 실손의료보험회사가 보험금 지급 사유 심사를 제대로 하지 않아서 그 보험금 감소액이 줄어들 수 있다. 그러나 현실적으로 더 나은 방식을 찾기 어려울 것으로 보인다. 그리고 실손의료보험회사의 보험금 지급 사유 심사가 제대로 이루어지지 않을 수 있는 문제는 향후 2017. 8. 건강보험 보장성 강화대책이 이행되면 상당 부분 해소될 것이다. 왜냐하면 적어도 기본형 실손의료보험의 경우 보험금 지급 사유 심사가 대부분 심평원의 심사와 병행하여 이루어지게 될 것이기 때문이다.

3. 보험료 인하 또는 반환을 강제할 법적 수단

실손의료보험회사가 스스로 보험료를 인하하거나 반환하지 않을 때는 보험당국이 그에 대하여 권고나 경고 등 조치를 취할 수도 있겠지만[39] 그에 더하여 보험료 반환을 강제할 법적인 수단이 필요하다. 이때 행정청이 실손의료보험회사가 받은 보험료 초과 부분을 환수하여 보험가입자에게 돌려주는 것을 고려해볼 수 있다. 국민건강보험은 임의 비급여 등으로 부당한 의료비를 지급한 의료수요자를 위하여 건보공단이 의료공급자에게 환수처분을 하여 그 금액을 의료수요자에게 돌려주는 제도(국민건강보험법 제57조 제4항)를 운영해왔다. 그래서 돈을 환수해서 다수의 의료수요자들에게 지급하는

---

39) 대법원 2016. 5. 12. 선고 2015다243347 판결에서 보험가입 후 2년이 경과한 자살과 관련하여 생명보험회사가 판매한 재해사망특별약관에 기재된 대로 재해사망보험금을 지급하여야 한다고 판결하였는데, 일부 보험회사가 상법 제662조에 기한 소멸시효를 이유로 재해사망보험금을 지급하지 않은 것이 문제된 적이 있었다. 이때 금감원은 신의성실의 원칙을 이유로 소멸시효와 관계없이 보험금을 지급해야 한다는 입장을 밝히고(금감원 보도자료, 자살보험금 지급 관련 금감원의 입장 및 향후 처리계획, 2016. 5. 24.), 보험금 지급을 거부, 지연한 회사 및 임직원에 대해 엄정히 조치하기로 하였다. 이에 몇몇 보험회사가 미지급 자살보험금을 전액 지급하기로 하였고 금감원은 그 제재수위를 다시 결정하기로 하였다(금감원 보도자료, 자살보험금 제재관련 향후 처리계획, 2017. 3. 6.).

인적, 물적 시스템을 보유하고 있다. 이를 활용하여 실손의료보험의 보험료를 인하하고 실손의료보험회사가 얻은 반사이익을 보험가입자들에게 반환하도록 명하고 그에 불응할 경우 건보공단이 실손의료보험회사에게 환수처분으로 해당 금액을 환수하여 실손의료보험의 보험가입자들에게 이를 돌려주는 규정을 공·사보험 연계법에 도입하는 것을 고려해볼 수 있다.

Ⅲ. 결 론

이상으로 국민건강보험이 보장하지 않는 본인부담금과 비급여 의료비를 부보하는 우리나라 실손의료보험의 효용을 증대하고 부작용을 감소시키기 위한 실손의료보험에 대한 규제 등 법적 규율에 관하여 연구하였다. 본 연구는 현재 우리나라 실손의료보험상품의 효용과 부작용, 그리고 문제점을 분석하였다. 그리고 의료보험을 규율하는 법률의 규범 목적이 기본적 의료 보장과 의료 이용의 효율성 제고라는 입장에서 미국과 영국, 독일, 호주에서의 실손의료보험에 관한 법적 규율을 개관하였다. 그리고 이에 기초하여 기본적 의료를 보장하는 실손의료보험 규율과 의료 이용의 효율성 제고를 위한 실손의료보험 규율 방안을 제시하였다. 그리고 국민건강보험 보장성 강화로 인한 실손의료보험의 보험료 인하 및 반환 문제를 살폈다.

　우리나라의 실손의료보험은 정책적으로 국민건강보험을 보충하는 의료보험으로서 도입되어 활성화되었다. 실손의료보험은 국민건강보험이 보장하지 않는 의료비 위험을 분산하여 이에 대비하고 실손의료보험에 가입한 의료수요자들의 위험단체 내에서의 보편적 의료 공급 기능을 하며 의료수요자의 선택권을 제고하는 효용이 있다. 그러나 실손의료보험과 국민건강보험 재정 지출을 늘림으로써 비용 효과적인 의료를 이용하는 보험가입자나 국민에게 피해를 주고 의료비를 증가시킴으로써 국민의 의료 접근권을 제한하고 국민건강보험의 기본적 의료 보장 역할을 방해하는 부작용도 있다. 현재 실손의료보험상품의 약관에는 실손의료보험의 효용을 증가시키고 부작용을 감소시키기 위하여 어떤 의료에 대하여 보험금을 지급해야 하는지에 대한 기준이 없다. 그리고 보험회사가 보험료 산정과 보험가입 거절을 하는데 제한이 없어서 위험이 높다고 평가된 의료수요자가 실손의료보험을 활용하기 어려운 한계가 있다. 또한 보장하는 의료의 내용이나 가격을 제대로 심사, 평가하고 있다고 보기 어렵다. 현재 실손의료보험상품은 국민건강보험의 본인부담금의 기능적 성격과 관계없이 일률적으로 보험금을 지급하고 있으며, 의료수요자나 의료공급자의 유인을 조정할 수 있는 실효성있는 수단을 갖추고 있다고 보기도 어렵다.

의료는 건강한 상태로의 회복이나 유지를 위한 것이다. 그런데 의료들 간의 우열을 따질 수 있는 절대적인 기준을 설정할 수는 없다. 그렇다면 의료보험에서 보장하는 의료의 내용이나 의료보험의 운영방식을 시장에 맡겨두면 되는 것일까. 그렇지 않다. 의료 자원은 희소하면서도 인간의 삶에 필수적이다. 그래서 한정된 의료 자원의 배분 문제가 대두되었다. 그것은 의료 자원 배분의 정의, 즉, 사회 구성원이 지불능력과 무관하게 보장받아야 할 의료가 있는지 그렇다면 그것이 무엇인지의 문제와 의료 이용의 효율성을 제고함으로써 그 정의를 현실에서 실현할 수 있을지의 문제이다. 의료보험의 보장 내용과 운영방식은 의료 자원의 배분을 사실상 상당 부분 결정한다. 의료 자원 배분의 정의나 효율성 문제는 의료보험의 내용이나 운영방식의 문제로 이어진다. 사회계약론에 입각한 존 롤즈의 정의론에 따르자면 국가나 사회는 자유와 그로 인한 불평등을 허용하되 기회의 공정한 평등을 보장해야 하며, 법률과 제도는 그에 구속된다. 모든 사회 구성원은 기회의 공정한 평등을 보장받기 위해 필요한 의료, 즉 기본적 의료를 이용할 수 있어야 한다. 이때 기본적 의료는 기회의 공정한 평등을 보장하기 위한 원리에 따르는 공정한 심의과정에 의하여 결정될 수 있다. 의료 자원 배분의 상당 부분을 결정짓는 의료보험을 규율하는 법률은 기본적 의료 보장을 규범 목적으로 한다. 실손의료보험으로 인하여 국민건강보험 재정이 손실을 입거나 의료비가 증가하여 국민건강보험의 기본적 의료 보장 역할을 저해한다면 이를 규제하여야 한다. 그리고 비례의 원칙에 위반되지 않는다면 입법을 통하여 실손의료보험이 적극적으로 기본적 의료 보장 역할을 하도록 규제할 수도 있다. 한편, 의료비로 지출할 수 있는 재원에 한계가 있기 때문에 기본적 의료 보장을 달성하기 위해서는 의료 이용의 효율성 제고가 필요하다. 실손의료보험으로 인하여 비용효과적이지 않은 의료 이용이 증가하면 실손의료보험이 국민건강보험의 기본적 의료 보장 역할에 장애가 된다. 이는 비용효과적인 의료를 이용하는 실손의료보험 가입자나 국민에게도 피해를 줄 수 있다. 그러므로 의료 이용의 효율성 제고를 위하여 국민건강보험의 본인부담금 보장 내용 규제나 의료공급자나 의료수요자의 유인을 교정할 수 있도록 하는 규율이 요구된다. 우리나라에서 기본적 의료 보장과 의료 이용의 효율성 제고의 요청은 기본적으로 국민건강보험을 통해 이루어진다. 실손의료보험이 국민건강보험의 기본적 의료 보장 역할을 방해하지 않도록 하는 규제가 필요하다. 그리고 국민건강보험의 보장률이 낮아서 의료수요자가 국민건강보험에서 보장하지 않는 기본적 의료의 상당 부분의 의료비 위험을 부보할 방법이 실손의료보험 밖에 없다면 실손의료보험이 기본적 의료의 보편적 보장 역할을 분담할 수 있도록 하는 규제가 필요하다.

우리나라에서 실손의료보험의 역할이 어떠해야 하고 어떠한 법적 규율이 필요한지 검토하기 위하여 미국, 영국, 독일, 호주에서 기본적 의료 보장과 의료 이용의 효율성 제고를 위하여 실손의료보험에 관하여 어떠한 규제 등 법적 규율을 하는지 살펴보았다. 미국은 공적의료보험이 공적부조의 역할을 하고 실손의료보험이 의료보험의 주류를 이루고 있다. 미국의 실손의료보험은 실손의료보험회사의 자율과 당사자들 간의 합의에 따라 자율적으로 그 내용과 운영방식이 정해졌다. 그런데 과도한 의료비 증가 문제를 해결하기 위하여 실손의료보험회사가 의료공급자와 계약을 체결해서 피보험자에 대한 의료 공급을 관리하는 관리 의료가 등장하였고 관리 의료 하에서 지불능력이 없는 자는 의료보험에서 배제되고 지불능력이 있는 자는 주관적으로 필요한 모든 의료를 소비하는 체계가 형성되었다. 미국의 오바마 케어는 기본적 의료 보장과 의료 이용의 효율성 제고 달성에 실패한 미국의 의료보험 제도를 개혁하고자 실손의료보험의 보험 가입 거절이나 보험료, 보장내용을 규제한다. 영국은 국가가 직접 기본적 의료를 공급하는 공적의료보험 제도를 갖추고 있다. 영국의 실손의료보험은 주로 의료수요자에게 편리성을 제공하기 위한 고가의 의료를 이용할 수 있도록 하여 의료수요자의 선택권을 제고하는 역할을 한다. 그래서 영국은 실손의료보험이 공적의료보험의 의료 자원 배분에 영향을 미치지 않는 한 기본적 의료 보장이나 의료 이용의 효율성 제고를 위한 규제를 하지 않는다. 영국의 실손의료보험은 보험료 할인을 통해 의료수요자가 스스로 의료 이용을 감소하도록 유인을 제공한다. 독일은 공적의료보험과 대체형 실손의료보험이 이중 구조를 이루고 있다. 독일의 대체형 실손의료보험은 기본적 의료 보장을 위하여 보장내용이나 보험료가 규제되는 기본형 상품을 판매하여야 한다. 그리고 독일은 대체형 실손의료보험이 보장하는 의료의 내용과 가격 정보를 제공한다. 호주도 공적의료보험과 실손의료보험의 이중 구조를 가지고 있지만 실손의료보험의 위험 인수나 보험료를 규제하고 의료의 내용과 가격 정보를 제공함으로써 실손의료보험이 공적의료보험을 보충하여 기본적 의료 보장과 의료 이용의 효율성 제고 역할을 하도록 한다.

의료보험을 규율하는 법률의 규범 목적은 기본적 의료 보장과 그 달성을 위한 의료 이용의 효율성 제고가 되어야 한다. 실손의료보험은 사보험이지만 보험업법에 따른 행정규제에 의하여 그 상품의 내용과 운영방식이 결정되어왔다. 앞으로는 보험업법에 더하여 향후 제정될 공·사보험 연계법이 실손의료보험의 내용이나 운영방식을 규율할 수 있는 법적 근거가 된다. 기본적 의료를 보장하는 실손의료보험으로 인한 의료비 증가와 보험재정 손실을 방지함으로써 실손의료보험이 국민건강보험의 기본적 의료 보장 역할을 방해하지 않고 기본적 의료만을 부보하고자 실손의료보험에 가입한 보험소비자 보호를 위하여 그 내용이 규제되어야 한다. 현재의 실손의료보험상품의 보장내용에는 기본적 의료와 그렇지 않은 의료가 구분되지 않는다. 기본적 의료 보장을 위한 기본형 실손의료보험상품과 의료수요자의 선택권 제고를 위한 추가형 실손의료보험상품을 분리하여야 한다. 그리고 투명성의 원칙, 적합성의 원칙, 수정가능성의 원칙, 규제의 원칙에 따르는 공정한 심의과정을 통하여 기본형 실손의료보험상품의 보장내용이 되는 기본적 의료의 내용을 결정하여야 한다. 만약 미국, 독일이나 호주와 같이 국민건강보험만으로는 기본적 의료의 보편적 보장이 이행되지 못하여 실손의료보험이 적극적으로 기본적 의료 보장 역할을 해야 한다면 기본형 실손의료보험상품의 경우 위험 인수 규제를 하는 것이 바람직하다. 이때 그 규제로 인한 불합리를 해소하기 위하여 위험 조정 제도를 도입하여야 한다. 그러나 만약 영국과 같이 국민건강보험만으로 기본적 의료의 보편적 보장이 달성된다면 실손의료보험의 위험 인수 규제를 할 필요가 없다. 또한 기본적 의료에 해당하는 비급여 의료의 내용과 가격 정보가 제공되고 심평원이 실손의료보험의 의료 심사, 평가 업무를 수행할 필요가 있다. 이것은 2017. 8. 건강보험 보장성 강화대책이 이행되면 상당 부분 해결이 될 것이다.

또한 의료 이용의 효율성 제고를 위한 실손의료보험 규율 방안을 검토하였다. 실손의료보험의 국민건강보험 본인부담금에 대한 보험금 지급을 규제하여야 한다. 국민건강보험의 본인부담금은 비용효과적이지 않은 의료 이용 자제를 위한 부분과 국민건강보험 재정 부족으로 인한 부분이 있다. 전자에 대해서는 실손의료보험이 보험금을 지급하지 않도록 규제할 필요가 있다. 그리고 의료공급자가 고의로 비용효과적이지 않은 의료를 공급하였을 때 실손의료보험이 그에 대하여 법적으로 대응함으로써 의료공급자가 비용효과적이지 않은 의료를 공급할 유인을 감소시켜야 한다. 비록 현재 실손의료보험회사가 의료공급자와 직접적인 법률관계를 맺고 있지 않지만 실손의료보험회사가 보험가입자의 의료공급자에 대한 진료비 반환 청구권 등 채권을 대위하여 행사함으로써 의료공급자의 국민건강보험법이나 의료법 위반 행위에 대한 책임을 물을 수 있다. 또한 향후 실손의료보험회사가 보건당국의 허가를 받아 의료공급자와 계약을 체결하여 보험급여를 제공하는 실손의료보험상품을 만들 수 있도록 입법을 하여 미국의 관리의료와 같이 실손의료보험이 의료공급자의 의료 공급을 직접 관리하도록 하는 방안도 고려해볼 수 있다. 그리고 실손의료보험에 가입한 의료수요자가 비용효과적이지 않은 의료를 이용할 유인을 감소시키기 위하여 실손의료보험이 보장하는 본인부담금의 비율을 조정함으로써 의료수요자가 비용효과적이지 않은 의료 이용을 스스로 자제하도록 하는 효과를 높일 수 있다. 그리고 의료수요자의 유인 조절을 위하여 본인부담금 비율을 조정하거나 보험금 청구액에 따라 보험료를 할인하거나 할증하는 방안을 고려해볼 수 있다.

　마지막으로 국민건강보험의 보장성 강화로 인하여 실손의료보험회사가 반사이익을 얻었을 때 그것을 피보험자에게 반환해야 하는지 여부에 대한 법률문제를 검토하였다. 2017. 8. 건강보험 보장성 강화대책에 따라 국민건강보험의 보장률을 강화하는 과정에서 실손의료보험회사가 얻는 반사이익이 있다면 보험당국의 행정지도나 기초서류 변경명령을 통하여 보험료를 인하할 수 있다. 그리고 보험당국의 기초서류 변경명령 시 이미 납입된 보험료의 일부 반환도 가능할 것으로 보인다. 그러나 지금까지 기초서류 변경명령이 내려진 적이 없고 현실적으로 반환해야할 보험료 산정이 쉽지 않다. 그러므로 정부가 보장성 강화로 인하여 실손의료보험회사가 얻는 반사이익을 산정하고 그에 상응하는 보험료가 인하되거나 실손의료보험 가입자에게 반환되도록 조치를 취할 수 있는 법적 근거를 마련하여야 한다.

참고문헌

한글 문헌

감사원, 감사결과보고서 – 의료서비스 관리실태 (2015. 3) [감사원(2015)]

감사원 통보, 표준진료지침 개발·보급 체계 미비·의료서비스 관리실태 감사 결과(2016. 3. 10) [감사원 통보(2016a)]

감사원 통보, 건강보험 비급여 진료정보와 원가정보 수집, 관리 부적정, 의료 서비스 관리실태 감사결과 (2016. 3. 10) [감사원 통보(2016b)]

감사원 통보, 비급여 진료비용 고지 제도 미흡, 의료서비스 관리실태 감사결 과, 2016. 3. 10 [감사원 통보(2016c)]

강길원, 비급여 진료비 문제의 원인과 해결 방향, NECA report, 2016. 5. 25 [강 길원(2016)]

강희갑, 상법 제680조의 손해방지의무, 상사법연구 Vol.5, 1987 [강희갑(1987)]

건강보험심사평가원, 건강보험심사평가원 기능과 역할, 2016 [건강보험심사 평가원(2016)]

Gerhard A. Ritter(전광석 옮김), 사회복지의 기원, 교육과학사, 1992 [Gerhard A. Ritter(1992)]

곽윤직·김재형, 민법총칙, 박영사, 2013 [곽윤직·김재형(2013)]

곽윤직, 채권각론[민법강의IV], 박영사, 2000 [곽윤직(2000)]

권오승, 의료과오와 의사의 주의의무, 민사판례연구 IV, 박영사, 1992 [권오승 (1992)].

권순원, 의료보험제도의 개혁방안 – 재정안정대책을 중심으로, 아산재단 연 구총서 제143집, 집문당 (2003. 9) [권순원(2003)]

권영준, 위험배분의 관점에서 본 사정변경의 원칙, 민사법학 Vol.51 (한국민 사법학회, 2010) [권영준(2010)]

권오탁, 국민 건강권 실현을 위한 국민건강보험법의 과제와 개선방안 – 헌법 적 쟁점을 중심으로, 연세대학교 대학원 의료법윤리학과협동과정 법 학전공 박사 학위논문, 2016 [권오탁(2016a)]

권오탁, 국민건강보험법상 의사결정구조의 문제와 개선방안, 사회보장법학 제5권 제1호 (2016. 6) [권오탁(2016b)]

금융감독원·생명보험협회·손해보험협회, 실손의료보험 길라잡이(2015. 1) [금 융감독원 외, 실손의료보험 길라잡이(2015)]

김계현, 김한나, 이상돈, 박윤형, 본인이 동의하여 직접 부담하는 진료행위 (임의비급여)를 사회보험체계에서 적용하는 방법에 관한 연구, 대한 의사협회지 54(3) (2011. 3) [김계현 외(2011)]

김관옥·신영전, 민간의료보험 가입이 의료비에 미친 영향-실손의료보험을 중심으로, 비판사회정책 제54호 (2017. 2) [김관옥·신영전(2017)]

김광태, 상해보험에서 기왕증에 의한 사망보험금의 감액, 대법원판례해설 42호, 2003 [김광태(2003)]

김나경, 의료보험의 법정책-기초법 이념과 법실무, 아산재단 연구총서 제335집, 집문당, 2012 [김나경(2012)]

김남순, 박은자, 전진아, 황도경, 이수형, 이희영, 지선미, 박종헌, 최지희, 박금령, 김대은, 송은솔, 차미란, 이정아, 의료이용 합리화를 위한 실태 분석과 개선방안, 연구보고서 2015-01, 한국보건사회연구원, 2015 [김남순 외(2015)]

김남진·김연태, 행정법 I, 2004, 법문사 [김남진·김연태(2004)]

김대환, 비급여 진료비의 문제점과 바람직한 관리방안, 비급여 진료비의 문제점과 바람직한 관리방안 모색을 위한 정책토론회 토론문, 2012 [김대환(2012)]

김대환, 실손의료보험이 의료수요에 미치는 영향, 보험학회지 제98집, 2014 [김대환(2014)]

김대환, 황진태, 이창우, 김동겸, 이상우, 인구고령화에 따른 공사건강보험의 유기적 협력 방안, 금융위원회 연구보고서(보험연구원, 2012. 8) [김대환 외(2012)]

김대환·오영수, 건강보험심사평가원을 활용한 실손의료보험의 보험금 관리 방안, 리스크관리연구 제27권 제1호 (2016. 3.) [김대환·오영수(2016)]

김도균, 한국 법질서와 정의론: 공정과 평등, 그리고 운의 평등, 서울대학교 법학 제53권 제1호 (2012. 3) [김도균(2012)]

김동훈, 계약법의 주요문제, 국민대학교출판부, 2000 [김동훈(2000)]

김동희, 행정법 I, 박영사, 2004 [김동희(2004)]

김미숙, 원종욱, 서문희, 강병구, 김교성, 임유경, 고령화사회의 사회경제적 문제와 정책대응방안: OECD 국가의 경험을 중심으로, 한국보건사회 연구원 (2003. 12) [김미숙 외(2003)]

김민중, 의료의 법률학, 신론사, 2011 [김민중(2011)]

김상우, 건강보험 보장성 강화 정책 평가, 국회예산정책처, 2016 [김상우(2016)]

김선욱, 사정변경의 원칙과 관련한 입법방향, 법학연구 Vol.55, 한국법학회,

2014 [김선욱(2014)]

김선정, 약관의 소급적용 요건 및 약관조항이 고객에게 부당하게 불리하여 공정성을 잃은 조항인지 여부, 월간 생명보험(2015년 12월 호) (2015. 12) [김선정(2015)]

김선정, 인보험개정안에 대한 검토, 보험법연구 Vol1. No 2., 2007 [김선정 (2007)]

김성옥, 김유리, 정희정, 주요국의 건강보장제도 현황과 개혁동향 제2권 독일, 국민건강보험 건강보험정책연구원, 2014. 6 [김성옥 외(2014)]

김성환·이기형, 보험업 시장분석, 주요산업 시장분석보고서 시리즈 2013-2 (공정거래위원회·보험연구원,, 2013) [김성환·이기형(2013)]

김성수, 오바마 케어의 복지정치, 한국학술정보, 2015 [김성수(2015)]

김양균, 민간의료보험, 의료보장론(유승흠, 박은철 엮음), 2009 [김양균(2009)]

김연희·이희선, 한국 의료보험체계의 확립방안: 민간의료보험의 도입을 둘러싼 쟁점을 중심으로, 정책분석평가학회보 제16권 제1호, 2006 [김연희·이희선(2006)]

김영삼, 사회보험법의 헌법적 문제에 관한 연구, 헌법재판연구 제11권 (헌법재판소, 2000) [김영삼(2000)]

김영정·정원규, 밀 『공리주의』, 철학사상 별책 제2권 제9호, 서울대학교 철학사상연구소, 2003 [김영정·정원규(2003)]

김원중, 민간의료보험 도입 필요성과 과제, 대한병원협회지, 2004 [김원중(2004)]

김용우, 정부규제와 규제행정, 대영문화사, 2010 [김용우(2010)]

김용익, 강길원, 강민아, 강영호, 권영대, 김명희 김윤, 김창엽, 나백주, 박기동, 박종헌, 박형근, 배상수, 신영수, 안형식, 윤석준, 이건세, 이경수, 이무식, 이상일, 이영성, 이원영, 이정애, 이진석, 정형선, 의료관리, 서울대학교출판문화원, 2013 [김용익 외(2013)]

김이수, 상법 제644조의 적용범위에 관한 고찰, 상사판례연구 7, 박영사, 2007 [김이수(2007)]

김재형, 계약의 해제, 해지, 위험부담, 사정변경에 관한 민법개정안, 서울대학교 법학 제55권 제4호, 2014 [김재형(2014)],

김재형, 법률에 위반한 법률행위, 민법론 I, 박영사, 2004 [김재형(2004)]

김종명, 건강보험과 실손의료보험의 새로운 관계 정립 필요성, 의료정책포럼 Vol.15 No. 1, 2017 [김종명(2017)]

김중권, 행정법상의 고시의 법적 성질에 관한 소고, 고시계 53(2), 2008 [김중권(2008)]

김진수 등, 2011 발전경험모듈화사업: 전 국민 건강보험제도 운영과 시사점 (보건복지부·한국보건사회연구원, 2012) [김진수 등(2012)]

김창보, 실손형 보험 올라탄 민간의료보험, 건강보험과의 경쟁을 준비한다, 월간 복지동향 (참여연대사회복지위원회, 2009. 8) [김창보(2009)]

김창엽, 건강보장의 이론, 한울, 2009 [김창엽(2009)]

김창엽, 미국의 의료보장, 한울 아카데미, 2005. 12 [김창엽(2005)]

김창엽, 미국의 의료보장체계 (1): 과거와 현재, 건강보험포럼, 2004 [김창엽 (2004)]

김창엽, 김명희, 이태진, 손정인, 한국의 건강 불평등, 서울대학교 규장각한 국학연구원 한국학연구총서 41, 서울대학교출판문화원, 2015. [김창엽 외(2015)]

김창호, 실손 의료보험 보상한도 원상회복 조정결정 고찰 – 소비자분쟁조정 위원회 조정결정문을 중심으로, 금융법연구 제10권 제2호, 2013 [김창 호(2013)]

김천수, 기왕증을 포함한 피해자의 신체적 소인 및 진단과오가 불법행위책 임에 미치는 영향, 성균관법학 제16권 제3호 (성균관대학교 법학연구 소, 2004) [김천수(2004)]

김형배, 민법학강의, 신조사, 2006 [김형배(2006)]

김훈, 손해배상소송에 있어서의 비율적 인정, 재판자료 제26집, 1985 [김훈 (1985)]

김흥식, 사회구성주의와 미국의료보장의 역사적 기원 : 사회의료보험 도입의 실패와 메디케어 도입의 성공을 중심으로, 사회와역사 통권 제96집 (한국사회사학회, 2012. 12) [김흥식(2012)]

노병호·한경식, 사회보험법, 진원사, 2010, 26면. [노병호·한경식(2010)]

니키 하트(엄영진, 문창진 공역), 보건과 의료의 사회학(The Sociology of Health and Medicine) – 의료는 신화인가, 환상인가, 열음사, 1991 [니키 하트 (1991)]

당장리, 문덕현, 홍명호, 조경환, 최윤선, 윤도경, 김정아, 이영미, 이준영, 일 차치료의 흔한 문제에 대한 치료의 과학적 근거수준평가, 가정의학 회지 23권 1호, 2002 [당장리 외(2002)]

대외경제정책연구원, 미국 건강보험개혁법안 통과 및 향후 전망, KIEP 지역 경제 포커스, 2010. 3., 2면 [대외경제정책연구원(2010)]

대한민국국회, 제헌국회속기록 제2권(1948. 9. 9.-1948. 12. 13, 제61호-제128호), 선인문화사 (1999. 5) [대한민국국회, 제헌국회속기록 제2권(1999)]

대통령자문 의료산업선진화위원회, 의료산업 선진화 전략, 보고서 (2006. 7. 11) [대통령자문 의료산업선진화위원회(2006)]

독일, 프랑스 심사기관 방문결과 보고서, 건강보험심사평가원 (2011. 12) [건강보험심사평가원(2011)]

론 풀러(박은정 옮김), 법의 도덕성, 서울대학교출판문화원, 2015 [론 풀러 (2015)]

류지태·박종수, 행정법신론, 박영사, 2011 [류지태·박종수(2011)]

르네이 C. 팍스, 의료의 사회학(조혜인 역), 나남, 1993[르네이 C. 팍스(1993)]

리처드 윌킨슨, 평등해야 건강하다(THE IMPACT OF INEQUALITY), 후마니타스, 2008 [리처드 윌킨슨(2008)]

마크 브릿넬(류정 옮김), 완벽한 보건의료제도를 찾아서(In Search of the Perfect Health System), 청년의사, 2016 [마크 브릿넬(2016)]

명순구(대표집필), 역사와 해설 국민건강보험법, 건강보험심사평가원, 2011 [명순구(2011)]

명순구, 원외처방 약제비 환수의 법적 근거, 고려법학 Vol.53, 2009 [명순구 (2009)]

맹수석, 실손보상형 상해보험에서의 중복보험 문제, 선진상사법률연구 통권 제58호 (2012. 4) [맹수석(2012)]

문옥륜·박세택·하호수·최재욱·우영국·노운녕·조형원·이재형, 건강보장론(6판), 신광출판사, 2009 [문옥륜 외(2009)]

민제하, 한국 병원의 책무성 이행 수준별 유형 및 관련 요인 : 비급여 진료비용 게시 현황을 사례로, 보건학 석사 학위논문, 서울대학교 대학원 보건학과 보건정책관리 전공 (2016. 2) [민제하(2016)]

밀턴 뢰머(강민선, 강성도, 강성욱, 신미경, 신상문, 주언영 옮김), 세계의 보건의료제도, 한울, 2001 [밀턴 뢰머(2001)]

박귀천, 사회보험과 사회보장기본법, 한국사회보장법학회 제1회 학술대회 (2012. 4) [박귀천(2012)]

박규용, 사정변경의 원칙과 행위기초론, 법학연구 Vol.40 (한국법학회, 2010) [박규용(2010)]

박균성, 행정법 강의 제18판, 박영사, 2017 [박균성(2017)]

박기억, 정액보험계약에 관한 소고, 법조 Vol.52 No.4 (법조협회, 2003) [박기억 (2003)]

박능후, 基礎保障制度의 歷史的 展開過程과 含意, 보건사회연구 20(2), 한국보건사회연구원, 2000. 12 [박능후(2000)]

박병주(대표 저자), 근거중심 보건의료, 고려의학, 2009 [박병주 외(2009)]

박상혁, 자유주의 의료 정의론에 대한 오해와 이해, 동서철학연구 제48호, 한국동서철학회논문집 (2008. 6) [박상혁(2008)]

박상혁, 정의로운 의료체계에 대한 연구-John Rawls의 자유주의와 Norman Daniels의 자유주의 의료정의론을 중심으로, 연구보고서, 대한의사협회 의료정책연구소, 2008 [박상혁(2008b)]

박성민, 약가 제도의 역사와 약가 인하 소송들, FDC 법제연구 제7권 제1, 2호, 2012 [박성민(2012)]

박세민, 보험법 제4판, 박영사, 2017 [박세민(2017)]

박세민, 보험법 제3판, 박영사, 2015 [박세민(2015)]

박세민, 통상손해로서의 대차료 산정기준에 관한 자동차보험표준약관과 그 해석에 대한 개선방향 연구, 보험법연구, 2015 [박세민(2015b)]

박세민, 현행 실손의료보험 제도의 문제점 분석과 표준약관상 보장 및 면책 조항에 대한 소비자의 이해가능성 제고를 위한 연구, 경영법률 Vol.23(3), 2013. [박세민(2013)]

박세민, 영국보험법과 고지의무, 세창출판사, 2004[박세민(2004)]

문옥륜, 박세택, 하호수, 최재욱, 우영국, 노운녕, 조형원, 이재형, 건강보장론 제6판, 신광출판사, 2009 [문옥륜 외(2009)]

박정기, 사정변경의 원칙에 관한 비교법적 고찰, 법학논고 제37집(경북대학교 법학연구소, 2011) [박정기(2011)]

박종기, 한국의 보건재정과 의료보험, 한국개발연구원, 1979 [박종기(1979)]

박정훈, 취소소송의 원고적격(2), 행정소송의 구조와 기능, 박영사, 2006 [박정훈(2006)]

박정호, 국가와 의료보험, 신정, 2008 [박정호(2008)]

박종연, 독일의 의료체계와 보장, 의료보장론(유승흠, 박은철 엮음), 2009 [박종연(2009)]

박지용, 건강보험에 있어 임의비급여 규제에 대한 헌법적 평가, 법학연구 제21권 제3호 (경상대학교 법학연구소2013. 7) [박지용(2013)].

박해식, 고시의 처분성과 제약회사의 당사자적격, 대법원판례해설 47호, 2004 [박해식(2004)]

박현문, 생명보험 걸어온 길, 가야할 길, 매일경제신문사, 2011 [박현문(2011)]

박홍민·김경환, 건강보험에서의 보험회사 역할 확대 방안, 보험개발원 보험연구소, 2001. 10 [박홍민·김경환(2001)]

배병준, 영국 복지개혁 브리핑, 외교부, 2013 [배병준(2013)]

백유진, 윤종률, 아스피린의 심혈관질환 및 암 예방 효과, J Korea Med Assoc 57(4), 2014 [백유진·윤종률(2014)]

백인립, 변성수, 박현수, 사회적 취약계층의 민간의료보험 가입과 가입자의 의료서비스 이용에 관한 연구, 보건과 사회과학 제31집 (2012. 6) [백인립 외(2012)]

변진옥, 이호용, 안수지, 김경아, 주요국의 건강보장제도 현황과 개혁동향 제8권 영국, 국민건강보험 건강보험정책연구원 (2014. 11) [변진옥 외(2014)]

보건복지부 민간의료보험 활성화 Task Force, 국민건강보험과 민간보험의 협력을 통한 의료보장체계의 개선방안 (2001. 12. 14) [보건복지부 민간의료보험 활성화 Task Force(2001)]

보험개발원, 실손 비급여 의료비 표준화 방안, 보험개발원(2016. 10) [보험개발원(2016)]

부르스 제이 프리드·로라 엠 게이도스(지역보건연구회 역), 세계 각국의 보건의료체계, 계축문화사, 2002 [부르스 제이 프리드·로라 엠 게이도스(2002)]

Sarah Thomson, Thomas Foubister, Elias Mossialos, 유럽연합의 보건의료 지속가능성을 위한 정책과 평가(신기철 옮김), 서울대학교출판문화원, 2011 [Sarah Thomson 외(2011)]

산정특례제도 급여기준 개선방안 연구 및 중증장애인 건강관리의사 제도 모형 개발 연구를 위한 국외출장 결과보고서, 국민건강보험 건강보험정책연구원 (2016. 6. 22) [건강보험정책연구원(2016)]

생명보험협회, 생명보험협회 60년사, 2010 [생명보험협회(2010)]

새뮤얼 헌팅턴(형선호 옮김), 새뮤얼 헌팅턴의 미국, 김영사, 2004 [새뮤얼 헌팅턴(2004)]

서남규, 서수라, 이옥희, 안수지, 조미경, 2014년도 건강보험제도 국민만족도 조사, 국민건강보험 건강보험정책연구원 (2014. 12) [서남규 외(2014)]

선정원, 과잉진료와 과잉원외처방으로 인한 부당이득의 환수처분과 손해배상청구, 행정법연구 29 (행정법이론실무학회, 2011) [선정원(2011)]

송옥렬, 상법강의 제2판, 홍문사, 2012. [송옥렬(2012)]

송호근, 한국의 의료체제, 서울대학교출판부, 2006 [송호근(2006)]

성대규, 한국 보험업법, 도서출판 동원, 2004 [성대규(2004)]

신기철, 권혁성, 민영의료보험 보험금 수령자의 의료이용에 관한 연구, 사회보장연구 제30권 제3호 (한국사회보장학회, 2014. 8) [신기철 외(2014)]

신영석(한국보건사회연구원), 통합의료서비스전달모형(ACO) 도입의 성과와 시사점, 정책토론: 오바마 케어(ACA)의 성과평가 및 우리나라에의 시사점, 2016 보건경제정책학회 춘계학술대회 연제집 (2016. 4) [신영석(2016)]

신영란, 의료보험 통합논쟁의 주요논점과 논점의 변화과정: 정책결정과정의 민주화를 중심으로, 비교민주주의연구 제6집 2호, 2010 [신영란(2010)]

신찬수(서울대학교병원 내과 교수), 골다공증(대한민국 최고의 명의가 들려주는·서울대학교병원 Health +13), 서울대학교출판문화원, 2015 [신찬수(2015)]

신현웅, 국민건강보험과 민간의료보험의 합리적 발전방안, 국민건강보험공단 연구용역보고서 (보건사회연구원, 2015) [신현웅(2015)]

신현웅, 윤장호, 노연홍, 여지영, 의료급여비용 증가에 공급자 유인효과가 미치는 영향, 보건행정학회지 Vol.24(1), 2014 [신현웅 외(2014)]

신현호, 백경희, 의료분쟁 조정, 소송 총론, 육법사, 2011 [신현호·백경희(2011)]

아놀드 S. 렐만(조홍준 옮김), 시장과 이윤을 넘어선 미국의 전 국민 의료보장을 위한 계획, 아르케, 2008 [아놀드 S. 렐만(2008)]

안선희·전용웅, 의료비 절감과 신시장 창출의 새로운 수단 '적정 의료기술', 보건산업동향 (한국보건산업진흥원, 2014. 5) [안선희·전용웅(2014)]

양기진, 개정 보험계약법의 주요 내용 검토, 보험법연구 Vol.8(1), 2014 [양기진(2014)]

양봉민, 김진현, 이태진, 배은영, 보건경제학, 나남, 2013 [양봉민 외(2013)]

양봉민, 보건경제학 개정 2판, 나남, 2006 [양봉민, 보건경제학(2006)]

양승규, 보험법 제5판, 삼지원, 2004. [양승규(2004)]

양승규, 기왕증과 상해의 인과관계, 손해보험 414호 (대한손해보험협회, 2003) [양승규(2003)]

양승규, 보험의 법리와 판례의 문제, 국제법무연구 5호, 2000 [양승규(2000)]

양승규, 보험계약의 기본구조, 서울대학교 법학 Vol.24(2,3), 1983 [양승규(1983)]

양창수·곽윤직(편집대표), 민법주해 제1권 총칙(1), 박영사, 1992 [양창수·곽윤직(1982)]

양창수·김재형, 계약법, 박영사, 2010 [양창수·김재형(2010)]

양채열, 도덕적 해이 감소를 위한 자동차보험 표준약관 대물배상 지급 기준에 관한 연구, 재무관리연구 33권 1호, 한국재무관리학회, 2016 [양채열(2016)]

엄영진, 건강과 의료의 경제학, 계축문화사, 2014 [엄영진(2014)]

엄영진, 영국의 의료체계와 보장, 의료보장론(유승흠, 박은철 엮음), 2009 [엄
　　　영진(2009)]

OECD 보건정책연구, 보건의료의 가치 증진 질 측정, OECD/Korea Policy Center·
　　　건강보험심사평가원, 2012 [OECD/Korea Policy Center·건강보험심사평
　　　가원(2012)]

오승연, 실손의료보험의 현황과 평가, 리스크관리학회·보험연구원 정책세미
　　　나(2015. 10. 23.) [오승연(2015)]

오영수, 국민건강보험과 민간건강보험의 보완적 발전모형, 사회연구 6호 (한
　　　국사회조사연구소, 2003) [오영수(2003)]

오영수, 국민건강보험과 민간건강보험간 역할 재정립 방안, 보험개발연구 제
　　　17권 제1호 (2006. 3) [오영수(2006)]

오영준, 임대주택법상 분양전환가격 규정의 강행규정성, 사법 17호, 2011 [오
　　　영준(2011)]

오종근, 민법 제765조상의 배상액 경감청구, 비교사법 제4권 1호, 1997 [오종
　　　근(1997)]

Otfried Höffe(박찬국 옮김), 절제와 정의-자원부족 시대의 의료윤리, 철학사
　　　상 Vol.09, 서울대학교 철학사상연구소, 1999 [Otfried Höffe(1999)]

외국의 건강보험제도 비교 조사, 국민건강보험공단, 2000 [국민건강보험공단
　　　(2000)]

유승현·문상호, 건강보험 재정안정 대책의 성과분석, 한국행정학회, 정기학
　　　술대회 2005년 동계학술대회, 2005 [유승현·문상호(2005)]

유창훈, 강성욱, 권영대, 오은환, 정액형과 실손형 민간의료보험의 비교: 의
　　　료이용량과 본인부담금을 중심으로, 사회보장연구 제27권 제1호 (2011.
　　　2) [유창훈 외(2011)]

윤태호, 황인경, 손혜숙, 고광욱, 정백근, 민간의료보험의 선택에 영향을 미
　　　치는 요인: 민간의료보험 활성화에 대한 함의, 보건행정학회지 15(4),
　　　2005 [윤태호 외(2005)]

윤진수, 법의 해석과 적용에서 경제적 효율의 고려는 가능한가?, 서울대학교
　　　법학 제50권 제1호 (2009. 3) [윤진수(2009)]

윤희숙, 건강보험료 부과방식의 문제점과 개선방안의 모색, KDI 정책포럼 제
　　　192호, 2008. 1 [윤희숙(2008)]

이경학, 강민수, 이재열, 온라인 기반 원스톱 실손의료보험료 청구에 관한 연
　　　구, 디지털융복합연구 Vol.14(4), 2016 [이경학 외(2016)]

이규식, 건강보험의 새로운 패러다임 모색, 사회보장연구 제18권 제2호 (한국

사회보장학회, 2002. 12) [이규식(2002)]

이규식, 보건의료정책 뉴패러다임, 계축문화사, 2015 [이규식(2015)]

이규식, 의료에 대한 이념과 정책, 보건행정학회지 제17권 제3호 (한국보건행정학회, 2007) [이규식(2007)]

이규식, 의료의 공공성 제고와 공공의료기관 확충 논의의 검토, 보건행정학회지 제11권 제1호 (한국보건행정학회, 2001) [이규식(2001)]

이기수, 최병규, 김인현, 보험·해상법[상법강의 IV] 제9판, 박영사, 2015 [이기수 외(2015)]

이기효, 김운신, 임정도, 의료시장 활성화를 위한 규제정비 방안, 기획예산처 연구보고서, 인제대학교 병원전략경영연구소 (2006. 12) [이기효 외(2006)]

이동진, 건강보험과 의료과오책임법: 두 기준 사이의 긴장, 갈등과 그 조정, 서울대학교 법학 제55권 제2호 (2014. 6) [이동진(2014)]

이만우, 노상환, 선진국의 사회보장 재정지원 방식 비교 및 최근 개혁동향, 고려대학교 경제연구소 (2003. 9) [이만우 외(2003)]

이병주, 안남신, 계속적 계약관계에서의 약관의 개정, 소비자문제연구 제34호, 2008 [이병주(2008)]

Isabelle Joumard, Peter Hoeller, Chrisophe Andre, Chantal Nicq, 지속가능한 의료시스템을 찾아서(역자: 곽숙영, 오인환), OECD/Korea Policy Centre (2011. 12) [Isabelle Joumard 외(2011)]

이상돈, 수가계약제의 이론과 현실-국민건강보험법상 요양급여비용계약제의 개선방안, 세창출판사, 2009 [이상돈(2009)]

이상돈, 의료체계와 법-의료보험, 의약분업, 의료분쟁해결의 법찰학적 성찰, 고려대학교 출판부, 2000 [이상돈(2000)]

이상이, 김창보, 박형근, 윤태호, 정백근, 김철웅, 의료민영화 논쟁과 한국의료의 미래, 도서출판 민, 2008 [이상이(2008)]

이성남·김건, 보험업법, 행림미디어, 2003 [이성남·김건(2003)]

이시윤, 신민사소송법 제5판, 2009 [이시윤(2009)]

이용갑, 민간의료보험 활성화 정책 결정과정 연구, 보건과 사회과학 제26집 (한국보건사회학회, 2009) [이용갑(2009)]

이용재, 한국사회의 소득불평등과 국민 의료이용, 아산재단 연구총서 제328집, 집문당, 2012[이용재(2012)]

이우영, 미국 건강보험제도('obamacare') 관련 헌법적 쟁점의 분석: 미연방대법원의 2012년 Sebelius 판결을 중심으로, 서울대학교 법학 제55권 제2

호, 2014. 6 [이우영(2014)]

이정석, 한은정, 이지혜, 주요국의 건강보장제도 현황과 개혁동향 제4권 호
주, 국민건강보험 건강보험정책연구원 (2014. 11) [이정석 외(2014)]

이정택, 민간의료보험 가입 여부와 예방행위 및 예방적 의료서비스의 관계,
테마진단, 보험연구원 (2016. 8) [이정택(2016)]

이정찬, 박재산, 김한나, 김계현, 민간의료보험 가입 및 가입유형별 의료이용
특성, 병원경영학회지 제19권 제4호 (2014. 12) [이정찬 외(2014)]

이주선·권순만, 의료서비스 산업의 문제점과 정책대안, Issue Paper 22, 한국경
제연구원, 2006 [이주선·권순만(2006)]

이준구, 미시경제학, 문우사, 2013 [이준구(2013)]

이진석, 민간의료보험이 아니라 공적 의료보장체계의 강화가 필요하다, 월간
복지동향 Issue 22 (참여연대사회복지위원회, 2000. 7) [이진석(2000)]

이진석, 민간의료보험 활성화 정책, 월간 복지동향 Issue 129 (참여연대사회복
지위원회, 2009. 7) [이진석(2009)]

이진석, 민간의료보험의 개념과 현황, 서울의대 의료관리학교실 발표 자료
(2010. 10) [이진석(2010)]

이진석, 보건의료정책의 역사적 변화와 전망, 우리 복지국가의 역사적 변화
와 전망, 서울대학교출판문화원, 2015 [이진석(2015)]

이진석, 생명보험사의 실손형 민간의료보험 상품 출시의 문제점과 개선방향,
월간 복지동향 Issue 116 (참여연대사회복지위원회, 2008. 6) [이진석
(2008)]

이진이, 백조환, 나영균, 변진옥, 주요국의 건강보장제도 현황과 개혁동향 제
12권 미국, 국민건강보험 건강보험정책연구원 (2014. 11) [이진이 외
(2014)]

이창우·이상우, 주요국의 민영건강보험의 운영체계와 시사점, 보험연구원
(2010. 4) [이창우·이상우(2010)]

이태진, 박성민, 손경복, 이경철, 제약산업 정책의 이해, 보건복지부, 한국보
건산업진흥원, 2014 [이태진 외(2014)]

이평수, 호주의 보건의료제도 고찰, 대한의사협회 의료정책연구소 (2014. 3)
[이평수(2014)]

이현복·정홍주, 실손의료보험 보장범위 축소에 따른 가입자 의료이용 변화
에 관한 연구, 보험학회지 제106집, 2016 [이현복·정홍주(2016)]

임수민, 채무면제계약의 보험성에 관한 연구, 서울대학교 대학원 법학과 박
사학위논문, 2017 [임수민(2017)]

장덕조, 보험법 제3판, 법문사, 2016 [장덕조(2016a)]

장덕조, 질병보험의 운영실태 및 법률관계에 관한 연구, 금융법연구 제13권 제1호, 2016 [장덕조(2016b)]

장덕조, 보험계약에 관한 보험법제 및 보험약관의 연구, 법무부 연구용역 과제보고서, 2011 [장덕조(2011)]

장덕조, 보통보험약관의 구속력, 보험법연구 3, 삼지원, 1999 [장덕조(1999)]

장승혁, 사회연대원리의 기원과 발전 : 전통적인 사회이론가들의 사상을 중심으로, 사회보장법연구 3(2) (서울대 사회보장법연구회, 2014. 12) [장승혁(2014)]

장영민, 드워킨 1931-2013, 법철학연구 제19권 제1호, 한국법철학회, 2016 [장영민(2016)]

장동익, 롤즈『정의론』, 철학사상 별책 제5권 제14호, 서울대학교 철학사상연구소, 2005 [장동익(2005)]

정규원, 의료행위에서의 온정적 간섭주의와 자율성 존중, 법철학연구 제5권 제1호 (2002. 5) [정규원(2002)]

정상현, 매매목적 토지에 발생한 사정의 변경과 계약의 효력, 저스티스 통권 2014호, 한국법학원, 2008 [정상현(2008)]

정상원, 송복희, 정인영, 강민진, 실비보험가입여부에 따른 응급실 이용차이, 국민건강보험 일산병원 연구소 (2016. 12) [정상원 외(2016)]

정성희, 건강보험 보장성 강화를 위한 공사 협력방안 검토, KiRi Weekly (보험연구원, 2015. 9. 21) [정성희(2015)]

정찬형, 상법강의(하) 제12판, 박영사, 2010 [정찬형(2010)]

정철, 건강보험상 임의비급여 허용의 문제점, 법학논총 24(1) (국민대학교 법학연구소, 2011. 8) [정철(2011)]

조지프 스티글리츠(이순희 옮김), 불평등의 대가, 열린책들, 2013 [조지프 스티글리츠(2013)]

존 롤즈(황경식 옮김), 정의론 A THEORY OF JUSTICE, 이학사, 2003 [존 롤즈(2003)]

주호노, 의사법 총론, 법문사, 2012 [주호노(2012)]

정성희, 실손의료보험 제도 개선 방안-실손의료보험 제도개선 방안 정책세미나 보험연구원 (금융위원회, 2016. 6. 16) [정성희(2016)]

정성희·이태열, 비급여 진료비 관련 최근 논의 동향과 시사점, 보험연구원 (2016. 9) [정성희·이태열(2016)]

정영철, 원외처방 요양급여비용 환수의 공법적 고찰, 행정법연구 제36호,

2013 [정영철(2013)]

정영철, 공법적 시각에서 본 임의비급여의 제한적 허용의 쟁점, 법학논고 제
40집, 2012 [정영철(2012a)]

정영호, 한국의료패널로 본 민간의료보험 가입 실태, Issue & Focus 70 (한국보
건사회연구원, 2011. 1) [정영호(2011)]

정영호, 박하영, 권순만, 이견직, 고숙자, 보건의료시장의 특성과 문제점 및
제도개선 방향, 연구보고서 2004-07 (한국보건사회연구원, 2004) [정영
호 외(2004)]

정영훈(연구책임자), 국민건강보험상 보험료 부담의 평등에 대한 헌법적 검
토, 헌법재판소 헌법재판연구원, 2014 [정영훈(2014)]

정인석·이상직, 약제비 관리방안으로서 저가구매 인센티브 제도, 보건사회
연구 29(2), 2009 [정인석·이상직(2009)]

정찬형, 주석 금융법(I), 한국사법행정학회, 2007 [정찬형(2007)]

정형선(연구책임), 2013년 국민의료비 및 국민보건계정, 보건복지부 연구 보
고서 (연세대학교 의료·복지연구소·한국보건사회연구원, 2015. 7) [정
형선(2015)]

정형선, 각국의 지불제도에 대한 검토를 통한 바람직한 지불제도의 모색, 대
한임상보험의학회지 Vol.8, No.1, 2013 [정형선(2013)]

정형선, 비급여진료비의 문제점과 바람직한 관리 방안, 비급여진료비 정책도
록회 (남윤인숙의원실, 2012. 8) [정형선(2012)]

조경애, 김창엽, 정혜주, 임준, 김창보, 김용수, 무상의료란 무엇인가, 이매진,
2012 [조경애 외(2012)]

조성욱, 조양현, 박일환, 최은영, 김재훈, 정유석, 가정의학과 전공의의 근거
중심의학에 대한 지식과 태도, 가정의학회지 27, 2006 [조성욱 외(2006)]

조수진, 고정애, 최연미, 선별급여 도입이 위암수술의 건강보험 진료비 및 진
료행태에 미치는 영향, 보건행정학회지 26(1), 2016 [조수진 외(2016)]

조병희, 질병과 의료의 사회학, 아산재단 연구총서 제211집, 집문당, 2006 [조
병희(2006)]

조병희, 의료개혁과 의료권력, 나남출판, 2003 [조병희(2003)]

조용운, 김경환, 김미화, 의료보장체계 합리화를 위한 공·사건강보험 협력방
안, 보험연구원 (2014. 12) [조용운 외(2014)]

조용운, 김세환, 민영건강보험의 의료비 지급, 심사제도 개선방안, 보험개발
원 보험연구소 (2005. 12) [조용운·김세환(2005)]

주연욱, 건강보험의 뿌리를 찾아서, 평생건강 지킴이! 건강보험 vol. 177, 국민

건강보험, 2013. 7 [주연욱(2013)]

채정미, 이수옥, 김동숙, 송현종, 장선미, 처방총액 절감 인센티브 시범사업
   과 약품비 절감 노력: 질적 및 양적연구, 보건경제와 정책연구 제19
   권 제4호, 2013 [채정민 외(2013)]

최규진, 국민건강보험법 제52조 제1항의 해석에 관한 판례 동향, 법조 Vol.652
   (2011. 1) [최규진(2011)]

최기춘·이현복, 국민건강보험과 민간의료보험의 역할 정립을 위한 쟁점, 보
   건복지포럼, 2017. 6. [최기춘·이현복(2017)]

최병규, 기왕질병 부담보 조항에 대한 고찰, 보험법연구 Vol.11(1), 2017 [최병
   규(2017)]

최병규, 보험의 개념에 대한 고찰, 세계화시대의 기업법, 2010 [최병규(2010)]

최병호, 건강보장 시스템의 선진화, 보건복지포럼, 한국보건사회연구원 (2008.
   6) [최병호(2008)]

최병호, 국민건강보험의 재정위기 원인분석과 평가, 사회보장연구 제18권 제
   1호 (한국사회보장학회, 2002) [최병호(2002)]

최병호, 김진현, 안형식, 신현웅, 황도경, 건강보험심사평가원의 역할과 발전
   모형 개발 연구, 건강보험심사평가원, 한국보건사회연구원, 2006 [최
   병호 외(2006)]

최상은, 허순임, 임재영, 박성민, 약가협상 및 약품비 관리제도 발전방향, 국
   민건강보험공단 연구용역보고서, 2013 [최상은 외(2013)]

최성은, 민간의료보험의 역할과 의료서비스 이용에 관한 연구, 응용경제 제
   18권 제4호 (2016. 12) [최성은(2016)]

최승원, 법령에 대한 사법심사, 행정판례평선, 박영사, 2011 [최승원(2011)]

최영순, 김정희, 이호용, 한준태, 비급여 진료비 실태와 관리방안, 국민건강
   보험공단 연구보고서 2007-08 (2007. 12) [최영순 외(2007)]

최진수, 기왕증 등 피해자의 소인에 따른 책임제한에 관하여, 서울지방법원
   실무논단, 1998 [최진수(1998)]

최찬호, 한국의 민간의료보험 도입의 필요성에 관한 논점, 한국행정학회
   2002년도 하계학술대회 발표논문집 (2002. 6) [최찬호(2002)]

최창무, 한국전통사회복지사, 양서원, 2008 [최창무(2008)]

최호영, 건강보험체계와 임의비급여, 사회보장법연구, 2012 [최호영(2012)]

Thomas Bodenheimer, Kelvin Grumbach(신의철, 강혜영, 김진경, 박성희, 이태화,
   김신영, 김선주, 신가영 공역), 사례를 곁들인 보건의료체계의 이해
   제6판, JMK, 2013 [Thomas Bodenheimer·Kelvin Grumbach(2013)]

한국소비자원, 실손의료보험의 소비자 문제 및 개선방안, 조사보고서 (2012.
    12) [한국소비자원(2012)]
한국신용정보원, 신용정보원 빅데이터 분석 결과 (2016. 11.) [한국신용정보원
    (2016)]
한기정, 보험법, 박영사, 2017 [한기정(2017)]
한기정, 보험업의 개념에 관한 연구, 보험법연구 9권 2호, 2015 [한기정(2015)]
한기정, 상해보험의 법적 쟁점에 관한 연구, 서울대학교 법학 제55권 제2호
    (2014. 6) [한기정(2014)]
한창희, 보험법 개정판, 국민대학교 출판부, 2011 [한창희(2011)]
허만, 민법(재산편) 개정 공청회 자료집, 2001 [허만(2001)]
허순임·이상이, 실손형 민간의료보험의 도입이 국민건강보험 재정에 미치는
    영향, 보건행정학회지 제17권 제2호, 2007 [허순임·이상이(2007)]
허호영, 김용아, 송인숙, 맥킨지 비전 한국 의료개혁 2010, 조선일보사, 2003
    [허호영 외(2003)]
홍석표, 민간의료보험 관리의 외국사례, 보건복지포럼 (2008. 6) [홍석표(2008)]
홍석표, 이준영, 정형선, 공경열, 외국의 민간의료보험 정책 연구, 한국보건
    사회연구원, 2007 [홍석표 외(2007)]

구미어 문헌

2014 International Profiles Of Health Care Systems, The Commonwealth Fund, 2015. 1
    [The Commonwealth Fund(2015)]
2015 International Profiles of Health Care Systems, The Commonwealth Fund, 2016. 1
    [The Commonwealth Fund(2016)]
Aaron, Henry Serious and Unstable Condition: Financing America's Health Care, THE
    BROOKINGS INSTITUTION, 1991 [Henry Aaron(1991)]
Aday, Lu Ann, Ronald M. Andersen, Equity of Access to Medical Care: A Conceptual
    and Empirical Overview, 19 Med Care. 4, (1981) [Lu Ann Aday and Ronald
    M. Andersen(1981)]
Adlington K, Finn R, Ghafur S, Smith CR, Zarkali A, Commissioning, Faculty of Medical
    Leadership and Management, 2014 [Adlington K et al.(2014)]
Alderwick, Huhg, Ruth Robertson, John Appleby, Phoebe Dunn, David Maguire, Better
    value in the NHS - The role of changes in clinical practice, The King's Fund,

2015 [Huhg Alderwick *et al.*(2015)]

American Academy of Actuaries, Risk Assessment and Risk Adjustment, American Academy of Actuaries Issue Brief, 2010. 5 [American Academy of Actuaries (2010)]

Angell, Marcia, Privatizing health care is not the answer: lessons from the United States, Canadian Medical Association, 2008. [Marcia Angell(2008)]

Australia's Institute of Health and Welfare(AIHW), Australian Government, Health Expenditure Australia 2013-14, 2015 [AIHW(2015)]

Annette Rid, Just health: meeting health needs fairly, Book and electonic media, Bulletin of World Health Organization, 2008. 8 [Annette Rid(2008)]

AO, John Menadue, Ian McAuley, Private Health Insurance: High in Cost and Low in Equity, Centre for Policy Development Policy Discussion Paper, 2012. 1 [John Menadue AO and Ian McAuley(2012)]

Armstrong, John, Francesco Paolucci, Heather McLeod, Wynand P.M.M. van de Ven, Risk equalisation in voluntary health insurance markets:A three country comparison, 98 Health Policy 39 (2010) [John Armstrong *et al.*(2010)]

Arrow, Kenneth J., Uncertainty and the Welfare Economics of Medical Care, 53 The American Economic Review 941 (1963) [Kenneth J. Arrow(1963)]

Austin, Anne, Victoria Wetle, The United States Health Care System, PEARSON Prentice Hall, 2008 [Anne Austin and Victoria Wetle(2008)]

Baker, Laurence, Managed Care, Health Economics(Edited by Sherry Glied and Peter C. Smith), OXFORD UNIVERSITY PRESS, 2011 [Laurence Baker(2011)]

Barigozzi, Francesca, Rosella Levaggi, Emotions in physician agency, 88 Health Policy 1 (2008) [Francesca Barigozzi and Rosella Levaggi(2008)]

Bärnighausen, Till, Rainer Sauerborn, One hundred and eighteen years of the German health insurance system: are there any lessons for middle- and low-income countries?, 54(10) Soc Sci Med. 1559 (2002) [Till Bärnighausen and Rainer Sauerborn(2002)]

Basu, Rituparna American Health Insurance Prior to the Affordable Care Act, Ayn Rand Institute, 2013 [Rituparna Basu(2013)]

Bennett, Amanda, The Cost of Hope: $33,382 for one hospital stay. $43,711 for the next. And a final $14,022 for the last three days of life. This is the price tag of dying in America, Newsweek 159.24, 2012. 6. 11 [Amanda Bennett(2012)]

Bernhard A Koch(ed), Medical Liability in Europe - A Comprison of Selected

Jurisdictions, Tort and Insurance Law Vol 29, De Gruyter, 2011 [Bernhard A Koch(2011)]

Blank, Robert H., Rationing Medicine, Columbia University Press, 1988 [Robert Blank(1988)]

Blümel, Miriam, Reinhard Busse, The German Health Care System, 2014 [Miriam Blümel and Reinhard Busse(2014)]

Blümel, Miriam, Reinhard Busse, The German Health Care System, 2015 [Miriam Blümel and Reinhard Busse(2015)]

Böhm, Katharina, The Transformation of the Social Right to Healthcare, Routledge, 2016. 6 [Katharina Böhm(2016)]

Borzi, Phyllis C., Pegram v. Herdrich: A Victory for HMOs or The Beginning of the End for ERISA Preemption?, 1 Yale J Health Policy Law Ethics. 161 (2001) [Phyllis C. Borzi(2001)]

Boyle, Seán, United Kingdom (England) Health system review, 13(1) Health Syst Transit. 1-483 (2011) [Seán Boyle(2011)]

Buchanan, Allen E., The Right to Decent Minimum of Health Care, 13(1) Philos Public Aff. 55 (1984) [Allen E. Buchanan(1984)]

Buchanan, Allen, Justice and Health Care, Oxford University Press, USA, 2009 [Allen Buchanan(2009)]

Buchmueller, Thomas, John Dinardo, Did community rating induce an adverse selection death spiral? evidence from New York, Pennsylvania and Connecticut, 92(1) American Economic Review 280 (2002) [Thomas Buchmueller and John Dinardo(2002)]

Buist, Diana, Megan Collado, Promoting the Appropriate Use of Health Care Services: Research and Policy Priorities, AcademyHealth, 2014 [Diana Buist and Megan Collado(2014)]

Burnham, John C., Health Care in America: A History, Johns Hopkins University Press, 2014 [John C. Burnham(2014)]

Burwell, Sylvia M., Setting Value-Based Payment Goals — HHS Efforts to Improve U.S. Health Care, 372 N Engl J Med 897 (2015) [Sylvia M. Burwell(2015)]

Busse, Reinhard, Miriam Blümel, Germany Health system review, 16(2) Health System s in Transition 1 (2014) [Reinhard Busse and Miriam Blümel(2014)]

Carrin, Guy, Health Financing in the Developing World, University Press Antwerp, 2011 [Guy Carrin(2011)]

Cashin, Cheryl, Y-Ling Chi, Peter C. Smith, Michael Borowitz and Sarah Thomson, Paying for Performance in Health Care — Implications for health system performance and accountability, Open University Press, McGrawHill Education, 2014 [Cheryl Cashin et al.(2014)]

Cashin, Cheryl, Y-Ling Chi, Australia: Practice incentives programme, Paying for Performance in Health Care, Open University Press, 2014 [Cheryl Cashin and Y-Ling Chi(2014)]

Chapman, George, Nicholas Talbot, David Mc Cartney, Victoria Tippett, Drain Burch, Evidence based medicine — older, but no better educated?, 382 Lancet 1484 (2013) [George Chapman et al.(2013)]

Cheng, Terence C., Catherine M. Joyce, Anthony Scott, An empirical analysis of public and private medical practice in Australia, 111 Health Policy 43 (2013) [Terence C. Cheng et al.(2013)]

Churchill, Larry R., Self-Interest and Universal Health Care - Why Well-Insured Americans Should Support Coverage for Everyone, Harvard University Press Cambridge, Massachusetts London, England. 1994 [Larry R. Churchill(1994)]

Clackson, Saffron, Ronald Dworkin's "Prudent Insuracne" Ideal for Healthcare: Idealisations of Circumstance, Prudence and Self-interest, 16 Health Care Anal 31 (2008) [Saffron Clackson(2008)]

Cline, James S., Keith A. Rosten, the Effect of Policy Language on the Containment of Health Care Cost, 21 Tort & Insurance Law Journal 120 (1985) [James S. Cline and Keith A. Rosten(1985)]

Collins, Paul, An Historical Perspective on Riks Equalisation for Private Health Insurance in Australia, ACERH Research Forum 발표 자료, 2008. 6 [Paul Collins(2008)]

Colombo, Francesca, Nicole Tapay, Private Health Insurance in OECD Countries: The Benefits and Costs for Individuals and Health Systems, OECD HEALTH WORKING PAPERS NO. 15, 2004. [Francesca Colombo and Nicole Tapay (2004)]

Companje, K. P., Hendriks, R. H. M., Veraghtert, Karel, Widdershoven, B. E. M., Two Centuries of Solidarity German, Belgian and Dutch Social Health Insurance 1770-2008, Amsterdam University Press, 2009 [K. P. Companje et al.(2009)]

Connelly, Luke B., Francesco Paolucci, James R. G. Buttler, Paul Collins, Risk equalisation and voluntary health insurance markets: The case of Australia, Health Policy 98, 2010 [Luke B. Connelly et al.(2010)]

Coogan, Elizabeth H., Rawls and Health Care, Honors Theses Student Research, Digital Commons@Colby, 2007 [Elizabeth H. Coogan(2007)]

Cookson, Richard, Justice and the NICE approach, 41 J Med Ehics 99 (2015) [Rechard Cookson(2015)]

Cox, Cynthia, Ashley Semanskee, Gary Claxtone, Larry Levitt, Explaining Health Care Reform, Kaiser Family Foundation, 2016. 8. 17 [Cynthia Cox et al.(2016)]

D. Blumenthal and S. R. Collins, Assessing the Affordable Care Act: The Record to Date, The Commonwealth Fund Blog, Sept. 26, 2014 [D. Blumenthal and S. R. Collins(2014)]

Damler, Rob, Ross Winkelman, Risk Adjustment in State Medicaid Programs, Health Watch 57, 2008 [Rob Damler and Ross Winkelman(2008)]

Daniels, Norman, Accountability for reasonableness: Establishing a fair process for priority setting is easier than agreeing on principles, 321 BMJ 1300 (2000) [Norman Daniels(2000)]

Daniels, Norman, Enabling democratic deliberation: How managed care organization ought to make decisions about coverage for new technologies, Deliberative Politics: Essays on Democracy and Disagreement, New York: Oxford University Press, 1999 [Norman Daniels(1999)]

Daniels, Norman, Equity of Access to Health Care: Some Conceptual and Ethical Issues, 60 Milbank Mem Fund Q Health Soc 51 (1982) [Norman Daniels(1982)]

Daniels, Norman, Is There a Right to Health Care and, If So, What Does It Encompass?, A Companion to Bioethics, Second Edition(edited by Helga Kuhse, Peter Singer), 2010 [Norman Daniels(2010)]

Daniels, Norman, James E. Sabin, Setting Limits Fairly Second Edition, OXFORD UNIVERSITY PRESS, 2008 [Norman Daniels and James E. Sabin(2008)]

Daniels, Norman, Just Health - Meeting Health Needs Fairly, CAMBRIDGE UNIVERSITY PRESS, 2008 [Norman Daniels(2008)]

Daniels, Norman, Just Health Care, CAMBRIDGE UNIVERSITY PRESS, 1985 [Norman Daniels(1985)]

Daniels, Norman, Justice, Health, and Health Care, Medicine and Social Justice - Essays on the Distribution of Health Care(Edited by Rosamond Rhodes, Margaret P. Battin, Anita Silvers), OXFORD UNIVERSITY PRESS, 2002 [Norman Daniels (2002)]

Daniels, Norman, James Sabin, Limits to Health Care: Fair Procedures, Democratic

Deliberation, and the Legitimacy Problem for Insurers, Philosophy and Public Affairs Vol 26. Issue 4., 1997. 10 [Norman Daniels and James Sabin(1997)]

Davis, Karen, Kristof Stremikis, David Squires, and Cathy Schoen, Mirror, Mirror on the Wall - How the Performance of the U.S. Health Care System Compares Internationally, The COMMONWEALTH FUND, 2014. 6 [Karen Davis *et al.* (2014)]

Dietrich, Mark O., Gregory D. Anderson, The Financial Professional's Guide to Healthcare Reform, John Wiley & Sons, 2012 [Mark O. Dietrich and Gregory D. Anderson(2012)]

Doggett, Jennifer, Ian McAuley, A new approach to health funding, D!ssent Number 42, 2013 [Jennifer Doggett and Ian McAuley(2013)]

Donchin, Anne, Reviewed Work: Just Health Care. by Norman Daniels, 23 Noûs 697 (1989) [Anne Donchin(1989)]

Döring, Andrea, Friedemann Paul, The German healthcare system, 1 EPMA J. 535 (2010) [Andrea Döring and Friedemann Paul(2010)]

Draft resolution (A/67/L. 36) Global health and foreign policy, 2012. [Global health and foreign policy(2012)]

Dunlop, David W., Jo. M. Martins, An International Assessment of Health Care Financing Lessons for Developing Countries, The World Bank, 1997 [David W. Dunlop and Jo. M. Martins(1997)]

Dworkin, Ronald, Justice in the Distribution of Health Care, 38 McGill L.J. 883, 1993 [Ronald Dworkin(1993)]

Dworkin, Ronald, Sovereign Virtue: The Theory and Practice of Equality, Harvard University Press, 2001 [Ronald Dworkin(2001)]

Einave, Liran, Amy Finkelstein, Moral Hazard in Health Insurance: What We Know and How We Know it, Marshall Lecture at the 2017 EEA Meeting, 2017 [Liran Einave and Amy Finkelstein(2011)]

Ellis, Jonathan, Ian Mulligan, James Rowe, David L Sackett, Inpatient general medicine is evidence based, 346 Lancet 407 (1995) [Jonathan Ellis *et al.*(1995)]

Enthoven, Alain, Richard Kronick, A Consumer-Choice Health Plan for the 1990s, 320 N Engl J Med. (1989) [Alain Enthoven and Richard Kronick(1989)]

Esmail, Nadeem, Health Care Lessons from Germany, Lessons from Abroad, Fraser Institute, 2014 [Nadeem Esmail(2014)]

Exter, Andre P. Den, Mary J. Guy, Market competition in health care markets in the netherlands: some lessons for England?, 22 Med Law Rev. 255 (2014) [Andre P. Den Exter and Mary J. Guy(2014)]

Feldstein, Paul J., Health Care Economics Seventh Edition, DELMAR CENGAGE Learning, 2012 [Paul J. Feldstein(2012)]

Feldstein, Paul J., Health Policy ISSUES - An Economic Perspective Fourth Edition, Health Administration Press, Chicago, Illinois, AUPHA HAP, 2006 [Paul J. Feldstein(2006)]

Fiona Sim & Martin McKee, Issues in Public Health Second Edition, McGrawHill, 2011 [Fiona Sim & Martin McKee(2011)]

Foubister, Thomas, Erica Richadson, United Kindom, Voluntary health insurance in Europe(Edited by Anna Sagan, Sarah Thomson, World Health Organization, 2016 [Thomas Foubister and Erica Richadson(2016)]

Foubister, Thomas, Sarah Thomson, Elias Mossialos, Alistair McGuire, Private Medical Insurance in the United Kingdom, World Health Organization, 2006 [Thomas Foubister et al.(2006)]

Gaskins, Matthew, Reinhard Busse, Morbidity-based risk adjustment in Germany, 15 Eurohealth 29 (2014) [Matthew Gaskins and Reinhard Busse(2014)]

Gauri, Varun, Economics and the Right to Basic Services, the World Bank Legal Review, Law, Equity, and Development Volume 2, the World Bank, 2006 [Varun Gauri(2006)]

Gemmill, Marin. Pay-for-Performance in the US: What lessons for Europe?, 13(4) Eurohealth 21 (2007) [Marin Gemmill(2007)

Gill, P, A C Dowell, R D Neal, N Smith, P Heywood, A E Wilson, Evidence based general practice: a retrospective study of interventions in one training practice, 312 BMJ 819 (1996) [P Gill et al.(1996)]

Glied, Sherry, Managed Care, Working Paper Series, National Bureau of Economic Research, 1999 [Sherry Glied(1999)]

Glover, Lucinda, The Australian Health Care System, 2015 International Profiles of Health Care systems, 2015 [Lucinda Glover(2015)]

Gottret, Pablo, George Schieber, Health Financing Revisited, The World Bank, 2006. [Pablo Gottret and George Schieber(2006)]

Greβ, Stefan, Germany, Voluntary health insurance in Europe: Country experience (Edited by Anna Sagan, Sarah Thomson), World Health Organization, 2016 [Stefan Greβ(2016)]

Gruber, Jonathan, THE TAX EXCLUSION FOR EMPLOYER-SPONSORED HEALTH INSURANCE, Working Paper 15766, NBER WORKING PAPER SERIES, 2010 [Jonathan Gruber(2010)]

Grunow, Martina, Robert Nuscheler, Public and Private Health Insurance in Germany: the Ignored Risk Selection Problem, Health Economics, 2014 [Martina Grunow and Robert Nuscheler(2014)]

Guidance on NHS patients who wish to pay for additional private care, Department of Health, 2009 [Department of Health(2009)]

Guide to the Healthcare System in England, NHS, 2013. 5 [NHS(2013)]

Hall, Jane, Australian Health Care, the New England Journal of Medicine 373;6, 2015. 8 [Jane Hall(2015)]

Hasman, Andreas, S ø ren Holm, Accountability for Reasonableness: Opening the Black Box of Process, 13 Health Care Anal. 261 (2005) [Andreas Hasman and S ø ren Holm(2005)]

Health Systems Financing, Executive Summary The World Health Report, World Health Organization, 2010 [WHO(2010)]

Healy J, Sharman E, Lokuge B, Australia: Health system review, Health Systems in Transition, European Observatory on Health Systems and Policies, 2006 [Healy J et al.(2006)]

Henneberger, Ian, Healthcare and Justice: A Moral Obligation?, Philosophy Honors Papers, Digital Commons @ Connecticut College, 2011 [Ian Henneberger(2011)]

Hervey, Tamara K., Jean V. McHale, European Union Health Law: Themes and Implications, Cambridge University Press, 2015 [Tamara K. Hervey and Jean V. McHale(2015)]

Hewitt, Marc C., Risk Adjustment Litigation Developments Signal Uncertainty for Transfer Payments and Increased Fraud and Abuse Risk, Health eSource Vol. 13 No. 2, 2016. 10 [Marc C. Hewitt(2016)]

Hilless, Melissa, Judith Healy, Health Care System in Transition Australia, European Observatory on Health Care Systems, 2001 [Melissa Hilless and Judith Healy (2001)]

How Germany is reining in health care costs: An interview with Franz Knieps, Health Internatinal, 2009 [Health Internatinal(2009)]

Howard C. Kunreuther, Mark V. Pauly, Stacey Mcmorrow, Insurance and Behavioral Economics, CAMBRIDGE UNIVERSITY PRESS, 2013 [Howard C. Kunreuther et al. (2013)]

Hullegie, Patrick, Tobias J. Klein, The Effect of Private Health Insurance on Medical Care Utilization and Self-Assessed Health in Germany, IZA Discussion Paper No. 5004, 2010. 6 [Patrick Hullegie and Tobias J. Klein(2010)]

Hunter, Nan D., Managed Process, Due Care: Structures of Accountability in Health Care, 6 Yale J. Health Pol'y L. & Ethics 93 (2006) [Nan D. Hunter(2006)]

Iglehart, John K., Health Policy Report: The American Health Care System - Managed Care, 327 N Engl J Med 742 (1992) [John K. Iglehart(1992b)]

Iglehart, John K., Health Policy Report: The American Health Care System - Private Insurance, 326 N Engl J Med 1715 (1992) [John K. Iglehart(1992a)]

Ipsos MORI, State of the Nation 2013, British Future — State of the Nation 2012/3 Topline Results, 2013 [Ipsos MORI(2013)]

J. Scott Andresen, Is utilization review the practice of medicine?, 19 J Leg Med. 431 (1998) [J. Scott Andresen(1998)]

Jackson, Emily, Medical Law third edition, OXFORD UNIVERSITY PRESS, 2013 [Emily Jackson(2013)]

Jacob S. Hacker, Theodore R. Marmor, How Not to Think About "Managed Care", University of Michigan Journal of Law Reform, 1999 [Jacob S. Hacker and Theodore R. Marmor(1999)]

Jonas, Monique, Anne Kolbe, Briar Warin, Publish or be damned: Individual Funding Requests and the publicity condition, 40 Journal of Medical Ethics 827 (2014) [Monique Jonas et al. (2014)]

Jordan, Karen A. Recent Modifications to the Preemption Doctrine & Their Impact on State HMO Liability Laws, Indiana Health Law Review Vol. 1:51, 2004 [Karen A. Jordan(2004)]

Jost, Timothy S., The Regulation of Private Health Insurance, National Academy of Social Insurance, 2009 [Timothy S. Jost(2009)]

Jost, Timothy S., Mark A. Hall, The Role of State Regulation in Consumer-Driven Health Care, 31 Am. J. L. & Med. 395 (2005) [Timothy S. Jost and Mark A. Hall (2005)]

Jost, Timothy S., Pegram v. Herdrich: the Supreme Court Confronts Managed Care, Yale Journal of Health Policy, Law, and Ethics, Vol. 1, 2001 [Timothy S. Jost (2001)]

Juhnke, Christin, Susanne Bethge, Axel C. Mühlbacher, A Review on Methods of Risk Adjustment and their Use in Integrated Healthcare Systems, 16 Int J Integr

Care. 4, 2016 [Christin Juhnke *et al.*(2016)]

Kaplan, Robert S., Michael E. Porter, The Big Idea: How to Solve the Cost Crisis in Health Care, Harvard Business Review, 2011 [Robert S. Kaplan and Michael E. Porter(2011)]

Kautter, John, Gregory C. Pope, Patricia Keenan, Affordable Care Act Risk Adjustment, Medicare & Medicaid Research Review, 2014 [John Kautter *et al.*(2014)]

Kautter, John, Ingber M, Pope GC, Freeman S., Improvements in Medicare Part D risk adjustment, 50 Med Care. 1102 (2012) [John Kautter *et al.*(2012)]

Keenan, Patricia Seliger, Melinda J. Beeuwkes Buntin, Thomas G. McGuire, Joseph P. Newhouse, The Prevalence of Formal Risk Adjustment in Health Plan Purchasing, Inquiry – Blue Cross and Blue Shield Association, 2001 [Patricia Seliger Keenan *et al.*(2001)]

Keenan, Patricia Seliger, Melinda J. Beeuwkes Buntin, Thomas G. McGuire, Joseph P. Newhouse, The Prevalence of Formal Risk Adjustment in Health Plan Purchasing, Inquiry, Blue Cross and Blue Shield Association, 2001 [Patricia Seliger Keenan *et al.*(2001)]

Kelly, Elaine, George Stoye, New Joints: Private providers and rising demand in the English National Health service, IFS Working Paper W15/22, 2015 [Elaine Kelly and George Stoye(2015)]

Kesselheim, Aaron Seth, What's the Appeal? Trying to Control Managed Care Medical Necessity Decisionmaking through a System of External Appeals, 149 The University of Pennsylvania Law Review 873, 2001 [Aaron Seth Kesselheim (2001)]

Kim, Soon-yang, Health Politics in Korea, SNU PRESS, 2016 [Soon-yang Kim(2016)]

Korobkin, Russell, Efficiency of Managed Care Patient Protection Laws: Incomplete Contracts, Bounded Rationality, and Market Failure, Cornell Law Review Vo. 85, 1999 [Russell Korobkin(1999)]

Lakdawalla, Darius, Anup Malani, Julian Rief, The Insurance Value of Medical Innovation, NBER(the National Bureau of Economic Research) Working Paper No. 21015, 2015 [Darius Lakdawalla *et al.*(2015)]

Lauridsen, S. M. R., M. S. Norup, P. J. H. Rossel, The secret art of managing healthcare expenses: Investigating Implicit Rationing and Autonomy in Public Healthcare Systems, 33 J Med Ethics. 704, 2007 [S. M. R. Lauridsen(2007)]

Li, Michelle, Donald Richards, Statistical properties of the risk-transfer formula in the affordable care act, Cornell University, 2017 [Michelle Li and Donald Richards(2017)]

Ma, Ching-to Albert, Michael H. Riordan, Health Insurance, Moral Hazard, and Managed Care, 11 Journal of Economics & Management Strategy 81 (2002) [Ching-to Albert Ma and Michael H. Riordan(2002)]

Margaret F. Schulte, Healthcare Delivery in the U.S.A. An Introduction Second Edition, CRC Press Taylor & Francis Group, 2012 [Margaret F. Schulte(2012)]

Mariner, Wendy K., the Supreme Court's Limitation of Managed-Care Liability, 351 N Engl J Med 1347 (2004) [Wendy K. Mariner(2004)]

Martin, Douglas K., Mita Giacomini, Peter A. Singer, Fairness, accountability for reasonablemess, and the views of priority setting decision-makers, 61 Health Policy 279 (2002) [Douglas K. Martin et al.(2002)]

McGuire, Thomas G., Demand for Health Insurance, Hand book of Health Economics Volume 2(edited by Mark V. Pauly, Thomas G. Mcguire, Pedro P. Barros), 2011;317-396, NORTH-HOLLAND [Thomas G. McGuire(2011)]

McHale, Jean V., Rights to medical treatment in EU law, 15 Med Law Rev 99, 2007 [Jean V. McHale(2007)]

McPake, Barbara, Charles Normand and Samantha Smith, Health Economics Third edition, Routledge Taylor & Francis Group, 2013 [Barbara McPake et al.(2013)]

Meade, Ryan, Health Care Payment System, Problems in the Health Care Law(edited by Johe E. Steiner, Jr), JONES & BARTLETT LEARNING, 2014 [Ryan Meade(2014)]

Mechanic, David, Dilemmas in rationing health care services: the case for implicit rationing, 310 BMJ 1655 (1995) [David Mechanic(1995)]

Mok, Kwangsu, John Rawl's Public Reason and Health Care Justice, 7 Biomedical Law & Ethics 47 (2013. 6) [Kwangsu Mok(2013)]

Morreim, E. H., Dumping the "Anti-Dumping" Law: Why EMTALA is (Largely) Unconstitutional and Why it Matters, Minnesota Journal of Law, Science & Technology, Vol. 15, No. 1, 2014 [E. H. Morreim(2014)]

Morreim, E. Haavi, Holding Health Care Accountable, OXFORD UNIVERSITY PRESS, 2001 [E. Haavi Morreim(2001)]

Mossialos, Elias, Sarah Thomson, Voluntary health insurance in the European Union, World Health Organization, 2004 [Elias Mossialos and Sarah Thomson(2004)]

Murray, Richard, Joni Jabbal, James Thompson, David Maguire, Quarterly Monitoring Report, The King's Fund, 2016. 9 [Richard Murray et al.(2016)]

National Institute for Health and Care Excellence NICE Charter, 2013. 4 [NICE(2013)]

Nistor, Laura, Public Services and the European Union: Healthcare, Health Insurance and Education Services, Springer Science & Business Media, 2011. 9 [Laura Nistor(2011)]

Nolte, Ellen, Martin McKee, Fiona Sim, Joceline Pomerleau, The impact of health care on population health, Issues in Public Health Second Edition(Edited by Fiona Sim & Martin McKee), McGrawHill, 2011 [Ellen Nolte et al.(2011)]

Nozick, Robert, Anarchy, State, and Utopia, Basic Books, 1974 [Robert Nozick(1974)]

Obama, Barack, United States Health Care Reform Progress to Date and Next Step, the Journal of the American Medical Association Vol.3 16(5) [Barack Obama(2016)]

Obermann, Konrad, Peter Müller, Hans-Heiko Müller, Burkhard Schmidt, Bernd Glazinski, Understanding the German Health Care System, Mannheim Institute of Public Health (MIPH) Heidelberg University, 2011 [Konrad Obermann et al.(2011)]

OECD, Private Health Insurance in OECDCountries, The OECDHealth Project, 2004 [OECD(2004)]

OECD, The Governance of Regulators, OECD Best Practice Principles for Regulatory Policy, OECD Publishing, 2014 [OECD(2014)]

OECD, Value for money in health spending, OECD Health Policy Studies, 2010 [OECD(2010)]

Office of Health Economics, The Economics of Health Care, 2007 [Office of Health Economics(2007)]

Oliver, Adam, Elias Mossialos, Equity of Access to Health Care: Outlining the Foundations for Action, Journal of Epidemiology and Community Health, 2004 [Adam Oliver and Elias Mossialos(2004)]

Olsen, Jan Abel, Principles in Health Economics and Policy second edition, OXFORD, 2017 [Jan Abel Olsen(2017)]

Orentlicher, David, Cost Containment and the Patient Protection and, Affordable Care Act, 6 Florida International University Law Review 67, 2010 [David Orentlicher(2010)]

Ortmann, Karl-Michael, Optimal deductibles for outpatient services, Eur J Health Econ, 2011 [Karl-Michael Ortmann(2011)]

Page, Donna, Decision Making Concerning Individuals, Problems in the Health Care Law(edited by Johe E. Steiner, Jr), JONES & BARTLETT LEARNING, 2014

[Donna Page(2014)]

Parkin, Neil, Heather Mcleod, Risk Equalisation Methodologies, Center for Actuarial Research in University of Cape Town, 2001. 9 [Neil Parkin and Heather Mcleod(2001)]

Pope GC, Kautter J, Ellis RP, Ash AS, Ayanian JZ, Lezzoni LI, Ingber MJ, Levy JM, Robst J., Risk Adjustment for Medicare Capitation Payments Using the CMS-HCC Model, 25 Health Care Financ Rev. 119 (2004) [GC Pope *et al.*(2004)]

Porter, Michael E., Clemens Guth, Redefining German Health Care, Springer, 2012 [Michael E. Porter and Clemens Guth(2012)]

Porter, Michael E., Robert S. Kaplan, How Should We Pay for Health Care?, Working Paper 15-041, HARVARD BUSINESS SCHOOL, 2015 [Michael E. Porter and Robert S. Kaplan(2015)]

Porter, Michael E., Robert S. Kaplan, How to pay for health care, Harvard Business Review, July-August 2016 Issue [Michael E. Porter and Robert S. Kaplan(2016)]

Private Health Insurance Administration Council, Australian Government, Competition in the Australian Private Health Insurance Market, Research Paper 1, 2015. 6 [Private Health Insurance Administration Council(2015)]

Rawls, John, Political Liberalism, Columbia University Press, 1993 [John Rawls(1993)]

Report of a working group prepared for the Director of Research and Development of the NHS Management Executive, What do we mean by appropriate health care?, 2 Quality in Health Care 117 (1993) [Report of a working group prepared for the Director of Research and Development of the NHS Management Executive(1993)]

Research Note 2002-03, Information, Analysis and Advice for the Parliament, Department of the Parliamentary Library, 2003. 5 [Department of the Parliamentary Library(2003)].

Rice, Thomas, Pauline Rosenau, Lynn Y. Unruh, Andrew J. Barnes, Richard B. Saltma, Ewout van Ginneken, United States of America − Health system review, 15 Health Syst Transit. 1 (2013) [Thomas Rice *et al.*(2013)]

Richards, Mike, Improving access to medicines for NHS patients, A report for the Secretary of State for Health, 2008. 11 [Mike Richards(2008)]

Rodwin, Marc A., Managed Care and Consumer Protection: What are the Issues?, 26 Seton Hall L. Rev. 1007, 1995 [Marc A. Rodwin(1995)]

Roemer, Bed supply and hospital utilization: A national experiment, Hospitals, J.A.H.A.

35, 1961 [Roemer(1961)]

Rosenbaum, Sara, Joel Teitelbaum, Pegram v. Herdrich: Implications for Consumer Protections in Managed Care, Center for Health Services Research and Policy, the GWU School of Public Health and Health Services, 2000 [Sara Rosenbaum and Joel Teitelbaum(2000)]

Sauaia, Angela, The Quest for Health Equity, Nova Science Publishers, 2014 [Angela Sauaia(2014)].

Schmitz, Hendrik, More Health Care Utilisation With More Insurance Coverage? Evidence from a Latent Class Model with German Data. Applied Economics, Taylor & Francis (Routledge), 2011 [Hendrik Schmitz(2011)]

Schneider, Erich, The Main Features of German Private Health Insurance, 27th International Congress of Actuaries, 2002 [Erich Schneider(2002)]

Schuknecht, Amber M., Aetna v. Davila: Absolution for Managed Health Care Organizations, Loyola of Los Angeles Law Review Vol. 39:2, 2006 [Amber M. Schuknecht(2006)]

Schwartz, William B., Life without Disease - the Pursuit of Medical Utopia, UNIVERSITY OF CALIFORNIA PRESS, 1998 [William B. Schwartz(1998)]

Schwierz, Christoph, Achim Wübker, Ansgar Wübker, Björn A. Kuchinke, Discrimination in waiting times by insurance type and financial soundness of German acute care hospitals, 12 Eur J Health Econ 405, 2011 [Christoph Schwierz et al. (2011)]

Shain and Roemer, Hospital costs relate to the supply of beds, Modern Hospital, 92, 1959 [Shain and Roemer(1959)]

Shamsullah, Ardel, Australia's private health insurance industry: structure, competition, regulation and role in a less than 'ideal world', 35 Australian Health Review 23, 2011 [Ardel Shamsullah(2011)]

Shevory, Thomas C., Marshall University, Applying Rawls to Medical Cases: An Investigation into the Usages of Analytical Philosophy, 10 J Health Polit Policy Law. 749 (1986) [Thomas C. Shevory(1986)]

Shi, Leiyu, Douglas A. Singh, Essentials of the U.S. Health Care System Forth Edition, JONES & BARTLETT LEARNING, 2015 [Leiyu Shi and Douglas A. Singh(2015)]

Singer, Peter A., Douglas K. Martin, Mita Giacomini, Laura Purdy, Priority Setting For New Technologies In Medicine: Qualitative Case Study, 321 BMJ 1316 (2000) [Peter A. Singer et al.(2000)]

Sloan, Frank A., Mark A. Hall, Market Failures and the Evolution of State Regulation of Managed Care, Law and Contemporary Problems, Vol. 65, No. 4, 2002 [Frank A. Sloan and Mark A. Hall(2002)]

Smith, Peter C., Sophie N. Witter, Rist Pooling and Purchasing, Spending Wisely - Buying Health Services for the Poor(edited by Alexander S. Preker, John C. Langenbrunne), the World Bank, 2005 [Peter C. Smith and Sophie N. Witter(2005)]

Stabile, Mark, Sarah Thomson, Sara Allin, Sean Boyle, Reinhard Busse, Karine Chevreul, Geg Marchildon, Elias Mossialos, Health Care Cost Containment Strategies Used in Four Other High-Income Countries Hold Lessons For The United States, Health Affairs, 2013. 4 [Mark Stabile et al.(2013)]

Stefan Gre β, Private Health Insurance in Germany: Consequences of a Dual System, 3 Healthcare policy 29, 2007 [Stefan Gre β (2007)]

Stefanie Thönnes, Do Deductibles reduce Moral Hazard in the German Statutory Health Insurance? - Empirical Evidence, Verein für Socialpolitik , 2015. 2 [Stefanie Thönnes(2015)]

Stein, Mark S., A Utilitarian Approach to Justice in Health Care, Medicine and Social Justice(edited by Rosamond Rhodes, Margaret P. Battin, Anita Silvers), OXFORD UNIVERSITY PRESS, 2012 [Mark S. Stein(2012)]

Stoelwinder, Johannes (Just), Sustaining Medicare, maintaining solidarity, Health Care in Australia: Prescriptions for Improvement, Australian Centre for Health Research, 2011 [Johannes Stoelwinder(2011)]

Strasnick, Steven, BOOK REVIEW, Understanding Rawls : a reconstruction and critique of A theory of justice, The Journal of Philosophy Vol 76 No. 9, 1979. 9 [Steven Strasnick(1979)]

Subbe, C.P. L. Gemmell, Numbers needed to hospitalize - Risk and benefits of admission in the new decade, 21 Eur J Intern Med. 233 (2010) [C.P. Subbe and L. Gemmell(2010)]

Swartz, Katherine, Reinsurance: how states can make health coverage more affordable for employers and workers, Commonwealth Fund pub. no. 820., 2005. 7 [Katherine Swartz(2005)]

The Department of Health, Australian Government, Fact Sheet, Greater Choice in Private Health Insurance Products, 2006 [The Department of Health(2006)]

The Department of Health, Australian Government, Private Patients' Hopital Charter,

2011 [The Department of Health(2011)]

The facts Bupa By You health insuracne policy summary, Bupa, 2015 [Bupa(2015)]

The Handbook to the NHS Constitution, the Department of Health in UK, 2015. 7. [The Department of Health in UK(2015)]

The Healthcare Imperative: Lowering Costs and Improving Outcomes − Workshop Series Summary, Institute of Medicine, 2011. 2 [Institute of Medicine(2011)]

The Kaiser Family Foundation, The Uninsured: A Primer Supplemental Tables, 2015 [The Kaiser Family Foundation(2015)]

The Kings Fund, The UK private health market, Commission on the Future of Health and Social Care in England, 2014 [The Kings Fund(2014)]

The Lancet Editoria, The cost of health care in Australia, The Lancet vol 383, 2014. 3 [The Lancet Editoria(2014)]

The moment of Truth, the National Commission of Fiscal Responsibility and Reform, the White House, 2010. 12 [The White House(2010)]

The NHS Constitution − the NHS belongs to us all, NHS, 2015. 7 [The NHS Constitution(2015)]

The Royal Australian College of Surgeons, Impact of the changing role of private health insurers on clinical autonomy, Health Policy Solutions, 2015. 11 [The Royal Australian College of Surgeons(2015)]

The World Health Report 2013, Research for Universal Health Coverage, World Health Organization, 2013 [WHO(2013)]

Thomson, Sarah, Elias Mossialos, EU law and regulation of private health insurance, 2 Health Econ Policy Law. 117 (2007) [Sarah Thomson and Elias Mossialos(2007)]

Thomson, Sarah, Elias Mossialos, Private health insurance and access to health care in the European Union, Euro Observer Volume 6, Number 1, 2004. [Sarah Thomson and Elias Mossialos(2004)]

Town, R., R. Feldman, and D. Wholey, The impact of ownership conversions on HMO performance, 4 Int J Health Care Finance Econ. 327 (2004) [R Town et al. (2004)]

Turner, Brian, Edward Shinnick, Community rating in the absence of risk equalisation, 8 Health Econ Policy Law 209 (2013) [Brian Turner and Edward Shinnick (2013)]

Uberoi N, Finegold K, Gee E. Health insurance coverage and the Affordable Care Act, 2010-2016, Office of the Assistant Secretary for Planning and Evaluation, US

Department of Health and Human Services, 2016. 3 [Uberoi N et al.(2016)]

Underhill, Kristen, Paying for Prevention: Challenges to Health Insurance Coverage for Biomedical HIV Prevention in the United States, 38 Am J Law Med. 607 (2012) [Kristen Underhill(2012)]

Understanding Medicare, Department of Health and Human Services, 2016 [HHS(2016)]

Wachenheim, Leigh, Hans Leida, The impact of guranteed issue and community rating reforms on individual insurance markets, Milliman, 2007 [Leigh Wachenheim and Hans Leida(2007)]

Walsh, Allison Faber, the Legal Attack on Cost Containment mechanisms: the Expansion of Liability for Physicians and Managed Care Organizations, the John Marshall Law Review, 1997 [Allison Faber Walsh(1997)]

Weait, Matthew, The United Kingdom: the right to health in the context of a nationalized health service, Advancing the Human Right to Health, OXFORD UNIVERSITY PRESS, 2013 [Matthew Weait(2013)]

Whitty, Jennifer A., Peter Littlejohns, Social values and health priority setting in Australia: An analysis applied to the context of health technology assessment, 119 Health Policy 127 (2015) [Jennifer A. Whitty and Peter Littlejohns(2015)]

Willis, Eileen, Louise Reynolds, Helen Keleher, Understanding the Australian Health Care System 3e, Elsevier, 2016 [Eileen Willis(2016)]

Wolfe, John R., The Coming Health Crisis, The University of Chicago Press, 1993 [John R. Wolfe(1993)]

Wolff, Robert Paul, Understanding Rawls : a reconstruction and critique of A theory of justice, Princeton University Press, 1977 [Robert Paul Wolff(1977)]

Woolhandler, Steffie, M.D., M.P.H., Terry Campbell, M.H.A., and David U. Himmelstein, M.D., Costs of Health Care Administration in the United States and Canada, 349 N Engl J Med. 768 (2003) [Steffie Woolhandler et al.(2003)]

World Social Protection Report 2014/15 – Building economic recovery, inclusive development and social justice, International Labour Organization, 2014 [International Labour Organization(2014)]

Yamin, Alicia Ely, Jean Connolly Carmalt, The United States: right ot health obligations in the context of disparity and reform, Advancing Human Right to Health, OXFORD UNIVERSITY PRESS, 2013 [Alicia Ely Yamin and Jean Connolly Carmalt(2013)]

Zabdyr-Jamróz, Michal, the Veil of Ignorance and Solidarity in Healthcare: Finding

Compassion in the Original Position, Diametros, 2015 [Michal Zabdyr-Jamróz (2015)]

Zelinsky, Edward A., The New Massachusetts Health Law: Preemption and Experimentation, William & Mary Law Review Volume 49, Issue 1, 2007 [Edward A. Zelinsky(2007)].

박성민

2006. 8. 서울대학교 약학대학 약학과 졸업(약학사)
2012. 2. 서울대학교 법학전문대학원 졸업(법학석사)
2018. 8. 서울대학교 대학원 법학과 졸업(법학박사)
2012. 제1회 변호사시험 합격
2012. 2.~2018. 2. 법무법인(유한) 태평양
2018. 2.~현재 HnL 법률사무소

주요논저

제약산업정책의 이해(공저)
"특허권 비실시자의 특허가 침해된 경우 구제 방법으로서 Liability Rule"(공저)
"제약산업에서의 시장경제원리 활성화 방안"
"의약품 부작용 피해자의 인권보호를 위한 징벌적 손해배상제도 도입론"
"의약품 부작용과 국가배상책임"(공저)
"인터넷 서비스 제공자 등의, 상표권 등 권리 침해에 대한 공동불법행위 책임에 관한 소고"
"미국 특허법 개정안(S. 23)의 내용과 개정 경과"
"특허권 행사에 대한 독점규제법(공정거래법) 적용 여부 판단 기준"
"약가 선점 행위에 대한 공정거래위원회의 규제를 통해 살펴본 제약 산업에서의 독점규제법 적용의 문제들"
"약가 제도의 역사와 약가 인하 소송들"
"제약회사 리베이트 행위에 대한 평가와 유형 분석"
"약리 활성을 갖는 물질특허에 대한 미국에서의 진보성 판단"
"평등권 침해를 중심으로 본 부양의무자 기준의 위헌성"
"후발의약품 진입 후 신약 보험약가 인하와 손실 배분의 정의(正義)"(공저)
"Easy cuts, easy rebound: Drug expenditures with massive price cuts in Korea"(공저)

실손의료보험 연구

2019년 3월 11일 초판 인쇄
2019년 3월 22일 초판 발행

지 은 이   박성민

발 행 인   한정희
발 행 처   경인문화사
총 괄 이 사   김환기
편 집 부   한명진 김지선 박수진 유지혜
마 케 팅   전병관 하재일 유인순
출 판 신 고   제406-1973-000003호
주   소   파주시 회동길 445-1 경인빌딩 B동 4층
대 표 전 화   031-955-9300   팩 스   031-955-9310
홈 페 이 지   http://www.kyunginp.co.kr
이 메 일   kyungin@kyunginp.co.kr

ISBN 978-89-499-4794-5   93360
값 28,000원